여러분의 합격을 응원하는
해커스공무원의 특별 혜택

FREE 공무원 국제법 특강

해커스공무원(gosi.Hackers.com) 접속 후 로그인 ▶ 상단의 [무료강좌] 클릭 ▶
좌측의 [교재 무료특강] 클릭

해커스공무원 온라인 단과강의 20% 할인쿠폰

D6F8EDE6C2D5999B

해커스공무원(gosi.Hackers.com) 접속 후 로그인 ▶ 상단의 [나의 강의실] 클릭 ▶
좌측의 [쿠폰등록] 클릭 ▶ 위 쿠폰번호 입력 후 이용

*등록 후 7일간 사용 가능(ID당 1회에 한해 등록 가능)

합격예측 온라인 모의고사 응시권 + 해설강의 수강권

8C2CEE5C636CRKN2

해커스공무원(gosi.Hackers.com) 접속 후 로그인 ▶ 상단의 [나의 강의실] 클릭 ▶
좌측의 [쿠폰등록] 클릭 ▶ 위 쿠폰번호 입력 후 이용

*ID당 1회에 한해 등록 가능

쿠폰 이용 관련 문의 **1588-4055**

단기 합격을 위한 해커스공무원 커리큘럼

입문
탄탄한 기본기와 핵심 개념 완성!
누구나 이해하기 쉬운 개념 설명과 풍부한 예시로 부담없이 쌩기초 다지기
TIP 베이스가 있다면 **기본 단계**부터!

▼

기본+심화
필수 개념 학습으로 이론 완성!
반드시 알아야 할 기본 개념과 문제풀이 전략을 학습하고
심화 개념 학습으로 고득점을 위한 응용력 다지기

▼

기출+예상 문제풀이
문제풀이로 집중 학습하고 실력 업그레이드!
기출문제의 유형과 출제 의도를 이해하고 최신 출제 경향을 반영한
예상문제를 풀어보며 본인의 취약영역을 파악 및 보완하기

▼

동형문제풀이
동형모의고사로 실전력 강화!
실제 시험과 같은 형태의 실전모의고사를 풀어보며 실전감각 극대화

▼

최종 마무리
시험 직전 실전 시뮬레이션!
각 과목별 시험에 출제되는 내용들을 최종 점검하며 실전 완성

* 커리큘럼 및 세부 일정은 상이할 수 있으며,
자세한 사항은 해커스공무원 사이트에서 확인하세요.

단계별 교재 확인 및 수강신청은 여기서!
gosi.Hackers.com

해커스공무원 패권 국제법 핵심요약집

이상구

약력

서울대학교 대학원 졸업
성균관대학교 졸업

현 | 해커스공무원 국제법·국제정치학 강의
현 | 해커스 국립외교원 대비 국제법·국제정치학 강의
현 | 해커스 변호사시험 대비 국제법 강의
전 | 베리타스법학원(5급) 국제법·국제정치학 강의
전 | 합격의 법학원(5급) 국제법·국제정치학 강의

저서

해커스공무원 패권 국제법 기본서 일반국제법
해커스공무원 패권 국제법 기본서 국제경제법
해커스공무원 패권 국제법 조약집
해커스공무원 패권 국제법 판례집
해커스공무원 패권 국제법 핵심요약집
해커스공무원 패권 국제법 단원별 핵심지문 OX
해커스공무원 패권 국제법 단원별 기출문제집
해커스공무원 패권 국제법 단원별 적중 1000제
해커스공무원 패권 국제법 실전동형모의고사
해커스공무원 패권 국제법개론 실전동형모의고사
해커스공무원 패권 국제정치학 기본서 사상 및 이론
해커스공무원 패권 국제정치학 기본서 외교사
해커스공무원 패권 국제정치학 기본서 이슈
해커스공무원 패권 국제정치학 핵심요약집
해커스공무원 패권 국제정치학 단원별 핵심지문 OX
해커스공무원 패권 국제정치학 기출+적중문제집
해커스공무원 패권 국제정치학 실전동형모의고사

공무원 시험에 최적화된 핵심요약집!

수험생들 사이에서 국제법은 타 과목에 비해 고득점이 가능한 과목으로 인식되고 있으나, 국제법 시험의 고득점을 위해서는 법리 이해와 주요 논점의 암기가 중요합니다. 암기는 같은 논점을 반복해서 숙지하여야 하므로, 효과적인 암기를 위해 『해커스공무원 패권 국제법 핵심요약집』은 새로운 논점들도 일목요연하게 정리하여 수록하였습니다.

최근 공무원 7급 국제법 시험의 난이도 상승과 출제범위의 현저한 확대를 고려하여, 시험을 효과적으로 대비하기 위해 『해커스공무원 패권 국제법 핵심요약집』은 다음과 같은 특징을 가지고 있습니다.

첫째, 기출지문을 빠짐없이 반영하였습니다.
최근 국제법 시험은 중요도가 낮은 논점도 폭넓게 출제되는 경향이 있기 때문에 조약, ILC초안, UN총회결의, 안보리결의 등을 최대한 넓게 학습하여야 합니다. 따라서 출제가능성이 있는 내용을 모두 정리하였으며, 이를 통해 국제법을 폭넓게 학습할 수 있습니다.

둘째, 핵심조문과 판례 및 조약들을 간결하게 압축하여 정리하였습니다.
판례는 국제재판소 판례뿐 아니라 중재재판, 지역적 재판소, 주요 국내법원, 우리나라 법원 판례 등을 다양하게 많이 학습하여야 합니다. 또한 수많은 다자조약들 중에서 주요 내용만 효율적으로 학습하여야 합니다. 따라서 조약법협약, 외교관계협약, 영사관계협약, 국가면제협약, 위법행위책임최종초안, UN헌장, ICJ규정, 국제인권B규약, 난민협약, WTO설립협정, WTO분쟁해결양해, 외교보호초안, ICC로마협약 등 빈출되는 다자조약을 선별하여 수록하였으며, 이를 통해 출제가 예상되는 모든 조항들을 반복 학습할 수 있습니다.

더불어, 공무원시험 전문 사이트 해커스공무원(gosi.Hackers.com)에서 교재 학습 중 궁금한 점을 나누고 다양한 무료 학습 자료를 함께 이용하여 학습 효과를 극대화할 수 있습니다.

국제법은 단권화와 반복이 무엇보다 중요한 특수한 과목일 뿐만 아니라 학습의 범위와 한계가 상당히 명확하게 있는 과목입니다. 『해커스공무원 패권 국제법 핵심요약집』을 통해 좋은 성적으로 합격의 영광이 함께하기를 바랍니다.

이상구

| 이 책의 구성 및 학습플랜 | 8 |

제1편 국제법 총론

제1장 서론
제1절 국제법의 의의	12
제2절 국제법의 법적 성질	14
제3절 국제법 발달에 기여한 주요 국제법학자	16
제4절 국제법 발달사	18

제2장 국제법의 연원
제1절 총설	20
제2절 조약	20
제3절 국제관습법	23
제4절 법의 일반원칙	28
제5절 학설 및 판례	29
제6절 형평과 선	30
제7절 국제기구결의	32
제8절 연성법규론	33
제9절 국가의 일방행위	35
제10절 강행규범	37
제11절 대세적 의무	40
제12절 연원 상호 간 충돌의 해결	44

제3장 조약법
제1절 총설	46
제2절 체결 절차	47
제3절 유보	52
제4절 효력	57
제5절 해석	59
제6절 무효	62
제7절 정지	66
제8절 종료	67
제9절 개정 및 수정	71

제4장 국제법과 국내법의 관계
제1절 총설	72
제2절 학설	72
제3절 관행	73
제4절 우리나라에서의 국제법과 국내법의 관계	79

제5장 국제법의 주체
제1절 총설	81
제2절 국가	81
제3절 국제기구	85
제4절 개인	90
제5절 민족과 자결권	92
제6절 국제적십자위원회	93

제2편 국가

제1장 승인
제1절 국가승인 96
제2절 정부승인 102
제3절 교전단체승인 104

제2장 국가의 기본적 권리 및 의무
제1절 총설 106
제2절 주권 107
제3절 평등권 108
제4절 자위권 109
제5절 국내문제 불간섭의무 116

제3장 국가관할권 및 면제
제1절 국가관할권 118
제2절 국가면제 124
제3절 국가행위이론 135
제4절 국제기구의 특권과 면제 136

제4장 국가책임
제1절 총설 140
제2절 위법행위책임 141
제3절 결과책임 150

제5장 국가의 대외기관
제1절 외교사절 153
제2절 영사(consul) 165
제3절 한미 주둔군 지위협정(SOFA) 주요 규정 171
제4절 군함 173

제6장 국가승계
제1절 총설 174
제2절 조약승계 - 1978년 조약승계협약의 주요 내용 175
제3절 재산·문서·채무의 승계 - 1983년 협약 177
제4절 국가승계의 다른 문제 179
제5절 국가승계 사례 182

제3편 국제기구

제1장 국제연합(UN)
제1절 총설 186
제2절 총회 189
제3절 안전보장이사회 196
제4절 기타 주요기관 199
제5절 국제연합 전문기구 201
제6절 PKO 204
제7절 국제연맹 206

제2장 유럽연합(EU) 208

제4편 개인

제1장 국민 및 외국인
제1절 국민과 국적 218
제2절 외교적 보호권 221
제3절 외국인 228
제4절 범죄인 인도 234

제2장 국제인권법
제1절 총설 242
제2절 UN의 인권보호 242
제3절 국제인권규약 247
제4절 지역인권규약 254
제5절 국제난민법 256
제6절 국제형사재판소(ICC) 262
제7절 기타 인권 관련 다자조약 274

제5편 국제법의 규율 대상

제1장 해양법
제1절 총설 - 해양법의 역사 282
제2절 내수 283
제3절 군도수역 288
제4절 영해 289
제5절 국제해협 294
제6절 접속수역 297
제7절 배타적 경제수역 298
제8절 대륙붕 304
제9절 공해 309
제10절 심해저 315
제11절 섬 317
제12절 해양분쟁해결제도 318
제13절 해양법협약의 기타 쟁점 322

제2장 국제법의 객체
제1절 영토 326
제2절 영공 331
제3절 우주공간 342
제4절 극지 348

제3장 국제환경법

제1절 의의 및 특성	351
제2절 발달과정	351
제3절 기본원칙	352
제4절 분야별 주요 국제 환경협약	358

제6편 국제분쟁해결 및 무력사용

제1장 국제분쟁해결제도

제1절 총설	376
제2절 국제분쟁의 정치적 해결	376
제3절 중재재판	378
제4절 국제사법재판소(ICJ)	381

제2장 전쟁과 평화에 관한 법

제1절 총설	397
제2절 무력사용의 제한	397
제3절 전쟁법	402
제4절 전시인도법	406

제7편 국제경제법

제1장 국제경제법 총론 및 WTO설립협정

제1절 총론	414
제2절 WTO설립협정	415

제2장 WTO설립협정 부속서 1A

제1절 GATT1994	420
제2절 공정무역규범	438
제3절 다자간상품무역협정	451

제3장 WTO설립협정 부속서 1B 및 부속서 1C

제1절 서비스무역에 관한 협정(GATS)	473
제2절 무역 관련 지적재산권협정(TRIPs)	475

제4장 WTO설립협정 부속서 2 및 부속서 4

제1절 WTO 분쟁해결제도	478
제2절 복수국간무역협정	487

…

이 책의 구성 및 학습플랜

📝 이 책의 구성

『해커스공무원 패권 국제법 핵심요약집』은 수험생 여러분들이 국제법 과목을 효율적으로 정확하게 학습할 수 있도록 상세한 내용과 효과적인 학습장치를 수록·구성하였습니다. 아래 내용을 참고하여 본인의 학습 과정에 맞게 체계적으로 학습 전략을 세워 학습하시길 바랍니다.

1 핵심 내용을 정확하게 이해하기

최근 출제경향 및 주요 판례, 조약 반영

1. 최근 국제법 출제경향 반영

철저한 기출분석으로 도출한 최신 출제경향을 바탕으로 출제가 예상되는 내용을 선별하여 이론에 반영·수록하였습니다. 이를 통해 방대한 국제법 과목의 내용 중 출제확률이 높은 핵심 내용만을 효율적으로 학습할 수 있습니다.

2. 출제가 예상되는 판례, 조약 반영

판례는 국제재판소 판례뿐 아니라 다양한 판례들을 익혀 두어야 하며, 조약 또한 수많은 다자조약들 중에서 주요 내용만 효율적으로 학습하여야 합니다. 따라서 주요 판례와 빈출되는 다자조약을 선별하여 수록하였으며, 이를 통해 출제가 예상되는 판례와 조약들을 효과적으로 학습할 수 있습니다.

2 학습장치를 활용하여 이론 완성하기

한 단계 실력 향상을 위한 학습장치 수록

1. 핵심 POINT

주요 개념을 정리하거나 비교표를 수록하여 핵심 내용들을 보다 쉽게 이해할 수 있습니다. 또한 여러 개념들을 한눈에 비교함으로써 혼동될 수 있는 개념들을 한번에 정리할 수 있습니다.

2. 관련 판례

학습에 필수적인 관련 판례의 내용을 간단명료하게 수록하여, 시험에 자주 출제되는 판례 내용을 직접 확인할 수 있습니다.

3. 참고

본문의 핵심 내용과 관련하여 더 알아두면 좋을 개념이나 이론 또는 예시들을 '참고'에 정리하였습니다. 이를 통해 이론을 효과적으로 학습할 수 있고 해당 논점에 대한 깊이 있는 이해가 가능합니다.

학습플랜

효율적인 학습을 위하여 DAY별로 권장 학습 분량을 제시하였으며, 이를 바탕으로 본인의 학습 진도나 수준에 따라 조절하여 학습하시길 바랍니다. 또한 학습한 날은 표 우측의 각 회독 부분에 형광펜이나 색연필 등으로 표시하며 채워나가시길 바랍니다.

* 1, 2회독 때에는 60일 플랜을, 3회독 때에는 30일 플랜을 활용하시면 좋습니다.

60일 플랜	30일 플랜	학습 플랜		1회독	2회독	3회독
DAY 1	DAY 1	제1편 국제법 총론	제1장	DAY 1	DAY 1	DAY 1
DAY 2			제2장	DAY 2	DAY 2	
DAY 3	DAY 2		제3장	DAY 3	DAY 3	DAY 2
DAY 4			제4장 ~ 제5장	DAY 4	DAY 4	
DAY 5	DAY 3		전체 복습	DAY 5	DAY 5	DAY 3
DAY 6		제2편 국가	제1장 ~ 제2장	DAY 6	DAY 6	
DAY 7	DAY 4		제3장 ~ 제4장	DAY 7	DAY 7	DAY 4
DAY 8			제5장 ~ 제6장	DAY 8	DAY 8	
DAY 9	DAY 5		전체 복습	DAY 9	DAY 9	DAY 5
DAY 10		제3편 국제기구	제1장 ~ 제2장	DAY 10	DAY 10	
DAY 11	DAY 6		전체 복습	DAY 11	DAY 11	DAY 6
DAY 12		제4편 개인	제1장 ~ 제2장 제2절	DAY 12	DAY 12	
DAY 13	DAY 7		제2장 제3절 ~ 제7절	DAY 13	DAY 13	DAY 7
DAY 14			전체 복습	DAY 14	DAY 14	
DAY 15	DAY 8	제1편, 제2편 복습		DAY 15	DAY 15	DAY 8
DAY 16		제3편, 제4편 복습		DAY 16	DAY 16	
DAY 17	DAY 9	제5편 국제법의 규율 대상	제1장 제1절 ~ 제7절	DAY 17	DAY 17	DAY 9
DAY 18			제1장 제8절 ~ 제13절	DAY 18	DAY 18	
DAY 19	DAY 10		제2장	DAY 19	DAY 19	DAY 10
DAY 20			제3장	DAY 20	DAY 20	
DAY 21	DAY 11		전체 복습	DAY 21	DAY 21	DAY 11
DAY 22		제6편 국제분쟁해결 및 무력사용	제1장	DAY 22	DAY 22	
DAY 23	DAY 12		제2장	DAY 23	DAY 23	DAY 12
DAY 24			전체 복습	DAY 24	DAY 24	
DAY 25	DAY 13	제7편 국제경제법	제1장 ~ 제2장 제1절	DAY 25	DAY 25	DAY 13
DAY 26			제2장 제2절 ~ 제3절	DAY 26	DAY 26	
DAY 27	DAY 14		제3장 ~ 제4장	DAY 27	DAY 27	DAY 14
DAY 28			전체 복습	DAY 28	DAY 28	
DAY 29	DAY 15	제5편 ~ 제7편 복습		DAY 29	DAY 29	DAY 15
DAY 30		총 복습		DAY 30	DAY 30	

해커스공무원 학원·인강
gosi.Hackers.com

제1편
국제법 총론

제1장 서론
제2장 국제법의 연원
제3장 조약법
제4장 국제법과 국내법의 관계
제5장 국제법의 주체

제1장 서론

제1절 국제법의 의의

1. 국제법의 개념

전통 국제법	국가 간의 법
현대 국제법	국제사회의 법, 주체의 확대

2. 국제법 개념의 유래

(1) jus gentium(만민법)
① 로마인과 이방인, 이방인과 이방인의 상호 관계 규율
② 'jus civile': 로마인 상호 간 적용되는 법
③ 국제법의 개념적 유래로 인정되나, 만민법은 로마의 국내법에 불과함

(2) jus inter gentes
① 영국의 즈우치(Richard Zouche)가 17세기 중엽에 사용
② 1780년 벤담(Jeremy Bentham)에 의해 영어 international law로 번역되어 사용

(3) 만국공법(萬國公法)
① 미국인 윌리엄(William Martin)이 사용
② 동양에서 현재의 국제법과 같은 개념으로 사용됨

(4) 국제법
미즈쿠리가 처음 사용

3. 국제법과 구별되는 법

국제사법(國際私法)	섭외적 사건에서 준거법을 결정하는 준칙에 대한 국내법
세계법(世界法)	전 세계의 주권이 하나로 통합된 세계를 전제로 한 법
준국제법(準國際法)	국가계약을 지칭함
국제예양(國際禮讓)	• 법적 구속력이 없는 도덕규범을 의미함 • 위반 시 상대국은 보복조치(retaliation)를 취할 수 있음 • 보복은 타국의 위법한 행위 또는 적법하지만 비우호적인 행위에 대응하기 위한 일국의 비우호적이지만 적법한 행위를 지칭함 • 보복은 그 자체로 위법한 행위가 아니기 때문에 대항조치와는 달리 비례의 요건이 적용되지 아니함

초국내법 (transnational law)	• 초국경법이라고도 함 • 제섭(Jessup)에 의해 사용됨
초국가법 (super-national law)	• Schwarzenberger가 제시한 개념 • 유럽연합법을 초국가법이라고 함 • 국가들이 조약을 체결하여 초국가적 기구를 설립하고 동 기구의 입법이 회원국의 헌법보다 우월한 지위를 가지는 경우 당해 법을 초국가법이라고 함
국제거래법	• 기업들의 국제상거래를 규율하는 법으로서 사법(私法) • 따라서 공법인 국제법과는 구별됨
양허계약	• 국가와 개인 간 체결되는 계약 • 대규모 국책사업을 위해 체결되는 것이 일반적 • 준국제법이라고도 함 • 국제사업재판소(ICJ)는 양허계약은 조약이 아니라고 봄

4. 국제법의 분류

존재형식	• 조약국제법 • 관습국제법
인적 적용범위	• 보편국제법(모든 국가에 적용되는 국제법) • 일반국제법 • 특수국제법

5. 국제법의 일반적 특징

① 임의규범성
② 주체의 소수성
③ 국가의 자발적 의사에 따른 이행
④ 고도의 분권성

제2절 국제법의 법적 성질

1. 국제법 부인론

(1) 실정국제도덕설
① 오스틴(John Austin), 홉스(Thomas Hobbes), 스피노자(Baruch de Spinoza)
② 법의 본질인 구속력이 결여되어 있음

(2) 미분화사회규범설
국제사회에서는 입법·사법·행정부가 분리되지 아니하였으므로 따라서 국제법은 도덕으로부터 분화된 법은 아님

2. 국제법의 구속력의 근거 - 의사주의

(1) 자기제한설
① 옐리네크(Georg Jellinek)
② 국제법은 국가가 자신의 의사에 따라 스스로를 제한하는 것에 불과하고 다른 어떤 것에 의해서도 제한이나 구속을 받지 않는다고 봄
③ 국가는 국제공동체의 질서 유지라는 목적 달성을 위해 필요하기 때문에 스스로 국제법을 창설한 것
④ 국가에 이익이 되는 한도 내에서 조약을 준수할 필요가 있다는 견해로서 국제법을 부정

(2) 공동의사설
① 개별 국가는 여러 국가의 개별 의사가 연합하여 생긴 공동의사에만 구속을 받음
② 공동의사가 곧 국제법의 연원
③ 공동의사를 만들어내는 의사병합은 vereinbarung(의사합일)이라는 과정을 통해 이루어짐

3. 국제법의 구속력의 근거 - 보편주의(객관주의)

(1) 근본규범설
① 켈젠(H. Kelsen), 페어드로스(A. Verdross) 등 Wien학파가 주장
  ㉠ 켈젠(H. Kelsen): 근본규범을 실증적 규범이 아닌 관념적·가설적 규범이라고 봄
  ㉡ 페어드로스(A. Verdross): 근본규범을 약속은 준수되어야 한다(pacta sunt servanda)는 실증적 규범이라고 봄
② 근본규범을 하나의 가설로 설정하고, 이를 타당근거로 하여 국제법이 규범으로서의 효력을 가진다고 설명

③ 모든 법규는 근본규범을 정점으로 하여 국제법, 헌법, 법률, 명령 순으로 단계구조를 형성
④ 하위의 법규범은 상위의 법규범으로부터 효력의 근거를 부여받음

(2) **사회학적 이론**
① 레옹 뒤기(Leon Duguit), 셀(Georg Scelle)
② 사회적 연대성에 기초하여 사회질서를 유지하기 위한 필요성에서 법의 내용과 강제력이 유래
③ 연대성의 유지를 위해서 조직적 제재가 필요하다는 사회적 의식이 굳어지는 것이 법의 실질적 연원이고, 이렇게 형성된 법이 객관적 법
④ 국제법은 국제사회의 연대성 유지를 위한 국제사회적 필요성에서 그 근거와 내용이 유래

(3) **자연법이론**
① 그로티우스(Grotius)는 국제법 규칙들이 인간이성의 보편적 합의에 기초를 두고 있다고 하여 궁극적으로는 인간이성을 법의 근거 및 강제력의 기초로 삼았음
② 국제법의 근거와 강제력의 기초도 결국은 상식적인 자연질서에 기초한다고 보았음

핵심 POINT | 의사주의와 보편주의(객관주의) 비교

구분	의사주의	보편주의(객관주의)
국제법의 타당기초	국가의사	자연법
국제관습법의 본질	묵시적 합의	자발적 형성 규범
집요한 불복국가	긍정	부정
강행규범의 본질	국가의사 및 합의	자연법
강행규범의 제3자효	부정	인정
입법부작 조약	부정	인정
국제법과 국내법 관계	이원론	국제법 상위 통일설
국가승인의 본질	창설적	선언적

제3절 국제법 발달에 기여한 주요 국제법학자

1. Francisco Vitoria(1480 ~ 1546)
① 『신학논집』에서 이교도인 인디언에 대해서도 자연법상의 권리를 인정할 것을 주장
② 아메리카 신대륙에서 있었던 스페인의 약탈행위를 불법행위라고 비난
③ 국제법을 자연이성이 제민족 간에 뿌리박힌 것이라고 규정
④ 비토리아(Vitoria)의 국제법에 대한 정의는 국가 간의 법이라기보다는 보편인류법에 가깝다고 평가됨

2. Francisco Suares(1548 ~ 1617)
① 스콜라철학의 자연법론의 입장에서 신학문제와 관련하여 국제법이론 전개
② jus gentium을 jus inter gentes(로마시민과 제민족 상호 간 관계 규율)와 jus intra gentes(개개 도시와 왕국이 각기 영역 내에서 준수해야 하는 법)로 구별
③ jus inter gentes만이 jus civile와 구별됨

3. Alberico Gentili(1552 ~ 1608)
① 국제법학을 신학이나 윤리학으로부터 분리
② 국제법학의 고유영역을 개척한 최초의 학자
③ 조약이나 관습에 의한 실정국제법을 중시
④ 국제법의 근저에 존재하는 자연법의 타당성 인정

4. Hugo Grotius(1583 ~ 1645)
① 자연법의 아버지이자 국제법의 아버지
② 『전쟁과 평화의 법(De jure belli ac pacis)』을 출간하여 국제법학의 체계 수립
③ 신학이론과 결별하고, 평등한 주권국가 간 새로운 법질서를 세우려는 시대적 요청에 부응
④ 자연법이론을 응용하여 국가 간에도 자연법이 존재함을 역설
⑤ 『전쟁과 평화의 법』 제2권에서 전쟁을 정당한 전쟁(bellum justum)과 부당한 전쟁(bellum injustum)으로 구분
⑥ 『포획권에 관하여(De jure praedae)』, 『자유해양(Mare liberum)』에서 해양자유론을 주장

정당한 전쟁
방어전쟁, 법적인 청구권을 집행하기 위한 전쟁, 불법을 응징하기 위한 전쟁이다.

5. Saumuel Pufendorf(1632～1694)

① 자연법학파의 대표적 학자
② 실정국제법을 부인하고 국제법을 자연법의 일부라고 주장
③ 자연법의 기초를 이기심으로부터 나오는 인간의 사회성에 두고 국가의 목적을 사회의 평화와 안전의 유지에 있다고 규정
④ 『자연법과 만민법론』에서 자연법만이 국제법이라고 주장(1672)

6. Cornelius van Bynkershoek(1673～1743)

① 법실증주의학자
② 국제법은 국가 간의 관습에 그 기초를 두는 것이라고 주장
③ 착탄거리설(着彈距離說): "무기의 힘이 끝나는 데서 영토의 권력도 끝난다(Potestas terrae finitur ubi finitur armorum vis)." 영해 3해리설의 이론적 기초 제공
④ 국제법의 기초는 제국가 간의 공동합의(common consent)에 있음
⑤ 합의는 관습국제법이나 조약의 형태로 존재

7. Georg Friedrich von Martens(1756～1821)

① 법실증주의 국제법학의 건설에 공헌
② 국제법은 관습국제법과 조약의 형식으로 생성
③ 자연법의 존재를 완전히 부인하지 않고 실정법으로 해결할 수 없는 문제는 자연법에 의지

8. Emerich de Vattel(1714～1767)

① 자연법학파와 법실증주의학파의 중간에 선 절충적 학파
② 국가주권의 절대성·독립성·평등성을 기초로 하는 국제법사상 전개
③ 볼프(C. Wolff)의 주장을 받아들여 자연법을 국제관계에 타당한 필요적 국제법이라 규정
④ 국가의 합의에 기초한 실정국제법을 의사국제법, 협정국제법, 관습국제법으로 구분

9. Heinrich Triepel(1868～1946)

① 독일의 법학자로서 1899년 『국제법과 국내법』을 저술
② 국제법과 국내법의 법체계를 상호 별개로 보는 이원론 주장
③ 국제법의 기초에 대해 공동의사설(Gemeinwillestheorie) 주장

10. John Austin(1790～1859)

① 법과 도덕을 준별하고 법은 주권자의 명령이라고 주장
② 주권자가 없는 국제법은 실정적 도덕(positive morality)에 불과
③ 국제법의 법적 성질 부인

제4절 국제법 발달사

1. 고대(4세기 이전)
① 국가 간의 관계를 규율하는 규범으로서의 국제법은 고대에도 존재
② 고대 국제법은 종교적 성격을 강하게 띠었음

2. 중세(4세기 ~ 16세기)
① 중세시대 유럽에서는 기독교적 국제사회가 형성되어 기독교적 공동체정신에 의해 육성된 기독교국제법이 발전
② 이탈리아 베니스는 외국에 상주외교사절을 파견하였으며 이것을 계기로 15세기에는 다른 국가들도 상주외교사절을 파견하여 외교사절제도가 발달하게 됨
③ 14세기 중엽 바르셀로나에서 집적된 '콘솔라토 델 마레'는 유럽국가들의 해상법에 지대한 영향을 줌

3. 근세(17세기 ~ 19세기 초반)
① 1648년 웨스트팔리아회의 이래 중세 기독교공동체가 해체되고 국제사회가 성립함에 따라 근대국제법이 본격적으로 발달하기 시작
② 그로티우스(Grotius)의 해양자유원칙이 국가들에 의해 수락되기 시작
③ 1815년 비엔나회의에서는 국제하천의 자유항행, 외교사절의 계급, 흑인노예의 매매금지 등에 관한 국제법 출현

4. 근대(19세기 ~ 제1차 세계대전)
① 유럽지역에만 적용되었던 국제법이 남미, 터키 및 아시아제국에 적용되기 시작
② 교통·통신·기술의 발달에 따라 국제사회의 조직화가 진전되었고 국제기구가 창설되었으며 수많은 통상조약이 체결됨
③ 계속되는 전쟁을 경험하면서 전쟁법 및 중립법규 그리고 약간의 전쟁방지법이 형성됨
④ capitulation: 서구국가들에게 우월적·특권적 지위를 부여하기 위해 체결된 불평등조약
⑤ capitulation의 내용
  ㉠ 유럽인은 자국 영사의 동의 없이는 영토국으로부터 추방당하지 아니함
  ㉡ 기독교의식을 거행할 권리
  ㉢ 무역과 통상의 자유를 향유하며, 일정 수출입관세로부터 면제
  ㉣ 영사재판을 받을 권리

5. 현대(제1차 세계대전 이후)

① 제1차 세계대전 이후 국제연맹이 창설되고 사법재판제도가 활성화됨
② 무력사용을 제한하는 규범이 발달함으로써 국제분쟁의 평화적 해결이 제도화됨
③ 제2차 세계대전 과정에서 목도한 대규모 인권침해행위로 인해 인권의 국제적 보호 노력이 강화되고 있음
④ UN총회의 보조기관인 국제법위원회(ILC) 등을 통해 관습국제법이 법전화되고 있는 것도 특징
⑤ 집단안보체제의 기원
  ㉠ 웨스트팔리아조약
  ㉡ 평화에 대한 위협이 있더라도 피해국은 전쟁에 호소해서는 안 됨
  ㉢ 3년간의 냉각기간 규정. 3년이 경과하였는데도 해결에 이르지 못한 경우 피해국은 전쟁을 벌일 권리 보유. 다른 체약국들은 무력사용을 통하여 피해국을 원조해야 함. 체약국들은 위반국에 대해 군사적 원조 금지

제2장 국제법의 연원

제1절 총설

1. 국제법 법원의 의의

형식적 연원	국제법의 존재형식
실질적 연원	법의 인식자료, 성립기초, 국제법이 만들어지게 된 요인

2. ICJ규정 제38조
① 국제사법재판소(ICJ)의 재판준칙에 대한 규정
② 국제법의 연원을 반영한 것으로 평가됨
③ 조약, 관습, 법의 일반원칙, 학설, 판례, 형평과 선
④ 현행법상 동 조항에 규정된 것 이외에도 국제기구결의나 지역공동체결의 등도 있음

제2절 조약

1. 개념

(1) 일반적 정의
① 국제법의 능동적 주체 상호 간 합의
② 구속력 있는 합의
③ 합의의 형식: 문서 또는 구두(口頭)로 가능하며, 제한은 없음
④ 지방의 조약 체결권 인정 국가: 스위스, 독일, 캐나다
⑤ 특별행정구역의 조약체결권 인정 사례: 홍콩, 마카오

(2) 조약법에 관한 비엔나협약(1969)상 정의
① 단일의 문서 또는 2 또는 그 이상의 관련 문서에 구현될 수 있음
② 특정의 명칭과 무관함
③ 서면형식의 체결: 구두조약에는 조약법에 관한 비엔나협약이 적용되지 아니함(단, 이는 구두조약의 구속력을 부인하는 의미가 아님)
④ 국가 간에 체결: 국제법의 능동적 주체 중에서 국가 간 합의에만 적용됨

⑤ **국제법에 의한 규율**: 법의 본질은 기속의사로, 기속의사가 없는 신사협정은 조약이 아님. 또한, 준거법이 국제법이어야 함. 준거법이 국내법이면 조약이 아니라 '국가 간 계약'이라고 함
⑥ 국제적 합의
⑦ 국제기구 설립조약이나 국제기구 내에서 채택된 조약은 1969년 조약법에 관한 비엔나협약의 적용 대상임
⑧ Chagos Marine Protected Area Arbitration 사건(2015): 국내법에 기초하여 행해진 두 분쟁당사자 간 합의가 추후 식민지의 독립과 함께 구속력 있는 국제적 합의로 승격됨

2. 구별개념

(1) 신사협정
① 법적 구속력이 없는 국제적 합의
② 특정 국제합의의 구속력 여부에 대한 판단기준: 명칭·체결주체·절차(×), 기속의사(○)
③ 기속의사의 판단방법: 명문규정이 있는 경우 이에 따르고, 명문규정이 없는 경우 비준, 구속력 있는 분쟁해결절차 도입 여부, UN에 등록 여부 등으로 판단
④ 남북기본합의서(1992), 헬싱키의정서(1975), 대서양헌장(1941), 9·19공동성명(2005) 등
⑤ 한일 위안부 문제에 관한 합의: 우리나라 법원은 조약이 아닌 정치적 합의(신사협정)라고 규정
⑥ 에게 해 대륙붕 사건(1978): 국제사법재판소(ICJ)는 양국이 발표한 공동성명은 서명이나 가서명되지 않았고 제반 정황을 고려할 때 양국이 국제사법재판소(ICJ)의 관할권을 수락하는 약속을 구성한다고 보기 어렵다고 판시
⑦ 부다페스트 각서(1994.12.5.): 러시아, 미국, 영국이 핵무기를 폐기한 우크라이나, 벨라루스, 카자흐스탄과 체결. 영토 보전 혹은 정치적 독립에 대한 힘의 위협 혹은 사용을 자제할 의무를 재확인하고, 러시아, 영국, 미국의 무기는 그 어떤 것도 우크라이나 등을 대상으로 사용되지 않을 것을 약속. 신사협정으로 평가됨

(2) 국가계약(state contract)
① 국가와 사인 상호 간 합의
② 양당사자 간 구속력이 있으나 조약은 아님
③ 국가계약을 위반하더라도 조약 위반으로 인한 직접적인 국가책임은 성립되지 아니함

(3) 교환서한
① 국가 간에 문서를 교환함으로써 조약을 체결

② 교환서한은 대체로 비준을 요하지 않지만, 당사국들이 비준을 전제로 서한을 교환할 수도 있음
③ 교환서한은 조약을 구성할 수도 있고 신사협정 또는 MOU를 구성할 수도 있음
④ Maritime Delimitation in the Indian Ocean(Somalia v. Kenya) 사건: MOU에 발효에 관한 조항이 담겨 있다면 문서의 구속력 있음을 시사(ICJ)

3. 명칭
① 명칭과 무관하게 모든 조약은 구속력이 있으며, 상호 대등함
    예) 조약, 협약, 협정, 각서 교환, 의정서 등
② 분쟁당사국 간 회의의사록이 국제협정으로 인정되기도 함(카타르 - 바레인 해양경계획정 사건, ICJ)

4. 분류

(1) 약식조약과 정식조약

약식조약	• 서명만으로 기속적 동의를 표시 • 행정(부)협정 • 서명의 기능 = 인증 + 기속적 동의 표시
정식조약	• 서명과는 별도로 기속적 동의 절차를 요하는 조약 • 서명의 기능 = 인증
국제법적 효력	차이가 없음
국내법적 효력	국내법에 따라 다를 수 있음 예) 한국: 정식조약 > 약식조약(행정협정)

(2) 보편조약·일반조약·특별조약
① 현재 모든 국가가 가입한 조약(보편조약)은 없음
② UN헌장이나 핵확산방지조약(NPT) 등이 보편조약에 근접함

(3) 입법조약과 계약조약

입법조약	당사자의 이해관계가 동일방향을 지향하고 있는 성질의 조약 예) 조약법에 관한 비엔나협약
계약조약	당사자의 이해관계가 역방향의 성질을 가진 조약 예) 영토할양조약
트리펠(Triepel)	• 입법조약(law-making treaty)만 국제법의 연원이라고 주장 • 그러나 계약조약도 국제법의 연원이라는 평가가 일반적임

(4) 개방조약과 폐쇄조약 - 가입 허용 여부

개방조약	• 추후 가입을 허용 • 다자조약은 대체로 개방조약임
폐쇄조약	• 추후 가입을 불허 • 양자조약

(5) **영속조약과 처분조약**

영속조약	유효기간 중 계속적인 이행을 필요로 하는 조약
처분조약	• 내용이 1회의 이행으로 목적을 달성할 수 있는 조약 • 영토에 관한 권리·의무에 대한 조약 • 국가승계 문제 발생 시 관습법상 승계국의 승계의무가 있음

(6) **입법부적 조약**
① 조약 당사자가 아닌 국가들에 법과 의무를 창설할 목적으로 체결되는 조약
② 조약법협약 제34조: 입법부적 조약 부인
③ Aaland Islands 사건(1920): 1856년 파리평화조약의 입법부적 성격 인정
④ Reparation for Injuries Suffered in the Service of the UN 사건에 대한 권고적 의견(1949): UN헌장의 입법부적 성격 인정
⑤ Hans Kelsen: UN헌장 제2조 제6항이 입법부적 조항이라고 주장

제3절 국제관습법

1. 의의

(1) **개념**
법으로 수락된 일반관행의 증거[ICJ규정 제38조 제1항 제(b)호]

(2) **장단점**
① 장점: 적용의 유연성
② 단점: 성립시기의 불명확성과 입증 부담이 큼

2. 본질

(1) **의사주의(승인설)**
① 관습을 국가 간의 묵시적 합의설이라고 봄
② 집요한 불복국가를 인정하며, 합의하지 않은 국가에는 당해 관습을 적용하지 않는다고 봄
③ 창설적 효력설: 신생국은 승인을 받기 전까지는 관습이 적용되지 아니함

(2) **객관주의(법적 확신설)**
① 자발적으로 형성된 규범
② 국가의사와 무관
③ 관습법의 보편적 효력을 잘 설명함
④ 집요한 불복국가를 부정
⑤ 선언적 효력설: 신생국은 승인을 받지 않아도 관습법상 권리·의무 적용

3. 성립요건

(1) 객관적 요건 - 국가들의 일반관행의 존재
① 일관성: 완벽한 일관성을 요하는 것은 아님
② 계속성: 어느 정도 계속되어야 하는지는 불명확. 북해대륙붕 사건에 따르면 국제사법재판소(ICJ)는 시간적 요소는 단축될 수 있다는 입장이나, 세계 대다수 국가들이 참여하고, 당해 관행에 특별히 영향을 받는 국가가 참여해야 함
③ 일반성: 모든 국가가 참가해야 하는 것은 아니지만, 성립하면 보편적 효력
④ 지역관습(비호권 사건)과 양자관습(인도령 통행권 사건) 성립 가능
⑤ 관습법 성립에 있어서 강대국의 힘이 초기 성립 배경이 되기도 함
⑥ 국가의 실제 행동뿐 아니라 부작위나 침묵도 관행(실행)에 해당됨

(2) 주관적 요건
① 법적 확신(opinio juris): 상설국제사법재판소(PCIJ)는 어떤 행위(작위나 부작위)를 행하여야 하는 것 또는 하지 않아야 한다는 것이 법적 의무라는 국가들의 내심의 의사라고 정의
② 속성관습법론: 짧은 시간에도 법적 확신이 형성되면 관습법이 성립한다는 주장으로, UN총회결의에 대한 구속력을 긍정하기 위해 제기된 주장이나 타당성이 인정되지 아니함
③ 니카라과 사건(1986): 법적 확신만을 통한 관습국제법의 성립 가능성 부인

(3) 국제관습의 입증책임
① 일반관행을 통해서 법적 확신을 추정하며, 국제사법재판소(ICJ)는 일반관행이 입증되면 법적 확신이 추정된다고 봄(Interhandel 사건 및 1960년 인도통행권 사건)
② 일반관행의 존재와는 별도의 입증을 요구하는 경우도 있음
③ 법의 일반원칙상 입증책임은 그 입증으로 이득을 얻는 쪽이 부담
④ 일반관습법의 경우 원칙적으로 국제재판소는 일반국제법을 알고 있다고 전제함. 따라서, 관습법을 부정하는 국가가 이를 입증해야 이익이 있으므로 부정하는 국가가 입증책임을 짐
⑤ 지역관습법의 경우는 국제재판소가 법을 알고 있다는 것이 전제되지 않음. 따라서 그 존재가 입증되므로 이익을 얻는 자, 즉 국제관습이 형성되었음을 주장하는 국가가 적극적으로 입증(비호권 사건, ICJ)

(4) 관행과 법적 확신 간의 관계
① 북해대륙붕 사건(1969): 각국의 실행을 먼저 검토하고, 그러한 실행이 법적 확신을 수반하고 있는지 판단
② 니카라과 사건(1986): 무력불행사와 불간섭의무에 대한 법적 확신을 먼저 확인하고, 이러한 인식이 관행에 의하여 확인되어야 한다고 판단

③ A. Cassese
    ㉠ 무력행사금지원칙, 국제인권법이나 국제인도법의 원칙은 통상적인 관습법보다 국가관행의 증거가 덜 엄격하게 요구되며, 법적 확신이 더욱 중요한 역할을 함
    ㉡ 국가 간 경제적·정치적 이해가 충돌하는 분야에서는 관행이라는 요소가 더 중요함

(5) **지역관습법**
    ① 성립요건: 관행 + 법적 확신
    ② 지역관습법은 일반법에서 이탈하는 일종의 특별법이기 때문에 명시적이고 적극적인 동의를 표시한 국가에 대하여만 성립
    ③ 일반관습국제법보다 더 높은 수준의 증명이 요구됨
    ④ 재판과정에 있어서 일반관습국제법과 달리 지역관습법은 주장국이 그의 존재를 증명해야 함
    ⑤ 지역관습법은 기존의 국제법을 강화시키기도 하는 반면 기존 법으로부터의 이탈을 조장하기도 함

(6) **관행 형성에 있어서 비국가행위자의 행위**
    ① ILC는 현재 검토 중인 국제관습법의 확인에 대한 결론 초안에서 NGO, 비국가무장단체, 다국적기업 및 사인에 대해 일정한 조건하에 관습법을 성립시키는 관행을 보여줄 수 있다는 입장을 채택하였음
    ② 오늘날 국제기구의 관행도 국제관습법규의 형성에 기여할 수 있음
    ③ 상기 초안에서 ILC도 유럽연합(EU)처럼 회원국들로부터 배타적 권한을 이전받은 국제기구가 그 범위 내에서 회원국들의 공적 권한의 일부를 행사하고 이로써 당해 기구의 관행이 회원국들의 관행과 동일시될 수 있는 경우를 포함하고 있음

(7) **Draft Conclusion on Identification of Customary International Law(2018)**
    ① 국제관습법의 존재를 확인하기 위해서는 일반적 관행과 법적 확신이 각각 필요함을 인정
    ② 국제기구의 실행도 관습국제법 형성에 기여하는데, 이때 국제기구의 실행이란 기구 자신의 임무 범위 내에서 기구 자체의 실행을 의미
    ③ 국가가 일정한 반응을 해야 할 상황임에도 상당 기간 아무런 대응을 하지 않는다면 이는 법적 확신의 증거가 될 수 있음
    ④ 외교문서, 국제기구나 국제회의에서 채택된 결의와 관련된 국가행위, 국내법원의 판결 등은 국가실행의 유형임과 동시에 법적 확신의 증거로 인정될 수 있으며, 이처럼 동일한 재료가 국가 관행과 법적 확신의 증거로 이용될지라도, 관행과 법적 확신의 확인과 평가는 별개의 과정을 통해 별도로 이루어짐
    ⑤ 다수의 조약에 포함된 규칙이라고 하여 반드시 관습국제법의 반영은 아님

4. 국제관습법의 효력범위

(1) 원칙
　① 보편적 효력
　② 일반관행에 참여하지 않은 국가와 관습법 성립 이후 창설된 신생국에 대해서도 적용됨

(2) 집요한 불복국가이론
　① 집요한 불복국가: 국제관습의 형성과정 중에 그에 관해 일관되고 명백하게 반대의 의사표시를 한 국가
　② 당해 국가에 대해서는 국제관습법의 적용 배제
　③ 학설: 의사주의(긍정)와 객관주의(부정) 대립
　④ 국제사법재판소(ICJ): 긍정(영국 - 노르웨이 어업 사건, 1951)
　⑤ 국제법위원회(ILC): 〈Draft Conclusions on identification of customary international law〉(2016)에서 집요한 불복이론 인정
　⑥ 반대는 구두항의로도 충분하며, 국가들이 자국의 권리를 지키기 위해 물리적 행동을 취할 필요는 없음
　⑦ Legality of the Threat or Use of Nuclear Weapons 사건(1996): 핵무기사용 금지 규칙을 관습법규로 만들려는 대다수 국가들의 소망이 극소수 국가들의 완강한 반대로 봉쇄되었음(ICJ)

5. 속성관습법

　① 단시일에 성립되는 국제관습법
　② 관습의 창설적 요소로서 구속력이 없는 결의와 선언에서 표시된 법적 확신에만 의존
　③ UN총회의 결의에 법적 구속력을 부여하기 위한 논리로서 제시
　④ 국가관행은 법적 확신이라는 심리적 요소를 증명하기 위해서만 필요한 것인데, 법적 신념이 다른 수단에 의해 확인되기만 한다면 관행은 불필요
　⑤ UN총회의 결의는 압도적 다수 국가에 의한 관행의 동시적 집적이며 이로부터 법적 신념의 일치를 추론하며, 이러한 법적 신념으로부터 총회결의의 법적 구속력이 증명
　⑥ 속성관습법의 성립 여부 및 UN총회결의의 구속력 인정 여부에 대해서는 부정적 견해가 지배적

6. 국제관습법의 법전화

(1) UN국제법위원회(International Law Commission; ILC)
　① UN회원국 국민 중에서 개인자격으로 선출되는 34명의 위원으로 구성
　② 한 국가에서 2명 이상의 위원이 선출될 수 없음

③ 위원은 UN회원국 정부가 후보를 지명하고, 지명된 후보 중 과반수 투표로 총회에서 선출

④ 임기는 5년이며 재선될 수 있음

(2) ILC의 주요 작업 결과

4개의 해양법에 관한 제네바협약(1958), 외교관계에 관한 비엔나협약(1961), 영사관계에 관한 비엔나협약(1963), 조약법에 관한 비엔나협약(1969), 조약의 국가승계에 관한 비엔나협약(1978), 특별사절에 관한 뉴욕협약(1969), 국가재산·공문서·채무의 국가승계에 관한 비엔나협약(1983), 인류의 평화와 안전에 관한 범죄 법전 초안(1996), 국제수로의 비항행적 사용에 관한 협약(1997), 국제형사법원설립규정(1998), 국가의 국제위법행위에 대한 책임규정 초안(2001), 위험한 활동에서 야기되는 국경 간 손해방지에 관한 규정 초안(2001), 국가 및 그 재산의 관할권 면제에 관한 UN협약(2004), 법적 의무를 창설할 수 있는 국가의 일방적 선언에 적용되는 제지도원칙(2006), 위험한 활동에서 야기되는 국경 간 손해의 경우에 있어 손실의 배분에 관한 제원칙 초안(2006) 등

(3) 특별위원회

우주평화이용위원회(1959), 국가 간 우호와 협력에 관한 국제법원칙에 대한 특별위원회(1963), UN국제무역법위원회(United Nations Commission on International Trade Law; UNCITRAL, 1966), 심해저위원회(1969) 등

(4) 우주평화이용위원회

달과 기타 천체를 포함한 외기권을 탐사하고 이용하는 국가의 활동에 적용되는 제원칙에 관한 조약(우주조약, 1967)의 기초 작업 진행

(5) 제3차 UN해양법회의

UN해양법협약(1982) 채택

(6) 헤이그 만국 평화회의(1899·1907)

최초의 대규모 법전화회의

(7) 국제연맹

영해와 관련하여 성문화가 시도되었으나 실패(1930)

제4절 법의 일반원칙

1. 의의
① 국가들에 의해 공통적으로 인정되고 있는 국내법의 일반원칙
② 국제형사재판소(ICC)규정도 법의 일반원칙을 적용법규의 하나로 규정
③ 국제투자법 분야의 중재재판에서 많이 사용됨
④ 국제형사재판소(ICC): 법의 일반원칙 적용

2. 연원성

적극설	• 자연법설 • 법의 일반원칙은 자연법이고, 자연법은 실정법보다 우위에 있다는 주장
소극설	• 의사주의 • 자연법은 국가가 동의하지 않은 경우 연원이 될 수 없다는 주장

3. 기능
① 재판불능의 방지
② 재판관의 자의적 판단 금지
③ 국가주권에 대한 유리한 추정의 남용 방지

4. 적용순서
① 관습법이나 조약 존재시 관습법이나 조약이 우선적용됨
② 관습이나 조약이 없는 경우 보충적으로 적용됨
③ 적용에 있어서 당사자의 합의를 요하지 아니함

5. 국제재판소와 법의 일반원칙

(1) 상설국제사법재판소(PCIJ)
① 호르죠 공장 사건(1928): 약속 위반이 배상의 의무를 동반한다는 것은 국제법의 일반원칙이자 법의 일반개념
② Mosul Boundary 사건(1925): 누구도 자기 사건의 재판관이 될 수 없음
③ 상설국제사법재판소(PCIJ)가 법의 일반원칙을 원용한 예는 드물었음
④ 종국판결을 위한 필수불가결의 준칙으로서가 아니라 다른 국제법의 원칙을 보강하기 위하여 사용

(2) 국제사법재판소(ICJ)
① 거의 적용된 사례가 없음
② 냉전기 구소련의 국제법학자들은 조약, 관습 이외의 여하한 새로운 연원도 인정하지 않았음
③ 법의 일반원칙의 내용은 점차 조약과 국제관습법으로 흡수되었음

(3) 적용 사례

연체이자의 원칙	채권자가 채무자에게 원금변제의 연기를 허용하는 경우 연체이자에 대해 유보를 하지 않으면 그 권리는 소멸 예 상설중재법원(PCA)의 러시아배상금 사건(1912)
의무 위반에 대한 배상책임	어떠한 약정 위반도 배상의무를 수반하는 것이 국제법의 원칙이며, 법의 일반적 개념 예 상설국제사법재판소(PCIJ)의 호르죠 공장 사건(1928)
신의성실의 원칙	자기의 불법행위에 의하여 상대방의 의무이행이 방해되었을 경우 그 불이행에 대해 책임을 물을 수 없는 것이 일반적으로 승인된 원칙 예 상설국제사법재판소(PCIJ)의 호르죠 공장 사건(1928)
형평의 원칙	영미법상의 형평법의 원리를 일반원칙으로 적용 예 상설국제사법재판소(PCIJ)의 뮤즈강 수로 변경 사건(1937)
권리남용금지의 원칙	각국이 자기 영해의 범위 및 그 기선을 자유로이 결정할 수 있으나 권리남용에 해당하지 않아야 함 예 국제사법재판소(ICJ) 알바레즈 판사의 영국-노르웨이 어업 사건(1951)
금반언(estoppel)의 원칙	예 국제사법재판소(ICJ)의 프레아 비헤아 사원 사건, 노테봄 사건

제5절 학설 및 판례

1. 의의
① 법칙 결정의 보조적 수단(여기서 법칙은 국제법 규칙을 지칭함)
② 법원성은 부정됨

2. 학설
학자나 법률전문가의 견해

3. 판례
① 국제판례, 국내판례, 국제사법재판판례, 국제중재재판판례 등
② 선례불구속의 원칙(ICJ규정 제59조): 재판소의 결정은 당사자와 당해 사건에 대해서만 적용됨
③ 국제사법재판소(ICJ)가 다른 국제재판소 판례를 인용하는 경우는 많지 않으며, 특히 국내재판소 판례 인용은 회피

형평과 선
적용에 있어서 당사자의 합의를 요한다. 합의 성립 시 조약이나 관습을 배제하고 적용될 수 있다.

제6절 형평과 선

1. 형평(equity)의 의의
① 국제법 주체 간의 분쟁 또는 문제의 합리적 해결을 위해 요구되는 구체적 정의를 실현할 수 있다고 판단되는 요소나 감정
② 법의 해석 및 보충을 위해 사용
③ 법 해석수단, 국제법 흠결의 보완, 법에 상반되어 실정법을 개정하는 역할을 함
④ 통설적 견해는 형평의 국제법의 형식적 연원성을 부정

2. 형평의 일반적 개념과 추구 형태

(1) 일반적 개념
① 일반적으로 형평이라 함은 공평을 의미
② 국제법에 있어서 형평은 국제법 주체 간의 분쟁해결을 위한 법규칙의 적용에 있어서 요구되는 공평성 및 합리성 또는 구체적 정의를 의미

(2) 추구 형태

법 테두리 내의 형평 (equity infra legem)	• 실정법을 벗어나지 않고 이를 공정하게 해석·적용하기 위한 기준으로서의 형평 • 적용법규의 선택 및 법의 해석이 정의의 요구에 일치하여 이루어져야 한다는 당위성을 의미
법을 보충하는 형평 (equity praeter legem)	• 실정국제법을 존중하면서도 구체적 사안에 대해 실정법의 흠결 또는 불충분성을 교정하고 그 논리적 공백을 보완하는 기준의 역할을 함 • 형평의 고려는 합리적 결과를 가져오기 위해 법을 교정하거나 보충하는 역할을 수행함(Barcelona Traction Case)
법을 배제하는 형평 (equity contra legem)	실정국제법의 무조건적인 적용을 회피하기 위하여 실정국제법에 위반하여 재판관의 평등, 선, 정의에 대한 주관적 가치를 재판기준으로 원용할 경우의 형평

3. 국제사법재판소(ICJ)에 있어서의 '형평과 선'에 의한 재판

(1) 국제사법재판소(ICJ)규정상 '형평과 선'의 의미
① 해당 사건에 적용할 현행법규의 유무와 관계없이 재판소는 법의 적용을 배제하고 형평을 기준으로 하여 사건을 해결
② 해당 사건에 적용할 현행법이 있다고 하더라도, 이를 무시한 채 형평을 적용하여 재판
③ 국제사법재판소(ICJ)가 형평과 선에 따라 재판한 사례는 없음

(2) **형평과 선의 적용조건**
    ① 당사자 간의 명시적 합의
    ② 강행규범과의 양립성

(3) **국제관행**
    ① 제38조 제2항이 국제사법재판소(ICJ)에서 발동된 예는 지금까지 한 번도 없었음
    ② 국제중재재판에서 '형평과 선에 따라' 재판을 하도록 허용받는 경우는 있음
    ③ UN해양법협약에 의거하여 관할권을 가지는 국제사법재판소(ICJ)를 포함한 국제재판소들도 당사자가 합의하는 경우 형평과 선에 따라 재판할 권한을 부여받고 있음
    ④ WTO패널과 항소기관은 형평과 선에 따라 재판할 권한이 없음

4. 형평의 국제법의 형식적 연원성

법 테두리 내의 형평 (equity infra legem)	• 주어진 틀 속에서 그 공정한 해석 및 적용을 위한 지침을 제공함 • 새로운 법규범의 연원이 될 수 없음
법을 보충하는 형평 (equity praeter legem)	• 형평은 구체적 사건의 합리적 해결을 위해 현행법의 경직성을 교정하거나 보충함으로써 법 발달에 대해 영향을 미칠 수 있음 • 국제법정은 스스로가 바람직하다고 판단하는 원칙이라 하더라도 이를 법으로서 선언할 수는 없음 • 형평에 따라 교정된 원칙은 해당 사건의 해결을 위해서만 제시되는 데 그침 • 국제법의 연원이라 할 수 없음
법을 배제하는 형평 (equity contra legem)	• 국제사법재판소(ICJ)규정 제38조 제2항에 규정된 형평과 선에 의한 재판의 경우, 실정법을 무시하고 법 외적인 요소인 형평에 따라 당사자의 이익을 조정 • 법을 배제하는 형평은 법과 아무런 상관관계가 없음 • 국제법의 연원이 될 수 없음

제7절 국제기구결의

1. 의의
① 국제기구의 결의는 국제사법재판소(ICJ)규정에는 명시되어 있지 않음
② 기본조약에 부여된 권한의 범위 내에서 각종 법규범의 정립에 관여하는 실질적·2차적 법원 역할을 함

2. 구속력 있는 결의

(1) 내부사항에 대한 결정
기구 내부적으로 구속력이 있음
예 가입, 제명, 이사국의 선출, 보조기관 설치 등에 관한 결정 등

(2) 실질사항과 관련한 국가들에 대한 의무 부과
UN안전보장이사회의 경우 헌장 제7장상의 조치들을 결정할 수 있고 이는 모든 회원국을 구속함

(3) 확인(determination)
① 북한의 무력공격을 평화의 파괴를 구성함을 확인한 것이나, 이라크의 쿠웨이트 침공으로 국제평화와 안전의 파괴가 존재함을 확인
② 회원국을 포함한 모든 국가를 구속

(4) 기존 법규범의 선언
① 구속력이 있음
② 결의에 포함된 원칙들은 관습법의 자격으로 국가들을 구속
예 국가 간 우호협력관계에 관한 선언(1970), 침략의 정의에 관한 총회결의 등(1974)

3. 새로운 법규범을 창설한 결의의 구속력

(1) 인정설
① 속성관습법론
  ㉠ 법적 확신만 존재해도 관습법이 성립한다고 주장
  ㉡ 만장일치 또는 압도적 다수의 찬성에 의한 결의는 이를 의무로서 수락한다는 법적 확신의 표명으로서 결의에 의해서도 국제관습법이 성립한다고 주장
  ㉢ 국제기구결의는 관습법으로서 구속력이 있다고 주장
② 연성법론: hard law와 같은 엄격한 권리·의무를 창설하는 것은 아니나, 회원국의 행동지침이 되거나 약한 구속력을 창설하므로 그 법원성을 인정할 수 있음

(2) **부정설**
① UN총회는 입법기관이 아님
② 총회는 어떠한 국제법의 형식적 법원도 국가의 의사와 무관하게 창설 불가
③ UN헌장 제10조 ~ 제14조의 해석상 총회의 결의는 권고적 효력만 가짐

(3) **결론**
① 부정설이 통설
② 국제사법재판소(ICJ)는 관습법 성립에 있어서 일반관행과 법적 확신이 모두 필요하다는 입장 견지
③ UN헌장상 총회결의에 일반적 구속력을 부여할 수 없음

4. 구속력 없는 결의

(1) **권고**
① 상대방에게 일정한 행위를 하도록 요청하되 이들을 구속하지 않을 의도로서 채택되는 결의형식
② 구속력이 없음
③ 국제기구는 국가 주권을 침해할 우려가 있는 사안의 경우 구속력이 없는 권고형식을 취함

(2) **선언**
① 법원칙을 선언하지만, 문구나 참가국의 의사표시로 보아 동 원칙에 구속력을 부여하기로 하는 의도가 분명히 확인되지 않는 문서
② 구속력이 없음

제8절 연성법규론

1. 의의

(1) **개념**
① 연성법규(soft law)는 경성법규(hard law)와 달리 구속력이 불완전한 규범
② 비교적 최근에 국제법의 규율범위에 포함된 국제경제, 국제인권, 국제환경법 등의 영역에 있어서 특히 국제기구에 의해 창설되는 규범에 법적 구속력을 부여하기 위한 이론적 시도
③ 국제관계의 새로운 분야에서 법규범을 창설함에 있어 국가들의 저항을 완화함

(2) **부상 배경**
① 조약이나 관습국제법 형태의 법원은 성립에 상당한 시간이 걸리고 국제사회의 변화에 즉각적인 대응을 하지 못함

② 국제관계에서 국가행동의 합법성과 정당성이 일치하지 않는 경우를 규율
③ 국제법의 새로운 분야에서 국가 간의 이해상충으로 구속력 있는 합의가 어려움
④ 기존조약의 내용을 구체화시켜주거나 보완함
⑤ 조약의 비준을 위한 국내절차를 피하고 싶은 경우 활용

2. 존재형식

(1) 조약으로 존재하는 연성법규
① 조약상의 의무가 추상적으로 규정된 경우: 1966년 경제적·사회적·문화적 권리에 관한 국제규약(A규약) 등
② 의무는 구체적이나 많은 예외를 인정하고 있는 경우: GATT1994 등

(2) 국제기구결의의 형식으로 존재하는 연성법규
① 법규범 창설의도: 결의 문구나 제목 등을 통해 확인
② 법규범 창설의도의 확인: 국가들의 일반적 지지가 있는 경우

3. 구속력

(1) 조약으로 존재하는 연성법규
① 원칙적으로 다른 조약법상의 의무와 같이 국가를 구속
② 조약 속에 포함된 의무들은 그 내용 자체가 불명확하거나 추상적이므로 국가들에 대해 일정한 행동방향 또는 행동방식에 따를 것을 요구하는 데에 그침

(2) 국제결의로 존재하는 연성법규
→ 학설 대립

긍정설	• Henkin • 당사국들이 구속력을 부여할 의도가 있음을 확인한 경우
부정설	• Malanczuk • UN총회는 입법기관이 아님 • 연성법은 엄격하게 법적 구속력을 갖는 것은 아니고, 법과 비법의 회색지대에서 작용하는 국제경제법과 국제환경법상의 행위준칙 또는 지침 • 연성법이 국제사회규범의 일 양태임은 분명하나, 법규범은 아님

(3) 조약규정을 통한 연성법규의 법적 구속력 취득
① 연성법이 다자조약에서 묵시적 언급을 통해 조약의 조건으로 편입됨으로써 간접적으로 구속력을 부여받는 경우도 있음
② 국제해사기구는 설립조약상 구속력 있는 결의를 채택할 일반적 권한이 없음에도 불구하고 UN해양법협약은 간접적으로 이 기구의 결의와 권고들을 구속력 있는 것으로 만들 수 있음

(4) 국제사법재판소(ICJ) 입장
① 국제사법재판소(ICJ)는 Legality of the Threat or Use of Nuclear Weapons 사건에서 UN총회결의는 비록 구속력은 없다 해도 때로 규범적 가치를 가질 수 있다고 함
② Legality of the Threat or Use of Nuclear Weapons 사건 판례에 의하면 결의는 일부 상황에서는 어떤 규칙의 존재 혹은 법적 확신의 출현을 입증하는 데에 중요한 증거를 제공할 수 있음

(5) 미국 법원의 입장
① Filartiga 대 Pena-Irala 사건에서 미국의 한 연방항소재판소는 고문이 국제적 차원에서 금지되었다는 결론을 얻어내기 위해 학자들의 글과 판례와 함께 모든 관련 조약과 UN총회의 결의들을 검토하였음
② 연방항소재판소는 세계인권선언은 구속력 있는 조약 대 구속력 없는 선언의 이분법에 더 이상 들어맞지 않으며, 그것은 오히려 국제공동체의 유권적 선언이라고 하여 총회결의에 불과한 1948년 세계인권선언의 법적 효력을 시사하였음

4. 연성법규 위반의 법적 결과

(1) 조약으로 존재하는 연성법규
국가책임이 성립

(2) 국제결의로 존재하는 연성법규
① 연성법규를 긍정하는 학설에 따르면 연성법규의 위반은 불법행위로서 국가책임이 성립
② 결의의 구속력을 부인하는 견해에 의하면 결의는 법적 구속력을 갖지 않기 때문에 법적 책임은 성립하지 않음

제9절 국가의 일방행위

1. 의의
① 국가나 국제기구의 일방적 의사표시를 통해 법률효과를 가져오는 행위
② 구속력 발생에 있어서 상대방(수신자)의 수락을 요하지 아니함
③ 일방행위의 효력요건 문제는 국제법위원회(ILC)에서 검토되고 있으며, 2006년 12월 제58차 회기에서 "Guiding Principles applicable to unilateral declarations of States capable of creating legal obligations" 및 그 주석을 채택하여 총회에 제출
예 약속, 항의, 승인 등

2. 판례 · 사례

(1) 핵실험 사건(ICJ, 1974)
프랑스 대통령의 일방행위의 효력 인정

(2) 부르키나 파소 – 말리 국경분쟁 사건(ICJ)
말리 대통령의 발언(일방행위)의 구속력 부정

(3) 동부 그린랜드 사건(PCIJ)
노르웨이 외무장관 발언(일방행위)의 구속력 인정

(4) 수에즈 운하 국유화 이후 그 운영에 관한 이집트 선언(1957)
구속력 인정

(5) 요르단 강 서안지구에 대한 요르단의 포기 선언(1988)
구속력 인정

3. ILC지침(2006)의 주요 내용

(1) 일방행위의 주체
모든 국가는 일방행위를 통해 의무를 부담할 수 있음

(2) 일방행위를 할 수 있는 국가기관
① 국가원수, 정부수반, 외무부장관, 그 밖의 장관
② 그 밖의 장관의 경우, 권한범위 내의 문제에 대해 일방행위를 할 수 있음
③ 그러나 일반 공무원의 일방행위로부터는 국가에 대한 법적 구속력이 당연히 발생하는 것은 아님

(3) 일방행위의 형식
문서 또는 구두

(4) 일방행위의 상대방
개별 국가, 국가군, 국제공동체, 그 밖의 실체

(5) 일방행위의 무효
강행규범과 상충 시 무효

(6) 타국에 대한 의무 부과 가능성
타국이 명시적으로 수락하는 경우 의무 부과 가능

(7) 일방행위의 취소
자의적이지 아니한 취소는 가능하나, 상대방이 일방행위를 신뢰한 경우 취소 불가능

제10절 강행규범

1. 의의
① 국제법 주체 간 합의에 의해서도 배제하거나 변경할 수 없는 규범
② 국제법 상호 간 관계에 수직적 위계를 도입함
  예 강행규범 > 임의규범
③ 대체로 대세적 의무(obligations erga omnes)와 유사한 개념으로 인식됨
④ 국제범죄는 강행규범을 중대하게 위반한 행위를 말함. 이 경우 범죄국은 그 위반에 의해 직접 권리를 침해받은 국가에게 손해배상을 해야 하며, 또한 이는 국제공동체 전체에 대한 법익의 침해이므로, 국제공동체로부터 제재가 가해질 수 있음

2. 학설

(1) 긍정설
① 그로티우스(Grotius): 자연법은 불변이므로 신이라 할지라도 이를 변경시킬 수 없다고 선언
② 바텔(Vattel): 자연법(필수적인 국제법)을 국가들은 합의에 의해 변경해서는 안 된다고 함
③ 브룬칠리(Bluntschli): 국제조약은 그것이 국가들의 기본적 권리들을 제한 혹은 파괴하는 경우에는 구속력이 없다고 함
④ 안질로티(D. Anzilotti): 국가들의 의사는 국제법에 의하여 금지된 어떤 것을 목표로 해서는 안 된다고 함
⑤ 오펜하임(Oppenheim): 만약 한 국가가 자국 선박들에게 공해상에서 해적행위를 하도록 명령하더라도 타국은 이에 간섭하지 않는다는 내용의 협약이 양국 간에 체결된다면, 그러한 조약은 당연무효가 될 것이라고 함

(2) 부정설
① 강행규범이란 국가처럼 잘 조직화되고 실효적인 법체계에서만 가능한 것으로 전제한 나머지 국제공동체에는 아직 그런 것이 있을 수 없다고 단정하는 학자들도 있음
② 슈왈젠베르거(Schwarzenberger): 국내법과는 달리 국제관습법은 강행규범 혹은 국제공공정책의 규칙, 즉 국제법의 개별 주체들이 합의에 의하여 수정할 수 없는 규칙이란 것이 결여되어 있고, 임의규범과는 구분되는 강행규범은 공공정책의 규칙들을 수립할 수 있는 입법적·사법적 장치를 갖추고 있으며 또한 최종적으로 압도적인 물리력에 호소할 수 있는 실효적인 법적 질서의 존재를 전제로 한다고 함

③ 루소(Rousseau): 강행규범 개념에 대하여 매우 회의적이었음. 그는 국제법에서는 국내법의 상황과는 대조적으로 국가 의사의 자율성을 제한하는 공공정책의 관념은 국제공동체의 개인주의적·의사주의적 구조 때문에 사실상 존재하지 않는다고 함

3. 예시

(1) 조약
강행규범을 열거한 조약은 존재하지 않음

(2) 조약법에 관한 비엔나협약 제53조에 관한 주석
UN헌장의 원칙에 위반하여 무력사용을 예정하는 조약, 국제법상의 범죄행위를 예정하는 조약, 노예매매나 해적행위 또는 집단살해와 같이 국가들이 그 진압을 위해 협력할 의무가 있는 행위들을 예정하거나 용인하는 조약을 강행규범을 위반한 조약의 예시로 들고 있음

(3) 1970년 바르셀로나 트랙션 사건
침략금지의무, 집단살해 금지의무, 노예매매 및 인종차별의 금지와 같은 인권보장의무를 대세적 의무의 예시로 들고 있음

(4) 1980년 국가책임법 협약 잠정초안 제19조 – 국제범죄 규정
① 국제범죄: 국제공동체의 근본적 이익의 보호를 위하여 너무나도 중요하여 그 위반이 국제공동체의 전 구성원에 의해 범죄로서 인정되는 의무의 위반, 즉 강행규범의 중대한 위반
② 국제평화와 안전의 유지, 민족자결권의 보호, 인간의 보호, 인류환경의 보호를 위해 본질적으로 중요한 의무의 중대한 위반을 예시로 들었음

(5) 강행규범을 인정한 판례
① 유럽인권재판소는 Al-Adsani 대 UK 사건에서 고문 금지를, Jorvic 대 Germany 사건에서는 제노사이드 금지를 강행규범으로 불렀음
② 구유고국제형사재판소도 고문 금지를 강행규범으로 선언한 바 있음
③ 미주인권재판소(Inter-American Court of Human Rights)는 비차별(차별 금지), 고문 금지, 재판소 접근(이용), 강제 실종 금지 등을 강행규범 목록에 올리고 있음
④ 2006년 국제사법재판소(ICJ)는 Armed Activities on the Territory of the Congo 사건에서 국제법에서 강행규범의 존재를 확인하면서, 제노사이드 금지는 강행규범이라고 규정하였음
⑤ 2012년 국제사법재판소(ICJ)는 Questions relating to the Obligation to Prosecute or Extradite 사건에서는 고문 금지는 국제관습법의 일부로서 강행규범이 되었다고 천명하였음

(6) Alfried Krupp and others 사건(미국)

① 1947년과 1948년 뉘른베르크에서 개정된 한 미국 군사재판소에 의해 심리된 Alfried Krupp and others 사건에서 피고들은 독일 병기 생산에 프랑스 전쟁포로들을 사용한 것은 비시 정부가 베를린 주재 프랑스대사를 통해 독일과 체결한 협정에 의거한 것이라고 항변하였음

② 재판부는 그러한 협정이 존재한다는 신뢰할 만한 증거가 없으며, 설사 그러한 협정이 존재한다 하더라도 그것은 명백히 선량한 도덕에 반하는(contrabonos mores) 것으로서 국제법상 무효였다고 언급하였음

4. 조약법에 관한 비엔나협약상 강행규범 관련 규정

(1) 정의 - 제53조
① 강행성: 이탈이 허용되지 않음
② 변경 가능: 동일한 성질을 가진 추후 규범에 의해서만 변경될 수 있는 규범
③ 강행규범: 전체로서의 국제공동체가 수락하고 승인한 규범

(2) 강행규범에 위반되는 조약의 효력
① 조약의 무효: 조약이 신법이고 강행규범이 구법인 경우, 소급효
② 조약의 종료: 조약이 구법이고 강행규범이 신법인 경우, 장래효

(3) 강행규범 관련 분쟁의 해결
① 당사자 간 해결: 12개월 이내에 평화적 해결수단에 따른 해결 추구
② 12개월 이내에 분쟁이 해결되지 않은 경우
　㉠ 합의에 의해 중재재판 회부
　㉡ 합의가 되지 아니한 경우 국제사법재판소(ICJ)에 일방적 부탁

5. 연원(창설기초)

(1) 독자적 연원성설
국제기구나 국제회의에 의해 형성된다는 견해

(2) 통설
조약이나 관습으로부터 형성, 기존 연원으로부터 창설된다는 견해

6. 기타 쟁점

(1) 강행규범에 대한 집요한 불복을 인정할 수 있는가?
강행규범이 관습법으로부터 창설된 경우 의사주의는 인정하지만, 객관주의는 부정

(2) 강행규범에 대한 제3자효가 인정되는가?
① 강행규범이 조약 형태로 창설된 경우
② 의사주의: 당사자효를 주장하고 제3자효를 배척함. 동의 없이는 권리나 의무가 제3국에 적용되지 않음

③ 객관주의: 제3국의 동의 없는 제3자효를 인정

(3) 강행규범 위반과 국제범죄
① 1980년 국가책임협약 초안은 강행규범의 중대한 위반을 국제범죄(international crime)로 규정하여 국제불법행위(international delict)와 구분
② 강행규범을 중대하게 위반한 경우 범죄국은 그 위반에 의해 직접 권리를 침해받은 국가에게 손해배상을 해야 함
③ 국제범죄는 국제공동체 전체에 대한 법익의 침해이므로, 피해를 입지 않은 국가(비피해국)도 국가책임을 원용할 수 있음

(4) 강행규범 위반과 UN헌장 제7장
① UN헌장 제7장에 따르면, UN헌장 제2조 제4항을 위반한 무력공격이 발생한 경우 UN안전보장이사회는 이를 평화에 대한 위협, 평화의 파괴, 또는 침략으로 규정하고 강제조치를 발동할 수 있음
② 무력사용금지의무 이외의 강행규범상의 의무에 대해서도 이를 중대하게 위반하는 경우 안전보장이사회는 헌장 제7장상의 조치를 발동할 수 있음

(5) 강행규범과 신사협정의 관계
① 조약법에 관한 비엔나협약의 강행규범 관련 규정은 신사협정에 대해서는 적용되지 아니함
② 신사협정의 이행 과정에서 강행규범 위반행위가 발생할 수 있고, 이런 경우라면 강행규범 이론에 기초한 법적 비난 가능

제11절 대세적 의무

1. 개념
① 대세적(erga omnes)이란 모두에 대한의 의미
② 공동체의 개별 구성원이 국제공동체 전체를 상대로 부담하는 의무
③ 국제법상 대세적 권리 및 대세적 의무는 실정국제법 및 국제재판소를 통해 확립됨

2. 대세적 권리의무의 정립과정

(1) 조약법에 관한 비엔나협약 제53조
① 대세적 의무를 직접 규정한 것은 아님
② 절대적 무효인 조약으로서 강행규범에 위반되는 조약을 규정
③ 강행규범의 존재는 국제사회가 하나의 법공동체이며 그 구성원 전체의 공통된 법익이 존재한다는 것을 전제함

④ 공익의 보호를 위하여 공동체가 각 구성원에 대해 부과하는 의무로서 대세적 의무의 존재를 암시

(2) 국제사법재판소(ICJ)
① 서남아프리카 사건(1966)
  ㉠ 민중소송의 개념 부인
  ㉡ 대세적 의무의 존재 가능성은 인정
  ㉢ 국가는 어떤 일반원칙의 위반에 의하여 자신의 구체적 이익이 침해되지 않았다 하더라도 그 원칙이 준수되어야 함을 요구할 수 있음
② 바르셀로나 트랙션 사건(1970)
  ㉠ 방론(obiter dictum)에서 국제공동체 전체에 대한 국가의 의무가 존재함을 인정
  ㉡ 침략행위금지의무, 집단살해금지의무, 노예화 및 인종차별금지의무 등을 대세적 의무로 예시
③ 프랑스 핵실험 사건(1974)
  ㉠ 프랑스가 일방적으로 행한 핵실험 중단선언으로 국제공동체 전체를 상대로 하는 의무가 발생됨
  ㉡ 하나의 국가에 대해서도 대세적 의무가 부과될 수 있음을 인정한 판례
④ 동티모르 사건(1995)
  ㉠ 민족자결권은 대세적 성격을 가짐
  ㉡ 대세적 권리의 존재 인정

(3) 구유고전범재판소
① Furundzija case(1998): 민간인에 대한 고문 금지의 원칙이 대세적 의무
② Kupreckic case(2000): 인도적 의무는 쌍무적 의무가 아니고 국제공동체 전체에 대한 의무

(4) 2001년 국가책임 최종초안
① 부분적인 대세적 의무 또는 당사자 간 대세적 의무: 해당 그룹 내의 개별 국가들이 그룹 전체에 대해 부담하는 의무
② 국제공동체 전체에 대한 대세적 의무: 각 개별 국가들이 국제공동체 전체에 대해 부담하는 의무

3. 대세적 권리의무의 당사자 관계

(1) 대세적 권리의무의 주체
① 모든 국가가 주체가 되는 경우: 모든 국가들이 국제공동체를 상대로 하여 부담
  예 침략금지의무, 인권보호의무, 민족자결권보호의무 등

② 특정 국가군이 주체가 되는 경우
　㉠ 특정 국가들이 조약을 체결함으로써 공동체를 형성하여 해당 공동체 전체를 상대로 일정한 의무를 부담
　㉡ 유럽인권규약상의 인권보호의무와 남미비핵지대협약(1967)은 당사자 상호 간 의무를 부과할 뿐 아니라 국제공동체 전체를 상대로 해서도 의무를 부담
③ 특정 개별 국가가 주체가 되는 경우: 어느 한 국가 또는 몇몇 국가가 국제공동체 전체를 상대로 특정 의무를 부담
　예 핵실험 사건(1974)
④ 국가 이외의 주체: 민족자결권과 같이 민족도 대세적 권리의 주체가 될 수 있음
　예 동티모르 사건

(2) 대세적 권리의무의 상대방
① 국제공동체 전 구성원을 상대방으로 하는 경우: 일반국제법상 대세적 의무인 경우
② 특정 국가군을 상대로 하는 경우: 특정 국가들로 구성된 공동체 내에서 개별 구성원들이 공동체 전 구성원을 상대로 주장할 수 있는 권리나 이들 전체와의 관계에서 부담하는 의무

4. 강행규범과 대세적 의무의 관계

(1) 강행규범과 대세적 의무가 일치하는 경우
① 강행규범은 오로지 일반국제법으로만 존재
② 대세적 의무는 일반국제법상 의무, 특정 국가 간의 의무, 특정 국가의 의무로 존재
③ 일반국제법상의 대세적 의무는 일반국제법상의 강행규범과 일치
④ 대세적 의무는 공동체 보호를 목적으로 하는데, 이러한 국제공동체 전체의 근본적 이익의 보호와 관련된 의무는 곧 강행규범상의 의무
⑤ 대세적 의무가 당사자 관계에 초점을 맞춘 반면, 강행규범상의 의무는 그 구속력의 정도를 강조
⑥ 양자는 국제공동체 전체의 근본적 이익의 보호라는 목적을 매개로 하여 상호 연결됨

(2) 강행규범과 대세적 의무가 일치하지 않는 경우
① 특정 국가 또는 특정 국가군이 국제공동체 전체를 상대로 어떤 의무를 부담하고 있는 경우 이는 대세적 의무라 할 수 있으나, 강행규범은 아님
② 특정 국가들로 구성되는 공동체 내에서 각 구성국들이 그 공동체 전체를 상대로 일정한 의무를 부담하더라도, 이는 강행규범이라 할 수 없음

(3) 국제법위원회(ILC)의 견해
① 강행규범에 의해 수립되는 모든 의무는 동시에 대세적 성격을 갖지만 그 역은 인정되지 않음
② 모든 대세적 의무가 일반국제법의 강행규범에 의해 수립되는 것은 아님
③ ILC는 강행규범은 대세적 의무보다 그 범주가 좁다는 견해를 취함

5. 대세적 의무 위반에 대한 책임 추궁문제

(1) 국제판례의 입장
① 바르셀로나 트랙션 사건(ICJ, 1970): 대세적 의무의 준수에 대해 모든 국가가 법적 이익을 가짐을 인정하고 그 위반에 대해 여하한 국가도 책임을 추궁할 수 있음을 암시하고 있으나 구체적인 책임 추궁문제에 대해서는 언급하지 않았음
② 핵실험 사건(ICJ, 1974): 대세적 의무의 준수에 대한 모든 국가의 법적 이익을 인정하고, 나아가 국제공동체의 모든 구성원이 그러한 의무의 준수를 요구할 자격을 가진다는 것을 인정
③ Namibia 사건에 대한 권고적 의견(1970): UN정치기관의 결의에 대해 그 비회원국에 대해서도 유효성을 갖는다는 의미에서 대세적 효력(erga omnes validity)을 부여
④ Bosnia 사건(1996): 제노사이드협약상의 권리와 의무는 대세적 권리 및 의무로서 각 국가가 제노사이드 범죄를 방지하고 처벌해야 하는 의무는 동 협약에 의해 영토에 국한되는 것이 아님
⑤ Furundzija case(구 유고전범재판소, 1998): 대세적 의무 위반은 국제공동체 모든 구성원에 대해 그에 상응하는 권리의 침해를 구성하며 각 구성원은 동 의무의 준수 및 이행을 요구하고 위반의 중지를 요구할 권리를 가짐

(2) 국가책임에 관한 ILC 초안
① 모든 국가가 피해국이 되는 경우: 모든 국가가 손해배상 등 책임 추궁 가능
② 일부만 피해국이 되는 경우
    ㉠ 피해국은 손해배상 등을 추궁할 수 있음
    ㉡ 피해국이 아닌 국가(이해관계국)는 손해배상을 청구할 수 없으나 손해배상 이행청구권 등을 행사할 수 있음
③ 대세적 의무 위반시 피해국(injured States)만 대응조치를 취할 수 있음
④ 대세적 의무 위반이 있는 경우 UN에 의한 집단적 제재조치는 취해질 수 있음

(3) 대세적 의무 위반에 대한 민중소송(actio popularis) 인정 여부
① 민중소송의 개념: 공동체의 모든 각 구성원들에게 그들이 피해를 받았는가의 여부와 관계없이 공동의 이익을 옹호하기 위하여 소를 제기할 자격을 주는 제도
② Oscar Schachter: 민중소송을 인정
③ 국제사법재판소(ICJ): 민중소송을 부정하며, 서남아프리카 사건에서 현행 국제법은 민중소송을 인정하지 않는다고 판시
④ 국제사법재판소(ICJ)는 임의관할을 원칙으로 하기 때문에 민중소송의 가능성이 봉쇄됨
⑤ 민중소송이 가능하기 위해서는 문제가 된 의무 위반에 대하여 여하한 국가도 일방적으로 소를 제기할 수 있어야 함
⑥ 동티모르 사건(1995): 국제사법재판소(ICJ)는 민족자결권이 대세적 권리임을 인정함. 그러나 금화원칙도 적용함. 의무 위반의 직접적 피해자만 소를 제기할 수 있다는 것으로 해석되어 민중소송은 부인됨

제12절 연원 상호 간 충돌의 해결

1. 강행규범 상호 간 관계
① 상충문제 없음
② 동일한 문제를 규율하는 신구 강행규범이 상충하는 경우 신강행규범에 의해 구강행규범이 대체됨

2. 강행규범과 임의규범의 관계
① 강행규범이 상위법
② 구조약이 신강행규범과 상충하는 경우: 구조약이 무효로 되어 종료됨
③ 구강행규범이 신조약과 상충하는 경우: 신조약이 무효가 됨

3. 임의규범 상호 간 관계
① 임의규범은 모두 동위에 있음
② 상충 시 원칙적으로 신법이 우선
③ 신법우선 원칙의 예외: 구법이 특별법인 경우, 구법이 UN헌장인 경우 (회원국 상호 간)

4. 조약과 관습의 관계

① 둘 중의 하나가 강행규범이면 강행규범이 상위법
② 둘 모두 임의규범이라면 모두 동위이므로 신법이 우선
③ 일반조약과 지역관습, 일반관습과 양자조약 등 관습과 조약의 형태를 불문하고 적용됨
④ 일반관습과 지역관습 상호 간에도 원칙적으로 신법우선의 원칙이 적용되지만, 지역관습이 특별법적 지위에 있다면 지역관습이 구법이라도 특별법 우선의 원칙에 의해 지역관습이 적용됨

5. 조약(관습법)과 법의 일반원칙의 관계

① 법의 일반원칙은 보충적 연원이므로 양자는 충돌하지 않음
② 만약 저촉이 있다면 조약이나 관습이 우선적용됨

제3장 조약법

제1절 총설

1. 조약법의 법원

(1) 조약법의 개념
조약의 성립·효력·무효·해석·변경·정지·소멸 등을 규율하는 법

(2) 1969년
조약법에 관한 비엔나협약(이하 협약 또는 1969년 협약)을 채택

(3) 1986년
국가와 국제기구 간 및 국제기구 상호 간 체결되는 조약에 관한 협약을 채택

2. 1969년 협약의 적용범위

① 국가 간 체결된 조약
② 문서로 체결: 구두조약에 대해 적용하지 않음
③ 국제법에 의해 규율되는 조약: 신사협정이나 국가계약에 대해 적용하지 않음
④ 조약의 승계, 국가책임, 적대행위 등의 발생이 조약에 미치는 효과는 규율하지 않음
⑤ 소급적용이 불가
⑥ 카타르 – 바레인 간 해양경계획정 사건(ICJ, 1994): 양국 외무장관이 서명한 교환공문은 신사협정이 아니라 구속력이 있는 조약에 해당
⑦ 에게해 대륙붕 사건(ICJ, 1978)
  ㉠ 공동성명이 구속력이 있는 조약으로 볼 수는 없음
  ㉡ 서명이나 가서명이 되지 않았고, 제반 정황을 고려할 때 조약이라고 볼 수 없음
⑧ 대한민국 헌법재판소: 신한일어업협정(1998)에 부속된 합의의사록은 조약이 아니므로 국회의 비준동의절차를 거쳐야 하는 것은 아님
⑨ 대한민국 법원·정부기관: 한일 간 위안부 합의(2015)는 조약이 아니므로 국회의 비준동의를 받아야 하는 것은 아님

제2절 체결 절차

1. 교섭

(1) **전권위임장**

조약체결을 위해 임명된 대표라는 증명

(2) **전권위임장을 요하지 아니하는 자**

① 조약체결 관련 모든 행위: 국가원수, 정부수반, 외무부장관
② 파견국과 접수국 간의 조약문을 채택할 목적: 외교공관장
③ 국제회의·국제기구 또는 그 국제기구의 어느 한 기관 내에서 조약문을 채택할 목적: 국가에 의하여 그 국제회의, 그 국제기구 또는 그 기구의 그 기관에 파견된 대표

2. 조약본문의 채택(adoption of the text)

(1) **원칙**

작성에 참가한 모든 국가의 동의

(2) **국제회의에서의 채택**

출석·투표하는 국가의 3분의 2 이상의 다수결

3. 조약본문의 인증(authentication of the text)

(1) **채택된 조약의 본문을 조약의 정본(Text)으로 확인**

(2) **서명, 조건부 서명, 가서명**

① 조건부 서명: 대표의 본국에 의해 확인되는 경우 조약의 완전한 서명을 구성
② 가서명
　㉠ 조약의 서명을 구성하는 것으로 교섭국 간 합의한 경우 조약문의 서명을 구성
　㉡ 인증 후 착오가 있다는 것에 합의한 경우 착오문에 적당한 정정을 가하고 정당한 권한을 가진 대표가 그 정정에 가서명하여 착오를 정정

(3) **하기 서명(post-script)**

① 조약의 서명식에 교섭을 후원한 제3국의 국가 혹은 정부수반이나 외무장관이 참석하여 증인자격으로 서명하는 것
② 하기 서명은 법적인 의미는 없음
③ 제3국이 단지 증인의 자격으로 조약에 서명한 것만으로 조약의 이행을 보장하는 국가가 되는 것은 아님

(4) 최종의정서(Final Act)
① 최종의정서란 일반적으로 다자 간 외교회의에 참여한 모든 대표들이 회의의 작업결과를 요약·기록한 문서
② 1899년의 헤이그회의에서 시작
③ 최종의정서 그 자체는 원칙적으로 법적 구속력 있는 문서가 아님
④ 최종의정서에 대한 서명이 의무적인 것도 아니고, 서명하였다고 하여 이것이 그 첨부문서에 대한 미래의 비준이나 수락을 약속하는 것은 아님
⑤ 최종의정서에 서명하는 데에는 전권위임장이 필요하지 않으며, 대표자가 신임장을 휴대하는 것만으로 충분
⑥ 최종의정서는 조약의 문맥해석을 위한 문서에 포함될 수 있음

4. 조약에 의해 구속되는 데에 대한 동의(consent to be bound by a treaty)
(1) 의의
① 국가가 조약문에 법적 구속력을 부여하는 행위
② **방법**: 서명, 조약의 의미를 가지는 문서의 교환, 비준, 수락, 승인, 가입

(2) 약식조약
① 조약에 의해 구속되는 데에 대한 동의가 서명만으로 성립되는 조약
② 조약의 구속을 받겠다는 동의와 발효는 이론상 조약의 당사자가 되기 위해 필요한 두 개의 별개의 단계이긴 하지만 이 둘은 동시에 발생할 수도 있음. Land and Maritime Boundary between Cameroon and Nigeria 사건에서 나이지리아는 재판소에 의해 조약으로 인정된 나이지리아와 카메룬 간의 한 선언(Maroua Declaration, 1975)에 자국의 국가원수가 직접 서명은 하였으나 국내헌법에 따라 비준절차를 거치지 않았기 때문에 이 선언은 무효라고 주장하였으나, 국제사법재판소(ICJ)는 문제의 선언은 서명과 함께 즉시 발효하였다고 판시하였음

(3) 조약에 기속적 동의를 표시한 국가의 의무
① 협약 제18조는 조약비준 전 혹은 발효 전 그 조약의 객체와 목적을 저해하는 행위를 삼갈 의무를 규정하고 있음
② 조약의 효력 발생이 부당하게 지연되지 아니할 것을 조건으로 함
③ 조약의 발효가 부당하게 지연되었는지의 여부는 각 사안별로 판단할 문제
④ 전체적으로 제18조의 의무는 조약의 내용에 관련한 것으로서, 이는 비준을 앞두고 서명을 철회하거나, 발효를 앞두고 비준을 철회하는 것을 금지하기 위한 조항이 아님
⑤ 제18조는 조약발효 후 금지될 모든 행위를 삼갈 의무를 국가에 부과하기 위한 것은 아님
⑥ 제18조의 기준은 객관적인 것이므로 악의를 입증하는 것은 필요하지 않음

⑦ 제18조하의 의무 위반으로 간주될 수도 있는 사례로, 조약이 물건의 반환을 규정하고 있는데 발효 전 점유국가가 이를 파괴하는 경우, 조약이 영토의 할양을 규정하고 있는데 발효 전 할양국가가 당해 영토의 일부를 제3국에 이전하는 경우, 여러 국가가 군축조약에 서명한 후 그중 한 국가가 비준 후에 오히려 병력 증강에 나서는 경우 등

(4) **조약 일부 규정에 대한 기속적 동의**
① 조약이 이를 허용하거나 다른 체약국들이 이에 동의하는 경우에만 유효
② 상이한 제규정의 선택을 허용하는 조약의 경우 조약의 구속을 받겠다는 국가의 동의는 그 동의가 어느 규정에 관련된 것인지가 명백해지는 경우에만 유효

5. 비준서의 교환·기탁

(1) **개념**

교환	체약국 간에 비준서를 서로 교환하는 것
기탁	보통 다자조약에서 비준서를 일정한 장소에 보관하는 것

(2) **조약의 최종성립절차**

(3) **특별한 규정이 없는 한 이때부터 조약의 효력 발생**

(4) **수탁자**
① 비준서를 기탁받는 국가를 수탁자(국)라고 함
② 수탁국이 된다고 해서 해당 조약의 당사자가 될 수 없는 것도 아니고, 역으로 해당 조약의 당사자가 될 의무를 부담하는 것도 아님
③ UN 내에서 채택되거나 UN이 소집한 외교회의에서 채택되는 조약의 경우에는 기구의 수석행정관인 UN사무총장이 수탁자로 지정되고 있음

6. 등록(registration)

(1) **등록대상**
① UN헌장 제102조 규정
② UN헌장 발효 이후 UN회원국이 체결하는 조약에 등록의무를 적용
③ UN헌장 발효 이후 UN에 가입하는 경우에는 가입 이후에 체결하는 조약에 대해서만 등록의무가 있음
④ 국제사법재판소(ICJ)규정 제36조 제2항에 따른 선택조항 수락선언도 등록 가능
⑤ 조약에 해당되지 않는 양해각서(MOU)도 사무국에 등록되고 있으며, 등록으로 법적 지위가 변경되는 것은 아님
⑥ 등록하지 아니한 조약의 효력이 부인되지 않음
⑦ 일방행위도 등록할 수 있음

⑧ UN이 당사자인 조약은 UN이 직권으로 등록
⑨ UN전문기구가 체결하는 조약은 UN에 송부되어 오면 편철·기록
⑩ 이전에 이미 등록된 조약의 당사자, 조건, 범위, 또는 적용의 변화를 초래하는 추후 행위들은 등록될 수 있음(재량)
⑪ 모협정의 적용을 변경하거나 수정하는 새로운 문서는 등록되어야 함(의무)

(2) 등록 또는 미등록의 법적 효과
① UN회원국이 조약을 등록하면 UN회원국 또는 UN비회원국인 다른 당사국들도 UN기관에서 해당 조약을 원용할 수 있음
② 조약을 등록하지 않아도 조약의 효력은 발생하나, UN기관에 대해 원용할 수 없음
③ 제102조 제2항의 제재는 미등록조약의 일방 당사자가 UN기관에서 그 조약의 원용에 반대하는 경우에만 적용됨
④ UN기관들이 직권으로(ex offcio) 문제를 제기하지는 않음
⑤ 제102조 제2항의 제재는 등록되지 아니한 조약의 당사자들에 대해서만 적용되므로 제3자는 그와 같은 조약을 언제든지 원용할 수 있음

(3) 조약의 등록과 공표에 관한 명령(1946)
① UN총회는 1946년 조약의 등록과 공표에 관한 명령을 채택
② 등록의무는 조약 발효시까지는 발생하지 않음
③ 일방 당사자가 등록하면 타방 당사자의 등록의무 면제
④ 이미 등록된 조약의 당사자나 조건 등이 변화되면 추후 행위들은 등록될 수 있음(재량)
⑤ 모협정의 범위나 적용을 수정하는 새로운 문서는 등록해야 함
⑥ 이미 종료된 조약도 등록할 수 있음
⑦ 등록을 위한 시한은 없음

(4) 국제연맹에서 조약의 등록
① UN과 달리 국제연맹에서는 등록을 조약의 성립요건 또는 효력요건으로 규정
② 등록될 때까지는 조약이 성립되거나 효력이 발생하지 않았음

7. 조약문 정정절차
① 조약문의 정정은 조약이 발효하지 아니하였어도 적용됨. 서명국들과 체약국들이 다른 정정방법에 관하여 결정하지 않는 한이란 표현을 쓰고 있으므로 이 규정은 잔여규칙임
② 정정본은 서명국들과 체약국들이 달리 결정하지 않는 한 처음부터 흠결본을 대체
③ UN사무국에 등록된 조약문의 정정은 UN사무국에 통고되어야 함

8. 다자조약의 체결절차

(1) 일반국제회의를 통한 체결절차
① 회의는 특정국 또는 주도국이 소집
② 조약본문의 채택에는 다수결제도나 총의제도(consensus) 방식이 적용
  ㉠ 조약법에 관한 비엔나협약은 조약본문 채택 시 3분의 2 다수결을 도입하고 있음
  ㉡ 총의제도는 1960년대에 등장한 새로운 의결방법으로 참가국 간의 견해 차이가 심해 다수결제도 방식으로 결정하기가 어려운 경우, 의장단이 비공식교섭을 통해 이해그룹 간의 견해 차이를 조정하여 타협안을 작성한 다음 의장이 이를 상정하여 의결에 부치지 않고 채택하는 방식
  ㉢ 컨센서스와 만장일치: 컨센서스의 경우 의견 차이가 심한 세부사항은 덮어둔 채 모든 참석 국가들에 기본적으로 수락 가능한 문안을 투표 없이 채택. 만장일치의 경우 어떤 문안에 관하여 완전한 합의가 존재하며, 일반적 동의는 투표를 통해 강조됨
③ 국제회의는 보통 최종의정서의 채택으로 종료
④ 각국의 전권대표가 조약본문을 부속서로 포함한 최종의정서에 서명하면 조약본문을 인증하는 것이 됨

(2) 국제조직을 통한 체결절차
① 국제조직 스스로 또는 회원국이 단독 또는 공동으로 조약 체결을 제의하면 사전조사를 행하게 됨
② 사전조사가 긍정적이면 체결절차의 개시를 결정
③ 조약 체결절차가 개시되면 기초가 될 조약 시안(initial draft)을 작성하고, 시안을 놓고 교섭을 통해 조약 초안을 작성해 나감
④ 조약본문은 조약당사자 자격이 있는 국가의 대표자로 구성된 기관이나 국제회의에서 채택됨
⑤ UN이 주관하는 조약 체결의 경우 비회원국을 포함한 모든 국가가 참가하도록 개방됨
⑥ 국제조직이 소집한 국제회의에서 조약본문을 채택할 때에도 보통 3분의 2 다수결이나 총의제도 방식이 적용됨

제3절 유보

1. 개념
① 표현·명칭여하를 불문하고 조약에 의해 구속되는 데에 대한 동의표시, 즉 조약의 서명·비준·수락·승인 또는 가입 시에 국가가 자국에 대해 조약의 일부 조항의 효력을 배제 또는 변경하기 위해 행하는 일방적 선언
② 조약의 이행정지(derogation)는 비상시 제한된 기간 동안 조약의무를 일방적으로 배제하는 것으로, 인권조약에 주로 규정되어 있음. 조약 자체에 허용규정이 있어야 하며, 상호주의가 적용되지 않음. 비상상황 해제 시 조약상 의무를 이행해야 함

2. 유보와 해석선언
(1) 비교

구분	유보	해석선언
목적	조약의 적용배제 또는 제한	특정 조항의 구체화
법적 성질	일방행위	일방행위
효력요건	타방 당사국의 수락	수락을 요하지 아니함
시기	기속적 동의 표시 시	시기 제한 없음

(2) Belilos 사건(유럽인권법원, 1988)
① 스위스가 유럽인권협약 제6조를 수정하는 해석선언을 첨부
② Belilos는 스위스가 제6조를 위반하였음을 주장하였으나, 스위스는 유보하였으므로 제6조가 적용되지 않는다고 반박
③ 유럽인권법원: 스위스의 선언은 허용될 수 없는 것이므로, 제6조의 구속을 받는다고 판시함. 스위스는 처음부터 유보 없이 가입한 것으로 보아야 함
④ 분리이론 적용

3. 제도적 취지
① 다자조약의 보편성을 추구하며, 통일성을 저해
② 대체로 다자조약에서 문제됨
③ 양자조약이라고 해서 유보가 금지되는 것은 아님
　예 파나마운하조약(1977)
④ 양자조약에는 유보를 첨부할 수 없음
　예 조약유보에 관한 실행지침(ILC, 2011)

4. 유형
① 조항유보, ② 적용지역유보, ③ 해석유보

5. 제한

(1) 조약규정에 의한 제한
① 유보의 전면금지: WTO설립협정, UN기후변화협약, 교토의정서 등
② 일부 조항에 대하여 유보를 금지 또는 허용하는 규정을 두기도 함

(2) 조약상의 명시적 제한이 없는 경우 – 양립성의 원칙
① 유보가 조약의 대상 및 목적과 양립하는 경우 허용된다는 원칙
② 제노사이드협약의 유보에 대한 권고적 의견(ICJ, 1951)에서 제시됨
③ 전통규칙(국제연맹방식): 만장일치원칙으로, 명시적 허용규정이 없는 경우 다른 모든 당사국이 동의하는 경우에만 유보를 부가할 수 있었음
④ 범미연합방식: 유보에 대해 한 당사국이라도 수락하면 유보를 첨부한 국가와 이를 수락한 국가 사이에서는 조약이 발효하는 것으로 간주하되, 유보를 첨부한 국가와 이를 수락하지 아니한 국가 사이에서는 그 조약은 발효하지 않는 것으로 간주함

(3) 모든 당사국의 수락을 요하는 경우
교섭에 참가한 국가의 제한된 수와 조약의 대상 및 목적으로 보아 조약이 모든 당사국에게 통일적으로 적용되는 것이 조약에 의해 구속을 받겠다는 각국의 동의의 본질적 기초를 구성함이 명백한 경우

(4) 국제기구 설립조약에 대한 유보
국제기구의 권한 있는 기관의 수락을 요함

(5) 국제관습법을 성문화한 조항
ICJ는 관습법의 성문화 조항에 대해서는 유보가 금지된다고 하였음(북해대륙붕사건, ICJ). 반면, 국제법위원회(ILC)는 조약규정이 국제관습법규를 반영하고 있다는 사실 그 자체만으로는 동 조약 규정에 유보를 첨부하는 것이 방해받지 아니한다고 하였음

(6) 인종차별철폐협약의 유보규정
① 1965년 모든 형태의 인종차별 철폐에 관한 협약은 협약당사국의 최소 3분의 2가 반대하는 유보는 조약의 객체 및 목적과 양립될 수 없는 것으로 간주된다고 규정하고 있음
② 유보에 반대하는 국가는 UN사무총장에게서 유보를 통고받은 날로부터 90일 이내에 수락하지 아니한다는 의사를 UN사무총장에게 통고해야 함

6. 무효인 유보의 효력

(1) Belilos 사건(유럽인권법원, 1988)
① 분리이론 적용
② 처음부터 유보를 부가하지 않은 것으로 인정

(2) Loizidou v. Turkey(유럽인권법원, 1995): 분리이론

(3) R. Kennedy v. Trinidad and Tobago(Human Rights Committee, 1999): 분리이론
(4) Guide to Practice on Reservation to Treaties(조약 유보에 관한 실행 지침)
① 국제법위원회(ILC)가 2011년 채택
② 허용 불가능한 유보를 첨부한 국가가 조약의 당사국인지 여부는 1차적으로 유보 첨부국의 의사에 따름
③ 무효인 유보를 첨부한 국가는 일단 유보 없는 가입으로 간주하나, 그 국가는 유보의 이익이 없이는 조약의 당사국이 되지 않겠다는 의사를 추후 언제라도 표시할 수 있음. 다만, 인권조약기구가 특정국의 유보를 무효라고 선언한 경우 해당국이 당사국으로 남을 의사가 없다면 1년 이내에 탈퇴의사를 표시해야 함
(5) 학설
① 제거이론: 유보조항을 배제한 나머지 조약 내용만 적용됨
② 역회전이론: 허용 불가능한 유보의 첨부는 조약의 가입 자체를 무효로 만듦
③ 분리이론: 허용 불가능한 유보의 첨부행위만을 무효라고 보고 유보 없는 조약 가입으로 취급
(6) 유보의 허용가능성 판단 주체
① Human Rights Committee: 위원회 자신이 판단한다고 하였음
② 국제법위원회의 유보 실행지침: 당사국, 독립적 조약 감시기구, 분쟁해결기구 등이 판단한다고 하였음

7. 효력요건
① 타방 당사국의 수락
② 묵시적 수락 가능: 유보에 대해 이의를 제기하지 않는 경우 묵시적 수락으로 간주
③ 조약에 의해 명시적으로 인정된 유보: 추후 타방 당사국의 수락을 요하지 아니함

8. 시기
① 서명, 비준, 수락, 승인, 가입 시
② 당사국으로 구속을 받게 된 이후 유보가 불가능
③ 정식조약에서 서명 시 유보한 경우 비준 시 재확인해야 하며, 유보는 확인된 일자에 첨부된 것으로 처리함
④ 재확인되지 않은 경우 유보는 포기된 것으로 간주됨. 타국의 서명 시 첨부된 유보에 대한 다른 당사국의 반응은 비준 시 반복되지 않아도 무방함
⑤ 유보는 다자조약문의 '채택과 확정' 단계에서는 표시될 수 없음

⑥ ILC는 조약에서 달리 규정하지 않는 한, 국가 또는 국제기구는 조약의 구속을 받겠다는 자신의 동의를 표시한 뒤에는 조약에 대해 유보를 표명할 수 없다는 입장이지만, 타 체약당사자들 중에서 그 누구도 때늦은 유보의 표명에 반대하지 않는 경우에는 그러하지 아니하다라는 가이드라인을 제시하고 있음
⑦ 해석선언은 유보와는 달리 언제든지 또한, 조약에서 달리 규정하지 않는 한 언제든지 수정할 수 있음
⑧ UN해양법협약상 해석선언: 해석선언의 시기를 서명, 비준, 또는 가입시로 국한하고 있는 UN해양법협약 제310조의 경우처럼 조약에서 해석선언의 시기를 제한하고 있는 경우에는 해석선언은 그 조약에 명시된 시한 내에서만 표명할 수 있음

9. 철회

① 조약에 달리 규정하지 않는 한 유보의 철회는 언제든지 가능
② 유보동의국의 철회에 대한 동의가 불요
③ 타방 체약국이 통고를 접수했을 때 철회의 효력 발생
④ 문서로 함
⑤ **유보 철회의 효력 발생요건(ICJ)**: 명확하고 구체적으로 철회를 선언하며, 철회에 대한 구체적 일정을 제시하여야 함
⑥ 제노사이드협약에 대한 유보의 철회 여부가 문제된 Armed Activities on the Territory of the Congo 사건에서 국제사법재판소(ICJ)는 유보를 철회하기로 하는 국내적 결정과 그것의 국제적 이행은 별개의 문제로서 반대의 합의가 없는 한 후자는 타 체약국들이 그것을 통지받은 때에만 그들 국가에 대한 효력을 발생한다고 판시하였음

10. 유보반대의 철회

① 언제든지 철회할 수 있음
② 유보국이 통고 접수 시 효력이 발생
③ 문서로 함

11. 절차

① 서면으로 하는 경우: 유보, 유보의 명시적 수락 및 유보에 대한 이의제기
② 체약국 및 당사국이 될 자격국에 통고
③ 유보의 철회 또는 이의제기의 철회도 서면으로 함

> **참고**
>
> 유보 등의 의사표시방법 및 효력요건
>
> | 구분 | 의사표시방법 | 효력요건(수락 여부) |
> |---|---|---|
> | 유보 | 서면, 명시적 | ○ |
> | 유보의 수락 | 명시적 + 묵시적 | - |
> | 유보의 반대 | 서면, 명시적 | - |
> | 유보의 철회 | 서면, 명시적 | × |
> | 유보반대의 철회 | 서면, 명시적 | × |

12. 효력

(1) 제한적 효력
유보국과 유보수락국 간 조약의 효력이 제한됨

(2) 상대적 효력
① 유보국과 유보수락국 간에만 유보의 효력이 발생
② 유보수락국은 유보국과의 관계에서 유보국의 유보를 원용할 수 있음
③ 인권조약에 대한 유보의 경우 상호주의원칙이 적용되지 않음

13. 유보와 조약관계

유보국과 유보수락국	• 조약관계 성립 • 유보효력 발생
유보국과 유보에 대해 반대하면서 동시에 조약관계 성립에 명시적으로 반대한 국가	조약관계 성립하지 않음
유보국과 유보에 명시적으로 반대하면서 조약관계 성립에 반대하지 않은 국가	• 조약관계 성립 • 유보효력 발생하지 않음 — 협약규정: 유보반대국이 유보국과의 관계에서 조약의 발효에 반대하지 않는 경우 양자 간 조약관계는 성립하나 유보가 문제된 조항은 유보된 범위 내에서 양국 간 적용되지 않음

14. ILC 조약 유보에 관한 실행지침(2011)

① 12개월 내에 어떠한 체약국의 반대도 없으면 유보의 지연 첨부나 기존 유보내용의 확대 수정 가능
② 유보의 수락은 유보국과 수락국 사이에 조약관계가 성립됨을 의미하며, 일단 유보를 수락하면 이는 철회되거나 수정 불가

③ 조약의 당사국, 독립적 조약감시기구 또는 분쟁해결기구 모두 유보의 허용 가능성을 판단할 수 있다고 보았으며, 당사국은 조약감시기구의 판단을 반드시 고려하라고 했으나 이에 구속되는 것은 아님
④ 다른 모든 당사국에 의하여 수락된 해석선언은 그 조약의 해석과 관련된 합의로 평가됨
⑤ 타국의 해석선언에 침묵한다고 해서 곧바로 수락으로 추정되지는 않으며, 해석선언에 대한 수락 여부는 모든 관련상황을 고려해 당사국의 행동에 비추어 판단

제4절 효력

1. 효력 발생절차 및 시기
① 최종 조항(final clause)에 규정되며 교섭국이 합의하는 일자와 방법에 따라 결정
② 규정이나 합의가 없는 경우 당해 조약에 구속되는 데에 대한 동의가 확립되는 즉시 발생
③ 약식조약의 경우 서명 시에, 정식조약의 경우 비준서의 교환·기탁 시에 효력이 발생

2. 잠정적용
① 조약의 규정 또는 교섭국 간의 합의에 의해 발효 전에 조약의 전부 또는 일부를 적용
② 조약 자체가 그렇게 규정하는 경우 또는 교섭국이 다른 방법으로 그렇게 합의한 경우
③ 교섭국들은 발효 시까지 조약의 전부 또는 일부를 잠정(임시)적으로 적용하기로 합의할 수도 있음
④ 잠정기간이 지나면 참가국들에 자동으로 비준의 의무가 발생하는 것은 아니며, 잠정적용을 중도에 그만둘 수도 있음
⑤ 조약발효 후에도 잠정적용은 그때까지 비준하지 아니한 국가 간에 지속될 수 있음
⑥ 동일한 조약 내에서 조항에 따라 잠정적용의 기간을 서로 달리할 수도 있음
⑦ 관세 및 무역에 관한 일반협정은 잠정적용의 관한 의정서에 의거하여 약 50년간 잠정적용된 바 있음
⑧ 2010년 10월 6일 서명된 한국-EU 자유무역협정은 2011년 7월 1일부터 4년 5개월여 동안의 잠정적용을 거쳐 2015년 12월 13일 발효

⑨ 1994년 UN총회에서 채택된 UN해양법협약의 이행협정 제7조도 잠정적 용의 사례

3. 당사국 간 효력

① 당사국 간 효력을 원칙으로 함
② 신의성실하게 준수하여야 함
③ 조약 불이행을 정당화하기 위해 국내법 원용이 불가

4. 제3국에 대한 효력 - 당사자 간 효력의 예외

제3국에 권리를 부여하는 조약	• 제3국의 동의에 의해 권리를 부여할 수 있음 • 제3국의 동의는 그 행동으로부터 추정될 수 있음(묵시적 동의) • 제3국에게 권리가 발생한 경우 제3국의 동의 없이 취소 또는 변경할 수 없음을 의도한 것이 증명된 경우에는 조약당사국은 당해 권리를 취소 또는 변경할 수 없음(제3국의 동의가 있는 경우에만 일방적으로 권리를 취소 또는 변경할 수 있음)
제3국에 의무를 부과하는 조약	• 제3국이 조약상의 의무를 서면에 의해 명시적으로 수락한 경우에만 의무가 발생 • 제3국에 의무가 발생한 경우 당해 의무는 달리 합의가 없는 한 조약당사국과 제3국의 동의에 의해서만 취소 또는 변경 가능 • 상부사보이 - 젝스 자유지대 사건(PCIJ): 베르사유조약의 스위스에 대한 의무 부여를 부인
국제관습법을 선언하는 조약	• 제3국의 동의 없이도 제3국에게 권리 또는 의무를 창설 • 조약 자체의 효력이 아니라 관습법의 구속을 받는 것

5. 시간적 효력

원칙은 불소급이나, 당사자 간 합의 시 소급적용할 수 있음

6. 공간적 효력

① 원칙적으로 당사국의 모든 영토에 적용
② 당사자 간 합의를 요건으로 적용지역을 제한할 수 있음
③ 주권이 아닌 주권적 권리(sovereign rights)만을 갖는 대륙붕이나 EEZ는 영역에 포함되지 않으므로 조약이 당해 수역에는 원칙적으로 적용되지 아니함

7. 동일한 사항에 대한 신·구조약 간의 효력

① 신·구조약의 당사국이 동일한 경우: 신법우선의 원칙이 적용되나, UN헌장의 경우 UN헌장이 구법이라 하더라도 UN헌장을 우선적용
② 신·구조약의 당사국이 다른 경우: 분쟁당사국 모두가 가입한 조약이 적용
③ 신법우선의 원칙은 특별법우선의 원칙에 의해 제한될 수 있음

제5절 해석

1. 개념
조약당사자의 의사에 적합하도록 조약규정의 의미와 범위를 확정하는 것

2. 조약의 해석에 관한 학설 및 판례

객관적 해석 (문언주의)	조약문의 용어나 의미 파악에 중점
주관적 해석 (당사국 의사주의)	조약체결시의 제반사정을 통해 특정 조항의 의미 파악
목적론적 해석	조약의 목적 및 원칙에 비추어 해석
제한적 해석	• 국가 주권의 제약을 내포하는 조항들은 제한적으로 해석되어야 한다는 입장 • 조약법에 관한 비엔나협약에서는 채택되지 못함 • 상설국제사법재판소(PCIJ)는 Free Zones of Upper Savoy and the District of Gex 사건에서 의심이 있으면 주권의 제약은 제한적으로 해석되어야 한다고 언급하기도 하였음 • Iron Rhine Railway 사건의 중재재판소는 제한적 해석의 원칙은 조약법에 관한 비엔나협약의 관련규정에 언급조차 되어 있지 않으면 당사자들의 의도와 함께 조약의 객체 및 목적이 해석의 지배적 요소들이라고 하였음
진화적 해석	• 해석대상인 조약상의 개념이 그 정의에 의해 진화하는 성격의 것이거나 그렇게 의도된 경우라면 진화적 해석이 인정됨 • UN국제법위원회(ILC)는 진화적 해석을 인정함 • 국제사법재판소(ICJ)는 1952년 Case concerning Right of Nationals of the United Stats of America in Morocco 사건에서 조약문언의 통상적 의미는 원칙적으로 체결 당시의 통상적 의미를 말하나 경우에 따라서는 이후 국제실행의 발전에 따른 의미의 변화를 고려에 넣을 수도 있다고 판시하였음 • 국제사법재판소(ICJ)는 2009년 Dispute regarding Navigational and Related Rights(Costa Rica 대 Nicaragua, 산 후안 강 사건)에서 조약이 일반적인 용어를 사용하고 있는 경우, 당사자들은 시간의 경과에 따라 그 의미가 발전할 수 있다는 사실을 예상하고 있다고 하여 진화적 해석을 인정하였음

3. 조약법에 관한 비엔나협약과 조약의 해석

(1) 원칙 – 문언주의와 목적론주의
① 문맥(context)에 따라 조약의 문언에 부과되는 통상의 의미 파악
② 문맥을 고려함에 있어서 조약의 본문, 부속서, 서문 이외에도 조약체결시의 합의, 조약체결과 관련하여 당사자들이 작성한 문서를 고려
③ 문맥과 함께 관련 국제법규, 추후 관행, 조약체결 후의 합의를 참작해야 함
④ 당사국이 특별한 의미를 특정 용어에 부여하기로 의도하였음이 확정되는 경우 그러한 의미가 부여됨

(2) 제31조에 대한 해석론
① **법적 지위**: 해석에 관한 비엔나협약의 내용은 관습국제법(ICJ)
② **신의칙원칙(in good faith)**
  ㉠ 조약해석은 신의칙원칙의 지배를 받음
  ㉡ 반대의 증거가 없는 한 조약문언은 당사자의 의도가 가장 잘 반영된 문구라고 추정됨
③ **문언의 통상적 의미**
  ㉠ 국제사법재판소(ICJ)는 1952년 Case concerning Right of Nationals of the United States of America in Morocco, France 대 U.S.A에서 원칙적으로 체결 당시의 통상적 의미를 말하나 경우에 따라서는 이후의 국제실행의 발전에 따른 의미의 변화를 고려에 넣을 수도 있다고 판시(진화적 해석)
  ㉡ 국제사법재판소(ICJ)는 2009년 Dispute regarding Navigational and Related Rights(Costa Rica 대 Nicaragua, 산 후안 강 사건)에서 조약이 일반적인 용어를 사용하고 있는 경우, 당사자들은 시간의 경과에 따라 그 의미가 발전할 수 있다는 사실을 예상하고 있다고 하여 진화적 해석을 인정
④ **해석**: 1차적으로 통상적 의미를 규명하고 이를 다시 조약의 대상 및 목적에 비추어 그 내용을 확인하고 평가하는 것
⑤ **문맥**: 조약본문에 추가하여 전문, 부속서와 함께 조약체결과 관련하여 모든 당사국 간에 이루어진 그 조약에 관한 합의, 조약체결과 관련하여 당사국이 작성하고 또한 다른 당사국이 그 조약에 관련된 문서로서 수락된 문서
  ㉠ **조약의 체결에 관련한 합의**
    ⓐ 반드시 조약의 형태로 합의된 것만을 의미하지 않음
    ⓑ 조약채택 시 일정한 조항의 해석에 관한 의장성명도 조약체결에 관한 합의에 포함됨
  ㉡ **조약의 체결과 관련하여 작성된 문서**: 조약체결 시 조약의 해석이나 운영에 관한 합의의사록이나 교환각서라는 형태의 별도의 문서 등을 의미함

⑥ 후속 합의나 후속 관행
  ㉠ 조약의 해석에 있어서 문맥과 함께 관련 당사국들의 후속 합의와 후속 관행이 참작되어야 함
  ㉡ 후속 합의와 관행은 해석에 있어서 참작의 대상일 뿐 해석에 결정적 구속력을 갖지는 않음

후속 합의	조약의 해석이나 적용에 관하여 조약체결 이후 이루어진 당사국 간의 합의로, 반드시 조약의 형식을 띠어야 하는 것은 아님
후속 관행	조약체결 이후 조약 적용에 관한 행위로서 해석에 관한 당사국의 합의를 표시하는 실행

  ㉢ 조약적용에 관한 당사국들 간의 합의에 해당하지 않는 일부 국가만의 실행은 협약 제32조가 말하는 해석의 보충적 수단 이상은 될 수 없음
⑦ 국제법의 일반원칙
  ㉠ 개념: 국제관습법만을 가리키는 것이 아니라 조약, 관습, 법의 일반원칙을 모두 포함
  ㉡ 다른 의도가 명백하지 않으면 조약은 국제법의 일반원칙에 합당하게 해석해야 함

(3) 보충적 해석수단 – 주관주의
① 문언주의에 따른 해석을 확정하고자 하는 경우
② 문언주의에 따른 해석으로 의미가 모호해지거나 애매하게 되는 경우 또는 명백히 부당(absurd)하거나 불합리(unreasonable)한 경우
③ 보충적 해석수단: 조약교섭 시의 기록 또는 체결 시 사정을 확인하는 문건, 회의 시 의장의 해석선언, ILC의 초안 주석서 등도 포함됨
④ 보충적 해석수단의 활용은 필수가 아닌 선택사항임
⑤ 보충적 해석수단 중에서 국제재판에서 가장 많이 원용되는 것이 준비문서인데, 상설국제사법재판소(PCIJ)는 Lotus호 사건에서 조약의 문언이 그 자체만으로 충분히 명백하다면 준비문서를 존중할 필요는 없다고 언급함으로써 조약해석에서 준비문서의 보충적 지위를 상기시킨 바 있음

(4) 2 또는 그 이상의 언어가 정본인 조약의 해석
① 조약이 복수언어에 의해 인증된 경우 각 언어에 의한 본문은 다같이 정본
② 의미가 상이한 경우에는 특정 본문이 우선하는 뜻을 규정하거나 당사국이 합의하는 경우 그에 따름
③ 인증된 언어 이외의 조약의 번역문은 조약이 규정하거나 당사국이 합의하는 경우에 한하여 정본으로 간주
④ 조약의 문언은 각기 정본에 있어서 동일한 의미를 가지는 것으로 추정

⑤ 복수언어조약의 각 언어의 의미가 서로 다른 경우 조약의 대상과 목적에 가능한 한 가장 잘 일치되는 의미를 채택
⑥ 상설국제사법재판소(PCIJ)는 Mavrommatis Palestine Concessions 사건에서 동등한 권위를 갖는 두 개의 조약 정본 중에서 하나가 다른 것보다 넓은 의미를 가질 경우, 두 정본과 조화될 수 있고 또 당사국들의 공동의 의사에 따라 최대한 의심의 여지가 없는 좀 더 제한된 해석을 채택하지 않을 수 없다고 천명하였음

제6절 무효

1. 의의

(1) 개념
① 효력요건을 갖추지 못하여 처음부터 효력이 없는 것으로 인정되는 것
② 종료 및 정지는 조약의 효력을 전제로 함

(2) 상대적 무효와 절대적 무효

구분	상대적 무효	절대적 무효
사유	• 국내법 위반 • 전권대표의 권한 남용 • 착오, 사기, 부패	• 국가대표에 대한 강박 • 국가에 대한 강박 • 강행규범 위반
무효 주장	원용의 이익을 갖는 국가	모든 당사국
무효화 방식	원용을 통한 무효	당연 무효
하자의 치유	추인에 의한 치유 허용	불가
가분성	인정	부정

2. 상대적 무효사유

(1) 조약체결권한에 관한 국내법 위반
① 예외적으로만 무효사유로서 원용할 수 있음
② 요건: 근본적으로 중요한 국내법 규정 위반 + 명백한 위반
③ 명백한 위반: 통상의 관행에 따라 성실하게 행동하는 그 어떤 국가에게도 객관적으로 명확한 경우
④ Land and Maritime Boundary between Cameroon and Nigeria 사건(ICJ)
  ㉠ 국가를 위하여 조약에 서명할 권한에 관한 규칙은 근본적으로 중요한 헌법규칙임
  ㉡ 그러나 국가원수의 자격에 대한 제한은 적어도 적절히 공표되지 아니하는 한 명백한 것이 아님

ⓒ 국가에게는 다른 국가들에게 일어나는 입법적·헌법적 변화를 알고 있어야 할 일반적인 법적 의무는 없음

(2) 국가동의의 표시권한에 대한 제한 위반
① 예외적으로만 무효사유로서 원용할 수 있음
② 요건: 표시권한에 대한 제한이 상대방에게 사전에 통고된 경우
③ 전권대표가 권한을 남용하는 경우 문제됨

(3) 착오(Error)
① 국가의 동의의 중요한 기초를 구성하는 사실 또는 사태에 관한 착오
② 조약문구에 대한 착오에 대해서는 무효를 원용할 수 없음
③ 착오가 기속적 동의의 본질적 기초를 형성해야 함
④ 문제의 착오가 이를 주장하는 당사자 스스로의 부주의에 의해 발생해서는 안 됨
⑤ 프레아 비헤아 사원 사건(ICJ, 1961)
   ㉠ 태국의 지도에 대한 착오 주장이 기각됨
   ㉡ 국제사법재판소(ICJ)는 착오를 원용하는 당사자가 자신의 행위를 통해 착오에 기여하였거나, 착오를 피할 수 있었거나, 착오의 가능성을 경고하는 사정에 처해 있었다면 조약의 구속을 받겠다는 동의를 무효화하기 위하여 착오를 원용하는 것은 허용되지 아니한다고 판시하였음
⑥ 경미한 착오의 경우: 조약문의 문언에 관한 착오는 그 효력에 영향을 주지 아니하며, 조약법에 관한 비엔나협약 제79조의 조약문 착오의 정정절차가 적용됨. 제79조는 착오의 존재에 대해 분쟁이 없는 경우에만 적용되며, 착오의 존재 여부에 대해 분쟁이 있는 경우라면 제48조의 문제

(4) 사기(Fraud)
① 타방 교섭국의 사기(fraudulent conduct)에 의하여 조약을 체결하도록 유인된 국가는 이를 무효사유로 원용할 수 있음
② 협약은 사기를 무효화의 사유로 원용함에 있어서 여하한 조건도 부과하지 않고 있음
③ 협약은 국제관계에서의 신뢰에 반하는 사기에 의하여 이루어진 법률행위에 대해 강력한 제재를 가하고자 의도함

(5) 국가대표의 부패
① 단순한 선물은 부패에 해당하지 아니함
② 대표자의 의사를 좌우할 정도의 뇌물에 해당하는 경우

3. 절대적 무효사유

(1) 국가대표에 대한 강박(coercion of a representative of a state)
① 기속적 동의표시가 국가대표에 대한 위협 등의 강박에 의하여 표시된 경우
② 강박의 범위: 대표 개인에 대한 물리적 폭력이나 위협, 사생활 폭로 위협, 가족에 대한 협박
③ 관습법의 성문화
④ 을사보호조약(1905): 국가대표 및 국가에 대한 강박으로 체결된 조약
⑤ 한일기본조약(1965)
   ㉠ 병합조약(1910.8.22.) 및 그 이전에 체결된 조약이 이미 무효라고 선언
   ㉡ 한국은 당초 무효라고 주장하는 반면, 일본은 당초 유효하였으나 1965년 이전에 무효로 되었다는 의미라고 주장하고 있음

(2) 국가에 대한 강박(coercion of a state by the threat or use of force) - 제52조
① UN헌장에 구현되어 있는 국제법에 위반되는 힘의 위협 또는 사용으로 체결된 경우
② '힘'의 범위: 무력만 포함되며, 경제적 강박이나 정치적 강박은 해당되지 않음
③ 국제사법재판소(2007)
   ㉠ 니카라과와 콜롬비아 간 사건에서 니카라과는 1928년 콜롬비아와 체결한 조약이 당시 자국 헌법에 위반되었고, 미국의 군사점령하에서 강요된 조약이므로 무효라고 주장하였으나 기각
   ㉡ 니카라과가 1928년 콜롬비아와 체결한 조약을 1932년 국제연맹에 등록하였고, 50년 이상 무효를 주장하지 않고 유효한 조약으로 취급하였으므로 무효가 아니라고 판단하였음

(3) 강행법규 위반 - 제53조
① 조약이 이미 성립한 강행규범에 위반되는 경우
② 강행규범: 합의에 의한 배제 불가 + 신강행규범에 의해 수정·대체 가능 + 일반국제법으로 존재 + 국제공동체 전체에 의해 수락·승인

4. 효과

(1) 원칙
① 소급효
② 무효 확인 이전에 조약의 이행으로 취해진 행위는 무효

(2) 예외 - 소급효의 제한
① 무효가 주장되기 이전에 선의로서 취해진 행위들은 그 조약의 무효만을 이유로 위법한 것으로 되지 아니함
② 단, 사기·부패·강박에 해당하는 경우, 책임 있는 당사자에 대해서는 적용되지 아니함

(3) **가분성(divisibility)**
→ 무효가 문제되는 조항만 따로 무효화하고 나머지 조항의 효력은 유지할 수 있는가?
① 상대적 무효의 경우: 가분성 인정
② 절대적 무효의 경우: 가분성 부정
③ 분리의 요건: 분리 가능성 + 잔여조항의 이행이 부당하지 아니할 것 + 기속적 동의의 본질적 기초에 관한 조항이 아닐 것
④ 사기와 매수(부패): 선택적(임의적) 분리(facultative separability). 이 사유를 원용할 권리가 있는 국가는 조약 전체에 대한 무효원용과 특정조항에 대한 무효원용 중에서 선택할 수 있음
⑤ 제46조~제48조: 필수적 분리. 분리가능하다면 문제가 된 조항만 분리해서 무효화해야 함
⑥ 조약에서 달리 규정하거나 당사국들이 달리 합의하지 않는 한 조약당사국의 폐기, 탈퇴, 운용정지는 조약 전체에 대해서만 행사 가능

5. 무효화 절차 및 분쟁해결

(1) **무효화 절차**
① 통고
② 통고 접수 후 3개월이 경과해도 이의제기가 없는 경우 무효의 효력이 발생

(2) **분쟁해결**
① 3개월 이내에 이의가 제기된 경우
② 임의적 해결절차: 분쟁발생 후 12개월 동안 UN헌장 제33조에 열거된 평화적 해결절차에 호소
③ 12개월 이내에 분쟁이 해결되지 아니한 경우
  ㉠ 강행규범과 관련된 분쟁: 합의에 의해 중재재판에 회부되지 아니하는 한, 국제사법재판소(ICJ)에 일방적 제소 가능
  ㉡ 강행규범과 무관한 분쟁
    ⓐ 부속서에 따른 강제조정절차에 회부됨(구속력 없음)
    ⓑ 분쟁의 여하한 당사자도 UN사무총장에게 분쟁을 조정위원회에 회부하도록 요청 가능(강제조정)

제7절 정지

1. 의의
일정한 사유에 따라 개별 당사국에 대해 조약의 일부 또는 전부의 효력이 일시적으로 중단되는 것

2. 정지사유

(1) 합의
① 조약규정에서 인정되는 경우
② 조약 체결 이후 당사국이 합의하는 경우

(2) 중대한 조약의무 위반
① 조약의 종료사유이자 정지사유
② 중대한 위반: 조약의 목적 달성을 위해 불가결한 조항을 위반한 경우
③ 양자조약 및 다자조약 모두에 적용
④ 모든 당사국이 합의하여 조약을 정지할 수 있음
⑤ 상대국의 조약 위반으로 특별히 영향을 받는 국가: 위반국에 대해 조약정지 원용 가능
⑥ 위반국 이외의 모든 당사국이 조약정지를 원용하는 경우: 위반국의 조약 위반으로 다른 모든 당사국들의 조약상의 지위가 근본적으로 변경된 경우

(3) 후발적 이행불능
① 조약의 종료사유이자 정지사유
② 조약의 실시를 위한 불가결의 목적물이 일시적으로 멸실·파괴된 경우
③ 원용국이 조약의 이행불능을 초래한 경우 원용할 수 없음

(4) 사정의 근본적 변경
① 조약의 종료사유이자 정지사유
② 요건: 조약 체결 당시 존재한 사정에 있어서의 변경 + 근본적 변경 + 예측하지 못한 변경 + 사정의 존재가 기속적 동의의 본질적 기초를 형성 + 사정의 변경으로 당사국이 이행해야 할 조약의무의 범위에 급격한 변화 발생
③ 제한: 국경선획정조약, 사정의 변경이 원용국의 국제의무 위반으로 초래된 경우
④ 이란 - 미국 청구재판소(1985): 퀘스테크회사 사건에서 사정변경원칙을 적용하여 계약의 종료를 인정

⑤ 유럽사법재판소: EEC가 유고내전과 이에 따른 국가분열 사태가 발생하자 유고사회주의연방공화국과 협력협정에 규정된 무역특혜를 정지하는 내용의 Council Regulation을 발령하였고, 해당 조약 적용 정지조치의 적법성 여부가 문제된 사안에서 유럽사법재판소(ECJ)는 사정변경의 원칙에 비추어 볼 때 명백한 잘못은 아니라고 판단해 이의 효력을 지지함
⑥ 상부사보이 – 젝스 자유지대 사건, 어업관할권 사건, 가브치코보 – 나기마로스 사건 등: 사정변경원칙이 원용되었으나, 조약종료사유로 인정되지 않았음

3. 효과
① 시행이 정지되어 있는 동안 상호 간에 조약을 이행할 의무를 해제
② 조약에 의해 이미 확립된 당사국 간 법적 관계에 달리 영향을 주지 아니함
③ 시행정지 기간 동안 당사국은 그 조약의 시행 재개를 방해하게 되는 행위를 삼가야 함

4. 정지절차 및 분쟁해결
① 통고
② 3개월 내 이의가 제기되지 않는 경우 정지의 효력이 발생
③ 이의가 제기된 경우 분쟁해결절차에 회부됨

제8절 종료

1. 의의

(1) 개념
① 유효하게 성립한 조약이 ② 일정한 사유에 의해 ③ 영구적으로 구속력을 상실하는 것

(2) 종료사유
① 조약의 종료, 폐기 또는 당사국의 탈퇴는 당해 조약의 규정 또는 조약법협약의 적용 결과로서만 발생
② 절대적 종료와 상대적 종료

절대적 종료	사유	신강행법규 출현
	결과	원용하지 않아도 해당 사유의 존재 자체만으로 조약 종료
상대적 종료	사유	조약의 중대한 위반, 후발적 이행불능, 사정의 근본적 변경
	결과	당사국이 원용함으로써 비로소 종료 인정

(3) 외교 또는 영사관계 단절 시 조약의 지위
원칙적으로 조약에 의해 확립된 법적 관계에 영향을 주지 않음

2. 당사국의 합의에 의한 종료

(1) 조약 체결 당시의 명시적 합의

조약에 명문규정을 둔 경우

(2) 조약 체결 당시의 묵시적 합의

① 조약이 종료와 관련된 여하한 명시적 규정도 두고 있지 않으나, 조약의 성격 및 당사자의 의도로부터 종료의 가능성이 확인될 수 있음

② 당사자 간 일회적 의무이행을 목적으로 하는 조약은 의무가 이행되고 나면 종료되는 것으로 간주됨

(3) 조약에 탈퇴나 폐기 규정을 두지 않은 경우 탈퇴할 수 있는가?

① 협약 제56조에 의하면 당사국이 폐기, 탈퇴의 가능성을 인정할 의도를 가지고 있었다는 것이 증명되는 경우 탈퇴가 인정됨

예 UN헌장

② 폐기 또는 탈퇴의 권리가 조약의 성질로 보아 추론될 수 있는 경우 탈퇴할 수 있음

③ 동맹조약은 성질상 폐기 또는 탈퇴의 권리가 추론됨

④ 국제기구 설립조약, 통상조약, 문화 관련 조약, 잠정협정도 일방적으로 탈퇴할 수 있음

⑤ 국제재판소에게 재판관할권을 부여하는 조약들도 일방적으로 탈퇴할 수 있음

⑥ 강화조약이나 국경선 획정조약은 성질상 일방적 폐기가 인정되지 않음

⑦ 묵시적 폐기, 탈퇴권을 행사할 때에는 최소 12개월의 예고기간을 두어야 함

⑧ 일방적 폐기나 탈퇴로 인하여 당사국의 수가 조약발효에 필요한 수 이하로 감소하더라도 조약은 종료되지 않음

(4) 조약 체결 이후 명시적 합의

① 조약은 당사국들 간의 명시적 합의에 의해 폐지될 수 있음

② 이러한 합의는 모든 당사자 간에 이루어져야 하고, 또한 다른 체약국들과의 협의를 거쳐야 함[제54조 제(b)호]

③ 체약국이란 조약에 의해 구속받겠다는 동의를 표했으나 아직 조약의 적용을 받지 못하고 있는 국가를 의미

④ 조약의 폐지를 목적으로 하는 새로운 조약의 체결은 명시적 합의에 의한 조약의 폐기

(5) 조약 체결 이후 묵시적 합의

① 조약이 새로운 조약에 의해 대체됨으로써 종료됨

② 조약의 모든 당사국이 동일한 사항에 대해 새로운 조약을 체결하고 후조약 규정을 통해 당사국이 사항을 후조약에 의해 규율하기로 의도하였음이 확인되는 경우 전 조약은 후조약에 의해 대체되어 종료

③ 조약의 모든 당사국이 동일한 사항에 대해 새로운 조약을 체결하고 두 조약이 동시에 적용될 수 없는 경우 전조약은 후조약에 의해 대체됨으로써 종료

④ 조약의 묵시적 폐지(desuetude): 당사국들이 조약을 더 이상 효력이 있는 것으로 간주하지 않는다는 것이 신관습법규 형성 등 그들의 행동으로 보아 명백한 경우 조약이 종료되는 것

3. 일반국제법상의 사유에 의한 종료

(1) 조약의 중대한 위반
① 중대한 위반: 조약 목적 달성에 불가결한 규정 위반
② 양자조약: 조약종료사유로서 원용 가능
③ 다자조약: 위반국 이외의 모든 당사국의 합의를 요함
④ 제한: 조약의 중대한 위반은 인도적 성질의 조약에 포함된 인신의 보호에 관한 규정에 비적용
⑤ Gabčikovo-Nagymaros Project 사건(ICJ): 조약의 중대한 위반과 관련하여 조약 종료 원용 제한에 대해 언급
  ⑦ 첫째, 당해 조약의 중대한 위반시 조약의 종료나 정지를 원용할 수 있는 것이지, 타 조약의 중대한 위반을 이유로 조약의 종료를 주장할 수 없음
  ⓒ 둘째, 조약의 중대한 위반을 원용하는 당사국이 의무 위반국이 조약을 이행하는 데 도움이 되지 않는 상황을 초래하는데 기여하였다면 당해 행위가 위법한 행위가 아니라고 해도 조약의 중대한 위반을 원용할 권리 박탈됨
  ⓒ 셋째, 선행하는 위법행위로써 타방 당사자의 의무 이행을 막은 당사자는 타방 당사자의 의무 불이행을 이유로 해당 조약을 종료시킬 권리가 없음

(2) 후발적 이행불능
① 조약의 이행에 불가결한 객체가 영구적으로 소멸 또는 파괴된 경우
② 자국의 의무 위반으로 이행불능을 초래한 경우 원용 불가
③ 국제법위원회(ILC): 위법성조각사유인 불가항력이 상당하다고 해도 조약의 종료나 정지 사유로서의 후발적 이행불능에는 미치지 아니함
④ Gabčikovo-Nagymaros Project 사건: 중대한 재정적 곤란을 이유로 한 지급불능은 조약의 종료나 정지 사유로서의 후발적 이행불능에 해당하지 않음(ICJ)

(3) 사정의 근본적 변경 – 제62조
① 요건: 조약 체결 당시 존재한 사정 + 사정의 근본적 변경 + 예측하지 못한

변경 + 사정의 존재가 기속적 동의의 본질적 기초를 형성 + 사정변경으로 이행해야 할 조약상 의무의 범위를 급격하게 변경
② 제한
  ⊙ 문제의 사정변경이 이를 원용하는 당사자의 국제의무 위반에 의해 야기된 경우
  ⓒ 문제의 조약이 국가 간 영토획정에 관한 것인 경우
③ 판례: 영국 – 아이슬란드 어업관할권 사건(ICJ), 상부사보이 – 젝스 자유지대 사건(PCIJ), 가브치코보 – 나기마로스 사건(ICJ)

(4) 신강행법규의 출현
① 신강행법규가 출현한 경우 그 규범에 저촉되는 현재의 조약은 종료
② 절대적 종료사유

(5) 전쟁
① 조약법협약에 구체적인 규정은 두지 않았음
② ILC Draft Articles on the Effects of Armed Conflicts on Treaties (2011)에 의하면, 무력분쟁이 발생한다고 하여 당사국 간 모든 조약관계가 자동적으로 정지되거나 종료되지는 않음
③ ILC Draft Articles on the Effects of Armed Conflicts on Treaties (2011)에 의하면, 무력분쟁으로 인해 조약의 종료·정지·탈퇴 등의 효과가 발생하느냐를 판단하기 위해서는 조약의 성격, 특히 조약의 주제, 대상과 목적, 내용, 당사국 수 등과 함께 무력분쟁의 성격을 고려해야 함

4. 효력
① 당사국에 대해 추후 그 조약을 이행할 의무 해제
② 조약의 종료 전에 그 조약의 시행을 통하여 생긴 당사국의 권리, 의무 또는 법적 상태에 영향을 주지 않음

5. 절차 및 분쟁해결
무효 또는 정지에 대해 적용되는 규칙과 동일

6. 가브치코보 – 나기마로스 사건(ICJ, 1997)
① 헝가리가 원용한 조약의 중대한 위반, 사정변경, 후발적 이행불능 기각
② 헝가리가 원용한 긴급피난 기각
③ 1977년 체결된 댐 건설조약은 처분적 조약(영토 관련 조약)이므로 승계가 인정됨
④ 조약법에 관한 비엔나협약상 종료사유(조약 위반, 사정변경, 후발적 이행불능)는 관습법을 성문화한 것이므로 조약법에 관한 비엔나협약 발효(1980) 전 체결된 댐 건설조약(1977)에 대해서도 적용

제9절 개정 및 수정

1. 개정(제40조)

① 모든 당사국에 의한 조약 변경
② 다자조약의 개정 제의는 모든 체약국에 통고되어야 함
③ 조약 개정을 위한 교섭과 합의 성립에 참여하는 것은 체약국의 권리
④ 모든 체약국은 개정조약의 당사국이 될 권리를 가짐
⑤ 개정조약에 당사국이 되지 아니하는 국가는 개정조약에 구속되지 않음
⑥ 개정조약 발효 후 당사국이 되는 경우 개정조약의 당사국으로 간주됨. 개정조약에 가입하지 않은 국가와의 관계에서는 개정되지 아니한 조약의 당사국으로 간주됨

2. 수정(제41조)

① 조약의 일부 당사국에 의해 조약 변경
② 기존조약에 수정 가능성이 명시된 경우 수정할 수 있음
③ 기존조약에 수정 가능성이 명시되지 않은 경우 엄격한 요건하에 수정할 수 있음. 요건:수정이 금지되지 않을 것 + 다른 당사국의 권리·의무에 영향을 주지 아니할 것 + 수정이 조약의 대상 및 목적과 양립 가능할 것

제4장 국제법과 국내법의 관계

제1절 총설

1. 국제법의 국내적 타당기초는 무엇인가? 변형인가? 수용인가?

2. 국제법이 국내법과 상충할 수 있는가? 상충한다면 어떤 법이 우선인가? 국가책임이 발생하는가?

3. 국제법의 국내법상 지위는 무엇인가? 헌법보다 상위인가? 법률과 동위인가?

제2절 학설

1. 이원론(Dualism)
① 국내법과 국제법은 서로 독립한 별개의 법체계
② 국제법이 국내적으로 적용되기 위해서는 변형되어야 함
③ 변형되지 않는 국제법은 국내적으로 부존재하며 따라서 국내법원은 적용할 의무가 없음

2. 국내법우위일원론
① 국제법과 국내법은 하나의 통일적 법체계 형성
② 통일된 법체계에서 국내법이 국제법보다 상위법
③ 국제법은 국가의사의 대외적 발현이자 대외적 국내법에 불과함
④ 따라서 국가는 언제든지 국제법을 변경할 수 있음 → 국제법 부인론

3. 국제법우위일원론
① 국제법과 국내법은 통일된 법체계 형성
② 국제법은 국내법 체계에 자동으로 편입됨(수용이론)
③ 국제법은 국내법보다 상위법이므로 국제법에 위반된 국내법은 효력이 없음(무효)

핵심 POINT | 학설의 비교

구분	대립설	국제법상위통일설
이론적 기초	의사주의	객관주의
국제법과 국내법의 관계	별개의 독자적 법체계	통일된 법체계
국제법의 도입방식	변형	수용
양법의 저촉시 국가책임	성립	성립
국제법에 저촉되는 국내법의 지위	유효	무효

제3절 관행

1. 국제관계에서 국내법의 지위

① 국제법의 국내법에 대한 우위가 확립됨
② 국제의무 위반의 면책을 위한 국내법 원용을 불인정
③ 국제법과 국내법이 상충하는 경우: 국가책임은 성립하지만 국내법이 무효가 되는 것은 아님
④ Certain German Interests in Upper Silesia(PCIJ, 1926): 국제재판 시 각국의 국내법은 구속력을 지닌 법이 아닌 단순한 사실로 취급
⑤ Brazilian Loan(PCIJ, 1929): 국내법의 내용은 사실의 문제에 속하기는 하나, 이는 특별한 성격의 사실로서 국제재판소는 국내법을 해당국 법원과 같은 방법으로 해석·적용해야 함
⑥ Ahamadou Sadio Diallo(ICJ, 2010)
  ㉠ 기니 국민 Diallo가 콩고에서 추방됨
  ㉡ 기니는 추방이 시민적·정치적 권리에 관한 국제규약 제13조 및 아프리카 인권헌장 제12조 위반이라고 주장
  ㉢ 법률에 따른 추방이었는지가 쟁점으로, 이를 위해 콩고 법률을 국제사법재판소(ICJ)가 해석해야 하는지가 문제됨
  ㉣ 국제사법재판소(ICJ)는 국내법을 해석함에 있어서 해당 국가 당국(특히 최고 재판소)의 입장을 존중해야 하지만, 명백히 잘못된 해석이라면 그러하지 아니함
⑦ 국제재판에서 국내법의 의미
  ㉠ 국내법은 국제법의 연원인 국제관습과 법의 일반원칙의 증거로 사용될 수 있음
  ㉡ 국제재판소는 어떤 사항을 규율하는 국제법규가 검색되지 아니하는 경우 당해 사항의 결정기준을 국내법에서 구하기도 함

ⓒ 국제재판소들이 국가 간 분쟁에서 오로지 혹은 1차적으로 국내법에 기초하여 분쟁을 해결할 관할권을 부여받는 것도 불가능하지는 않음
ⓔ 조약에서 국내법의 당해 조약에 대한 우위를 규정할 수도 있음
ⓜ 조약법에서는 국가가 조약에 대한 자신의 동의를 무효화시키기 위해 자국의 국내법을 원용하는 것을 허락하기도 함
ⓑ 국제재판소는 국제법과 국내법의 구조적 특성이 다르기 때문에 조심은 하면서도 때로 필요한 논리를 국내법에서 유추하여 이를 추상화, 일반화, 조정의 과정을 통해 적용하기도 함

2. 국제법의 국내적 도입방식

(1) **수용**
① **개념**: 별도의 입법조치 없이 그대로 국내법 체계에 도입
② **직접적용성**: 조약이 별도 입법조치 없이 국내법 체계에 도입되는 성질
③ **직접효력성**: 개인이나 국가가 조약이나 조약규정을 원용할 수 있는 성질로, 대한민국 대법원은 WTO협정의 직접효력성을 부인하였음
④ **수평적 직접효력**이란 직접효력이 개인과 개인 사이에서 인정되는 경우로서 독일에서는 이를 조약규정의 제3자적 효력으로 칭하기도 함
⑤ 국내법정에서 국가기관이 타국가기관에 대해서 조약규정의 직접효력을 원용할 수 있겠는가의 문제가 제기될 수도 있는데, 이것 역시도 수평적 직접효력으로 칭할 수 있음
⑥ **수직적 직접효력**이란 직접효력이 개인과 국가(국가기관) 사이에서 인정되는 경우로서 이것은 다시 개인이 국가에 대해 조약상의 권리를 주장하는 상향 수직적 직접효력과 국가가 개인에 대해 조약상의 권리를 주장하는 하향 수직적 직접효력의 모습으로 나타날 수 있음
⑦ 하향 수직적 직접효력은 전도된 수직적 직접효력으로도 칭함
⑧ 어떤 조약규정이 직접효력을 수평과 수직 쌍방향으로 가진다면 이 규정은 전방위 효력이 있다고 표현할 수 있음

(2) **변형**
① **개념**: 국내법 체계에 국제법을 도입하기 위해 국내법을 별도로 제정하는 방식
② **영국식 변형**: 사후변형
③ **독일식 변형**: 사전변형

3. 국제관습법의 국내적 효력

(1) **영국**
① 수용, 의회제정법 > 국제관습법
② Mortensen 대 Peters 사건: 수용 및 의회제정법의 우위를 확인

③ 트렌드텍스 무역회사 사건(1977)
  ㉠ 국제관습법의 수용을 확인하였음
  ㉡ 또한, 관습법은 선례구속성원칙의 적용이 배제됨을 확인하였음
  ㉢ 따라서, 영국 법원은 항상 재판 당시 관습국제법에 입각해서 판결해야 함
④ 관습국제법상 국제범죄
  ㉠ 수용하지 않고 변형해야 함
  ㉡ 형사범죄의 경우 영국 의회만이 새로운 범죄를 창설할 수 있음
  ㉢ 국제법상 범죄를 영국 법원이 처벌하기 위해서는 의회가 관련 법률을 제정해야 함
⑤ 1737년의 Barbuit's Case: 국제관습법의 영국 국내법에로의 수용 확인
⑥ Commercial and Estates Co. of Egypt v. Board of Trade(1925): 관습법의 변형 확인
⑦ Chung Chi Cheung v. The King 사건(1939): 관습법의 변형 확인
⑧ Belhaj v. Straw 사건(2017): 국제법이 보통법의 일부라고 말하는 것은 과거의 이야기이고, 이제 국제법은 보통법의 일부가 아니라 보통법의 연원의 하나라고 봐야 함. 관습법의 변형 확인

(2) 미국
① 수용, 의회제정법 > 국제관습법, 연방법률 > 국제관습법
② Paquete Habana호 사건
③ Schröder v. Bissell: 연방법률 > 국제관습법
④ Murray v. The Charming Betsy 사건: 미국의 재판소들은 가능하다면 연방의 법률이 국제관습법을 위반하지 않도록 해석(Charming Betsy canon)

(3) 독일
① 수용, 국제관습 > 연방법률
② 직접 효력 있음
③ 바이마르 헌법 4조(1919): 관습법의 국내적 수용을 최초로 인정한 성문 헌법 조항

4. 조약의 국내적 효력 – 미국

(1) 조약의 수용 및 국내법과의 관계
① 수용
② 자기집행조약(treaty = 연방법률): 상충시 신법우선의 원칙을 적용
③ 행정부협정(executive agreements): 대통령이 독자적으로 체결하는 조약으로, 행정부협정 > 주법률
④ 행정부협정과 연방법률: 연방법률 = 조약 > 행정부협정. 행정부협정 > 주법률(Territory of Hawaii v. Ho, US v. Belmont 사건)

⑤ 조약에 의거하여 체결한 행정부협정: 조약(treaty)에서 국제협정에 의한 이행을 예견하고 있는 경우, 이 경우의 행정부협정은 미국법 내에서 조약 자체와 동일한 효력을 가짐
⑥ 행정부 - 의회협정: 상하 양원의 사전동의를 받아 체결하는 조약으로, 행정부 - 의회협정 = 조약 = 연방법률

(2) 조약의 자기집행성
① 자기집행성을 갖는가를 결정함에 있어 결정적인 요소는 조약기초자들의 의도(intent)
② 조약의 문언이 명확하다면 조약에 나타난 체약당사국의 의도에 의존하고, 문서가 확실하지 않으면 그 체결을 둘러싼 사정에 의존해야 함
③ 자기/비자기집행조약 최초 구분: 1829년의 Foster and Elam v. Neilson
④ 관련하여 주로 인용되는 판례는 Sei Fujii v. California

자기집행조약 (조항)	• 개념: 별도의 입법조치 없이 미국 국내법 체계에 도입되는 조약 • 장점 　- 국내적 차원에서 조약상의 의무를 이행·집행함에 있어 시간적 지체가 발생하지 않는다는 점에서 장점이 있음 　- 자기집행조약은 조약체결과정에서 배제된 하원의 사후참여가 요구되지 않고, 조약체결과정에서 이미 3분의 2 다수결규칙에 의해 동의를 얻은 상원의 의견을 다시 구할 필요가 없음 • 한계: 조약체결 및 도입 과정에서 하원이 배제되므로 민주적 정당성에 한계가 있음 예 범죄인 인도, 영사의 권리, 최혜국대우 등
비자기집행조약 (조항)	• 개념: 입법적 변형을 겪어야만 미국법이 될 수 있음 • Sei Fujii 대 California 사건: UN헌장의 인권 관련 규정들은 비자기집행적 • 제노사이드방지협약, 고문방지협약, 인종차별철폐협약, 시민적·정치적 권리에 관한 국제규약 등과 같은 국제인권조약은 비자기집행적 • 조약내용이 구체성과 명확성을 지니지 못한다거나 단순히 목표를 표시하는 데에 그치는 조약 또한 비자기집행적 조약으로 판단됨 • 건국 초기에 비해 미국 사법부는 비자기집행적 조약의 범위를 지속적으로 확대함 • 집행법률이 만들어지지 않은 비자기집행조약의 국내적 의미: 집행법률이 마련되지 않은 경우 비자기집행적 조약은 사법부를 구속하지 못하며 이와 충돌되는 연방법이나 주법에 우선하는 효력도 발휘하지 못함. 그러나, 국내법의 해석기준으로 활용될 수 있고, 관습국제법의 증거로 활용될 수 있으며, 의회 입법을 촉구할 수 있음 예 미국에서 예산의 지출을 필요로 하는 조약, 형법규정과 관련된 조약, 미국의 영토나 재산의 처분에 관한 조약, 기타 종전부터 의회가 주로 규제해 오던 주제에 관한 조약 등

(3) 조약과 주법의 관계

① Missouri 대 Holland 사건에서 핵심 쟁점이었음. 동 사건에서 연방최고재판소는 조약이 헌법 및 법률과 함께 최고법임을 이유로 조약의 주법률에 대한 우위를 확인하였음

② U.S. 대 Belmont 사건(1937)에서 연방최고재판소는 외국 정부(소련)를 승인할 대통령의 권한 행사와 관련하여 체결된 문제의 행정부협정은 충돌되는 주법에 우선한다고 판결하였음

5. 조약의 국내적 효력 – 기타 국가

(1) 영국

① 변형: 의회주권원칙을 존중하여 조약을 비준한 다음, 의회에서 이행법률을 제정
② 예외적으로 수용하는 조약: 전쟁행위에 관한 조약, 영토할양조약, 행정협정 등
③ 국제법과 국내법의 상충문제 해결: 비준 전에 이행법률 제정, 합치의 추정원칙
④ Ponsonby rule: 왕의 비준을 요하는 조약은 서명 후 비준 21일 전에 의회 양원에 제출
⑤ Constitutional Reform and Governance Act(2010)
  ㉠ 의회가 조약에 대한 통제 강화
  ㉡ 영국 정부는 비준을 필요로 하는 조약은 최소 비준 21일 전에 의회로 제출해야 함
  ㉢ 이 기간 중 하원이 조약 비준에 반대하는 결의를 채택하지 않아야만 정부는 조약을 비준할 수 있음
  ㉣ 그러나 하원이 반대를 결의해도 정부는 왜 해당 조약의 비준이 필요한가에 관한 의견서를 다시 제출할 수 있으며, 이때 21일 이내에 하원이 또다시 반대결의를 채택하지 않으면 정부는 조약을 비준할 수 있음
  ㉤ 만약 예외적으로 정부가 이러한 의회 심사절차를 거칠 수 없는 이유가 있다고 판단하는 경우 정부는 그 이유를 통지하고 바로 조약을 비준할 수도 있음

(2) 독일

① 변형
② 영국과 달리 사전변형: 동의법률 또는 수권법률을 조약을 체결하기 전에 제정
③ 동의법률의 기능: 수권(授權)기능 + 변형기능

(3) 프랑스

① 수용
② 조약 > 법률. 단, 상호주의를 전제로 함

(4) 네덜란드
  ① 직접효력이 인정되는 조약규정은 자동적으로 수용됨
  ② 직접효력이 있는 조약규정은 시간적 선후를 불문하고 모든 국내입법에 우선함
  ③ 재판소는 조약의 합헌성 여부를 심사할 수 없음
  ④ 직접효력이 인정되는 조약은 헌법을 포함한 국내법에 우선하여 네덜란드의 최고법임
  ⑤ 재판소는 직접효력이 있는 조약규정과 충돌하는 국내법령을 폐지할 수는 없고, 적용하지 않을 수 있을 따름임
  ⑥ 의회는 헌법과 충돌하는 조약에 대해서는 헌법 개정에 필요한 다수결(투표의 3분의 2)로 그 비준에 동의하여야 함
(5) 일본
  ① 수용
  ② 조약 > 법률
(6) 룩셈부르크
  ① 조약에 대해 국내법률뿐만 아니라 헌법보다도 우월한 효력을 인정
  ② 룩셈부르크 헌법재판소는 발효 중인 조약에 관해 위헌판정을 할 수 없음
(7) 스위스
  ① 헌법은 국제법상 강행규범에 대해 특별한 지위를 부여
  ② 헌법 개정 시 국제법상의 강행규범을 위반하지 않아야 함
(8) 이스라엘
  ① 관습국제법규는 이스라엘의 명시적인 법률규정과 충돌되지 않는 한 자동적으로 이스라엘법의 일부가 됨
  ② 선언적 조약(관습법규에 기초한 조약)은 그것이 관습법을 법전화한 것이라는 이유로 인하여 자동적으로 이스라엘법의 일부가 됨. 다만, 충돌되는 이스라엘 법률에 우선하지는 못함
  ③ 창설적 조약(새로운 규칙을 수립하는 조약)은 국제적 차원에서는 이스라엘을 구속하더라도 자동적으로는 국내법의 일부가 되지 못함. 따라서 변형행위를 통해서만 국내법이 될 수 있고, 변형행위는 이스라엘 의회인 크네세트 또는 권한을 위임받은 장관의 이행입법 제정으로 나타남

핵심 POINT | 주요국 관행 정리

구분	도입방식	국내적 지위	특징
영국	변형(사후변형)	-	
독일	변형(사전변형)	-	
프랑스	수용	조약 > 법률	상호주의 조건
네덜란드	수용	조약 > 헌법	직접효력조약
룩셈부르크	수용	조약 > 헌법	
미국	수용	• 조약(treaty) = 연방법률 • 행정부 - 의회협정 = 조약 • 조약에 의거하여 체결한 행정부협정 = 조약 • 조약 > 주법률	자기집행성의 법리 도입
일본	수용	조약 > 법률	
한국	수용	헌법 > 정식조약 = 법률 > 약식조약 = 법규명령	

제4절 우리나라에서의 국제법과 국내법의 관계

1. 관련 헌법 규정

(1) 헌법 제6조 제1항

헌법에 의하여 체결·공포된 조약과 일반적으로 승인된 국제법규는 국내법과 같은 효력을 가진다.

(2) 헌법 제60조 제1항

국회는 상호원조 또는 안전보장에 관한 조약, 중요한 국제조직에 관한 조약, 우호통상항해조약, 주권의 제약에 관한 조약, 강화조약, 국가나 국민에게 중대한 재정적 부담을 지우는 조약 또는 입법사항에 관한 조약의 체결·비준에 대한 동의권을 가진다.

(3) 헌법 부칙 제5조

이 헌법 시행 당시의 법령과 조약은 이 헌법에 위배되지 아니하는 한 그 효력을 지속한다.

2. 국제관습법의 헌법적 지위

① 수용
② 일반적으로 승인된 국제법규
  ㉠ 국제법학계: 관습법만을 의미
  ㉡ 헌법학계: 관습법 + 보편조약을 의미

③ 관습법과 법률의 상호관계에 대한 명시적 판례는 없으나, 헌재는 관습법과 법률의 동위를 전제하고 있음

3. 조약의 헌법적 지위

① 수용
② 헌법 > 조약: 조약에 대한 위헌심사 가능(정식조약과 행정협정 모두 헌법재판소가 위헌심사)
③ 정식조약 = 법률
④ 약식조약(행정협정) = 법규명령
⑤ 법률 > 행정협정

4. 판례 태도

① 조약 및 관습법을 수용
② 헌법재판소: 마라케쉬협정(WTO협정)에 의해 새로운 범죄를 구성하거나 범죄자를 가중처벌할 수 있음
③ 조약에 대한 위헌심사를 인정
④ **전라북도 급식조례 사건(대법원)**: WTO협정(정부조달협정 및 GATT1994 제3조 내국민대우)에 위반되는 급식조례는 무효
⑤ **반덤핑과세부과처분 취소소송 사건(대법원)**: WTO협정은 사인이 이를 원용하여 행정소송을 제기할 수 없는데, 이는 WTO협정의 수직적 직접효력을 부인한 것임
⑥ 항공운송에 관한 바르샤바협약(1955)은 국제항공운송에 관한 법률관계에 있어서 일반법인 민법에 대한 특별법이므로 민법보다 우선적용(대법원, 1986)
⑦ 2015년 11월 19일 대형마트영업규제 사건: 서비스무역에 관한 일반협정(GATS) 및 한국 – EU FTA의 직접효력을 부인

국제법의 수용 주장에 대한 반론
조약 자체에 국내법의 제정을 요구한 경우, 그러한 국내법이 제정되지 않으면 조약이 이행되기 어렵다는 것을 이유로, 우리나라가 모든 조약을 수용하는 것은 아니라는 견해도 있다.

제5장 국제법의 주체

제1절 총설

1. 국제법 주체의 의의

전통 국제법	국제법 정립에 참여할 능력이 있는 자 예 국가
현대 국제법	국제법상 권리 또는 의무의 수범자 예 국가, 국제기구, 개인 등

2. 국제법 주체의 유형

능동적 주체와 수동적 주체	• 조약체결권의 존부(存否)에 따라 구분 • 능동적 주체: 국가, 국제기구, 교전단체, 민족해방운동단체 • 수동적 주체: 개인
시원적 주체와 파생적 주체	• 타 주체에의 의존 여부에 따라 구분 • 시원적 주체: 국가, 민족해방운동단체 • 파생적 주체: 국제기구, 개인, 교전단체
항구적 주체와 일시적 주체	• 주체로서의 존속 여부에 따라 구분 • 항구적 주체: 국가 • 잠정적(일시적) 주체: 교전단체
전형적 주체와 비전형적 주체	• 전형적 주체: 영토 기반(국가, 교전단체) • 비전형적 주체: 영토 필요 없음(개인, 국제기구, 민족해방운동단체)

제2절 국가

1. 성립요건

(1) 일반적 국가 성립요건

① 국가의 권리의무에 관한 몬테비데오협약(1933): 영토 + 인구 + 정부 + 외교능력

② 영토

③ 인구

④ 실효적 정부
  ㉠ 대내적: 입법·사법·행정권 행사
  ㉡ 대외적: 타국으로부터 독립성
    例 일제의 만주침략의 결과 1932년 수립된 만주국은 독립적 정부를 갖고 있지 못한 일종의 괴뢰국가로, 국가로서 인정되지 않았음
⑤ 외교능력
⑥ 국가기원의 위법성의 문제: 형성과정에서 강행규범을 위반한 경우 국가로 성립하지 않음
⑦ 승인의 문제
  ㉠ 창설적 효력설: 승인을 요함
  ㉡ 선언적 효력설(통설): 승인을 불요(不要)함

(2) 국가성립에 있어서 민족자결원칙의 문제
① 남로디지아
  ㉠ 소수 백인 지배 국가로 출범하였으나 민족자결원칙에 위배됨
  ㉡ 안전보장이사회의 비난결의 및 불승인이 요구되었으며 독립국가로 인정받지 못함
② 포르투갈령 기니
  ㉠ 민족해방운동단체의 독립선언과 UN총회 환영결의가 있었음
  ㉡ 주권국가로서의 객관적 요건에는 아직 미흡한 부분이 있었으나 민족자결원칙에 부합되었기 때문에 국제사회의 적극적인 지지를 받았음
③ 방글라데시
  ㉠ 1971년 파키스탄으로부터 분리독립
  ㉡ 인도의 무력간섭이 결정적으로 기여함. 인도의 무력개입의 합법성에 대하여는 논란이 있었지만 인도는 아무런 영토적 야심을 표시하지 않고 방글라데시인들의 민족자결실현을 지원하였기 때문에 방글라데시의 독립은 국제사회에서 쉽게 승인됨
④ 북사이프러스
  ㉠ 1974년 터키군은 북사이프러스에 진주해 이 지역을 장악하였고 1983년 북사이프러스 터키 공화국의 독립을 선포함
  ㉡ UN안전보장이사회는 이를 법적으로 무효라고 규정하였으며 불승인이 요구됨

(3) 내란 발생이나 국제사회 개입 시 국가의 존속 여부
① 일단 국가로 성립되면 타국의 일시적인 전시점령이나 내란으로 인해 정부가 실질적인 기능을 못하더라도 국가로서의 지위를 유지
② 국제사회의 개입으로 국가의 최고 행정권이 일시 외부기관에 위임된 경우에도 독립국가로서 존속

③ 1992년 캄보디아에 UN평화유지활동으로 설치된 UNTAC는 사실상의 정부 기능을 수행
④ 보스니아 – 헤르체고비나의 경우 1995년 Dayton 평화협정에 의해 임명된 외국인 최고대표가 일정 기간 최고 행정권을 행사

(4) 스팀슨주의(비승인주의)
① 국제연맹 당시 일본에 의해 수립된 만주국의 불승인을 위해 제시된 이론
② 부전조약의 약속과 의무에 반하는 방법으로 야기된 일체의 사태나 조약 또는 협정을 승인할 수 없음
③ 오늘날 UN헌장에 위반된 방법으로 수립된 국가나 사태에 대해서는 비승인주의가 적용된다고 해석됨. 실제로 1965년 UN안전보장이사회는 인종차별적 소수 백인 국가인 로디지아를 승인하지 말 것을 요구하는 결의 채택
④ ILC초안(2001): 어떤 국가도 강행규범의 중대한 위반에 의해 창설된 사태를 합법적으로 승인해서는 안 됨
⑤ 나미비아 예외(Nambia Exception): ICJ는 1971년 Namibia 사건에 대한 권고적 의견에서 위임통치 종료 후 남아프리카공화국이 나미비아를 위해 행한 공적 행동은 자결권을 부인하는 것으로서 대세적으로 위법이고 무효이나, 이 무효가 출생, 사망, 혼인의 등록과 같은 행위들에는 연장 적용될 수 없다고 함. 불승인 의무가 무제한적으로 적용되는 것은 아님

2. 형태

(1) 주권국과 반주권국
① 오늘날 대체로 주권국이 존재함
② 종속국: 종주국의 국내법에 의한 결합
③ 피보호국
  ㉠ 보호국과 피보호국 간 조약에 의한 결합
  ㉡ 식민지독립부여선언(UN총회, 1960)는 보호관계 설정을 금지함
  ㉢ 현재 모나코는 프랑스의, 산마리노는 이탈리아의 피보호국임

(2) 국가연합과 연방국가

구분	국가연합	연방국가
결합기초	조약	헌법
주권의 소재	구성국	연방
국가책임	구성국이 부담	연방이 부담
구성국 간 무력분쟁	전쟁	내전

(3) 영연합(Commonwealth)
① 영연방 구성국들은 주권을 보유
② 조약 체결 시 구성국에게 사전 통고

③ 구성국 상호 간 외교사절 대신 고등판무관을 교환
④ 발포어선언(1926)과 웨스트민스터헌장(1931)에 기초하여 창설
⑤ 영연합국민 국적: 소속국 국적 + 영연합 시민권

(4) 영세중립국
① 영구적으로 중립국의 지위를 유지하는 국가
  예 스위스, 오스트리아, 투르크메니스탄(1995), 코스타리카 등
② 전쟁에 참가할 수 없으며, 동맹조약을 체결해서도 안 됨
③ 영세중립국도 UN에 가입할 수 있음: 스위스는 2002년, 오스트리아는 1955년에 가입하였음
④ 영세중립국 창설방법
  ㉠ 스위스: 국제법(스위스 영세중립 및 영역불가침 보장선언)
  ㉡ 오스트리아: 연방헌법규정 + 타국의 승인
⑤ 스위스는 국제연맹에 처음부터 가입하여 연맹 본부도 제네바에 유치하였음

(5) 바티칸시국(교황청)
① 라테란조약(1929)에 기초
② 종교적 조약 체결
③ 외교사절 교환

(6) 분단국
① 과거 통일되었으나 현재 복수의 국가가 성립되어 있으며 재통일을 지향하는 국가
② 분단국에 대한 국제법이 별도로 정립된 것은 아님
③ 분단국은 모두 국제법상 국가이며 실효적 정부를 수립하고 있음
④ 분단국 간 경계는 국제법상 국경으로 인정되고, 국제법의 일반원칙이 적용됨
⑤ 1972년 동독과 서독은 양독 관계협정을 체결하고, 상주대표를 교환하였음
⑥ 한국은 과거 대한제국이 체결한 조약을 승계하고 있음
⑦ 남북한과 중국은 1개의 국적 개념을 인정하여, 일방의 주민이 타방 지역으로 이주할 때 새로운 국적 취득절차가 적용되지 않음

(7) 파탄국가(failed state)
① 형식상 국가로 존재하나 내란 등으로 실효적 정부가 존재하지 않는 국가
② 과거 캄보디아, 시에라리온, 라이베리아, 보스니아 – 헤르체고비나 등
③ 경제적 곤궁, 대량 난민 유출 등의 특징을 보임
④ 국제법상 법주체성은 유지

(8) 팔레스타인
① 1974년 UN총회는 팔레스타인해방기구(PLO)를 팔레스타인인의 대표자로 인정하고 옵저버자격을 부여

② 1993년 이스라엘 – PLO는 오슬로협정을 체결하고, 이스라엘 점령지에 팔레스타인 임시자치정부를 수립하는 것에 합의
③ 2012년 UN총회는 팔레스타인에게 옵저버국가 지위를 인정
④ 2015년 4월 국제형사재판소규정(ICC) 당사국이 됨
⑤ 대한민국은 팔레스타인을 독립국가로 승인하지 않았으나 팔레스타인 자치정부를 팔레스타인의 유일 합법 대표기구로 인정하고 있음
⑥ 대한민국은 2014년 8월 팔레스타인 임시수도 라말라에 상주 대표부 개설

(9) 말타 기사단
① 카톨릭 종교기사단
② 1050년 예루살렘에서 의료기관을 겸한 구빈기관으로 창설
③ 1113년 교황에 의해 교단으로 승인
④ 팔레스타인 지역에서 가톨릭 세력이 축출된 후 에게해의 Rhodes섬(1310~1532)과 말타(1530~1798)로 이전해 이 지역을 통치하였음
⑤ 나폴레옹에 의해 말타에서 축출된 후 군사적 성격은 사라지고 본부를 로마로 옮겨 주로 병원을 중심으로 한 구빈기관으로 활동
⑥ 현재 약 1만여 명의 남녀 기사가 이에 소속되어 활동
⑦ 이탈리아 법원은 말타 기사단이 제한된 국제법인격을 갖고 있다고 보고 로마 내 이들의 건물과 재산에 한해 재판관할권의 면제를 인정
⑧ 현재 약 100개국 이상과 외교관계를 유지
⑨ 객관적으로 국가로서의 법인격을 갖추었다고는 볼 수 없음

제3절 국제기구

1. 국제기구의 정의

(1) 일반적 정의
① 공동목적 달성 추구
② 국가 간 조약에 의해 결성
③ 기관을 통해 단체 자신의 의사를 표명
④ 보통 국가가 회원이나, 국가가 아니어도 가입이 인정됨
  ㉠ WTO: 독자적 관세영역
  ㉡ 국제연맹(LN): 자치권을 가진 속령
⑤ 국제법상 법인격이 인정되는 국제기구만이 국제관계에서 자신의 명의로 권리의무를 담당하고 유효한 법률행위를 할 수 있음
⑥ 국제기구가 법인격을 보유해야 법적으로 회원국과 별개의 법적 실체로 인정됨

⑦ 법인격을 보유한 국제기구는 회원국과 별도의 권리·의무를 향유하며, 자신의 위법행위에 대해 독자적 책임을 짐
⑧ 복수 국가의 합의로 설립된 기구라 하여 항상 독자적 법인격을 갖지는 않음
⑨ 국제기구 독자적 법인격을 향유하기 위한 조건: 적법한 목적과 기관을 갖는 항구적 결합체일 것 + 회원국과 별도의 고유한 법적 권한과 목적을 보유할 것 + 국제사회에서 행사할 수 있는 법적 권한을 보유할 것

(2) **국제기구의 책임에 관한 규정 초안(ILC, 2011)상 국제기구의 정의**
① 조약 혹은 국제법에 의하여 규율되는 기타 문서에 의하여 수립되고, 그 자신의 국제법인격을 가지는 기구
② 국제기구는 회원으로서 국가 이외에 다른 실체를 포함할 수 있음
③ 국가 이외에 다른 실체에는 국제기구, 영토적 실체 및 사적 실체가 모두 포함됨
④ 국제기구는 국제회의에서 채택되는 결의를 통해 수립될 수 있음
⑤ 국제기구는 그 자신의 국제법인격, 즉 회원들과는 별개의 국제인격을 가져야 함
⑥ 국제기구는 국가의 참여를 필수적 요소로 하되 비국가적 실체를 추가회원으로 두고 있는 국제기구만을 지칭
⑦ 오로지 국제기구들만을 회원으로 하는 국제기구는 국제기구의 정의에서 제외됨
⑧ 국제기구는 단 한 개 국가와 타 국제기구 간에도 설립될 수 있음

2. 국제기구의 국제법 주체성

(1) **국제법 주체성**
① 국제기구에게 회원국의 의사와 구별되는 조약체결권, 국제책임추궁능력, 특권과 면제와 같은 독자적 국제법 인격성을 인정할 것인가?
② UN의 국제법 인격
  ㉠ UN헌장에 명문규정이 없으나 판례에 의해 인정됨
  ㉡ UN근무 중 입은 손해배상에 대한 권고적 의견(ICJ), 목적필요설(필요한 추론설)에 기초함
③ 오늘날 설립헌장에 명문조항을 두는 것이 일반적

(2) **국제기구(UN)의 대세적 법인격성**
① UN은 UN회원국이 아닌 국가에 대해 손해배상을 청구할 수 있는가?
② 학설: 긍정설(객관적 존재설)과 부정설(파생적 법인격설)이 대립하며 부정설이 통설
③ 국제사법재판소(ICJ): UN근무 중 입은 손해배상에 대한 권고적 의견에서 UN의 대세적 법인격을 인정

(3) 판례 – UN근무 중 입은 손해배상에 대한 권고적 의견
① UN직원이 이스라엘에서 직무수행 중 살해됨
② UN총회는 UN이 이스라엘(당시 UN비회원국)에 대해 손해배상을 청구할 수 있는지에 대해 권고적 의견을 요청
③ 국제사법재판소(ICJ)는 목적필요설에 기초하여 UN의 법인격을 인정
④ 객관적 존재설에 기초하여 비회원국인 이스라엘에 대한 배상청구권을 인정
⑤ UN의 직무 보호권과 스웨덴(베르나돗테 백작의 국적국)의 외교적 보호권의 경합 문제: 이스라엘에게는 이중배상의무는 없으나 누구의 권리가 우선하는지에 대해서는 판단할 수 없다고 하였음

> **목적필요설**
> UN이 목적 달성을 위해 필요한 한도 내에서 법인격을 보유한다는 견해이다. 이는 묵시적 권한이론이며, 고유권한설로도 불린다.

3. 국제기구의 구체적 권리·의무

조약체결권	능동적 주체
특권·면제	회원국으로부터 조세 면제 등의 특권을 보유하며, 회원국 국내법정에서 피고가 될 수 없음(면제)
제소권	국제사법재판소(ICJ)에 타국을 제소하거나 피소될 수 없음. 단, UN의 기관은 국제사법재판소(ICJ)에 권고적 의견 요청 가능
직무 보호권	직원이 입은 손해에 대한 배상청구권이 인정됨

4. 국제기구의 국내법인격

의미	회원국 또는 비회원국 국내법상 인정되는 법인격, 계약체결권, 제소권, 재산소유권 등
UN회원국의 국내법인격	UN헌장 제104조에 의해 인정됨
UN비회원국의 국내법인격	• UN헌장에는 규정이 없음 • UN과 비회원국의 합의에 따름

5. 국제기구의 국제책임과 국제청구권

(1) 국제기구가 직접 피해를 입은 경우
① 국가가 피해를 입은 경우와 유사함
② 국내구제완료원칙 비적용됨

(2) 국제기구가 직원이 아닌 개인에게 손해를 야기한 경우
① 국적국은 국제기구를 상대로 하여 외교적 보호권 발동이 가능
② 국제기구 내에 외부의 개인이 접근할 수 있는 이용 가능하고 실효적인 구제수단이 없는 한 국내구제수단완료원칙 비적용
③ EU의 경우처럼 국제기구 내에 외국인이 당해 기구를 상대로 소송을 제기할 수 있는 제도적 장치가 존재하면 그 범위 내에서 국내구제수단완료원칙 적용

(3) 국제기구가 직원에게 손해를 야기한 경우
① 직원의 국적국은 국제기구를 상대로 외교적 보호권 발동 가능
② 이 경우 직원이 자신의 피해를 구제할 수 있는 수단이 국제기구 내에 존재한다면 이 내부 절차를 먼저 완료해야 함
③ 기구 내부에 구제수단이 없거나 내부 구제절차를 거쳤어도 기구가 그 결과를 이행하지 않는 경우 직원의 국적국가는 기구를 상대로 외교적 보호권 행사 가능
④ Reparation for Injuries Suffered in the Service of the UN 사건: 국제사법재판소(ICJ)가 언급한 것처럼 기구의 직무 보호권은 국적에 기초한 것이 아니기 때문에 이 경우 복수국적자의 국적국가 상호 간에는 통상적으로 상호 외교적 보호권 발동이 불허되는 법리를 적용하는 것은 타당하지 않음

(4) 국제기구 직원이 비회원국으로부터 피해를 입은 경우
① 손해배상청구권이 인정되는지 여부
  ㉠ UN의 경우 국제사법재판소(ICJ)에 의하면 비회원국에 대해 손해배상을 청구할 수 있음
  ㉡ 국제사법재판소(ICJ)는 UN이 객관적 법인격을 가진다고 판시함
  ㉢ 국제기구에게 국제사법재판소(ICJ) 제소권이 인정되는 것은 아님
  예 Reparation for Injuries Suffered in the Service of the UN 사건
② 국내구제완료원칙의 적용 여부
  ㉠ UN직원이 직무와 무관하게 피해를 입은 경우: UN의 직무 보호권은 문제되지 않고, 피해 직원 국적국의 외교적 보호권만 문제되므로, 이 경우 국내구제완료원칙이 적용됨
  ㉡ 직원이 업무 중 피해를 본 경우
    ⓐ 국제기구의 직무 보호권과 피해자 본국의 외교적 보호권이 모두 문제됨
    ⓑ 본국이 외교적 보호권을 발동하게 된다면 국내구제완료원칙이 적용됨
    ⓒ 국제기구가 직무 보호권을 발동한다면 국제기구의 직접 피해에 해당되어 UN이 직무를 수행하는 직원을 위해 보호권을 행사하는 것은 직원을 대리하는 것이 아니라 기구 자신의 권리를 행사하는 것이므로 국내구제완료원칙이 적용되지 않음

(5) 국제기구와 회원국의 제3자에 대한 연대 책임 문제
① 국제기구가 제3자에게 손해를 끼친 경우 국제기구의 회원국도 국제기구와 별개로 책임을 져야하는지의 문제
② 국제기구는 회원국과 별개의 법인격을 향유하므로 국제기구의 위법행위에 대해서는 국제기구만 책임을 지는 것이 원칙
③ 예외적으로 국제기구 회원국이 책임을 지는 경우
  ㉠ 국제기구설립조약을 포함하여 조약에서 명시적으로 혹은 묵시적으로 규정하고 있는 경우

ⓒ 사건 발생 후 달리 합의한 경우
ⓒ 국제기구를 만들고, 이를 통해 국가책임을 회피하려고 의도한 경우 등
ⓔ 예외적으로 국제기구의 회원국들은 동 기구의 행위에 대해 경합적으로 혹은 연대하여 책임을 부담

④ 유럽인권재판소는 Behrami 및 Saramati 사건에서 UN KFOR의 행위는 피고 유럽인권협약 당사국들에 귀속되지 않는다고 판결

(6) 국제기구 대리인의 행위에 대한 책임
① 국가 또는 타국제기구에 의해 특정 국제기구의 처분하에 놓여진 기관이나 대리인의 행위에 대해서는 위법행위책임초안 제6조의 법리를 적용
② 처분권을 행사하는 국제기구가 책임을 짐
③ 국제기구가 자신의 처분하에 놓여진 외부 기관의 행위에 대해 실효적 통제를 행사하는 경우에 한하여 문제의 기관의 행위는 국제법상 그 기구의 행위로 간주됨
④ 평화유지군의 경우 파견주체는 UN이므로 평화유지군의 직무상 위법행위에 대해서는 UN이 책임을 짐
⑤ 평화유지군이 파견국의 지시를 받아 위법행위를 한 경우에는 파견국으로 당해 행위가 귀속되어 책임을 짐
⑥ 네덜란드 대법원은 Nuhanović 사건에서 UN PKO 활동과정에서 비롯된 결과라도 문제의 행위에 대해 네덜란드가 실효적 통제를 하고 있었다면 그 책임은 네덜란드에 귀속된다고 판단

(7) 직무 보호권을 행사하는 기관
① 국제기구가 손해배상청구권(직무 보호권)을 행사하는 경우 국제기구 내의 어떤 기관이 실제로 청구권을 행사하는지의 문제
② 국제기구설립조약의 해석의 문제
③ 조약에 명시적·묵시적 근거 규정이 없으면 당해 기구의 사무총장이 행사
④ UN의 경우 UN사무총장이 배상을 청구

6. 국제기구의 국제법상 책임 – 국제기구의 책임에 관한 초안(ILC, 2011)

(1) 국제기구
① 조약이나 국제법의 지배를 받는 기타 문서에 의해 창설되어 자신의 국제법 인격을 갖는 기구
② 국제기구의 모든 국제위법행위는 기구의 국제책임을 유발함
③ 국제기구는 그 기능을 행사하는 기관이나 대리인의 행위를 통해서만 책임 성립

(2) 기관
기구의 공식적 지위를 가지고 있는 자

(3) 대리인

기관이 아니라도 국제기구에 의해 국제기구의 기능을 수행하거나 이를 조력하도록 임무가 부여된 자

(4) 파견받은 회원국 국민이나 다른 기구 직원

기능을 수행하는 경우 실효적으로 통제할 수 있는 범위에서는 그들의 행동에 대해 책임을 짐

제4절 개인

1. 의의
① 개인은 자연인과 법인을 의미, NGO를 포함
② 오늘날 개인의 국제법 주체성은 인정됨
③ 국제법 주체로서 개인의 특성: 수동적·파생적·제한적 주체

2. 개인의 국제법상 권리

(1) 국제소송권
① **국제포획법원**: 최초 규정하였으나 실제 설치되지 않았음
② **중미사법법원**: 설치된 법원 중 최초로 개인의 제소권 인정
③ **유럽사법법원**
④ **투자분쟁해결센터(ICSID)**: 피투자국과 합의하여 중재재판 당사자가 될 수 있음
⑤ UN행정법원
⑥ 심해저분쟁재판부

(2) 청원권
① UN에의 신탁통치지역주민의 청원권
② 유럽인권위원회나 미주인권위원회에의 당사국의 의무 위반에 대한 개인의 청원권
③ 1966년 국제인권규약 A규약 및 B규약상 권리 침해에 대한 청원권

3. 개인의 국제법상 의무 및 처벌제도

(1) 국제법상 의무
① 조약상의 의무
② 해적행위금지의무
③ 침략전쟁을 모의하거나 개시하지 않을 의무
④ 인권존중의무
⑤ 집단살해금지의무

(2) 국제법상 개인의 형사처벌제도

국내처벌	• 원칙적 처벌절차임 • 보편관할권에 의해 모든 국가의 형사처벌권을 인정 • 예외적 국제절차에 따른 처벌: 국내처벌의 의사 또는 능력이 부재한 경우
전쟁범죄인의 국제적 처벌	• 뉘른베르크국제법원 • 동경법원
안전보장이사회의 결의에 기초한 임시적 국제형사법원	• UN헌장 제41조에 기초 • 구유고국제형사법원(ICTY): 안전보장이사회결의 제827호 • 르완다국제형사법원(ICTR): 안전보장이사회결의 제955호 • Radislav Krstic 장군에 대한 처벌(ICTY, 2001): 정황증거에 비추어 Krstic 장군이 집단살해를 인지하고 있었으므로 제노사이드에 대해 책임을 짐 • Jean-Paul Akayesu 시장에 대한 처벌(ICTR, 1998): 집단살해를 선동하거나 조장하는 행위도 제노사이드 의도가 존재한다면 제노사이드 범죄로 처벌 가능. 선동의 결과로 반드시 제노사이드가 발생해야 처벌할 수 있는 것은 아니며, 결과에 상관없이 행위 자체에 대해 처벌할 수 있음
국제형사법원(ICC)	• 1998년 로마조약에 의해 창설됨 • 로마조약은 2002년 7월 1일 발효됨 • 상설법원
시에라리온 특별재판소	• 개인의 국제범죄를 처벌하는 재판소로서 국제적 성격과 국내법원 성격이 혼재된 대표적 법원 • 재판소는 UN 산하의 기관이 아닌, 조약에 의하여 공동으로 설립된 그 자신 한 개의 독립된 국제기구 • 국제인도법과 시에라리온(국내)법의 중대한 위반에 대해 가장 큰 책임이 있는 자들을 소추하기 위해 구성됨 • 재판소의 인적 구성과 그 방법에 있어서도 혼합적. 즉, 재판관의 일부는 UN사무총장이 임명하고 다른 일부는 시에라리온 정부가 임명함 • 재판관의 국적에는 제한이 없으며, 따라서 시에라리온 정부는 반드시 자국민을 재판관으로 임명할 것이 요구되지는 않음 • 재판소 경비는 국제공동체로부터의 자발적 기부금으로 충당함. 시에라리온 특별재판소와 시에라리온의 국내재판소들은 경합적 관할권을 가짐. 다만, 전자는 후자에 대해 우위를 가지며, 따라서 절차의 어떤 단계에서도 후자에 대해 양보할 것을 요청할 수 있음 • 2013년 9월 26일 항소재판부는 1심 재판부의 판결을 지지하고 찰스 테일러의 항소를 기각하였음. 찰스 테일러는 제2차 세계대전과 관련한 전쟁범죄 재판 이래 유죄가 확정된 최초의 전직 대통령이 되었음

제5절 민족과 자결권

1. 의의
자결권은 어느 민족이나 인민이 외부로부터 간섭을 받지 않고 스스로 정치적 지위를 자유로이 결정하며, 동시에 그 경제적·사회적·문화적 발전을 자유로이 추구하는 것

2. 연혁
① 1917년 구소련에 의해 국제적 차원에서 최초로 천명
② UN헌장: 제1조 제2항에서 UN의 목표로서 자결권에 기초한 국가 간 우호관계 발전 규정
③ 자결권 규정 주요 문서: 식민지와 제민족에 대한 독립부여결의(1960), 천연자원의 영구주권결의(1962), 국제인권 A규약·B규약(1966), 우호관계선언(1970) 등

3. 자결권
① 주체: 식민지배하의 민족, 인종차별체제하의 민족, 외국 점령하의 민족
② 대세적 권리: 동티모르 사건에서 대세적 권리로 인정(ICJ)
③ 외부로부터 지지를 구하고 받을 권리
④ 조약체결권: 능동적 주체로서 가지는 권리
⑤ 외교권

4. 판례 – 코소보 독립선언의 합법성(ICJ, 2010)
① 코소보는 2008년 2월 독립을 선언
② 세르비아, 러시아 등은 독립선언이 위법이라고 주장
③ UN총회가 국제사법재판소(ICJ)에 권고적 의견을 요청
④ 국제사법재판소(ICJ)
    ㉠ 기존 국가 내 일부 지역의 일방적 독립선언은 국제법 위반이라고 할 수 없음
    ㉡ 한 국가 내에서의 일방적 독립선언에 대한 국제법상 일반적 금지는 없음

제6절 국제적십자위원회

1. 스위스 국내법에 기초하여 창설됨
2. 국제법 주체로 인정됨에 따라 제네바조약에 의해 국가와의 교섭권, 조약체결권을 부여받음
3. UN과 조약을 체결하고 있고 여러 국가와 조약 또는 본부협정을 체결
4. 다수 국가들이 정부 간 국제기구에 해당하는 특권과 면제를 인정
5. 스위스는 1993년 국제적십자위원회와 협정을 체결하여 국제적십자위원회에 대해 국제법인격을 인정하고 국제적십자사가 소재하는 건물에 대한 불가침권을 인정하며, 국제적십자사에 대한 관할권 면제를 인정
6. 국제적십자위원회의 활동으로 인하여 스위스는 어떠한 국제법상의 책임을 지지 않음
7. UN총회는 국제적십자위원회에 옵저버 자격을 부여하였음

해커스공무원 학원·인강
gosi.Hackers.com

제2편

국가

제1장 승인
제2장 국가의 기본적 권리 및 의무
제3장 국가관할권 및 면제
제4장 국가책임
제5장 국가의 대외기관
제6장 국가승계

제1장 승인

제1절 국가승인

1. 전제

(1) **신국가의 성립**
분리독립, 분열, 합병, 신생독립(식민지로부터 독립한 국가)

(2) **병합**
신국가 성립이 아니므로 국가승인의 문제 없음

2. 국가승인의 개념 및 구별개념

국가승인	신국가의 국제법 주체성 확인
정부승인	신정부의 위헌적 성립을 전제로 신정부의 국가대표성 인정
교전단체승인	일정 지역에 대한 사실상의 지배력을 가진 집단에 대해 전쟁법 주체성 창설

3. 법적 성질

국가의 일방행위	신생국의 수락 불요(不要)
재량행위	요건을 갖추더라도 승인의무는 없음
정치적 행위	국가의 정치적 이해관계를 고려하여 승인제도 활용

4. 국가승인의 본질에 대한 학설

창설적 효과설	• 신국가는 승인 이전에 국제법 주체가 될 수 없고, 승인에 의해서만 법인격 창설 • 의사주의자들의 입장 • 신국가는 국제법 정립에 참여하지 않았으므로 이전의 관습법이 적용되기 위해서는 기존국가의 승인을 받아야 한다고 주장 • 실제 국제법에서는 신국가는 승인이 없어도 국제법상 권리·의무를 가짐 • 사실에서 법이 나온다는 명제에 기초한 실효성의 원칙과 정면으로 충돌함 • 국가들의 주권평등원칙과도 모순됨. 기존 국가 또는 정부는 신국가 또는 신정부가 자신을 승인해 준 국가 또는 정부에 대해서는 국제인격을 가지는 데 반해 승인을 보류하고 있는 정부에 대해서는 국제인격을 가지지 못한다는 결론에 이르기 때문임

	• 논리적으로도 건전하지 못함. 이 견해에 따르면 신국가 또는 신정부는 자신을 승인해 준 국가 또는 정부에 대해서는 국제 인격을 가지는 데 반해 승인을 보류하고 있는 정부의 법인격이 현실과 달리 분열되기 때문임 • 승인받지 못한 국가 또는 정부는 국제법이 국가 또는 정부에 부과하는 의무의 구속을 받지 아니하고 국제공동체에서 자신이 원하는 바대로 행동할 자유가 있다는 현실에 배치되고 또한 무정부상태를 조장하는 결론에 이르게 됨
선언적 효과설	• 국가승인은 신국가의 국제법 주체성을 확인·선언하는 행위라는 주장임 • 국가가 성립요건을 갖춰 국가로 성립하는 경우 당연히 국제법상 권리·의무를 가진다고 봄 • 통설 및 실제 국제관계 현실과 일치함 • 국가의 권리·의무에 관한 몬테비데오협약(1933): 선언적 효과설을 규정함
능력구분설	• 국가의 법인격을 권리능력과 행위능력으로 구분 • 국가는 승인 이전에도 권리능력은 가지나, 행위능력은 승인을 통해서만 인정 • 승인 이전에도 국가의 국제법 주체성이 인정된다는 점에서 선언적 효력설에 가까움

5. 요건

(1) 내용
① 국내법상 국가 성립요건: 영토, 인구, 통치조직, 외교능력
② 국제법 준수의 의사와 능력

(2) 시기상조의 승인
① 요건 구비 전에 하는 승인이며, 위법·무효
② 분리독립의 경우 본국에 대한 불법 간섭으로서 국가가 책임을 짐
③ 1903년 파나마가 콜롬비아로부터 독립한 직후 미국이 승인
④ 1990년대 구유고로부터 슬로베니아 등이 독립하자 유럽 국가들이 곧바로 승인
⑤ 동파키스탄(방글라데시)의 독립선언은 1972년 3월 25일이었으나, 인도는 이미 1971년 12월 6일 방글라데시 반란단체를 동파키스탄의 합법정부로 승인하였음
⑥ 나이지리아 내전 시 결국 실패로 끝난 Biafra 신생국에 대한 탄자니아, 가봉 등의 승인은 상조의 승인임
⑦ 1988년 11월 PLO가 독립국을 선포하자 다수국이 이를 승인한 것은 상조의 승인임

⑧ 2011년 3월 10일 리비아 반란단체인 리비아국가평의회에 대한 프랑스의 최초 승인은 상조의 승인에 해당됨

(3) **스팀슨주의**
① 1932년 만주국 성립 시 미국의 미승인 정책선언
② 부전조약(1928)에 위반된 사실이나 사태를 승인할 수 없다고 함
③ 국제법상 원칙은 아님
④ 오늘날 국가가 무력사용에 의해 성립된 경우 강행규범 위반으로 국가로 성립할 수 없음. 기존국가는 당해국에 대해 승인하지 아니할 의무를 부담함 (불승인의무)

(4) **라우터팩트 독트린(Lauterpacht Doctrine)**
① 승인요건을 갖춘 경우 승인의무가 있다는 주장
② 승인은 본질적으로 재량행위이므로 타당하지 아니한 것으로 평가됨
③ 구겐하임(Guggenheim)의 입장도 같음
④ 창설적 효력설의 이론적 약점을 벗어나기 위해 주장됨

6. 방법

(1) **법률상 승인과 사실상 승인**
① 승인대상인 신국가의 지배력의 정도를 판단하여 부여하는 승인
② **법률상 승인**: 신국가의 실효적 지배력이 강한 경우
③ **사실상 승인**: 신국가의 실효적 지배력이 약한 경우
④ **구별의 실익**: 사실상 승인은 합법적으로 철회할 수 있음
⑤ 1948년 8월 15일 대한민국 정부가 출범하자 미국, 중국(현재의 대만), 필리핀 등은 먼저 사실상 승인만을 부여. 1948년 12월 12일 UN총회에서 대한민국 정부를 합법 정부로 승인하는 결의 제195호가 채택되자 1949년 초부터 미국, 영국, 중국(대만), 필리핀 등이 대한민국 정부를 정식 승인
⑥ 미국은 이스라엘이 1948년 5월 14일 독립을 선언하자 즉시 사실상 승인을 하였다가 1949년 1월 31일 법률상 승인 부여
⑦ 영국은 공산혁명 후 소련 정부에 대하여 1921년 사실상 승인만을 하였다가 노동당 정부가 집권하자 1924년 법률상 승인 부여

(2) **명시적 승인과 묵시적 승인**
① **명시적 승인**: 선언, 통고, 조약규정, 국제회의 결의 등을 통해 승인의사를 명백히 표시
② **묵시적 승인**: 기존 국가의 어떤 행위로부터 승인의 의사가 추정되는 승인방식으로, 신생국이 UN에 가입할 때 이에 찬성하는 행위는 묵시적 승인으로 인정됨
③ 일본은 대한민국 주일 대표부에 임시로 정부기관의 지위와 영사 상당의 특권을 부여한다는 구상서를 보내어 대한민국을 묵시적으로 승인

④ 캐나다는 1949년 안전보장이사회회의에서 한국의 UN가입에 찬성 표결한 행위가 대한민국을 독립 주권국가로 승인(묵시적 승인)한 행위로 간주하라고 한국에 통보
⑤ 영국은 자국이 북한(1991), 마케도니아(1993)의 UN가입에 찬성 표결한 것을 묵시적 승인이라고 해석

묵시적 승인으로 인정되는 조치	묵시적 승인으로 인정되지 않는 조치
• 상주외교관계 수립 • 외교관계 수립 요청	• 임시 외교사절의 파견 및 접수 • 통상대표부의 설치 허용 • 무역사절단의 교환
포괄적 양자조약(우호통상항해조약) 체결 (단, 불승인 의사를 명백히 표명하는 경우에는 묵시적 승인에 해당하지 아니함)	• 기술적 양자조약(통상조약) 체결 • 신생국이 가입한 다자조약에 기존 국가의 가입 • 포로교환협정 체결 • 휴전협정 체결
영사 인가장의 부여 및 요청	신생국 국민에 대한 비자 발급
• 국기에 대한 예의 표시 • 신생국 국가원수의 국빈 방문 • 독립축하 전문의 발송	• 국제청구의 제기와 보상금 지급 • 범죄인 인도 • 정부 당국자 간 공식 · 비공식 접촉

(3) **개별적 승인과 집단적 승인**
① **개별적 승인**: 일반적 방식
② **집합적 승인**: 복수국가가 집합적으로 행하는 승인방식, 국제회의에서 각각 승인의사 표시, 개별적 승인의 집합이므로 법적 효력에 아무런 문제가 없음
③ **집단적 승인**: 신국가가 UN에 가입하는 경우, UN 가입에 찬성한 것과 국가 승인과는 별개의 문제이므로 집단적 승인은 부정되는 것이 일반적 견해
④ 남한과 북한의 UN 동시 가입은 남북 상호 간 국가승인의 효과를 발생시키지 않음

(4) **조건부 승인과 무조건부 승인**
① 조건을 성취하지 못한 경우 승인효과에는 영향이 없으며, 피승인국은 승인국에 대해 국가책임을 부담함
② 몬테비데오협약(1933)은 무조건부 승인을 규정함

7. 법적 효과

(1) **일반적 효과**
① **상대적 효과**: 승인국 – 피승인국 관계에서만 효력이 발생
② **소급효**: 신국가 성립시까지 소급하여 효력이 발생
③ **확정성**: 원칙적으로 철회할 수 없으나, 사실상의 승인은 철회할 수 있음

(2) 국가승인과 외교관계
① 외교관계 수립은 묵시적 승인으로 인정됨
② 국가승인을 부여한다고 해서 당연히 외교관계가 수립되는 것은 아님
③ 외교관계가 단절되어도 이미 부여한 승인의 효력에는 영향이 없음

(3) 국내적 효력 일반론
① 국가면제, 국가행위이론, 소송당사자능력 등과 관련해서 문제됨
② 국가승인의 국내적 효력문제는 국내문제로서 국가들의 관행은 일치하지 않음

(4) 승인의 국내적 효력 - 영국의 경우
① 창설적 효력에 따름
② 영국이 승인한 신국가에 대해서만 국가면제나 국가행위이론을 적용하고, 국내소송에서 당사자능력을 부여함
③ 영국은 창설적 효력설을 완화하기 위해 대리인 논리를 동원하고 있음. Carl Zeiss 대 Rayner and Keeler Ltd.(No.2)에서 영국 상원은 미승인국가 동독의 행위를 인정하기 위하여 동독을 독립국가가 아니라 영국의 승인을 받은 소련의 한 종속기구로 간주하였음.
④ 2001년 Emin 대 Yeldag 사건에서 Summer 재판관은 영국이 승인하지 않은 북사이프러스 터키공화국(Turkish Republic of Northern Cyprus: TRNC)에서 획득한 이혼이 유효하다고 정면으로 판시하였음
⑤ 미승인국의 사법적 행위 인정요건: 사법적 행위를 인정하는 것이 의회제정법에 의해 금지되지 않았을 것, 그러한 인정이 영국의 대외관계에서의 행동을 침해하지 않을 것
⑥ 미승인국가의 영토에서 설립된 법인(국제기구 포함)은 종래 영국법에서 그 법인격을 직접 인정받기가 어려웠음. 그러나 이와 같은 사고는 외국법인법 1991(Foreign Corporations Act 1991)에 의하여 다소 수정되었는데, 동 법률은 영국 정부로부터 국가로 승인받지 못한 영토에서 설립된 법인체라도 당해 영토의 법들이 한 개의 확립된 재판소 체제에 의하여 적용되는 경우에는 영국 내에서 법인격을 갖는 것으로 간주된다고 규정하고 있음
⑦ 정부승인정책과 관련하여 영국 외무부는 1980년 4월 28일 에스트라다(Estrada) 독트린을 채택한다고 천명한 바 있음

(5) 미승인국의 국내적 지위 - 미국의 경우
① 국가면제나 국가행위이론의 적용: 선언적 효력을 부여하여 미국이 승인하지 아니한 신국가에 대해서도 인정하였음
② 소송당사자능력: 창설적 효력을 인정하여 승인한 신국가에 대해서만 국내 소송당사자능력을 인정함

③ 최근 사인의 권리·의무에 관해서는 미승인국의 법률을 준거법으로 수락하는 관행이 지배적임

(6) 한국에서 국가승인의 국내적 효력
① 명확하지 않으며, 일반적으로 상호주의에 기초함
② 대한민국 정부를 승인하지 않고 있던 소련 정부가 제정한 법령의 효력을 인정한 바 있음
③ 대한민국 대법원
　㉠ 북한의 지위를 부인하고, 북한에 거주하고 있는 사람도 대한민국 국민으로 봄
　㉡ 북한의 해외공민증을 발급받은 자라도 대한민국 국민으로 인정할 수 있음

8. 승인의 취소

(1) 국가나 정부가 소멸한 경우
① 소멸된 국가 또는 정부에 대한 승인은 합법적으로 철회가 가능
② 승인의 철회는 영토의 병합 또는 신정부에 대한 승인을 통해 간접적으로 표시됨
③ UN회원국이던 동독이 1990년 독일의 일부로 흡수되어도 동독에 대한 별도의 조치는 필요 없었음

(2) 국가나 정부가 소멸하지 않은 경우
① 사실상 승인은 철회가 가능
② 미국은 또한 1920년 아르메니아 공화국이 더이상 독립국으로 존재하지 않고 있다는 이유에서 이미 부여된 사실상 승인을 취소
③ 버마(현 미얀마) 정부는 아웅산 묘소 폭탄테러 사건에 대한 보복적 조치로서 1983년 11월 4일 북한과의 외교관계 단절 및 북한에 대한 정부승인 철회를 발표
④ 영국은 이탈리아의 에티오피아 정복에 대해 1936년 사실상 승인을 부여한 이후 1938년에는 법률상 승인을 부여하였으나 1940년 이를 철회
⑤ 미국은 기왕에 법률상 승인을 부여했던 니카라과 정부가 국내적으로 통치권을 확립하고 있지 못하다는 이유에서 1856년 7월 승인을 취소
⑥ **창설적 효과설**: 승인의 취소를 통해 기왕의 국가에 대해 법률적 사망선고를 할 수 있다고 주장
⑦ **선언적 효과설**: 승인의 대상이 소멸하지 않는 한 승인의 취소는 별다른 법적 효과를 지니지 못함
⑧ 국가의 권리·의무에 관한 몬테비데오협약(1933)에 의하면 승인부여는 무조건적이어야 하며 철회할 수 없음

(3) 중화민국(대만)의 경우

① 제2차 세계대전 이후 중국에는 두 개의 정부가 존재하였음
② 대부분의 국가들은 중국을 대표하는 유일합법정부로 중화민국(대만)에 대한 승인을 철회하고 중화인민공화국(PRC)을 승인하였음
③ 1979년 미국은 중화인민공화국(PRC)을 중국의 유일합법정부로 승인하며 중화민국(대만)과의 외교관계를 단절한다고 선언하였음
④ 대표권자 변동에 따른 해외재산 처리에 있어서 대부분의 국가들은 중국 대사관을 자국의 승인을 받은 중화인민공화국(PRC)의 소유로 인정하여 중화인민공화국(PRC)에게 넘겨주는 방식을 채택하였음
⑤ 중화민국(대만)과의 외교관계를 단절하고 중화인민공화국(PRC)과 외교관계를 맺은 조치는 법적으로 대만에 대한 국가승인을 취소한 행위가 아니라 하나의 중국의 대표권이 북경 정부에 있음을 확인한 것에 불과하며, 정부승인의 변경임

(4) 승인의 철회와 외교관계

① 승인의 철회는 당연히 외교관계의 단절을 초래함
② 외교관계의 단절은 그 자체만으로는 승인의 철회로 간주되지 않음
③ 승인의 철회를 동반하지 않는 단순한 외교관계 단절은 국내재판소에서의 제소권과 국가면제에 영향을 미치지 않고 유지됨

제2절 정부승인

1. 의의

① 타국의 정부가 비합법적 방법으로 변경되었을 때
② 타국가가 신정부를 그 국가의 대외적 대표기관으로 인정하는 의사표시
③ 쿠데타로 정권이 사실상 교체되었어도 국가원수가 변경되지 않으면 정부승인 문제는 대두되지 않음
④ 4·19혁명 이후: 이승만 대통령 하야 직전, 대통령에 의해 임명된 허정 외무장관이 수석국무위원 자격으로 이후 과도정부를 이끌었고 그 기간 중 내각제 개헌(6월 15일), 총선거(7월 29일), 윤보선 대통령 선출(8월 12일) 등의 정치 일정이 합헌적 방법으로 진행됨. 따라서 4·19혁명 이후의 신정부에 대한 정부승인문제는 대두되지 않았고 기존의 외교관계가 그대로 유지됨
⑤ 5·16군사정변 이후: 5·16군사정부가 들어섰을 때 장면 내각은 자진사퇴 형식으로 붕괴했으나 윤보선 대통령은 그대로 재직. 이에 따라 미국과 영국 정부 등은 한국에서 국가원수가 그대로 유지되고 있으므로 신정부에 대한 승인문제는 제기되지 않는다는 입장이었음

2. 본질 및 법적 성질

본질	선언적 행위
법적 성질	일방행위, 재량행위

3. 요건

(1) 내용
① 정부의 지배권 확립: 일반적 사실상의 정부 수립
   ↔ 교전단체승인: 지방적 사실상의 정부 수립
② 국가를 대표할 의사와 능력

(2) 입헌주의적 정통성의 문제
① 토바르주의(윌슨주의, 정통주의): 입헌주의적 정통성이 필요하다는 견해
② 에스트라다주의(제퍼슨주의, 사실주의): 입헌주의적 정통성이 요구되지 않는 다는 견해로, 통설·관행
③ 티노코 중재 사건(1923): 사실주의원칙을 적용하였음. 영국이 코스타리카를 승인하지 않았어도 티노코 정부가 코스타리카를 확고하게 장악하고 있었음을 이유로 티노코 정부의 조치의 효력을 인정하였음

4. 방법

명시적 승인	명시적 의사표시 예 선언, 통고, 조약규정 등
묵시적 승인	국가의 조치에 의한 승인의사표시 예 외교사절 교환 등
조건부 승인	• 조건 불이행 시 승인효력에는 영향을 주지 않음 • 의무 위반에 대한 책임 성립

5. 효과

(1) 상대적 효과
(2) 소급효
루터 대 사고르 사건(영국 법원)에서 정부 성립 시로 소급하여 효력 발생

(3) Haile Selassie 사건
① 소급효를 인정
② Haile Selassie 대 Cable and Wireless Ltd(1939)
   ㉠ 승인의 소급효에 따라 하급심 판결의 결과가 상급심에서 번복된 사례
   ㉡ 1심 판결 당시에는 영국 정부가 셀라시에 망명정부를 에티오피아의 합법적 정부로 승인하고 있었기 때문에 이를 에티오피아 국고금의 소유자로 인정

ⓒ 그러나 이 판결 이후 영국 정부가 이탈리아 왕을 에티오피아의 대표로 법률상 승인하자 상급심은 반대의 결론을 내림
③ 확정적 효력: 철회할 수 없으나, 사실상 승인은 철회할 수 있음

6. 문제점과 새로운 국제관행

(1) 문제점

승인이 부당하게 지연되는 경우 양국 관계가 악화되는 것이 가능

(2) 새로운 국제관행

승인의사를 명확히 밝히지 않고 양자 관계를 계속해서 유지

7. 망명정부승인

① 외국의 침공이나 내란으로 국가기능을 수행하기 어려운 경우 국가 주요 기관이 임시로 외국에 이전하여 소재국의 동의하에 국가기능을 수행하는 경우를 말함
② 국가가 전시점령 등으로 영토에 대한 실효적 지배권을 상실해도 국가는 유지함
③ 1990년 이라크 침공을 받은 쿠웨이트의 망명정부는 UN에 의해 합법정부로 인정받았음
④ 망명정부의 행위는 본국 복귀 후에도 법적 효과는 유지됨
⑤ 망명정부승인 여부는 타국의 재량
⑥ 탈식민화 과정에서 민족해방전선이 자신을 망명정부로 선언하고 민족자결에 입각하여 독립을 추구하는 경우에도 망명정부승인 문제가 발생하나, 기존 정부와의 연속성이 없다는 점에서 난점이 있음

제3절 교전단체승인

1. 의의

(1) 대상

반도단체

(2) 개념

반도단체의 본국 또는 외국이 국제법상 전쟁의 주체로 인정하는 의사표시

2. 교전단체승인의 필요성

(1) 본국

국가책임 회피, 전쟁의 참화 감소

(2) **타국**
자국민 보호를 위한 교섭

3. 본질 및 법적 성격

본질	창설적이며 승인에 의해 비로소 전쟁법 주체로 창설
법적 성격	재량행위, 일방행위

4. 요건

본국에 의한 승인	특별한 요건을 요하지 않음
타국에 의한 승인	• 무력투쟁상태의 존재 • **사실상 정부의 조직**: 지방적 사실상의 정부 – 국가 내 특정 지역의 확고한 장악 • 전쟁법규를 준수할 의사와 능력 • 타국의 권익의 존재

5. 방법

본국에 의한 승인	• 명시적 승인 • 묵시적 승인: 포로 교환, 제3국에 중립의무 요구
타국에 의한 승인	• 명시적 승인: 중립선언 • 묵시적 승인: 반도단체의 임검 묵인

6. 효과

	창설적 효과	–
일반적 효과	절대적 효과	• 본국의 승인 • 본국 – 교전단체 – 제3국 모두에 효력을 미침
	상대적 효과	• 타국의 승인, 엄격한 요건을 요함 • 교전단체 – 승인국 간에만 효력을 미침
	장래효	승인의 효력 발생 이후 국제법 주체로서의 지위 인정
구체적 효과	본국과 교전단체	• 내란 → 전쟁 • 교전단체 지배지역에 본국 국내법 적용을 배제 • 본국은 내전세력을 포로로 대우해야 하고 내란죄로 처벌할 수 없음
	교전단체와 제3국	• 중립법을 적용 • 교전단체의 국제책임 성립 가능
	본국과 제3국	• 중립법을 적용 • 제3국이 교전단체와 교섭해도 국내문제에 대한 간섭이 아님

# 제2장 국가의 기본적 권리 및 의무

제1절 총설

1. 개념
일반국제관습법상 국가의 권리 또는 의무

2. 국가의 권리의무에 관한 협약(몬테비데오협약, 1933)
① 평등권
② 국내문제 불간섭의무
③ 무력사용금지의무

3. 우호관계원칙선언
① 무력사용 및 그 위협의 금지의무
② 분쟁의 평화적 해결의무
③ 국내문제 불간섭의무
④ 국제협력의무
⑤ 인민의 동등권과 자결권 존중
⑥ 주권평등
⑦ 국제의무의 성실한 이행
⑧ 신의성실(good faith)의무(원칙)란 국가는 국제의무를 성실히 이행해야 한다는 것을 의미함
⑨ 국가는 국제법규의 목적과 객체를 방해하는 방향으로 자신의 의무를 이행해서는 안 됨
⑩ 신의성실원칙은 UN헌장 제2조 제2항, 1969년 조약법에 관한 비엔나협약 제26조, 우호관계선언 제7원칙, 1982년 UN해양법협약 제300조 등에서 확인되고 있음
⑪ 신의성실원칙은 조약 및 관습법상의 의무뿐 아니라 일방적 약속의 이행에도 적용됨
⑫ 조약의 경우 유효한 조약에 대해서만 신의성실원칙이 적용됨
⑬ 일방적 약속과 관련하여 국제사법재판소(ICJ)는 니카라과 사건에서 일방적 선언도 신의성실원칙의 적용을 받으며, 유추에 의하여 조약법에 따라 대우되어야 한다고 판시하였음

⑭ 국제사법재판소(ICJ)는 신의성실원칙 위반을 이유로 미국의 슐츠 선언(Schultz notification)의 효력을 부인하였음
⑮ 국제사법재판소(ICJ)는 Gabčikovo-Nagymaros Project에서 조약법에 관한 비엔나협약 제26조에 반영된 신의성실의무는 당사자들에게 조약을 합리적인 방식으로 그리고 조약의 목적이 실현될 수 있는 방식으로 적용할 의무를 지우고 있다고 하였음
⑯ Border and Transborder Armed Action 사건에서 국제사법재판소(ICJ)는 신의성실원칙은 다른 의무가 존재하지 않는다면 그것 자체가 의무의 연원은 아니라고 하였음
⑰ 국제해양법재판소(ITLOS)도 The M/V Louisa 사건에서 신의성실원칙은 단독으로는 원용될 수 없다고 하였음

4. 헬싱키선언

① 주권평등
② 무력사용 및 위협 금지의무
③ 타국 영토 불가침 및 영토 보존 존중
④ 분쟁의 평화적 해결의무
⑤ 국내문제 불간섭의무
⑥ 인권과 사상 등 기본적 자유의 존중
⑦ 인민의 동등권과 자결권 존중
⑧ 국제협력의무
⑨ 국제법상 의무의 성실한 시행

제2절 주권

1. 의의

① 최고 독립의 국가권력
② 대내적 최고성
③ 대외적 독립성

2. 주권의 제한

국가의 의사에 의한 제한·포기 가능

3. 불평등조약의 이론(theory of unequal treaties)

① 조약의 내용에 있어서 상호주의를 결여한 불공평한 조약은 무효로 보아야 한다는 이론

② 불평등조약이론은 약속은 지켜져야 한다는 조약법협약 제26조에 위배
③ 내용에 있어서 완전한 상호주의를 실현한 조약은 거의 존재하지 아니함
④ 1969년 조약법협약은 불평등이론을 조약의 무효 사유로 규정하지 않았음

제3절 평등권

1. 의의
① 모든 국가가 평등하게 국제법상 권리의무를 향유할 수 있는 권리
② 국가는 영역의 대소, 인구의 다소, 문화수준의 고저 등 차이가 있으나, 이를 이유로 특정 국가를 국제법상 불평등하게 대우해서는 안 된다는 의미
③ 평등은 종래의 형식적·절대적 평등에서 오늘날 실질적·상대적 평등으로 변화

2. 내용

(1) 법적용에서의 평등
① 국제법의 적용에 있어서의 평등을 의미
② 여하한 국가도 같은 국제법상 권리를 주장하고 의무 이행을 요구할 수 있음

(2) 국제법에서의 평등
① 법적 의미의 평등을 의미
② 모든 국가가 법상 동등한 권리의무의 주체가 될 수 있음

(3) 법정립에 있어서의 평등
① 국가는 자기를 구속하는 국제법의 정립에 평등한 자격으로 참가할 수 있음
② 자기가 그 정립에 참가하지 않는 국제법규의 구속을 받지 않음
③ 외교교섭이나 국제회의에 평등하게 참가·발언·투표할 수 있음
④ 어느 국가도 타국에 대해 재판관할권을 주장하지 못함
⑤ 법정립평등에 따르면 국가는 자국이 반대하는 관습의 지배를 받지 않음
  - 집요한 불복국가가 인정됨

3. 국제조직에 의한 평등권의 제한(실질적 평등의 반영)

(1) 국제연맹
국제연맹이사회는 상임이사국과 비상임이사국으로 구성
① 상임이사국: 영국, 프랑스, 이탈리아, 일본, 독일 5대국으로 구성
② 비상임이사국: 소국들은 총회에서 선거에 의하여 9개국으로 구성

(2) 국제연합
① UN헌장 제2조 제1항은 회원국 간 주권평등원칙을 규정

② 강대국의 특권을 인정
③ 안전보장이사회 상임이사국의 특권
  ㉠ 절차문제 이외의 문제에 대해서는 거부권을 인정
  ㉡ 안전보장이사회의 보조기관인 군사참모위원회는 5대국의 참모장 또는 그 대리자로 구성

(3) **국제연합 전문기구**
① 국제노동기구 이사회
  ㉠ 정부대표 20명, 사용자대표 10명, 노동자대표 10명으로 구성
  ㉡ 정부대표 20명 중 10명은 주요 산업국인 미국, 영국, 러시아, 프랑스, 중국, 독일, 이탈리아, 일본, 인도, 캐나다 출신
② 국제통화기금(IMF): 출자액에 따라 투표권을 배분

제4절 자위권

1. 개념

(1) **현존하는 무력공격에 대한 국가의 반격조치권**
(2) **자구권(자존권)**
① 적극적 무력사용권 + 자위권
② 현행법: 적극적 무력사용권을 부정
(3) **긴급피난**
① 상대방의 위법행위가 존재하지 않음에도 불구하고 극한적 조난상황을 모면하기 위해 행해지는 것
② 전통국제법: 긴급피난 시 무력사용이 인정되었음

2. 전통적 자위권과 UN헌장 제51조와의 관계

① 국제사법재판소(ICJ)는 니카라과 사건에서 UN헌장 제51조의 자위권이 국제관습법상 자위권을 모두 포함하는 것이 아니라고 함
② 국제사법재판소(ICJ)는 양자가 병존하며 그 내용이 상이하다고 판시함
③ UN헌장 제51조는 골격조항이기 때문에 이에 명시하지 않은 사항은 국제관습법상의 규칙이 보충함

3. 개별적 자위권

(1) **개념**
① 침략을 당한 국가가 침략국에 대해 취하는 반격조치권
② 침략을 당한 국가를 원조하여 제3국이 침략국에 대해 공격조치를 취하는 집단적 자위권과 구별

(2) **요건**
  ① **서설**
    ㉠ UN헌장 제51조의 요건과 관습법상의 요건을 모두 충족하여야 함
    ㉡ UN헌장 제51조는 무력공격의 발생과 안전보장이사회에 사후보고를 규정하고 있음
    ㉢ 관습법상으로는 필요성과 비례성을 충족해야 함
    ㉣ 니카라과 사건(1986): 국제사법재판소(ICJ)는 필요성과 비례성이 관습법임을 확인
    ㉤ 핵무기사용의 적법성에 관한 권고적 의견(1996): 필요성과 비례성이 UN헌장 제51조에도 똑같이 적용된다고 판시함
    ㉥ Oil Platform 사건(2003): 자위권에서 요구되는 필요성과 비례성의 요건은 엄격하고 객관적인 것이므로 엄격하게 해석해야 한다고 판시함
    ㉦ 자위권 요건 충족 여부에 대해서는 자위권 발동국이 입증책임 부담
  ② **침해되는 법익**
    ㉠ 국가의 영토보전 및 정치적 독립에 한정
    ㉡ 영역·공해상의 군함·군용항공기·재외군사기지에 대한 무력침공시 자위권 발동
    ㉢ 재외 자국민의 생명·재산 및 재외 경제적 이익 침해에 대해 자위권이 발동 불가
    ㉣ 재외 자국 공관에 대한 공격은 침략이 아니므로 자위권이 발동될 수 없음
  ③ **무력공격의 발생**
    ㉠ 무력공격이 발생해야 함
    ㉡ 무력공격은 침략과 같은 개념으로 이해됨
  ④ **필요성**
    ㉠ 침략을 저지·격퇴하기 위한 다른 평화적 방법이 없는 경우에만 허용
    ㉡ 자위권 발동이 침략의 저지·격퇴를 위한 유일한 수단이어야 함
    ㉢ 예방적 자위권을 긍정하는 경우 필요성의 요건이 엄격하게 적용되어야 함
    ㉣ 적의 공격이 종료되고 철수한 이후에는 자위권을 발동할 수 없음
    ㉤ 적의 공격 종료 후 계속 반격하는 것은 국제법상 금지된 무력복구에 해당
  ⑤ **대응조치의 비례성**
    ㉠ 자위권 행사로서의 무력행사는 침략의 저지·격퇴라는 목적에 비례해야 함. 최초 공격 방식과 대응방식 사이의 대칭을 의미하는 것이 아님
    ㉡ 양적 비례의 개념은 아님
    ㉢ 침략격퇴라는 목적을 넘어서는 무력행사는 과잉방위로 위법
    ㉣ 타국의 공격에 대해 반격조치를 취하는 것을 넘어 타국의 공항과 마을을 점령하는 것은 비례원칙 위반

⑥ 안전보장이사회에 대한 즉각 보고
　㉠ 사후에 즉각적으로 보고해야 함
　㉡ 자위로서의 무력행사의 정당성은 안전보장이사회가 판단
　㉢ 뉘른베르크 국제군사재판소는 자위권 행사의 합법성 여부는 재판에 있어서 조사 및 재판의 대상이 된다고 판결
　㉣ 보고의무는 자위권 행사의 실질적 요건은 아니고 절차적 의무요건에 불과함
　㉤ 침략의 발생이라는 사실과 필요성·즉각성·비례성원칙이 충족되면 무력행사는 자위권 발동으로 정당화되며, 보고의무의 위반에 의해 자위권 행사로서 취해진 무력행사의 정당성이 박탈되는 것은 아님
⑦ 자위권 행사의 요건으로서의 즉각성
　㉠ 개념: 자위권은 적의 공격이 진행 중 및 종료 직후에 행사되어야 함
　㉡ 적의 공격으로 자국 영토가 피점령 중이라면 당장은 공격행위가 진행되고 있지 않아도 점령을 유지하기 위한 무력행사는 계속 중인 상태이므로 이를 회복하려는 자위권의 행사는 인정됨
　㉢ 당장은 적의 공격이 중지되었어도 이후 일련의 공격이 확실한 경우에는 적의 공격이 계속 중인 상황이므로 자위권의 행사 가능

(3) 자위권 발동요건으로서 무력공격
① 의미
　㉠ 무력공격의 구체적 의미에 대해서는 UN헌장에 명시적 규정이 없음
　㉡ **무력공격**: 육·해·공의 정규군에 의한 조직적 군사행동으로, 침략과 유사한 개념
　㉢ **니카라과 사건**: 국제사법법원은 그 규모와 효과에 있어 상당한 수준 이상의 무력사용(use of force)을 무력공격으로 인정
　㉣ **UN총회의 침략정의결의(총회결의 3314호)**: 침략은 어느 국가가 타국의 주권, 영토보전 또는 정치적 독립에 대해 무력을 사용하거나 UN헌장에 위배되는 기타 방법을 사용하는 것
　㉤ UN헌장에 위배되는 무력의 선제사용은 침략행위의 일견 충분한 증거를 구성
　　예 타국 영토에 대한 폭격이나 무기 사용, 무력에 의한 항구 봉쇄, 타국 군대에 대한 무력공격, 제3국의 침략에 자국 영토 이용 허용 등
　㉥ 에리트리아-에티오피아 청구위원회는 소규모 보병부대 간 국경에서의 국지적인 조우전은 설사 인명 손실을 동반하는 것이라 하더라도 UN헌장의 목적상 무력공격을 구성하지 않는다고 하였음

② 무력공격의 주체
  ③ 헌장 제51조는 무력공격의 대상이 회원국, 즉 국가임을 명시하고 있음
  ⓒ 무력공격의 주체에 대해서는 헌장에 규정이 없음
  ⓒ 국가로 한정
  ② UN안전보장이사회결의 1368(2001): 테러단체의 무력공격에 대한 자위권을 인정하였음
  ⓜ 권고적 의견(ICJ, 2004): 헌장 제51조는 국가가 타국을 무력으로 공격하는 경우에 고유의 자위권이 존재함을 승인하고 있다고 해석하였음
  ⓑ 콩고 영토에서의 무력활동에 관한 사건(ICJ, 2005): 콩고령에 주둔하는 비정규군 조직이 우간다를 공격한 행위에 대해 우간다가 자위권을 행사할 수 있는 상황이 아니라고 하여 비국가행위자는 자위권 발동대상이 되는 무력공격의 주체가 될 수 없다고 판시하였음

③ 간접적 무력공격의 문제
  ③ 내란이 발생한 경우 그 내란에 대해 군사적·물질적 원조를 제공하는 외국의 행위는 간접침략에 해당함
  ⓒ 간접침략이라는 행위가 헌장 제51조의 무력공격으로 해석되기 위해서는 내란활동의 근거지가 외국이거나 그 활동이 외국 정부의 지휘·명령하에 있거나 외국 정부와의 공모하에 이루어지는 것이 명백히 입증되어야 함
  ⓒ 니카라과 사건(ICJ): 한 나라가 다른 나라의 영토 내에 무장단체를 파견하는 것은 무력공격이 되나 그 밖의 지원을 제공하는 것은 무력공격을 구성하지 않음
  ② 국제사법재판소(ICJ): 무력공격과 무력사용을 구분하였음. 자위권의 행사를 위해서 필요한 무력공격은 중대한 규모와 효과(scale and effects)를 가져야 함

④ 침격전술론
  ③ 침격전술론(針擊戰術論, Nadelstichtaktik, pin-pricks tactic) 또는 누적적 효과론(accumulation of events theory)이란 그 자체 단독으로는 무력공격의 정의에 해당하지 아니하는 무력의 사용이라도 누적되면 무력공격과 같은 것으로 보고 자위권 행사의 대상이 될 수 있다고 보는 주장을 말함
  ⓒ 국제사법재판소(ICJ)는 일련의 사건에서 이것을 인정하는 듯한 표현을 사용한 바 있음
  ⓒ 그러나 침격전술론 혹은 누적적 효과론이 집단적 자위까지 정당화하기는 어렵다고 평가됨

⑤ 타국 상선에 대한 공격도 무력공격에 해당되는지 여부
　㉠ 1974년 UN총회의 침략정의결의 제3조에 의하면 영토 밖에 있는 타국의 군함이나 전투기뿐만 아니라 선박 또는 항공기 무리도 무력공격의 목표물이 될 수 있음. 여기서 '무리'란 표현은 외국의 상선이나 상업용 항공기 한 대 혹은 수 대는 배제하는 것으로 평가됨
　㉡ 그러나 Oil Platforms 사건에서 국제사법재판소(ICJ)는 미국 국기를 게양한 한 상선에 대한 기뢰에 의한 공격은 무력공격을 구성할 수 있다고 판시하였음
　㉢ 즉, 다른 모든 조건이 충족된다면 특정 국가의 국기를 게양한 단 한 척의 상선에 대한 무력공격도 그 국가에 대한 공격과 동일시할 수 있음을 시사하는 것으로 평가됨

(4) **효과**
　① 위법성이 조각됨
　② 국제책임 불성립

4. 집단적 자위권

(1) **개념**
　① UN회원국이 다른 회원국에 무력공격을 가할 경우
　② 피침국에 대한 무력공격에 대하여 반격조치를 취할 수 있는 권리
　③ 개별적 자위권을 보완하고, UN의 집단적 강제조치를 보강함

(2) **연혁**
　① UN헌장의 모체인 덤바턴오크스 제안에 없었음
　② 샌프란시스코회의의 헌장심의과정에서 인정
　③ 미주국가들은 안전보장이사회의 동의 없이도 지역 동맹체제를 작동시키기 위해 집단적 자위권 도입을 요구

(3) **법적 성질**
　① UN헌장에서 창설된 권리
　② 오늘날에는 관습국제법상의 권리로 인정
　③ 특별한 조약상의 근거 없이 수시로 또는 지역제도에 입각하여 행사 가능

(4) **요건**
　① 제3국에 대한 무력공격의 발생
　② 필요성
　③ 비례성
　④ 안전보장이사회에 대한 사후보고
　⑤ 피침국의 요청

(5) 피침국의 요청 요건
① UN헌장에 규정되어 있지 않음
② 1986년 니카라과 사건에서 국제사법법원은 니카라과에 대한 무력공격을 집단적 자위권으로 항변하는 미국의 주장을 배척하면서, 엘살바도르, 온두라스 등의 요청이 없었음을 지적
③ 국제사법재판소(ICJ)는 무력공격을 받고 있는 희생국이 그러한 사실을 선언해야 하고 또한 희생국이 다른 나라에 집단적 자위권의 행사에 의한 도움을 원하면 통상 그러한 취지를 명시적으로 요청해야 한다고 보았음
④ 집단적 자위권을 행사하기 위해서 방위조약과 같은 사전합의가 존재할 수도 있으나 반드시 필요한 조건은 아님
⑤ 이라크의 쿠웨이트 침공 당시 안전보장이사회결의뿐만 아니라, 집단적 자위권도 다국적군의 무력행사의 근거가 되었음

(6) 효과
① 침략국에 대한 무력공격의 위법성이 조각됨
② 국가책임 불성립

5. 예방적 자위권

(1) 의의
① 무력공격이 임박한 경우에 이에 대해 선제적으로 자위권을 발동하는 것
② UN헌장체제하에서 예방적 자위권이 인정될 수 있는지에 대해 의견이 대립

(2) 긍정설
① 자국에 대해 준비되고 있는 침략행위를 탐지하고 먼저 공격하거나 저지하는 행위는 불법적인 무력행사에 해당되지 않음
② UN헌장 제51조는 국가의 고유한 권리로서 관습국제법하에서 인정되어 온 예방적 자위권을 결코 제한하고 있지 않음
예 Bowett, Waldock, Mcdougal, Brierly 등

(3) 부정설
① 관습국제법상으로도 예비적 자위권이 반드시 인정되었다고 말할 수 없음
② Webster 공식(자위권 발동요건으로서 필요성과 비례성원칙을 요한다는 주장)에 의해 예비적 자위권이 인정되었다고 할지라도 이것이 UN헌장에 우선할 수 없음
③ 브라운리(Brownlie)
  ㉠ 국제관습법상 자위권은 UN헌장을 통해 수정되었음
  ㉡ 무력공격의 위협 단계에서는 평화적 해결을 추구해야 함
④ 상대국의 공격의사를 가정함으로써 선제적으로 무력을 행사하는 것은 예방전쟁을 시인하는 결과가 될 것임

(4) UN사무총장의 고위 전문가 패널 보고서
① UN사무총장의 고위 전문가 패널은 2004년 보고서를 작성
② 예방적 자위권 인정
③ 무력공격의 위협이 절박하지 않다면 자위권은 허용될 수 없다고 하여 방지적 자위(preventive self-defense)이론 배척
④ Caroline호 사건의 공식에 따라 절박한(imminent) 무력공격에 대한 선제적(preemptive) 공격은 허용되는 예방적 자위에 해당됨
⑤ 절박하지 않은 무력공격에 대한 방지적(preventive) 공격은 허용되는 예방적 자위에 해당하지 않음
⑥ 아직 임박하지 않은 추정적 공격에 대한 자위권 행사는 Caroline 공식에 따르더라도 허용될 수 없음

(5) 국제사법재판소(ICJ) 입장
① 니카라과 사건에서 국제사법재판소(ICJ)는 소송당사자들이 이미 발생한 무력공격의 경우에 국한해서 자위권을 원용하고 있을 뿐, 절박한 무력공격의 위협에 대처하는 것이 합법인지의 쟁점은 제기하지 않았다는 이유를 들어 국제관습법의 차원에서의 예방적 자위권의 존재 여부에 관하여는 견해를 밝히지 않았음
② 국제사법재판소(ICJ)는 Armed Activities on the Territory of the Congo 사건에서도 예방적 자위권은 본 사건의 쟁점이 아니라는 이유로 니카라과 사건에서의 상기 자신의 말을 인용하는 것으로 만족하였음

6. 자위권에 대한 통제
① 자위권 발동을 정당화시키는 사유가 발생하였는가의 여부에 대한 1차적 판단권은 개별 국가에게 있음
② 행사요건에 대한 통제: 무력공격이 발생한 경우로 한정
③ 보고의무: 자위권 행사조치를 즉각 안전보장이사회에 사후보고함
④ 행사기간에 대한 통제: 안전보장이사회가 필요한 조치를 취할 때까지 통제
⑤ 안전보장이사회가 개입했어도 경제제재조치라는 비실효적 조치를 취하는 경우라면 개별 국가의 자위권 행사는 계속될 수 있음

7. 판례 – 팔레스타인 점령영토에서 이스라엘의 장벽 건설의 적법성에 대한 권고적 의견(ICJ, 2004)
① 이스라엘의 장벽 건설은 무력사용금지의무, 인권존중의무, 국제인권규약 등을 위반함
② 자위권으로 정당화될 수 없는 이스라엘의 조치
㉠ 테러단체는 무력공격의 주체가 될 수 없음

ⓒ 무력공격은 자국 영토 밖에서 영토 내로 행해져야 하나 이 사건은 이와 무관함
③ 긴급피난으로 정당화될 수 없는 이스라엘의 조치: 이스라엘의 조치는 최후의 수단으로 볼 수 없음
④ 국제인권규약의 역외적용 인정: 국제인권규약상의 인권침해가 위반국 영토 밖에서 발생한 경우에도 개인청원을 제기할 수 있음

제5절 국내문제 불간섭의무

1. 의의
① 국가 또는 국제조직이 ② 국제법을 위반하여 ③ 타국의 국내문제에 간섭하지 않을 의무

2. 국내문제
① 국가가 단독으로 처리할 수 있는 문제
② 대외사항이 포함됨
③ 국내문제의 범위는 상대적·유동적이며 국제관계 발전에 따라 달라짐(튀니지·모로코 국적법 사건에 대한 권고적 의견, PCIJ)
④ UN관행: 인권, 민족자결, 식민지배 문제는 국내문제로 보지 않음

3. 간섭
① 정당한 권리 없이 타국의 의사에 반하여 타국의 국내문제에 개입하는 행위
② 무력을 수반하지 않아도 간섭으로 인정될 수 있음
③ 위성방송 송출도 간섭에 해당할 수 있음

4. 허용 여부에 따른 간섭 구분

허용되는 간섭	• 복구조치로서 취하는 간섭이나, 무력복구는 금지됨 • 안전보장이사회의 허가에 기초한 인도적 간섭 • UN헌장 제7장에 따른 강제조치로서 행하는 간섭 • 정통정부의 요청에 의한 간섭: 내전진압을 위한 병력 파견 요청은 허용되나, 민족해방운동단체를 제압하기 위한 무력사용 요청은 강행규범에 위반됨
허용되지 않는 간섭	• UN허가를 받지 않은 개별 국가의 일방적인 인도적 간섭 • 자국민 보호를 위한 무력간섭 • 민주적 간섭

5. 국제기구에 의한 간섭 – UN헌장 제2조 제7항

① 회원국의 국내문제에 대한 불간섭의무를 규정
② 국내문제 판단권자가 명시되지 않았음
③ UN 관행: 인권, 민족자결, 식민지배 문제는 국제적 관심사항이며 국내문제는 아님
④ UN헌장과 국제연맹(LN)규약 비교

구분	UN헌장 제2조 제7항	국제연맹(LN)규약 제15조 제8항
국내문제의 범위	본질적으로(essentially) (廣)	오로지(solely) (狹)
판단주체	명시적 규정 없음	연맹 이사회
예외 명시 여부	명시(헌장 제7장상 조치)	없음

제3장 국가관할권 및 면제

제1절 국가관할권

1. 의의

(1) 개념

국가가 사람, 물건, 사건 등에 대해 행사할 수 있는 권한의 총체

(2) 유형

입법관할권, 사법관할권, 집행관할권

2. 입법관할권의 이론적 기초

(1) 속지주의

① 자국의 영토 내에서 개시되고 완성된 범죄에 관할권을 행사할 수 있다는 이론
② **영토**: 육지 영토, 영해, 영공, 공해상의 자국 선박과 항공기 등
③ **접속수역, 배타적 경제수역, 대륙붕**: 연안국의 영역은 아니나, 그 설정 목적 범위 내에서는 연안국이 관할권을 행사
④ **대한민국 형법 제4조**: 대한민국 영역 밖에 있는 대한민국 선박이나 항공기 내에서 죄를 범한 외국인에게 대한민국 형법을 적용
⑤ **대한민국 법원**
  ㉠ 대한민국 영토 내에서 행위 또는 결과가 대한민국 영토 내에서 발생하면 관할권 행사할 수 있음
  ㉡ 중국 소재 대한민국 영사관 내부는 중국 영토이지 대한민국 영토는 아님
⑥ 국제법상 속지주의가 속인주의 등 다른 관할권에 비해 우월적 지위를 가지는 것은 아님. 따라서, 속지주의와 속인주의가 경합할 때 속지주의 관할권이 국제법상 우선하는 것은 아님. 다만, 관행상 속지주의가 우선함

(2) 주관적 속지주의와 객관적 속지주의

① 범죄의 개시국과 완성국이 다른 경우에 구분
② **주관적 속지주의**: 범죄 개시국이 범죄 전체에 대해 관할권을 행사
③ **객관적 속지주의**: 범죄 완성국이 범죄 전체에 대해 관할권을 행사
  예 Lotus호 사건(PCIJ, 1927)
④ **영향이론(Effects Doctrine)**: 객관적 속지주의의 확대이론으로, 영토 밖에서 발생한 사건이 영토 내의 사람이나 이익에 영향을 준 경우 국내법을 역외 적용할 수 있다는 이론

(3) 속인주의
① 가해자의 국적국에 의한 범죄 관할
② 자국민의 해외범죄에 대한 처벌권
③ 덴마크, 아이슬란드, 라이베리아, 노르웨이, 스웨덴 등 일부 국가는 속인주의의 기초를 국적에 국한시키지 않고 자국의 영주권자들이 해외에서 저지른 범죄에 대해서도 관할권을 주장하고 있음
④ 미국의 2000년 군사역외관할권법(Military Extraterritorial Jurisdiction Act of 2000): 소추되기 전에 이미 제대한 군인 또는 군대에 고용된 자들, 특히 민간군사보안회사에 고용되어 활동하는 민간인들이 미국 밖에서 행한 범죄에 대해 재판관할권을 수립하기 위한 법

(4) 수동적 속인주의
① 피해자의 국적국에 의한 범죄 관할
② 자국민이 해외에서 범죄의 피해자가 된 경우 가해자에 대해 처벌
③ 우리나라: 대한민국 형법 제6조는 수동적 속인주의를 규정하면서도 행위지의 법률에 의하여 범죄를 구성하지 아니하거나 소추 또는 형의 집행을 면제할 경우에는 예외로 한다는 단서를 두고 있음
④ 페스카마호 사건(1996): 공해상에서 온두라스 선적에 승선한 중국인이 한국인 등을 살해한 사건. 온두라스가 우선적 관할국이나 관할권 행사 의사를 표하지 않자, 한국이 수동적 속인주의에 기초하여 관할권 행사
⑤ Yunis 사건(미국, 1988): 레바논 국적의 유니스(Yunis)가 요르단 항공기를 레바논 상공에서 납치. 항공기에 미국인 승객 2명이 탑승. 미국은 수동적 속인주의와 보편주의를 근거로 관할권 행사

(5) 보호주의
① 국가의 법익을 중대하게 침해한 경우에 인정되는 관할권
② 국가안보를 침해하는 행위: 간첩죄, 내란음모죄 등
③ 국가의 사활적 경제적 이익을 침해하는 행위: 통화위조, 국채위조 등
④ 2020년 6월 30일 중국이 제정한 '홍콩 국가안전법': 보호주의 반영. 국가분열, 정권전복, 테러활동, 외국세력과 결탁하여 국가안전에 위해를 가하는 행위에 적용. 외국인들의 외국에서의 행위에도 적용

(6) 보편주의
① 국제공동체에 소속된 모든 국가에 의한 관할권을 인정하는 이론
② 개인의 국제범죄에 대해 인정
③ 강제적 보편관할권(인도 아니면 소추원칙): 보편관할권 행사 의무가 있는 경우
④ 임의적 보편관할권: 관할권 행사의 의무는 없는 경우(국가의 재량)
⑤ 해적: 임의적 보편관할권의 대상

개인의 국제범죄
해적, 평화에 대한 죄, 인도에 대한 죄, 집단살해죄, 고문 전쟁범죄 등이 있다.

⑥ **항공기 불법탈취 및 항공시설에 대한 범죄**: 관련 다자조약상 강제적 보편관할권의 대상
⑦ **진정한 보편관할권**: 모든 국가가 행사하는 관할권
⑧ **인도 아니면 소추**(aut dedere aut judicare): 조약에 기초한 관할권. 고문방지협약 적용 사건(2012)에서 국제사법재판소(ICJ)는 협약당사국은 타국의 인도요청 여부와 관계없이 고문혐의자를 기소하기 위한 절차를 취할 의무가 있으며, 인도보다는 기소의무가 1차적 의무라고 하였음
⑨ **절대적 보편관할권**: 피의자가 자국에 소재하지 않아도 관할권을 행사할 수 있다는 것으로, 현행법상 인정되지 않음. 범죄인 인도를 받아 처벌할 수 있음
⑩ **조건적 보편관할권**: 피의자가 자국에 소재해야 관할권을 행사할 수 있다는 것으로, 현행법에서 인정됨
⑪ **Yunis 사건(미국, 1988)**: 항공기 납치행위는 보편관할권 행사가 인정됨. 심각한 범죄의 경우 피해자 국적주의에 입각한 관할권 행사도 허용됨
⑫ **우리나라 국내법상 보편주의 규정**: 국제형사재판소 관할범죄 처벌에 관한 법률, 선박 및 해상 구조물에 대한 위해 행위의 처벌 등에 관한 법률, 공중 등 협박 목적을 위한 자금조달행위의 금지에 관한 법률, 국민보호와 공공안전을 위한 테러방지법 등
⑬ **민사재판에서의 보편관할권 문제**: 미국은 Filartiga 대 Pena-Irala 판결에서 미국 영토 밖에서 발생한 불법행위로 인한 손해배상청구소송을 수리하여 보편주의를 인정하였음. 그러나, Kiobel 대 Royal Dutch Petroleum Co. 사건에서 관련 국내법(Alien Tort Act)의 역외적용을 부인하였음. 현재 미국은 미국 영토 내에서 발생한 국제법 위반행위에 대해서만 동법에 기초한 손해배상 청구가 가능하다는 입장임

3. 주요 판례

(1) **로터스호 사건(PCIJ, 1927)**
① 공해에서 프랑스 선박(로터스호 - 가해선)과 터키 선박(보즈코트호 - 피해선)이 충돌
② 터키: 자국 항구에서 로터스호 선장(Demons)에 벌금형을 부과
③ 프랑스
  ㉠ 객관적 속지주의에 기초한 관할권이 부당하고 주장하여 기각
  ㉡ 공해상 선박 충돌 시 가해선의 국적국만 형사관할권을 행사하는 것이 관습법이라고 주장하였으나 기각되었음
④ 상설국제사법재판소(PCIJ)는 국가주권원칙에 따라 금지이론을 확립

금지이론
국제법이 명시적으로 금지하지 않는 분야에 대해서는 주권국가가 행동의 자유를 가진다. 일반적 허용원칙이라고도 한다.

(2) 아이히만 사건(이스라엘 대법원, 1961)
① 유대인 학살 책임자인 아이히만을 이스라엘이 아르헨티나에서 납치하여 교수형에 처함
② 이스라엘은 보편주의와 보호주의(국가적 법익 침해)에 기초하여 처벌
③ 이스라엘은 아르헨티나의 영토주권을 침해하였으므로 국제법적 책임이 성립
④ 아이히만의 행위는 직무행위가 아니므로 물적 면제가 인정되지 않음
⑤ 이스라엘이 아이히만을 납치하여 자국 내에서 처벌한 것 자체는 국제법에 저촉되지 않음. 이를 금지하는 국제법은 없음

(3) 국제체포영장 사건(ICJ, 2004)
① 벨기에가 콩고 현직 외무장관에 대해 체포영장을 발부한 사건
② 국제사법재판소(ICJ)는 콩고 외무장관의 인적 면제를 침해한 것으로 판정
③ 콩고 외무장관이 인도에 대한 죄를 범하였으므로 직무상 면제(물적 면제)는 없으나 현직 외무장관이므로 인적 면제는 향유함
④ 벨기에가 체포영장을 발부한 것은 외무장관의 인적 면제를 침해한 것임

(4) 전직 대통령에 대한 고문방지협약의 적용(ICJ, 2012)
① 벨기에 대 세네갈 간의 사건
② 고문범죄 혐의를 받은 차드 대통령이 세네갈로 도피하자, 벨기에가 범죄인 인도를 청구한 사건
③ 당시 세네갈은 범죄를 처벌하기 위한 어떠한 국내절차도 진행하지 않고 있었음
④ 국제사법재판소(ICJ): 세네갈의 조치가 국제법에 위반된다고 판시함. 고문방지협약의 모든 당사국은 혐의자가 소재하는 당사국에게 기소 또는 인도의무의 이행을 요구할 수 있음
⑤ 국제사법재판소(ICJ)는 인도보다는 기소 회부가 1차적 의무라고 봄
⑥ 고문 금지가 국제법상 강행규범에 해당함

4. 국가관할권의 역외적용의 이론적 기초

(1) 효과이론(effects doctrine, 영향이론)
① 행위가 외국에서 발생했어도 그 영토 내에서 행위의 효과가 발견되면 관할권 행사 가능
② 객관적 속지주의의 확대이론
③ 미국: Alcoa 판결(1945)을 기점으로 도입, 헬름즈버튼법(1996)에도 도입
④ 독일: 경쟁제한금지법 제98조에서 효과이론을 도입
⑤ EC: EC설립조약 제81조와 제82조에도 EC경쟁법의 역외적용을 위해 효과이론을 규정
⑥ 한국: 흑연전극봉 사건에서 집행이론과 함께 효과이론을 적용

(2) 집행이론(implementation theory, 이행이론)
① 역외의 행위라 할지라도 역내에서 이행되었으므로 자국법을 적용할 수 있는 이론
② 유럽사법재판소가 적용함

(3) 단일경제실체이론
① 역내 자회사의 행위와 관련하여 역외 모회사에 대해 관할권을 행사할 수 있는 이론
② 역내 자회사의 행위가 역외 모회사에 귀속되는 것을 전제로 함
③ 역외 모회사는 역내 자회사와 마찬가지로 역내의 사람으로서 속지주의 이름으로 관할권이 성립한다고 봄

(4) 국내법의 역외적용에 대한 대응
① 국내법의 역외적용을 당하는 국가들은 대항입법을 통해 대응
② 외국 재판소에 증거를 제출하는 행위를 금지하거나, 그러한 행위를 금지시킬 수 있는 권한을 관련 부처 장관에게 부여함
③ 외국 정부가 명령하는 실제적인 지시사항에 따르는 것을 금지함
④ 국제법 또는 국제예양을 위반하여 내려진 것으로 생각되는 외국의 판결에 대해서는 자국 내에서의 승인과 집행을 거부함

5. 한계

(1) 입법관할권
① 영토적 한계는 없음
② 일반적 허용이론: 국제법에 의해 제한되지 아니하는 한, 어떠한 국가의 조치도 허용된다는 이론
③ 2019년 The M/V Norstar호 사건(국제해양법재판소)
   ㉠ 기국주의가 지배하는 공해에서 행해진 선박의 적법한 행동에 대해 기국 이외의 국가가 공해상에서 집행관할권을 행사하는 것은 물론이고 입법관할권을 확장하는 것도 UN해양법협약 제87조에 규정된 항행의 자유를 침해하는 것이라고 판시
   ㉡ Norstar호 사건은 공해상의 범죄행위가 타국 선박에서 또는 타국 영토에서 효과를 발생시킨 상황에 관련한 Lotus호 사건과 구별됨

(2) 집행관할권
① **영토적 한계**: 집행관할권은 원칙적으로 엄격하게 자국 영토 내에서만 행사할 수 있음
② **일진다이아몬드 사건(1994, 미국 보스턴 연방 지방 재판소)**: 공업용 다이아몬드를 생산하는 미국의 제너럴일렉트릭(GE)과 한국의 일진다이아몬드 간의 영업 비밀 침해 관련 소송에서 피고 한국기업에 대해 7년간 공업용 다이아

일반적 금지원칙
원칙적으로 역외적용이 금지되고, 예외적으로 국제법에서 허용하는 경우에만 역외적용할 수 있다는 원칙이다.

몬드의 상업적 생산을 중단하고 제조설비도 30일 이내에 폐기처분할 것을 명령. 집행관할권의 영토적 한계를 벗어난 조치임

③ **국가면제법리에 의한 한계**: 자국 형법을 위반한 행위라 할지라도, 국가원수나 외교관 등 국가면제를 향유하는 사람에 대해서는 적용할 수 없음

6. 관할권의 경합과 해결

① **경합**: A국 국민이 B국에서 C국 국민을 살해한 경우 A국은 속인주의, B국은 속지주의, C국은 수동적 속인주의 관할권이 경합함
② **국제법의 흠결**: 국제법에서는 이 경우 어떤 국가가 우선적으로 관할권을 갖는지에 대한 규칙을 제공하지 아니함
③ 국가 간 협의에 의해 해결할 수밖에 없음
④ 국제법상 관할권 행사의 여러 근거로 인하여 동일 사안에서 동일인에 대해 형사관할권을 행사할 수 있는 국가가 복수로 존재할 수 있음
⑤ 유럽인권법원은 Bankovic et al. v. Belgium et al.에서 속지주의 관할권과 속인주의 관할권이 충돌하는 경우 속지주의가 국가의 1차적 관할권이라고 판시

7. 우리나라 '형법'상 이론적 기초

① 속지주의, 속인주의, 속지주의의 확장, 보호주의, 수동적 속인주의, 보편주의를 규정
② **형법 제4조**: 대한민국 영역 외에 있는 대한민국의 선박 또는 항공기 내에서 죄를 범한 외국인에게 형법을 적용한다고 하여 속지주의 확장
③ **형법 제6조**: 대한민국 영역 외에서 대한민국 국민에 대하여 죄를 범한 외국인에게 형법을 적용한다고 하여 수동적 속인주의를 채택하였음. 이 경우 행위지의 법률에 의하여 범죄를 구성하지 아니하거나 소추 또는 형의 집행을 면제할 경우에는 예외로 한다는 단서규정도 있음
④ **형법 제7조**: 범죄에 의하여 외국에서 형의 전부 또는 일부의 집행을 받은 자에 대하여는 형을 감경 또는 면제해야 함

제2절 국가면제

1. 의의
① 국가 또는 국가의 재산이 타국 법원의 관할권으로부터 면제되는 것
② 국가면제가 인정되는 경우에도 국가책임이 면제되는 것은 아님
③ 국가면제는 보통은 민사소송에서의 면제를 의미하나, 국가원수나 외교관의 경우 타국 형사소송에서도 면제가 인정됨

2. 구별개념

(1) 국가면제와 외교면제

구분	국가면제	외교면제
인정취지	주권평등	대표설, 기능설
연원	관습법, UN협약(미발효)	관습법, 빈협약
민사재판관할권	• 권력적 행위: 면제 • 비권력적 행위: 면제 제한	모두 면제 (단, 사적 행위 관련 면제 제한)
형사재판관할권	−	면제
행정관할권	−	면제
인적 면제	−	인정
면제의 포기	명시적 포기 + 묵시적 포기	명시적 포기

(2) 국가면제와 국가책임

구분	국가면제	국가책임
관련 법원	국내법원	국제법원
사적행위	인적 면제와 관련	국가책임과 무관(원칙적)
월권행위	면제	국가책임 성립(ILC초안)
제도의 성격	절차적	실체적

3. 인정이유
① 주권평등원칙: "대등한 자는 대등한 자에 대해 지배권을 갖지 못한다."
② 상호주의
③ 국가 간 우호관계 유지
④ 승소판결 시에도 집행 곤란

4. 유형

(1) 재판관할권 면제와 집행 면제

재판관할권 면제	주로 민사재판관할권 면제가 문제됨
집행 면제	국가가 패소하였음에도 판결의 내용을 이행하지 않는 경우 법정지국은 강제로 타국의 재산에 대해 집행할 수 없음

(2) 인적 면제와 물적 면제

인적 면제	• 고위공무원에 대한 면제 • 신분상 면제로, 신분을 유지하는 경우에만 면제를 인정 • 국가원수, 외무부장관, 외교관 등에 대해 한정적으로 인정됨 • 관습법이나 조약상 근거가 있어야 함 • 신분이 종료되는 경우 면제도 종료됨
물적 면제	• 직무상 면제로, 지위고하를 막론하고, 직무상 행위에 대해 면제를 인정함 • 신분이 종료되더라도 면제는 계속해서 유지됨(영구면제) • 물적 면제도 국가가 소멸한 경우에는 더 이상 효력을 유지하지 아니함 • 통일 이후 구 동독 관리들에 대한 통일 독일 재판소에서의 면제는 인적 면제, 물적 면제를 막론하고 그들이 고용되었던 동독의 존재보다 더 오래 지속되지 않았음

5. 연혁

(1) 발전 과정
① 국제관습법으로 확립됨
② 2004년 UN총회가 국가 및 그 재산의 관할권 면제에 관한 협약을 채택
③ 국유선박 면제규칙 통일에 관한 협약(브뤼셀협약, 1926): 최초로 제한면제론 도입
④ 유럽국가면제협약
⑤ 절대적 면제론에서 제한적 면제론으로 발전해옴

(2) UN협약(2004)
① 제한적 면제론 도입
② 면제가 제한되는 소송의 유형 8가지 규정
③ 협약 관련 분쟁해결
  ㉠ 교섭에 의해 해결되지 못한 경우 중재재판이나 국제사법재판소(ICJ)에 회부됨
  ㉡ 중재합의가 6개월 이내에 형성되지 못한 경우 일방적으로 국제사법재판소(ICJ)에 부탁할 수 있음
④ 당사국은 1년 전에 UN사무총장에게 통고한 후 폐기(탈퇴)할 수 있음

6. 목적상 법원과 주체

(1) 법원
① 사법적 기능을 수행할 자격이 있는 국가기관으로 국내법원을 의미함
② 국제사법재판소(ICJ), 유럽사법법원(ECJ), 국제형사재판소(ICC) 등 국제재판소에서는 면제가 인정되지 않음

(2) 국가
   ① 국가원수
   ② 국가기관
   ③ 지방자치단체
   ④ 연방국가의 주
      ㉠ UN협약: 면제의 주체로 인정
      ㉡ 유럽국가면제협약(1972): 면제의 주체가 아님
      ㉢ 영국 주권면제법: 면제의 주체가 아님
   ⑤ 국가대표자격으로 행동하는 자
   ⑥ 공법인(公法人): 국가의 주권적 기능을 수행하는 경우 면제를 인정

(3) 국가원수
   ① 인적 면제 향유: 신분상 면제, 사적 행위에 대해서도 재직 시 타국 법원 관할권에서 면제됨
   ② 물적 면제: 직무상 행위인 경우
   ③ 국가원수의 국제범죄: 국가원수의 직무상 행위로 볼 수 없으므로 퇴임한 국가원수는 타국의 재판을 받을 수 있음
   ④ 피보호국의 국가원수도 국가면제를 향유함

7. 절대적 국가면제론

① 피고의 지위가 국가인 경우 타국은 관할권을 행사할 수 없다는 원칙
② 전통적 규칙
③ 부동산 관련 소송은 면제가 인정되지 않았음
④ 면제의 포기도 인정됨
⑤ The Schooner Exchange 대 Mcfaddon 사건(1812): 미국 판례이며, 절대적 면제론을 적용
⑥ 국가와 거래하는 사인의 지위를 불안정하게 함
⑦ Limbin Hteik Tin Lat 대 Union of Burma: 부동산은 특별히 영토주권의 객체이기 때문에 그에 관련한 소송은 그 소재지국 재판소의 배타적 관할하에 놓이지 않을 수 없다고 판시됨. 이는 면제를 부인한 것임

8. 제한적 국가면제론

(1) 의의
   ① 국가의 행위를 권력적 행위(acta jure imperii)와 비권력적 행위(acta jure getionis)로 구분
   ② 권력적 행위: 면제를 인정
   ③ 비권력적 행위: 면제를 부인

(2) **권력적 행위와 비권력적 행위의 구분 기준**
  ① 학설: 성질설, 목적설, 상업적 활동설 등이 대립, 성질설이 통설
  ② 행위목적설: 동기나 목적을 고려
    ㉠ 권력적 동기: 면제를 인정
    ㉡ 비권력적 동기: 면제를 부인
    ㉢ 주관적 기준
    ㉣ 면제의 인정 폭이 넓어질 수 있어 제한적 면제론의 취지와 부합되지 않음
  ③ 행위성질설: 외국의 행위가 국가만이 할 수 있는 것일 때만 주권적 행위로 보아 면제를 인정
  ④ 상업적 활동 기준설: 외국의 활동이 상업적 성격을 띠는 경우 면제를 부인
  ⑤ 국가들의 관행: 대체로 성질설을 따르며, 국가의 행위가 외견(外見)상 사인도 할 수 있는 행위인지를 따짐
  ⑥ UN협약: 성질을 우선 고려하되, 목적이 고려될 수도 있음(법정지국의 관행 또는 당사자 간 합의)

(3) **미국**
  ① 미국의 외국주권면제법(FSIA) 제1603조 제(d)호: 행위의 상업적 성격은 그 목적에 의해서가 아니라 그 성질에 따라 결정
  ② 1992년의 Republic of Argentina v. Weltover, Inc. 사건: 연방최고재판소는 자국 통화를 안정시키기 위한 계획의 일부로 단행된 아르헨티나 정부의 공채발행은 FSIA에 의거하여 상업적 활동이었다고 판결하면서, FSIA하에서 외국이 체결한 거래의 목적이 아닌 성질이 유일하고도 명백한 결정요소라고 함
  ③ De Sanchez v. Banco Central de Nicaragua 판결(1985): 행위의 본질이 목적에 의해 고려된다고 하였음

(4) **영국**
  ① 영국의 국가면제법(1978): 권력행위와 비권력행위 구분 기준을 명확히 하지 않았음
  ② 1981년 I Congreso del Partido 사건: 재판관은 제한면제론을 인정하면서도 그 거래가 상업적인 것인지 여부를 결정함에 있어서 성질과 목적 어느 한 기준에만 의존하는 것을 배척

(5) **한국**
  ① 현재까지 국가면제법 미제정
  ② 대법원 판례를 통해 제한적 주권면제론 도입
  ③ 대법원은 성질설을 긍정하는 것으로 평가됨
  ④ 주한미군고용계약사건(1998) 판결: 대법원은 우리나라 영토 내에서 행해진 외국의 사법적 행위는 특별한 사정이 없는 한 외국의 사법적 행위에 대해 당해 국가를 피고로 하여 우리나라의 법원이 재판권을 행사할 수 있다고 함

⑤ 2017년 헌법재판소: 국제관습법상 국가의 주권적 활동에 속하지 않는 사법(私法)적 행위는 다른 국가의 재판권으로부터 면제되지 아니함

(6) 기타 국가

① **오스트리아**: 미국 정부가 피고로 된 교통사고와 관련된 사건에서 국가기관이 수행하는 행위 자체만을 보아야 하고 그 동기 또는 목적을 고려해서는 안 된다고 하여 미국의 면제를 부인

② **이집트**: 스페인이 피고인 곡물수입계약과 관련된 사건에서 스페인이 보통의 상인과 다르지 않은 방법으로 행동하였다고 판결. 스페인은 스페인 내의 기근을 완화하기 위한 목적으로 곡물을 구입하였으므로 면제를 향유한다고 주장하였으나 기각됨

(7) 국제사법재판소(ICJ)

Jurisdictional Immunities of the State 사건(2012)에서 acta jure imperii와 acta jure gestionis의 구분이 중요함을 인정하면서도 구분 기준에 대해서는 언급하지 않았음

(8) 판례

① 오스트리아 주재 미국 대사관 소속의 차량이 대사관 우편물을 수송하기 위해 도로를 주행하던 중 개인승용차와 충돌하여 미국 정부가 피해자로부터 제소당한 Collision with Foreign Government Owned Motor Car 사건에서 오스트리아 최고재판소는 국가기관이 수행하는 행위 자체만을 보아야 하며 그것의 동기 또는 목적을 보아서는 안 된다고 전제하고, 제한면제론에 따라 미국의 면제를 부인하였음

② 서독 주재 이란 대사관 난방시설 보수공사와 관련하여 독일 회사가 제기한 대금청구 소송인 Empire of Iran 사건에서 서독 연방헌법재판소는 이란 측의 면제 주장을 배척하였음

③ 곡물 수입 계약과 관련한 Egyptian Delta Rice Mills Co. 대 Comisaria General de Madrid 사건에서 스페인은 주권국가로서 스페인 내의 기근을 완화하기 위해 곡물을 구입하였으므로 면제를 향유한다고 주장하였으나, 이집트 혼합재판소는 스페인이 보통의 상인과 다르지 않은 방법으로 행동하였다고 판결하였음

④ Borga 대 Russian Trade Delegation 사건에서 피고는 1924년의 이탈리아와 소련 간의 조약에 의하여 소련 정부의 일부로서 인정되었지만, 이탈리아 파기원은 피고의 상업적 활동에 대해 제한적 면제이론을 적용하여 면제를 부인하였음

⑤ 1994년 6월 22일 서울 민사지방법원 제15부는 대림기업과 미국 정부 사이의 분쟁을 국내 최초로 제한적 면제론에 기초하여 해결하였음

(9) 입법례
① 미국: 외국주권면제법, 제한적 면제론, 성질설을 명시
② 영국: 국가면제법, 제한적 면제론, 성질설을 도입

9. UN협약상 면제가 제한되는 소송

(1) 상업적 거래
① 상품판매 등을 위한 계약으로 고용계약은 제외됨
② 면제가 인정되는 경우: 국가 간 상업적 거래, 거래당사자들의 면제 인정 합의

(2) 고용계약
① 면제 부정 고용계약
  ㉠ 영토 관련성: 고용계약이 법정지국의 영토 내에서 일부 또는 전부 수행되어야 함
  ㉡ 한국 대법원(1997): 주한미군 고용계약 사건에서 제한적 면제론을 적용하여 미국에 대해 손해배상을 요구하는 판결을 내림
② 면제 인정 고용계약
  ㉠ 고용인이 권력적 권한 수행을 위해 채용된 경우
  ㉡ 고용인이 외교관 또는 영사인 경우
  ㉢ 소송의 주제가 채용·고용 갱신·복직인 경우
  ㉣ 소송 진행이 국가의 안보이익을 침해한다는 항변이 있는 경우
  ㉤ 고용인이 고용주 국가의 국민인 경우
  ㉥ 고용주 국가와 고용인이 서면으로 달리 합의한 경우

(3) 불법행위
① 의의
  ㉠ 국가는 사망 또는 신체에 대한 침해, 유체재산의 손괴 또는 분실을 이유로 한 금전배상소송에서 권한 있는 타국 재판소의 관할권으로부터 면제 원용 불가
  ㉡ 금전배상소송이 아닌 경우 면제가 인정됨
  ㉢ 여기서의 불법행위는 사망, 신체침해 및 유체재산의 침해에 국한됨
  ㉣ 경제적 손실이나 출판물에 의한 손해와 같은 상대적으로 먼 인과관계나 먼 손실에 대한 사인의 청구에까지 확대적용되는 것은 아님
  ㉤ 사인이 제기한 명예훼손소송에 대해서는 국가면제가 인정됨
② 범위
  ㉠ 사적 불법행위(private tort) 및 공적 불법행위(non-private tort) 포함
  ㉡ 정치적 암살 또는 기타 국가 테러(state terrorism) 등의 범죄에 법정지국이 대처할 수 있기 위해 적용범위를 공적 불법행위까지 확장

③ 요건
  ⊙ 침해를 야기하는 작위 또는 부작위가 피고국가에게 귀속될 것
  ⓛ 작위 또는 부작위가 법정지국의 영토에서 전부 또는 일부 발생했을 것
  ⓒ 불법행위자(tortfeasor)가 행위 당시 법정지국의 영토 내에 존재할 것
④ 미국의 관행
  ⊙ 공적 불법행위에 대해서도 면제를 인정하지 않음
  ⓛ Letelier 대 The Republic of Chile 사건: 정치적 암살과 같은 공적 불법행위에 대해서 칠레 정부의 면제를 인정하지 않았음
  ⓒ 종래 미국 판례는 일관되게 미국 영역 내에서 발생한 불법행위에 대해서만 국가면제 부인
  ⓔ 국가 테러 예외(State-sponsored terrorism exception)
    ⓐ 개념: 1996년 외국주권면제법(FSIA)의 제2차 개정으로 엄격한 조건 하에 미국 밖에서 행해진 일정 불법행위에 대해서 국가면제를 부인
    ⓑ 요건: 피고국의 공무원 등이 테러에 직접 관여하거나 물질적 지원을 제공할 것, 테러로 인해 개인이 신체적 침해를 입거나 사망할 것, 피고국이 테러지원국으로 지명될 것, 청구인이나 피해자가 테러발생 당시 미국 국민일 것, 청구인이 피고국에게 중재기회를 부여했을 것
⑤ 국가 테러 예외에 기초하여 재판권을 행사한 경우 배상금 지급 판결을 강제하기 위한 외국의 상업적 재산에 대한 압류 또는 강제집행도 허용
⑥ 판례
  ⊙ Al-Adsani 사건: 영국 법원은 아자니(Adsani)에 대한 고문이 영국 밖에서 발생하였다는 이유로 쿠웨이트에 대한 면제를 인정하였고, 유럽인권법원도 이를 지지하였음
  ⓛ Ferrini 사건: 이탈리아 법원은 이탈리아 영토 밖에서 발생한 강제징용에 대해 독일의 면제를 제한하였고, 국제사법재판소(ICJ)는 이탈리아의 독일에 대한 면제 부인이 면제에 관한 국제관습법을 위반하였다고 판단
  ⓒ 미국 법원은 일본군 위안부 피해자가 일본을 상대로 미국에 제기한 소송에서 원고는 강행규범 위반에 대한 면제의 묵시적 포기이론을 주장하였으나 미국은 불법행위가 미국 영토 밖에서 발생하였으므로 면제를 인정해야 한다고 판시
  ⓔ 북한에서 고문 피해를 입은 미국인 오토 웜비어의 유족이 북한을 상대로 미국 법원에 제기한 손해배상소송에서 미국 법원은 국가 테러 예외를 적용하여 북한의 면제를 부인하고, 웜비어 측의 승소를 판정

⑦ 국가면제 사건(ICJ, 2012)
  ㉠ 이탈리아가 국내 법원에서 독일에 대해 면제를 부인한 행위에 대해 독일이 제소
  ㉡ 국제사법재판소(ICJ)는 국제인권법이나 무력충돌에 관한 국제규범을 심각하게 위반한 경우 국가면제를 부정하는 국제관습법이 성립하지 않았다고 판단
  ㉢ 점령지에서의 민간인 살해나 강제이주 및 강제노역에 종사하도록 하는 것은 강행규범에 위반됨
  ㉣ 국가면제규범은 한 국가의 법원이 타 국가에 대하여 관할권을 행사할 수 있는지 여부에 대하여 규율하는 성질상 절차적인 규범으로 절차 개시의 원인이 된 행위의 적법성 여부에 대해서는 관심을 기울이지 않기 때문에 강행규범과 국가면제규범은 서로 다른 문제를 규율하는 규범
  ㉤ 강행규범 위반이 연계되어 있더라도 국가면제에 관한 국제관습법의 적용은 영향을 받지 않음
  ㉥ 이탈리아인 피해자에 대한 독일의 배상규정의 흠결이 관할권 면제를 박탈할 사유가 될 수 없으며, 구제를 확보할 수 있는 실효적인 대체수단이 존재하는가의 문제는 관할권 면제 인정 여부에 관한 문제에 영향을 주지 않음

⑧ 군대
  ㉠ 유럽국가면제협약 제31조: 무력충돌이나 동맹국의 주둔 군대와 관련하여 발생하는 문제에 적용되지 않는다고 하여 법정지국 내에서 발생한 군대의 불법행위에 대해서는 면제가 제한되지 아니함
  ㉡ 국제사법재판소: ICJ는 UN협약의 경우 유럽협약과 달리 군대의 행위를 조약의 적용범위에서 제외하는 명시적 조항을 담고 있지 않지만, 해석상 법정지 내 군대의 불법행위에 대해 면제가 제한되지 않는다고 함
  ㉢ ILC: UN협약 제12조에 대한 주석에서 법정지국 내 불법행위에 대한 면제 제한을 규정한 제12조는 무력충돌과 관련한 상황에는 적용되지 않는다고 함

⑨ 한국법원 판결
  ㉠ 일본 재판권 면제 부인/강제집행권 면제 인정: 2021년 1월 8일 한국 서울지방법원은 위안부 피해자 12명이 일본 정부를 상대로 낸 손해배상 청구 소송에서 이 사건행위는 당시 일본제국에 의해 계획적이고 조직적으로 광범위하게 자행된 반인도적 범죄행위로서 국제 강행규범을 위반한 것이며, 당시 일본제국이 불법점령 중이었던 한반도 내에서 우리 국민인 원고들에 대해 자행된 것으로서, 비록 이 사건 행위가 국가의 주권적 행위라고 할지라도 국가면제를 적용할 수 없고, 예외적으로 대한민

국 법원에 피고에 대한 재판권이 있다고 하면서 일본의 국가면제를 부인한 뒤 본안 심리 결과 1인당 1억원씩 배상하라고 판결. 다만, 동 법원은 외국재산에 대한 추심 강제집행은 해당 국가의 주권과 권위에 손상을 줄 우려가 있어 신중한 접근이 필요하며 이 사건 소송비용을 강제집행하게 되면 국제법을 위반하는 결과를 초래할 수 있다면서 1월의 판결과 관련하여 소송비용 중 피고(일본)로부터 추심할 수 있는 소송비용은 존재하지 아니한다고 판결

ⓒ 일본 재판권 면제 인정: 2021년 4월 28일 서울지방법원 민사합의 15부는 1월 같은 법원이 내린 사건과 달리 일본에 대한 재판권 면제를 인정. 다른 위안부 피해자 20명이 일본을 상대로 제기한 손해배상청구소송에서 기존의 제한면제론이 국제관습법임에도 불구하고 법원이 오로지 대한민국 국내법 질서에 부합하지 아니한다는 이유로 관습법에서 인정하지 않는 새로운 예외를 인정하여 면제를 제한한다면 국제관습법을 위반하게 된다고 하면서 2021년 1월 8일 판결을 비판. 결국, 이 재판부는 일본에 대한 면제를 인정하여 사건을 각하

ⓒ 일본재산에 대한 강제 집행 인정(면제 제한): 2021년 6월 9일 중앙지법(민사51단독)은 2021년 1월에 승소한 위안부 피해자 12명이 낸 강제집행을 위한 '재산 명시 신청' 사건에서 이를 인용하여 일본 정부에 재산 상태를 명시한 재산목록을 제출하라고 명령

(4) 재산의 소유, 점유 및 사용
① 법정지국에 소재하는 부동산에 대한 권리 등에 관한 소송
② 상속이나 증여 등에 의해 파생되는 동산 또는 부동산에 대한 권리나 이익에 관한 소송
③ 우리나라 대림기업 사건(1995)
  ㉠ 부동산 임대차계약과 관련한 소송에서 미국의 면제를 부인하였음
  ㉡ 제한적 면제론에 따른 판결임

(5) 지적·산업재산권
법정지국에서 법적 보호조치를 향유하는 특허, 산업디자인, 상호 또는 기업명, 저작권 등의 지적 또는 산업재산의 권리의 결정에 관한 소송

(6) 회사 또는 기타 단체에의 참여
타국의 국내법에 의거하여 설립되었거나 또는 타국에 소재지 또는 주된 영업소를 갖고 있는 회사 또는 기타 집단적 단체에의 참여에 관련한 소송

(7) 국가가 소유 또는 운영하는 선박
① 면제가 제한되는 경우
  ㉠ 소의 원인이 발생한 당시 어떤 선박이 권력적·비상업적 목적 이외의 목적을 위하여 사용된 경우, 당해 선박을 소유하거나 운영하고 있는

국가는 그 선박의 운영에 관련한 소송에서 권한 있는 타국 법원의 관할권으로부터의 면제 원용 불가
ⓒ 소의 원인이 발생한 당시 어떤 선박이 권력적·비상업적 목적 이외의 목적을 위하여 사용된 경우, 국가가 소유하거나 운영하는 선박에 적재된 화물의 운송에 관련한 소송에서 타국 재판소 관할권으로부터의 면제 원용 불가

② 면제가 인정되는 경우
㉠ 군함과 해군보조함
ⓒ 국가가 소유하거나 운영하는 기타 선박으로서 오로지 권력적·비상업적 역무에만 사용되는 경우
ⓒ 군함, 해군보조함 또는 오로지 권력적·비상업적 역무에만 사용되는 선박에 적재되어 수송되는 화물
㉣ 국가가 소유하는 화물 중에서 오로지 권력적·비상업적 목적을 위해 사용되거나 사용될 의도인 화물

(8) **중재합의**
① 국가가 상업적 거래에 관련한 분쟁을 중재에 부탁하기로 외국의 자연인 또는 법인과 합의한 경우
② 중재합의의 유효성 또는 해석 등에 관련한 소송에서 타국 법원의 관할권으로부터의 면제를 원용할 수 없음

10. 집행관할권의 면제

① 개념: 국가의 재산이 법정지국의 강제관할권으로부터 면제되는 것
② 재판관할권과 집행관할권은 독립적 관계에 있음. 즉, 재판관할권을 행사할 수 있다 하더라도 집행관할권에 대한 면제는 인정됨
③ UN협약: 국가가 특별히 청구의 만족을 위해 할당해 둔 경우, 강제집행을 할 수 있음
④ UN협약상 일방적 강제집행 조건: 재산이 권력적 목적 이외 목적으로 사용될 것 + 법정지 영토 내에 소재할 것 + 소송의 대상이 된 실체와 관련될 것
⑤ 미국 FSIA의 경우 국가테러 예외의 경우 법정지 영토 밖에서 발생한 사건에 대해 면제를 제한하면서 관련조항에 의거하여 내려진 배상금 지급판결을 강제하기 위한 외국의 상업적 재산에 대한 압류 또는 강제집행을 허용함
⑥ UN협약상 일방적 강제집행의 대상이 될 수 없는 재산
㉠ 외교사절단 직무 관련 재산, 군사적 직무 관련 재산, 외국 중앙은행 관련 재산 등
ⓒ 그러나 이러한 재산도 외국이 동의한 경우 집행할 수 있음

11. 포기

(1) 명시적 포기와 묵시적 포기

명시적 포기	• 국제협정 • 서면계약 • 재판정에서의 선언 • 재판소에의 서면 전달
묵시적 포기	• 외국이 원고로서 소를 제기하는 경우 • 외국이 당사자의 자격으로 소송 참가한 경우 • 외국이 소를 제기한 경우 반소에 대해 면제를 주장할 수 없음 • 외국이 사인의 제소에 대해 반소를 제기한 경우 본소에 대해 면제를 주장할 수 없음

(2) 묵시적 포기로 인정되지 않는 경우
① 법정지국 법의 적용에 대해 동의한 경우
② 증인의 자격으로 재판정에 출두한 경우
③ 피고국이 재판정에 전혀 출정하지 않은 경우
④ 면제를 주장하기 위해 소송에 참가한 경우

(3) 효과
① 법정지국이 본안판단을 진행할 수 있음
② 1심에서 면제 포기는 최종심까지 효력이 유지됨
③ 포기의 효력은 집행권 면제에는 인정되지 않으므로 별도의 포기가 필요함

12. 소송관련 부수적 문제 – UN국가면제협약

(1) 소환장 송달
① 피고국과 법정지국 간 구속력 있는 국제협정에 따르거나 청구인과 피고국 간 송달을 위한 특별약정에 따라야 함
② 약정이 없는 경우 외교채널을 통해 피고국 외무부로 문서 송부

(2) 결석판결
① 결석판결이 인정됨
② 인정 요건
  ㉠ 소환장송달에 관한 요건이 준수되었을 것
  ㉡ 소송을 제기하는 영장의 송달이 이루어진 일자로부터 적어도 4개월이 경과하였을 것
  ㉢ UN협약의 규정에 의하여 재소의 권할권 행사가 방해받는 경우가 아닐 것
③ 결석판결의 파기 신청
  ㉠ 신청 시한은 적어도 4개월 이상이어야 함
  ㉡ 피고국이 판결사본을 수령하였거나 수령한 것으로 간주된 일자로부터 진행하기 시작

(3) 재판 심리 중의 특권과 면제
① 재판소의 명령에 피고국이 따르지 않더라도 벌금 부과 불가
② 법정지국 재판소는 피고 외국정부에 대해 소송비용의 납부를 보장받기 위해 담보를 제공하도록 요구할 수 없음

제3절 국가행위이론

1. 개념
국가행위이론은 ① 타국이 제정한 법령이나 ② 타국 영역 내에서 행한 공적 행위에 관하여 ③ 일국의 국내법원이 그 법적 유효성을 판단해서는 안 된다는 이론

2. 성질
① 영미법계 국내법상의 원칙
② 국제법이 아님

3. 인정취지
권력분립을 실현하기 위하여 사법 자제

4. 적용제한

(1) 국제법 예외
타국의 행위가 국제법에 위반되는 경우 ASD 적용 제한(사바티노 사건)

(2) 제한적 국가행위이론
타국의 행위가 비권력적 행위인 경우 국가행위이론의 적용 제한

(3) 번스타인 예외
미국 국무부가 요청하는 경우 국가행위이론의 적용 제한

핵심 POINT | 국가행위이론과 국가면제론의 비교

구분	국가행위이론	국가면제론
법적 성질	국내법 원칙	국제법 원칙
문제되는 소송절차	본안판단	본안 전 절차
인정취지	권력분립, 사법 자제	주권평등, 상호주의
피고	국가가 아니어도 문제됨	국가인 경우 문제됨

제4절 국제기구의 특권과 면제

1. 의의
① 국제기구 또는 국제기구 소속 공무원이 회원국 또는 제3국의 재판관할권으로부터 또는 그 재산이 법정지국의 강제집행권으로부터 면제되는 것
② 설립조약 또는 별개의 특별협정을 통해 인정됨

2. 일반론

(1) 연원
① 관습법규를 거론하기는 곤란
② 국제기구의 설립조약이나 별도 이행조약에 의해 규율
③ 국제기구가 비회원국에 대해 면제를 권리로서 주장하기는 어려움

(2) 면제의 범위
① 국제기구의 면제의 범위를 결정하는 기준: 문제가 되는 행위가 조약에서 부여받은 직무를 수행하기 위한 것인가?
② 어떤 활동이 기구설립조약상의 직무를 수행하기 위한 것이라면 면제가 인정되나 기구의 목적과 직무에서 벗어난 경우 면제를 인정받지 못함
③ European Molecular Biology Laboratory 대 Germany 사건
  ㉠ 면제의 범위를 확정함에 있어서 무엇보다 활동의 목적이 중요
  ㉡ 이러한 관점에서 카페테리아의 운영과 방문객의 수용을 포함한 과학회의의 조직은 적어도 영리지향적이 아닌 범위 내에서는 목적에 부수되는 것으로 간주됨

(3) 국제기구 공무원과 국제기구 상호 간 소송에서 면제의 문제
① 국제기구 소속 공무원이 고용주인 국제기구를 상대로 소재지 국가의 재판소에 고용 관련 소송을 제기하는 경우 당해 기구는 면제를 향유하는가?
② 유럽인권재판소는 Beer and Regan 대 Germany 사건에서 독일이 유럽우주국(European Space Agency)에 대해 면제를 인정한 것이 유럽인권협약을 위반한 것은 아님
③ 유럽인권재판소는 국제기구에게 면제를 부여하는 것이 유럽인권협약하에서 허용될 수 있는지를 결정함에 있어서 중요한 요소는 개인들이 협약하의 자신들의 권리를 보호하는 데에 합리적인 대체수단을 가지고 있는지 여부

3. UN의 특권과 면제에 관한 협약 주요 내용

(1) 면제의 범위
① UN과 UN재산은 모든 소송으로부터 면제
② UN과 UN재산에 대해서는 절대적 면제 부여
③ UN은 직접세와 관세로부터 면제
④ UN직원은 봉급에 대한 과세로부터 면제

(2) UN사무총장 및 직원
① UN사무총장과 사무차장들은 국제법에 따라 외교사절에게 주어지는 재판관할권의 면제를 향유
② 그 배우자와 미성년의 자녀에 대해서도 같은 면제가 부여
③ 다른 UN직원은 공적 행위, 즉 공적 자격으로 행한 구두 또는 서면에 의한 진술 및 모든 행동에 관해서만 소송으로부터 면제
④ UN을 위한 임무를 수행하는 직원 이외의 전문가에게는 그 임무에 관련되는 여행에 드는 시간을 포함하여 임무기간 중 직무를 독립적으로 수행하기 위하여 필요한 면제가 주어짐
⑤ 특히 임무수행 중에 행한 구두 또는 서면에 의한 진술과 행동에 관한 면제는 UN임무를 수행하지 않더라도 유지됨

(3) 면제의 포기
① UN사무총장은 직원 및 전문가에게 주어지는 면제를 포기할 권리 및 의무를 가짐
② 사무총장의 경우에는 안전보장이사회가 그 면제를 포기할 권리를 보유함

(4) UN회의에 참석하는 회원국 대표의 면제
① UN회의에 참석하는 회원국 대표들은 외교관과 거의 동일한 면제와 특권을 향유함
② 소송으로부터의 면제는 공적 행위, 즉 그 임무수행 중 및 회합장소로의 왕복 여행 중에 대표자의 자격으로 행한 구두 또는 서면에 의한 진술 및 모든 행동에 대해서만 적용됨
③ 개인수하물에 대해서는 관세가 면제됨

4. UN전문기구의 특권과 면제에 관한 협약 주요 내용

(1) 법인격
① 전문기구는 법인격을 가짐
② 전문기구는, 계약을 체결하고, 부동산 및 동산을 취득·처분하며, 법적 절차를 개시할 수 있는 능력 보유

(2) **재산**
① 전문기구의 재산은 면제를 포기하지 않는 한 모든 형태의 법적 절차로부터 면제
② 어떤 면제의 포기도 강제집행조치에까지 적용되지는 아니함
③ 전문기구의 공관은 불가침. 전문기구의 재산 및 자산은 소재지 및 보유주체에 관계없이 수색, 징발, 몰수, 수용 등으로부터 면제
④ 전문기구 및 그 재산은 직접세로부터 면제. 공공요금은 면제되지 아니함
⑤ 전문기구가 공적 사용을 위하여 수입 또는 수출하는 물품의 경우 관세 및 수출입상의 금지와 제한으로부터 면제됨
⑥ 전문기구의 출판물의 경우 관세 및 수출입상의 금지와 제한으로부터 면제됨

(3) **통신에 관한 편의**
① 전문기구는 각 당사국 영역에서 통신 요금 등에 있어서 외교공관을 포함하여 다른 정부에 부여하는 것보다 불리하지 아니한 대우를 향유함
② 전문기구의 공적 서한과 그 밖의 공적 통신은 검열대상이 되지 아니함
③ 외교신서사 및 외교행낭과 동일한 면제와 특권을 가지는 신서사 또는 봉인행낭에 의하여 서한을 발송하고 접수할 권리를 가짐

(4) **회원국 대표**
① 전문기구가 소집하는 회의에 참석하는 회원국 대표는 그들의 직무를 수행하는 동안 및 회의 장소로 여행하는 동안 그리고 회의 장소로부터 여행하는 동안 특권 및 면제를 누림
② **특권면제의 대상**
  ㉠ 체포 또는 구속 및 그들의 개인수하물의 압수로부터의 면제와 그들이 공적 자격으로 행한 구두 또는 서면진술 및 모든 행위에 관한 모든 종류의 법적 절차로부터의 면제
  ㉡ 모든 문서 및 서류의 불가침
  ㉢ 암호를 사용하고, 신서사 또는 봉인행낭에 의하여 문서 또는 서한을 접수할 권리
  ㉣ 개인수하물과 관련하여, 상응하는 직급의 외교공관 구성원에게 부여되는 것과 동일한 면제 및 편의 등
③ 전문기구가 소집하는 회의에 참석하는 전문기구 회원국 대표에게, 그 직무수행상 완전한 표현의 자유 및 독립성을 보장하기 위하여, 직무수행상 그들이 행한 구두 또는 서면진술 및 모든 행위에 관한 법적 절차로부터의 면제는 해당 사람이 더 이상 그러한 직무의 수행에 종사하지 아니하더라도 계속 부여됨
④ 거주를 이유로 어떤 형태이든 조세를 부과하는 경우, 전문기구가 소집하는 회의에 참석하는 전문기구 회원국 대표가 그 직무를 수행하기 위하여 어느 회원국에 체류하는 기간은 거주기간으로 인정하지 아니함

⑤ 회원국은 자국 대표에 대한 면제가 사법절차를 방해한다고 판단하는 경우, 그리고 그 면제가 부여된 목적을 저해함이 없이 포기될 수 있는 경우 그 면제를 포기할 권리뿐만 아니라 의무도 있음

(5) **직원**
① 공적 자격으로 행한 구두 또는 서면진술 및 모든 행위에 관한 법적 절차로부터 면제
② 전문기구가 그들에게 지급하는 봉급 및 수당에 대하여, 국제연합의 직원이 누리는 것과 동일한 조건으로, 조세로부터의 동일한 면제를 누림
③ 배우자 및 부양가족과 더불어 출입국 제한과 외국인 등록으로부터 면제
④ 최초로 해당 국가에 부임할 때에 그 가구 및 소유물을 면세로 수입할 권리 향유
⑤ 전문기구는 직원에 대한 면제가 사법절차를 방해하고, 전문기구의 이익을 저해함이 없이 포기될 수 있다고 판단하는 경우 그 면제를 포기할 권리와 의무가 있음

(6) **기타**
① **특권의 남용**: 특권 또는 면제의 남용이 발생하였는지 여부에 관한 문제는 국제사법재판소에 제소됨
② 전문기구가 소집하는 회의에 참석하는 회원국의 대표는 그들의 직무를 수행하는 동안 및 회의 장소로 여행하는 동안 그리고 회의 장소로부터 여행하는 동안, 그리고 직원은 공적 자격으로 그들이 행한 활동으로 인하여 영역 당국으로부터 그들이 직무를 수행하고 있는 국가를 떠나도록 요구받지 아니함
③ **통행증**: 전문기구의 직원은 국제연합 사무총장과 통행증을 발급할 특별권한을 위임받을 수 있는 전문기구의 권한 있는 당국 간에 체결되는 행정적 약정에 따라서 국제연합 통행증을 사용할 권리를 가짐
④ 국제연합 통행증의 소지자는 아니지만, 전문기구의 업무로 여행 중이라는 증명서를 소지한 전문가 및 그 밖의 사람에게는 유사한 편의가 부여됨
⑤ **분쟁해결**: 협약의 해석 또는 적용으로부터 발생하는 모든 불일치는 국제사법재판소에 회부. 한 전문기구와 한 회원국 사이에 불일치가 발생하는 경우 관련된 모든 법적 문제에 대한 권고적 의견을 요청. 양 당사자는 재판소의 의견을 확정적인 것으로 수락함

제4장 국가책임

제1절 총설

1. 의의
① 국가의 국제법상 책임
② 일반적으로 위법행위에 대한 책임
③ 그러나 최근 적법행위책임이나 국가의 국제형사책임론이 대두되고 있음

2. 유형

위법행위책임	국가가 국제법상 의무를 위반한 것에 대한 책임
결과책임	적법행위책임, 절대책임, 의무 위반 여부에 상관없이 국가의 조치의 결과로 타국에 손해를 입힌 경우 지는 책임
형사책임	위법행위나 결과책임이 배상에 대한 문제이나, 형사책임은 국가가 강행규범을 위반한 행위에 대한 책임

3. 국가의 국제범죄론
① 1980년 ILC 위법행위책임에 대한 잠정초안에서 대두됨
② 국가의 국제법에 반하는 행위는 국제범죄와 국제불법행위로 준별됨

국제범죄	국가가 강행규범을 중대하게 위반한 행위
국제불법행위	강행규범이 아닌 의무 위반행위와 강행규범에 대한 경미한 위반행위

③ 강행규범: 무력사용금지의무, 인권존중의무, 국제환경보존의무, 자결권존중의무
④ 국제범죄의 피해국뿐 아니라 피해국 이외의 국가에 대해서도 국가책임 원용권을 부여하였음
⑤ 국제범죄 개념은 2001년 최종 초안에서 삭제되었음

4. 연원
① 국제위법행위에 대한 국가책임에 관한 규정 초안(ILC, 2001)
② 위험한 활동에서 야기되는 월경 피해의 방지에 관한 규정 초안(ILC, 2001)
③ 위험한 활동에서 야기되는 국경 간 손해의 경우에 있어서 손실의 배분에 관한 제원칙 초안(ILC, 2006)

제2절 위법행위책임

1. 성립요건

(1) 전통적 요건
  귀속성, 위법성, 고의 또는 과실, 손해 발생

(2) ILC 초안
  귀속성과 위법성만을 인정하고 있음

(3) 귀속성
  위법행위가 가해국에 귀속되어야 함

(4) 고의 또는 과실
  ① 전통국제법: 과실책임이론(그로티우스)
  ② ILC 초안: 고의 또는 과실을 국가책임 성립요건으로 규정하지 않았음

(5) 손해 발생
  대세적 의무 위반에 대해서는 손해를 받지 않은 국가도 책임을 추궁할 수 있음.
  단, ILC 초안은 손해 발생을 요건으로 규정하지 않았음

2. 위법성

(1) 조약, 국제관습, 일방행위를 위반한 경우
  위법성 인정

(2) 지속적 성격을 갖지 않는 행위
  행위가 수행된 시점에 의무 위반 발생

(3) 지속적 성격을 갖는 행위
  위법행위가 지속되고 있는 전 기간 동안 의무 위반이 연장됨

(4) 사건의 방지를 요구하는 경우
  사건이 계속되는 동안 의무 위반이 연장됨

3. 국가귀속성

(1) 입법기관의 행위
  입법부작위

(2) 행정기관의 행위
  ① 직무상 행위
  ② 지위고하 무관
  ③ 월권행위
    ㉠ 티노코 중재 사건: 명백한 월권행위의 경우 책임 부정
    ㉡ ILC 초안: 모든 월권행위에 대한 책임 인정

ⓒ 1929년의 Jean-Baptist Caire Claim 사건(프랑스-멕시코 청구위원회): 의장은 국가가 자국 공무원의 월권행위에 대해 책임을 지기 위해서는 공무원이 적어도 외관상 권한 있는 공무원으로 행동하였거나, 행동을 함에 있어 그들의 공적 지위에 맞는 권한이나 방법을 사용했어야 한다고 함. 월권행위가 모두 국가로 귀속되는 것은 아니라는 취지

(3) 사법기관의 행위 - 재판의 거절
① 재판의 거절에 해당하는 행위: 외국인의 소송 수리 거부, 심리나 판결의 부당한 지연, 재판절차의 불공정, 명백히 불공평한 판결, 피고에 대한 유죄판결의 부집행 등
② 재판의 거절에 해당하지 않는 행위: 오판, 증거채택의 거부, 판결 후 그 집행의 지연 등
③ 사법거부로 인한 국가책임을 추궁하기 위해서는 원칙적으로 국내절차가 완료되어야 함
④ 사법부가 악의를 가지고 외국인을 차별하기 위한 조치를 적극적으로 취하는 예외적인 상황에만 적용
⑤ 법리적 오류나 재판절차상 일반적인 흠결의 문제는 사법거부가 아님

(4) 사실상의 국가기관인 사인
① 국가의 지시에 따라 행동하는 경우 그 행동은 국가로 귀속
② 국가의 지도 내지 지배하에서 행동하는 경우 그 행동은 국가로 귀속
③ ILC: 국가가 특정 작전을 지시 또는 통제했고, 문제된 행위가 그 작전의 불가분의 일부였던 경우에만 그 국가로 귀속됨
④ Military and Paramilitary Activities in and against Nicaragua(ICJ): 콘트라 반군의 행위가 돈과 장비를 제공한 미국에 귀속될 수 있기 위해서는 위반 혐의의 행위가 행해지는 동안 그 국가가 군사적 또는 준군사적 작전에 대해 실효적 통제(effective control)를 가지고 있었음을 입증해야 함
⑤ 반군에 대한 전반적인 통제(general overall control)만으로는 국가 귀속성이 인정되지 아니함
⑥ Dusko Tadic 사건(항소심): 니카라과 사건의 재판부 입장을 비판하면서 통제의 정도는 상황에 따라 달라질 수 있다고 전제하고, 개인이 군사조직에 속해 있을 경우 국가가 그 조직에 대해 전반적인 통제를 행사하고 있었음을 입증하는 것만으로 국가책임을 짐
⑦ Application of the Convention on the Prevention and Punishment of the Crime of Genocide 사건(ICJ): 실효적 통제 기준 재확인

(5) 순수사인
① 원칙: 국가는 순수사인의 가해행위에 대해 책임을 지지 아니함

② **예외**: 사인의 가해행위에 대해 충분한 주의의무(due diligence)를 태만히 한 경우 국가가 책임을 짐
- ⊙ **충분한 주의의무 태만**: 사인의 가해행위를 예견하고도 방지하지 않았거나, 사후에 처벌도 하지 않은 경우
- ⓒ **주의의 정도**: 국제표준주의(문명국표준주의)와 국내표준주의(내국민대우)가 대립. 통설은 국내표준주의

③ **부작위책임 인정**: Janes 사건에서 멕시코 당국은 미국인을 살해한 범인을 체포하기 위해 적절한 조치를 취하지 못하였으므로 자신의 부작위에 대해 국가책임을 지게 됨

④ **부작위책임 부정**
- ⊙ 멕시코 내에서 미국인 살해와 관련된 Neer 사건에서 멕시코의 국가책임이 부인됨
- ⓒ 비록 범인들은 체포하지는 못했지만 사건 발생 즉시 당해 지역의 멕시코 보안관이 밤을 새워 용의자들을 수사하는 등 범인 체포에 진력하였기 때문임

(6) **폭도**
순수사인의 행위와 같은 법리가 적용됨

(7) **반란단체**
① **승인을 받지 않은 경우**: 행위에 대한 책임은 중앙정부가 부담
② **승인을 받은 경우**: 중앙정부는 일체의 책임을 지지 아니함
③ **반란단체가 정권교체에 성공한 경우**
- ⊙ 반란단체의 행위는 당해 국가의 행동으로 간주됨
- ⓒ 정부승계에 의해 기존정부의 책임도 승계함
④ **반란단체가 신국가를 수립한 경우**: 반란단체의 행위는 당해 신국가의 행위로 간주됨

(8) **국가의 추인**
① 국가귀속성이 인정되지 않더라도 국가가 추인하는 경우 당해 국가의 행위로 귀속됨
② 추인은 소급효를 동반함
③ **테헤란 영사 사건**: 이란 대학생의 행위를 이란이 추인함으로써 국가책임을 부담

(9) **외국의 행위에 대한 책임**
① 국가는 원칙적으로 외국의 행위에 대해 책임지지 아니함
② 그러나 외국으로부터 공무원을 파견받아 당해 공무원을 통해 직무를 수행한 경우 당해 공무원의 행위에 대해서는 파견을 받은 국가가 책임을 짐
③ 피보호국의 위법행위에 대해서는 보호국이 책임을 짐

(10) **공권력을 행사하는 개인 또는 단체의 행위**
    ① 공권력 행사를 위임받은 개인 또는 단체의 행위도 국가로 귀속됨
    ② 개인이 위임의 한계를 넘어서 행동하더라도 국가로 귀속됨
(11) **공공당국 부재시 국가기능을 대신 수행한 사인**
    ① 공공당국의 부재 또는 마비 속에서 정부권한의 요소의 행사를 요구하는 상황에서 동 권한을 사인이 자발적으로 수행한 경우 그러한 행위는 국가로 귀속됨
    ② 자연재해 발생시 또는 국토방위를 위한 비상사태 발생시 자발적으로 행동하는 사인의 행동
    ③ Yeager v. The Islamic Republic of Iran(1987): 이란 혁명 수비대 행위의 이란 국가 귀속성 인정. 이란 정부는 혁명수비대원들은 이란 정부로부터 행동을 허가받지 않은 사인들 집단이므로 책임이 성립하지 않는다고 주장했으나, 이들은 공공당국 마비시 공적 업무를 자발적으로 대신 수행한 사인이므로 이란이 책임을 진다고 하였음
(12) **주정부의 행위에 대한 연방의 책임**
    일부 연방국가의 헌법에서는 그 구성국가들에게 일정 조약체결 권한을 부여하고 있는데, 이런 경우에도 그 이행에 대한 책임은 궁극적으로 연방정부에 귀속됨

4. 위법성 조각사유

(1) **의의**
    ① 개념: 위법성을 조각하여 국가책임 성립을 저지하는 사유
    ② ILC 초안: 피해국의 동의, 자위조치, 대항조치, 불가항력, 조난, 긴급피난 등 6가지를 열거함
    ③ 강행규범을 위반한 경우 위법성 조각사유를 원용할 수 없음
(2) **피해국의 동의(Consent)**
    ① 피해국의 유효한 동의
    ② 동의의 범위를 벗어나지 않아야 위법성이 조각됨
    ③ 강행규범에 위배되는 행위에 대해서는 피해국이 동의하더라도 위법성이 조각되지 아니함
    ④ 피해국의 동의는 문제의 행위가 발생하기 전에 이루어지는 것이 통례일 것이나, 그러한 행위가 이루어지고 있는 시기에도 주어질 수 있음
    ⑤ 행위가 발생한 이후에 주어지는 피해국의 동의는 이의 제기의 포기(waiver) 또는 묵인(acquiescence)으로서 문제 행위의 위법성을 소급적으로 조각시키지는 못하며, 단지 피해국으로 하여금 그 행위에 대한 책임을 추궁할 권리를 상실하게 하는 사유로서 작용

(3) 자위조치(Self-defence)

① UN헌장에 따른 합법적 자위조치여야 함
② **개별적 자위권 요건**: 무력공격 발생, 필요성, 비례성, 안전보장이사회에 보고, 안전보장이사회가 필요한 조치를 취할 때까지
③ **집단적 자위권 요건**: 개별적 자위권 요건 + 피침국의 동의
④ 타국의 침략에 대응하기 위한 무력적 조치인 만큼 우선적으로 헌장 제2조 제4항의 무력행사금지의무의 불이행을 적법화함
⑤ 무력행사금지 외의 다른 의무의 불이행도 위법성이 조각될 수 있음
⑥ 국제법위원회의 2001년 국제위법행위에 대한 국가책임초안 주해에 따르면 자위로서 취해진 조치가 헌장 제2조 제4항의 의무 이외의 다른 국제의무의 불이행을 구성하는 경우, 그러한 불이행이 동항의 위반과 관련되는 한 위법성이 조각됨
   예 자위권을 행사하는 국가가 침략국의 영토를 침범하거나, 그 국내문제에 간섭하거나 또는 통상조약에 반하여 무역관계를 단절하는 경우 등
⑦ 국제법위원회의 주해에 의하면 자위권은 자위로서 취해진 행위가 제3국에 대하여 발생시키는 효과에 대해서는 직접 규율하지 않음. 결국, 자위는 침략국을 상대로 하는 행위에 대해서만 위법성을 조각시킴
⑧ 자위권은 침략국을 상대로 하는 피침략국의 국제의무 불이행을 적법화함
⑨ 교전국의 행위가 결과적으로 제3국, 즉 중립국에 대하여 의무 위반을 구성하는 경우 자위권으로 위법성이 조각되지 않음

(4) 대항조치(Countermeasures)

① 의의
   ㉠ **개념**: 타국의 위법행위에 대한 조치
   ㉡ **요건**: 타국의 국제법 위반, 비례성, 먼저 손해배상 청구, 통고, 협상제안
   ㉢ 피해국만이 대항조치를 취할 수 있음
   ㉣ **임시조치**: 가해국이 손해배상을 하는 경우 즉시 종료해야 함
   ㉤ 대응조치를 통고하고 협상을 제안하기 전이라도 필요한 긴급대응조치를 취할 수 있음
② 대응조치에 의해 영향을 받지 않는 의무
   ㉠ UN헌장에 구현되어 있는 무력의 위협 또는 무력의 행사를 삼갈 의무
   ㉡ 기본적 인권을 보호할 의무
   ㉢ 복구가 금지되는 인도적 성격의 의무
   ㉣ 일반국제법상의 강행규범에 따른 기타 의무
③ 대응조치에도 불구하고 면제되지 아니하는 의무
   ㉠ 자국과 책임국 간에 적용되는 분쟁해결절차에 따를 의무
   ㉡ 외교사절 또는 영사, 공관지역, 문서 및 서류의 불가침을 존중할 의무

④ 대응조치를 중단해야 하는 경우
  ㉠ 국제위법행위가 중단되고 ㉡ 분쟁이 구속력 있는 재판소에 계속 중인 경우 중단해야 함

(5) **불가항력(Force majeure)**
① 개념: 국가의 통제 밖에 있어서 그 상황에서 의무이행을 실질적으로 불가능하게 만드는 저항할 수 없는 힘 또는 예측하지 못한 사건의 발생
② 위법성 조각이 되지 않는 경우
  ㉠ 불가항력 사태가 그것을 원용하는 국가에 의해 초래된 경우
  ㉡ 당해 국가가 그 같은 상황 발생의 위험을 감수한 경우
③ 무지개전사(Rainbow Warrior)호 사건: 프랑스가 뉴질랜드와의 합의를 위반하여 유배 기간 종료 전에 자국 공무원을 유배지에서 귀환시킨 사건으로, 프랑스는 불가항력과 조난을 원용하였으나 기각됨. 중재법원은 급박한 의료 처치 필요는 국제법상 불가항력으로 인정될 수 없다고 봄
④ 자연적 또는 물리적 상황에 기인할 수 있음: 군용기가 태풍 등 기상악화로 자체의 통제능력을 상실하여 타국의 동의 없이 그 영공으로 진입하게 되는 경우, 지진이나 홍수 또는 가뭄 등으로 인해 특정의 의무 준수가 불가능해지는 경우 등
⑤ 인간의 행위에 의해서도 발생할 수 있음: 반란군 또는 타국 군대에 의하여 영토 일부가 점거됨으로써 영토국이 그 지역 내에서 외국인들에게 보호를 제공할 수 없게 되는 경우, 폭도들에 의한 외국공관의 급습으로 공관 불가침의 보호가 불가능하게 되는 상황 등
⑥ 조난이나 긴급피난의 경우 행위국이 문제의 급박한 상황에서 스스로의 판단에 의하여 문제의 행위를 의도적으로 취하는 것과는 달리, 불가항력의 경우 해당 국가의 의도와 관계없이 또는 그에 반하여 문제의 행위가 취해짐
⑦ 비자발적으로 또는 여하한 자유로운 선택의 여지 없이 취해지는 행위가 문제됨
⑧ 조난의 경우 행위 주체의 측면에서 의무의 준수 여부는 선택적임
⑨ 불가항력과 후발적 이행불능의 차이
  ㉠ 불가항력은 사정이 존재하는 동안 의무의 불이행을 정당화하는 반면, 후발적 이행불능은 조약의 종료나 정지를 정당화
  ㉡ 불가항력은 특정 의무에 작용하는 반면, 후발적 이행불능은 그 의무의 연원인 조약에 대해 작용
  ㉢ 위법성조각사유로의 불가항력과 결부되어 있는 난관의 정도는 조약의 종료사유인 후발적 이행불능의 경우보다 약함

(6) 조난(Distress)
    ① 개념: 국가기관이 조난을 당하여 자기 또는 보호를 위탁받은 타인의 생명을 구하기 위한 다른 합리적 방법이 없는 경우
    ② 위법성이 조각되지 않는 경우
        ㉠ 조난상태가 그것을 원용하는 국가에 의해 초래된 경우
        ㉡ 비례원칙: 문제의 행위가 그에 필적하거나 더 큰 위험을 만들 우려가 있는 경우 위법성이 조각되지 않음

(7) 긴급피난(Necessity)
    ① 개념: 국제법을 위반한 행위가 중대하고도 절박한 위험(a grave and imminent peril)에 대항하여 국가의 본질적 이익(an essential interest)을 수호하기 위한 유일의 방법에 해당하는 경우 위법성이 조각됨
    ② 비례원칙: 피해국가 또는 국제공동체 전체의 본질적 이익이 문제의 피난행위로 인하여 중대한 침해를 받지 않아야 함
    ③ 긴급피난을 원용할 수 없는 경우
        ㉠ 문제의 국제의무가 명시적·묵시적으로 긴급피난을 원용할 수 있는 가능성을 배제하는 경우
        ㉡ 피난국이 긴급피난사태에 기여한 경우
    ④ Gabcikovo-Nagymaros Project 사건(ICJ, 1997)
        ㉠ 헝가리가 조약종료사유로서 원용하였으나 국제사법재판소(ICJ)는 이를 인정하지 않았음
        ㉡ 또한, 국제사법재판소(ICJ)는 긴급피난은 관습법에서도 인정된 위법성 조각사유이나, 예외적으로만 원용할 수 있다고 판시하였음
    ⑤ Torrey Canyon호 사건(1967)
        ㉠ 라이베리아 선적의 동 선박이 공해상에서 좌초되어 영국 영해로 대규모 기름이 유출되자 영국은 해난구조를 시도한 후 동 선박을 폭격하였음
        ㉡ 이 사건은 공해자유원칙에 반하는 위법행위이나 영국의 본질적 이익 수호를 위해 불가피하게 취해진 조치로서 정당화되었음
    ⑥ Caroline호 사건(1837)
        ㉠ 이 사건은 자위권에 관한 사건으로 널리 알려져 있지만, ILC는 초안 제25조(긴급피난)에 대한 주석에서 긴급피난의 한 사례로 이 사건을 설명하고 있음
        ㉡ 이 사건은 실제로는 긴급피난의 항변에 관한 것이었기 때문임

(8) 가해국의 보상이 필요한 경우
    ① 위법성 조각사유의 존재로 국가책임이 성립하지 않더라도 위법성 조각사유로 인해 발생한 손실에 대해서는 보상해야 함
    ② 조난, 긴급피난, 불가항력의 경우에만 해당함

③ 국제위법행위에 대한 위법성 조각사유의 존재가 그 행위국의 피해배상의무를 완전히 면제시켜 주는 것은 아니함

(9) 비교

구분	상대국 선행조치의 적법성	비례성	특정 사태 유발국의 원용가능성
자위조치	위법	요	–
대항조치	위법	요	–
불가항력	–	불요	불가 (상황 발생의 위험을 예측한 경우)
조난	–	요	불가
긴급피난	–	요	불가

5. 국제위법행위의 법적 결과

① 위법행위에 의해 야기된 침해(injury)에 대해 완전한 손해배상을 할 의무
② 위법행위를 즉시 중지하고 재발 방지를 위한 적절한 약속과 보장을 제공
③ 손해배상을 한 경우에도 위반된 의무를 계속해서 이행할 의무 부담

6. 국가책임의 해제

(1) **국가책임에 대한 손해배상의무**

완전한 배상의무, 물질적 손해 + 정신적 손해

(2) **해제의 종류**

원상회복	원칙
금전배상	원상회복이 불가능한 경우
사죄(satisfaction)	원상회복이나 금전배상으로 손해배상이 되지 않는 경우 또는 원상회복 및 금전배상과 병행하여 사죄를 행할 수 있음 예 위반 인정, 유감 표시, 정식 사과 등

(3) **유책국이 복수인 경우**

① 각 국가는 자국의 위법행위로 인한 손해에 대해서만 배상책임을 짐
② 각 국가가 전체 위법행위에 대해 연대책임을 지는 것이 아님

7. 국가책임의 추궁 주체

① 피해국
② 피해국이 아닌 국가: 위반된 의무가 대세적 의무인 경우 피해국이 아니더라도 국가책임을 추궁할 수 있음. 단, 위반국에 대해 손해배상을 청구할 수는 없음. 피해국에 대한 손해배상을 이행할 것을 청구하거나 재발 방지를 요구할 수는 있음

8. 일반국제법상 강행규범 위반의 법적 효과
① 국가들은 강행규범 위반을 중단하기 위해 협력해야 함
② 강행규범 위반 상황을 승인해서는 안 됨
③ 강행규범 위반 상황에 대해 원조를 제공해서도 안 됨

9. 타국의 국제위법행위에 대한 일국의 관여

(1) 타국의 국제위법행위에 대한 원조(제16조)
① 위법행위를 범하는 타국에게 지원 또는 원조(aid or assistance)를 제공함으로써 그 위법행위를 방조하는 경우 지원·원조국은 문제의 타국의 위법행위가 자행됨에 있어서 기여한 만큼 이에 대해 책임을 부담
② 지원국은 위법행위에 따른 손해 전체를 배상할 필요는 없고 그 자신의 행위로 인하여 발생된 손해에 대해서만 배상책임
③ 성립요건: 피지원국 행위의 위법성에 대한 인식 + 지원 또는 원조가 문제의 위법행위의 자행을 방조할 목적으로 제공되었을 것 + 문제의 위법행위가 지원국 자신도 역시 구속받고 있는 의무의 위반을 구성할 것

(2) 타국의 국제위법행위에 대한 지시·통제(제17조)
① 국가가 타국의 위법행위를 지시(direct)하고 통제(control)한 경우 지시·통제국은 문제의 타국 행위에 대해 직접책임을 부담
② 지시·통제를 받는 국가의 기관의 행위는 그 소속국으로 귀속되어 소속국은 책임을 부담함
③ 성립요건: 위법행위가 지시·통제에 의해 발생 + 지배국은 피지배국의 행위의 위법성을 인식 + 그 행위가 그 국가(지배국)에 의하여 자행되더라도 국제적으로 위법행위를 구성할 것

(3) 타국에 대한 강박(제18조)
① 국가가 타국을 강제하여 위법행위를 하도록 유도한 경우 강제한 국가의 책임이 성립
② 불가항력에 의한 위법성 조각: 피강제국은 피해국에 대해 국가책임을 지지 않음

제3절 결과책임

1. 취지
유책국의 국제의무 위반이 없더라도 발생한 피해의 대규모성을 고려하여 책임을 지우는 것

2. 연혁
(1) **1941년 미국과 캐나다 간의 Trail Smelter 중재재판 사건**
결과책임을 인정한 것은 아니나, 대규모 초국경적 환경오염피해에 대한 국가의 책임을 인정하였음
(2) **1969년 우주조약(제6조, 제7조) 및 1972년 우주책임협약(제2조) 등에 규정**
(3) **2001년 ILC**
위험한 활동에서 야기되는 월경 피해의 방지에 관한 규정 초안
(4) **2006년 ILC**
위험한 활동에서 야기되는 국경 간 손해의 경우에 있어서 손실의 배분에 관한 제원칙 초안

핵심 POINT | 위법행위책임과 결과책임 비교

구분	위법행위책임	결과책임
법적 성격	국제관습법	형성 중인 법리
추구하는 가치	위법행위에 대한 제재	결과적 형평
ILC 초안의 성격	2차 규범성	1차 규범성
요건	• 귀속성 • (고의·과실) • 위법성 • (손해발생)	• 국가의 행위 • 인과관계 • 피해 발생

3. 예방초안의 주요 내용
(1) **의의**
① 결과책임 논의는 크게 방지(prevention)에 대한 논의와 책임(liability)으로 대별되나, ILC는 방지문제를 우선적으로 논의
② 2001년 위험한 활동에서 야기되는 국경 간 손해의 방지에 관한 규정 초안을 채택하였음
(2) **초안규정의 적용범위**
① 국제법에 의해서 금지되지 아니한 활동에만 적용
② 실제로 손해를 야기하는 활동을 다루는 것이 아니라 중대한 국경 간 손해를 야기할 위험을 수반하는 활동에 적용

③ 손해(harm): 사람, 재산 또는 환경에 야기된 손해
④ 국경 간 손해(transboundary harm): 관련 국가들이 국경선을 맞대고 있는가에 관계없이, 기원국 이외의 영토에서 혹은 기원국 이외의 국가의 관할권이나 통제하에 있는 기타 장소에서 야기된 손해
⑤ 중대한 국경 간 손해에 적용함. 최소한의 위험(de minimis risks)을 수반하는 활동에 적용하는 경우 영토 관할권 또는 통제 내에 있는 천연자원에 대한 국가들의 영구주권을 부당하게 제약할 것이므로 초안의 적용범위에서 배제됨
⑥ ILC는 '중대한'의 의미가 특정 상황에서 탐지 가능한(detectable) 것 이상의 어떤 것이지만, 반드시 심각하거나(serious), 실질적인(substantial) 것에는 이르지 않는 수준을 지칭한다고 정의

(3) 예방원칙
① 기원국은 중대한 국경 간 손해를 방지하거나 또는 어떠한 경우에도 그것의 위험을 최소화하기 위한 모든 적절한 조치를 취해야 함
② 완전한 과학적 확실성이 존재하지 않더라도 중대한·돌이킬 수 없는 손해를 회피·방지하기 위한 조치를 취해야 할 의무가 있음
③ 기원국은 적절한 감시장치의 수립 및 필요한 입법적·행정적 또는 다른 행동을 취해야 할 의무가 있음
④ 주의의 정도는 관련된 위험의 정도에 비례해야 함

(4) 협력원칙
① 기원국과 영향을 받을 가능성이 있는 국가는 신의성실로써 협력
② 필요한 경우 중대한 국경 간 손해를 방지하거나 또는 어떠한 경우에도 그것의 위험을 최소화함에 있어 하나 이상의 권한 있는 국제기구의 도움을 구해야 함

(5) 기본원칙의 이행
① 국가들은 규정의 이행을 위한 적절한 감시장치를 수립하고 필요한 입법적·행정적 행동을 취할 의무가 있음
② 영토 내 및 관할권이나 통제하에 수행되는 활동 및 활동의 변경에 대해서 사전허가제를 도입함

(6) 환경영향평가
① 기원국이 허가를 부여할 것인지 그리고 허가요건은 어떻게 할 것인지에 관해 결정하기 위해 활동에 수반되는 위험의 성격과 정도를 알기 위해 필요함
② 국제환경법의 일반원칙으로 확립

(7) 통고 · 정보제공 및 협의
① 환경영향평가를 통해 어떤 활동이 중대한 국경 간 손해를 야기할 위험을 수반한다는 징후를 보이는 경우 기원국은 영향 받을 가능성이 있는 국가에게 적시에 위험과 평가에 대하여 통고해야 함
② 평가의 기초가 된 이용 가능한 기술적, 다른 모든 관련정보를 전달해야 함
③ 기원국은 6개월을 넘지 않는 기간 내에서 영향 받을 가능성이 있는 국가로부터 반응을 수령할 때까지는 그 활동의 허가에 관한 결정을 내려서는 안 됨
④ 통고가 없는 경우 영향 받을 가능성이 있는 국가는 기원국에서 계획되거나 실행되는 활동이 자국에 중대한 국경 간 손해를 야기할 위험을 수반할 수 있다고 믿을 만한 합리적인 사유가 있으면 기원국에 대해 제8조에 규정된 통보와 정보 제공의무를 이행할 것을 요청할 수 있음

4. 보상초안의 주요 내용
① ILC는 위험한 활동에서 야기되는 국경 간 손해의 경우에 있어서 손실의 배분에 관한 제원칙 초안을 채택
② 예방초안에서 규정된 국가의 의무를 준수하였음에도 불구하고 발생할 수 있는 사고에 수반되는 손실(loss)의 배분에 관한 원칙을 제공하는 것이 목적
③ 반드시 국가가 보상의무를 지는 것은 아니며, 해당 국가가 무과실책임을 질 것을 권고

제5장 국가의 대외기관

제1절 외교사절

1. 의의
① 외교사절이란 외교교섭 및 기타 직무를 수행하기 위해 상주 또는 임시로 외국에 파견되는 국가기관
② 13세기에 이탈리아반도의 도시국가들에 의해 처음 시작
③ 17세기 후반 웨스트팔리아회의 이후부터 일반제도로 확립

2. 법원
① 관습법
② 1961년 4월 외교관계에 관한 비엔나협약(이하 협약 또는 비엔나협약)이 채택되어 법전화
③ 1969년 12월 특별외교사절에 관한 협약이 채택되어 특별사절제도에 관해 규율

3. 비교개념
(1) **외교단(diplomatic corps)**
1국에 주재하는 외국 사절단의 단체
(2) **외교단장(dean)**
외교단의 장으로 보통 외교사절 중 최선임 대사가 취임

4. 종류
① 상주외교사절
② **특별외교사절**: 사무사절, 예의사절

5. 계급
① 비엔나협약에 따라 대사, 공사, 대리공사로 나누어짐
② 대사와 공사는 국가원수에게 파견되나, 대리공사는 외무부장관에게 파견
③ 계급을 이유로 직무나 특권·면제에 있어서 차별을 받지 않음
④ 동일계급 간의 석차는 외교사절이 직무를 개시한 일시 순서에 따라 정함

대사대리
외교사절단장이 공석 중이거나 국외출장 등 유고시 공관장의 직무를 임시로 수행하는 임시 공관장인 직원이다.

6. 파견과 접수

(1) 아그레망
① 파견국의 문의(아그레망의 요청)에 대해 접수국이 이의가 없다는 의사표시
② 사절단장 파견 시 필요하며, 외교관이나 영사공관장 파견 시에는 불필요함
③ 파견국은 아그레망을 요청할 법적 의무가 있음
④ 접수국은 사절단장이 기피인물(persona non grata)인 경우 아그레망을 거절할 수 있음
⑤ 아그레망을 거절하려면 정당한 이유가 있어야 하나 파견국에 대해 거부이유를 제시할 의무는 없음

(2) 신임장
① 특정인을 외교사절로 신임·파견한다는 공문서
② 파견국은 아그레망을 얻으면 외교사절로 임명하고 신임장을 주어 파견

(3) 공관 설치의 요건
① 1개국 이상의 국가에 1인의 공관장 파견: 관계접수국에 통고 후 접수국의 반대가 없을 것
② 동일인물을 2개국 이상의 국가가 공관장으로 파견: 접수국의 반대가 없을 것
③ 공관 이외의 사무소 설치: 접수국의 명시적 사전동의가 있는 경우

7. 직무

(1) 내용
파견국 대표, 접수국과 교섭, 사정의 확인과 보고, 자국민 보호 등

(2) 개시
직무는 사절단장이 신임장 정본을 국가원수에게 제출했을 때 또는 사절단장이 접수국의 외무부에 도착을 통지하고 신임장 부본을 제출했을 때 개시

(3) 종료
본국 소환, 자발적 퇴거, 기피인물 선언 등에 해당할 때 종료

(4) 기피인물 선언
① 사절단장이나 외교직원에 대해 선언하는 것으로 파견국은 소환의무가 있음
② 접수국에 도착하기 전에도 기피인물 선언을 할 수 있음

8. 공관직원

① 접수국에서 외교사절단장의 직무수행을 보조하는 자
② 외교직원 + 행정·기능직원 + 역무직원
③ 외교관 = 사절단장 + 외교직원
④ 공관직원 임명에는 아그레망을 요청할 의무가 없음

⑤ 외교직원의 국적
  ㉠ 원칙: 파견국 국적
  ㉡ 예외: 접수국 또는 제3국 국민으로 임명(접수국의 동의를 요함)
⑥ 공관원 = 공관장 + 공관직원

9. 외교공관의 특권과 면제

(1) 의의
① 접수국의 행정적·사법적 집행관할권으로부터의 면제
② 입법관할권으로부터의 면제가 아님

(2) 인정취지
① 대표설: 파견국의 대표 존중
② 기능설(통설): 공관직무의 원활한 수행

(3) 외교공관의 정의
① 소유자를 불문하고 사절단장의 주거를 포함하여 사절단의 목적을 위해 사용되는 건물과 건물의 부분 및 부속토지
② 접수국과 파견국 간 합의를 통해 외교공관의 공간적 범위를 확정
③ 추후 외교공관으로 사용하려고 미리 건물과 토지를 임대해 두거나 사두는 것만으로는 공관의 불가침성을 주장할 수 없음
④ 관습법상, 파견국이 외교공관으로 사용하기 위해 부동산을 취득한 사실을 접수국에 통고하여 국내법상 건축에 필요한 동의를 얻었을 경우 그 부동산은 입주를 위해 준비작업을 하고 있는 동안에 일반적으로 외교공관으로 간주됨
⑤ 외교관계가 단절되거나 외교사절단이 소환되어 더이상 사용되지 않고 있는 공관은 외교공관으로서의 성격을 상실하여 협약 제22조에 규정된 불가침성을 상실하게 됨. 다만, 이 경우에도 접수국은 협약 제45조 제(a)호에 의하여 설사 무력충돌이 있는 경우라 할지라도 사절단의 재산 및 문서와 더불어 외교공관을 존중하고 보호하여야 함
⑥ 외교관계 단절이나 사절단 소환 등의 이유로 외교사절단이 철수한 후 파견국정부의 동의 없이 공관 수색 가능

(4) 외교공관의 불가침
① 사절의 요구 또는 동의 없이 공관에 들어갈 수 없음
  ㉠ 외교관계에 관한 비엔나협약에 예외 언급은 없음
  ㉡ 영사관계에 관한 비엔나협약에는 예외를 명시
  ㉢ 국제사법재판소(ICJ): 절대적 불가침으로 해석(테헤란 영사 사건)
② 접수국은 공관을 보호하기 위해 모든 적절한 조치를 취해야 함
③ 공관 및 공관 내의 재산과 사절단의 수송수단은 수색·징발·압류·강제집행으로부터 면제

④ Sun Yat-Sen(孫文) 사건(1896): 영국은 공관의 불가침성이 남용되는 극단적인 경우 공관에 들어갈 권리가 있음을 주장한 사건
⑤ 1973년 파키스탄 경찰은 이라크 대사의 반대에도 불구하고 대사관을 수색하여 다량의 불법 무기를 적발하였으며, 이를 근거로 하여 대사와 외교관 한 명을 기피인물로 선언하여 추방하고 이라크 주재 자국 대사를 소환함
⑥ 외교공관, 공관 내의 설비 및 기타 재산 그리고 공관의 수송수단은 수색·징발·압류 또는 강제집행으로부터 면제됨. 이 규칙의 적용대상은 외교공관, 공관 내의 설비와 재산 그리고 공관의 수송수단이므로 이 규정은 수송수단을 제외하고는 공관 밖의 재산에는 적용되지 아니함
⑦ 사절단의 수송수단만은 접수국 내에서 어디에 있건 수색·징발·압류 또는 강제집행으로부터 면제
⑧ 경찰이 대사관 차량의 운전자를 도로 밖으로 강제로 끌어내는 것은 허용되지 아니함
⑨ 차량 바퀴에 족쇄를 채우는 것은 금지되나, 교통에 중대한 장애를 야기하는 경우에는 차량을 견인할 수는 있음. 그러나 차량의 견인 및 보관비용은 부과할 수 없음
⑩ 외교공관의 재산이 단지 수색·징발·압류 또는 강제집행에 이르지 아니하는 행동은 협약하에서 허용
⑪ 접수국은 파견국의 공관점유를 방해하지 않는 한 소유권·집세·지역권 및 기타 유사한 문제들에 관해 재판할 수 있는 권리는 계속 보유함
⑫ **미국 국무부**: 외교공관의 불가침성으로 인하여 우편에 의한 영장 송달도 금지된다는 입장

(5) 외교공관의 불가침 관련 판례
① Armed Activities on the Territory of the Congo 사건에서 국제사법재판소(ICJ)는 콩고의 수도 킨샤샤 주재 우간다 대사관과 대사관 내의 사람들에 대한 콩고 군대의 공격은 외교관계에 관한 비엔나협약 제22조의 중대한 위반을 구성한다고 하면서, 공격받은 사람들이 실제로 외교관들인 경우 콩고는 추가적으로 외교관계에 관한 비엔나협약 제29조를 위반할 것이 된다고 하였음. 재판소는 나아가 United States Diplomatic and Consular Staff in Tehran 사건을 원용하면서 외교관계에 관한 비엔나협약은 접수국 자신이 사절단의 불가침성을 침해하는 것을 금지하고 있을 뿐만 아니라 다른 사람들이 사절단의 불가침성을 침해하는 것을 방지할 의무도 접수국에 지우고 있다고 하였음
② 한국인이 주한 자이레(현 콩고민주공화국) 대사관에 서울 강남구 논현동 소재 집을 빌려준 후 임대료를 받지 못하자 대사 관저로 사용 중인 동 주택의 명도 및 임대료 지급을 구하는 소송을 서울민사지방법원에 제기하자

한국은 관할권을 행사하여 원고 승소판결하였음. 그러나 그 후 집달관이 강제집행을 거부하자 국가를 상대로 보상 내지 배상책임을 구하는 소송을 제기하였으나, 손해가 집달관의 강제집행 거부를 직접적인 원인으로 하여 발생한 것이라고 볼 수 없으므로 손실보상의 대상이 되지 아니하고, 또한 국가가 보상입법을 하지 아니하였다거나 집달관이 협약의 관계규정을 내세워 강제집행을 거부하였다고 하여 이로써 불법행위가 되는 것은 아니라고 하였음

(6) 외교공관의 비호권
① 외교공관에서 범죄인을 비호할 수 있는가?
② 외교관계에 관한 비엔나협약에 명문규정이 없음
③ 비호권 사건(ICJ, 1950): 지역관습의 성립가능성을 인정하였음. 라틴아메리카지역에서 외교공관의 비호권이 지역관습법으로 형성되지 않았음을 확인하였음. 외교공관에서의 일방적 비호 부여는 접수국의 전속적 권한에 대한 간섭에 해당됨
④ 외교적 비호는 국제법에 위반됨
⑤ 외교적 비호에 관한 미주협약(1954): 외교적 비호권을 인정하였음. 파견국이 범인의 정치적 성격을 결정할 권리가 있음
⑥ 사례: 1989년 중국의 천안문 민주화 시위에 대해 중국 계엄군이 6월 4일 무자비한 진압작전을 개시하자, 중국의 반체제 물리학자 팡리즈가 북경 주재 미국 대사관으로 피신하였음. 이에 미국과 중국 간의 외교분쟁이 야기되었으나, 1990년 6월 25일 중국 정부는 팡리즈 부부의 출국을 허용하였음
⑦ 비호와 난민 신청: 외교비호를 구하는 자는 난민(refugee)의 지위를 주장할 수 없음. 난민에게 제공되는 비호는 영토비호의 하나인 데 반해, 외교공관은 해당 파견국의 영토가 아니기 때문
⑧ 1956년 헝가리 사태 때 부다페스트 주재 미국 대사관은 15년 동안 Jozsef Mindszenty 추기경을 비호
⑨ 2012년 런던 주재 에콰도르 대사관은 어산지(Julian Paul Asssange)에게 외교비호를 제공하였으며, 이후 에콰도르 정부는 그의 망명을 받아들여 영토적 비호를 제공

(7) 조세 면제
① 공관에 대한 일체의 조세 및 부과금 면제
② 전기, 수도, 가스요금과 같은 제공된 특별한 역무에 대한 급부로서의 성질을 갖는 것은 면제되지 않음
③ 사절단의 공용품을 수입하는 경우 관세 면제

(8) 외교공관의 문서 · 서류의 불가침
① 공관의 문서와 서류는 불가침
② 어느 때나 어느 장소에서나 항상 불가침
  ㉠ 사절단의 임무 개시 전에도, 외교관계가 단절된 경우에도 불가침
  ㉡ 공관 내에서뿐만 아니라 공관 외에서도 불가침
③ 공문서는 압수의 대상이 될 수 없고, 소송에서 증거자료로 제출하도록 강제할 수도 없음
④ 문서가 공관원에 의해 제3자에게 공식적으로 전달된 경우 그 순간부터 불가침성 상실
⑤ 문서가 우편으로 발송된 경우, 발송 시 불가침성 상실

(9) 통신의 불가침성
① 공관은 파견국의 정부, 타공관 등과 통신을 함에 있어 외교신서사(courier) 및 메시지를 포함한 모든 적절한 방법을 사용할 수 있으며, 이들에 의해 전달되는 공용 통신문, 즉 공관과 그 직무에 관련된 모든 통신문은 불가침성
② 무선송신기 설치 · 사용: 접수국의 동의를 요함
③ 외교신서사(courier): 신분증명서 및 공문서를 휴대한 외교신서사(courier)는 직무수행에 있어서 접수국의 보호를 받음. 신체는 불가침이며 어떠한 방법에 의해서도 그를 압류 또는 구금할 수 없음. 보호는 전달을 완료할 때까지 부여되며, 전달 후 귀국 여행 중에도 보호 및 임시외교신서사 지정될 수 있으며, 임시신서사도 불가침권을 향유함
④ 외교행낭(diplomatic bag): 개봉하거나 유치(留置, detain)할 수 없으며, 절대적 불가침을 향유함

> **영사행낭**
> 상대적 불가침으로, 개봉 요구할 수 있다. 거부 시 발송지로 반송할 수 있다.

10. 외교관의 특권과 면제

(1) 신체의 불가침
① 외교관은 어떠한 형태의 체포 또는 구금을 당하지 않음
② 접수국은 상당한 경의로써 외교관을 대우함
③ 접수국은 외교관의 신체 · 자유 · 품위에 대한 어떠한 침해도 방지하기 위하여 모든 적절한 조치를 취해야 함

(2) 주거 · 재산 · 서류의 불가침
① 외교관의 개인적 주택은 사절단의 공관과 마찬가지로 불가침
② 외교공관장의 개인적 주거는 외교공관 자체의 일부로 간주됨
③ 외교관의 개인적 서류, 신서, 재산도 불가침을 향유하나, 재산의 경우 접수국의 민사재판권이 예외적으로 인정되는 경우에 한해 강제집행이 행해질 수 있음

(3) 형사재판관할권의 면제
① 접수국의 형사재판관할권으로부터 완전 면제
② 접수국 형법 자체로부터의 면제는 아님
③ 범죄는 성립하나 소추하거나 처벌로부터 면제됨
④ 사적 범죄의 경우, 인적 면제만 인정되어 외교관 신분 종료 후에도 소추·처벌 가능
⑤ 공적 범죄의 경우, 물적 면제가 인정되어 외교관 신분 종료 후에도 소추·처벌 불가
⑥ 본국(파견국)의 인적 관할권(속인주의)으로부터 면제되는 것은 아님
⑦ 접수국은 기피인물 선언을 할 수는 있음

(4) 민사·행정재판권의 면제
① 접수국의 민사·행정재판권으로부터 원칙적으로 면제
② 면제가 되지 않는 경우
  ㉠ 접수국 영역 내에 있는 개인 소유의 부동산으로서 외교관이 파견국을 대신해서 보유하고 있는 것이 아닌 것에 대한 소송
  ㉡ 파견국 대표자로서가 아닌 개인으로서 유언 집행자·유산 관리인·상속인 또는 유산 수취인으로서 외교관이 관계하고 있는 상속에 관한 소송
  ㉢ 외교관이 접수국에서 공무범위 외에 행한 직업활동 또는 상업활동에 관한 소송
③ 사례: 대사가 사적으로 현지업자에게 관저의 수리공사를 맡긴 경우 현지업자는 분쟁 발생 시 재판을 통해 구제받기 곤란함. 대사는 민사재판관할권으로부터 면제되기 때문임. 그러나 대사가 본국을 대표하여 공무 일환으로 관저 수리계약을 체결하였다면 국가면제가 문제되고, 수리계약과 같은 상업계약은 제한적 국가면제론에서는 면제가 인정되지 않음
④ 비엔나회의에서 채택된 민사청구의 고려에 관한 결의Ⅱ는 민사청구와 관련한 면제는 가능한 포기하고, 포기하지 않는 경우에도 정당한 해결을 위해 최선의 노력을 다할 것을 권고하고 있음
⑤ 이미 형사소송이나 민사소송을 제기당한 자가 외교관으로 임명되면, 그는 외교면제를 내세워 소송을 중단시킬 수 있음
⑥ 줄리안 어산지 사건: 에콰도르 정부는 영국 경찰의 체포를 피해 2012년부터 런던 주재 에콰도르 대사관에서 외교적 비호를 받고 있던 그에게 2017년 12월 12일 그의 신청에 따라 에콰도르 시민권을 부여하였으며, 그 후 그를 에콰도르 외교관으로 임명하면 이를 인정해줄 것을 영국 정부에 요청하였음. 영국이 이 요청을 받아들이면 그에게 외교면제가 부여됨. 그러나 영국 정부는 이 요청을 거절하면서 에콰도르 대사관에 피신 중인 어산지에게 대사관 밖으로 나와 재판을 받아야 한다고 주장하였음

(5) 판결집행의 면제
  ① 외교관은 원칙적으로 판결의 집행조치로부터 면제됨
  ② 단, 민사재판관할권 면제의 예외에 해당하는 경우 별도의 포기 없이 강제집행이 가능하나 외교관의 신체 또는 주거의 불가침을 해하지 않을 것을 조건으로 함
  ③ 재판관할권에 대한 면제를 포기하더라도 집행관할권 면제에 대해서는 별도 포기를 요함

(6) 증언의 면제
  ① 형사소송이나 민사소송에서 일반적으로 증언의무로부터 면제됨
  ② 증언의 면제는 절대적이며 예외가 없음

(7) 면제의 포기
  ① 포기 주체: 파견국이며, 외교공관장이나 외교관 개인이 아님. 면제는 파견국의 권리
  ② 포기 방법: 명시적 포기(국가면제는 묵시적 포기도 인정됨)
  ③ 외교관이 제소한 경우 반소에 대해서는 면제를 원용할 수 없음
  ④ 포기 효력: 1심 법원에서 면제를 포기한 경우 최종심까지 포기의 효력이 유지됨
  ⑤ 강제집행권 면제와의 관계: 재판관할권 면제의 포기는 집행권의 면제를 포함하지 않으므로 별도의 포기를 요함

(8) 세금면제(제34조)
  ① 원칙: 면제
  ② 예외: 면제 불가. 간접세, 개인소유 부동산 조세 등

(9) 관세 및 수하물검사 면제(제36조)
  ① 공관의 공용을 위한 물품, 외교관의 거주용 물품을 포함하여 외교관이나 그 세대를 구성하는 가족의 개인적 사용을 위한 물품은 접수국이 제정하는 법령에 따라서 반입이 허용되고 모든 관세와 조세 면제
  ② 외교관의 개인수하물: 검사(inspection)에서 면제되나, 접수국의 법률에 의해 반입이 금지되어 있는 물품을 포함하고 있다고 추정할 만한 중대한 이유가 있는 경우 외교관의 입회하에 개봉하여 검사 가능

(10) 사회보장규정으로부터의 면제(제33조)
  ① 접수국의 사회보장규정으로부터 면제
  ② 접수국의 법령에 의해 허용되는 경우, 접수국의 사회보장제도에 자발적으로 참여할 수 있음

(11) **이동의 자유(제26조)**
  ① 이전과 여행의 자유 보장
  ② 접수국은 국가안보를 이유로 출입이 금지되어 있거나 규제된 지역에 관한 법령에 따를 것을 조건으로 함
(12) **외교관 자녀의 국적취득문제**
  외교관계에 관한 비엔나협약의 국적취득에 관한 선택의정서 – 외교관 자녀의 국적에 있어서 접수국 국내법의 적용 배제

11. 특권과 면제의 범위

(1) **인적 범위**
  ① 사무적·기술적 직원
    ㉠ 전신, 문서, 회계 등의 업무를 담당하는 자
    ㉡ 사무적·기술적 직원도 원칙적으로 외교관과 동일한 특권을 가짐
    ㉢ 민사 및 행정재판권의 면제는 공무범위 밖의 행위에는 미치지 않음
    ㉣ 관세는 부임시에 수입한 물품에 대해서만 면제 인정
  ② 역무직원
    ㉠ 운전사, 요리사, 문지기 등
    ㉡ 공무수행 중의 행위에 관한 재판권 면제를 인정
    ㉢ 고용에 따른 보수에 대한 조세 면제를 인정
    ㉣ 사회보장규정의 면제를 인정
  ③ 사절단 구성원의 개인적 사용인
    ㉠ 고용에 따른 보수에 대한 조세 면제를 인정
    ㉡ 여타 면제에 대해서는 접수국의 재량사항
  ④ 사절단 구성원의 가족
    ㉠ 외교관의 동일세대에 속하는 가족은 접수국 국민이 아닌 한 외교관과 같은 특권을 향유
    ㉡ 사무적·기술적 직원의 가족도 접수국 국민이 아니거나 접수국에 영주하는 자가 아닌 경우 사무적·기술적 직원과 같은 특권을 인정
    ㉢ 협약상 가족에 대한 정의 규정은 없음
    ㉣ 배우자나 미성년 자녀가 가족에 해당된다는 것에 대해 의문을 제기하는 국가는 없음
    ㉤ 일부다처제 국가의 외교관이 동반하는 여러 명의 부인 모두를 가족으로 볼 것인지는 명확하지 않음
    ㉥ 동성의 배우자나 일부다처제 국가 출신 외교관의 1명 초과 부인에 대해 가족의 지위가 부인되어도 국제법 위반이라고 할 수 없음

④ 우리나라의 경우 가족의 인정 범위: 법적 혼인관계의 배우자, 한국 민법상 미성년의 미혼 동거 자녀(단, 성년이라도 학생은 26세까지 인정), 외교관과 그 배우자의 소득이 없는 60세 이상의 외국적 부모, 성년이라도 부모에 의존해 동거하는 미혼의 장애인
⑤ 사절단 구성원이 접수국 국민인 경우
㉠ 외교관은 그 직무수행에 있어서의 공적 행위에 대해서만 재판관할권을 면제
㉡ 사절단의 여타 구성원 및 그 개인적 사용인은 전적으로 접수국의 재량에 따라 접수국이 인정하는 한도 내에서만 특권을 향유
㉢ 가족이 접수국의 국민인 경우에는 어떠한 특권과 면제도 향유하지 못함

(2) 시간적 범위
① **시기**: 특권과 면제를 향유하는 자는 자신이 부임하기 위하여 영역에 들어갔을 때 또는 그 임명이 접수국의 외무부에 통고되었을 때(접수국 영역 내에 존재하는 경우)부터 특권과 면제를 향유
② **종기**: 직무가 종료된 경우 그 자가 접수국을 떠나는 데 필요한 상당한 기한 동안 특권과 면제가 인정됨
③ 공적 행위에 대해 부여된 재판관할권 면제는 그 임무가 종료된 이후에도 계속적으로 존속

(3) 장소적 범위
① 접수국
㉠ 배타적 통치가 미치는 공간 전체에서 특권과 면제를 향유
㉡ 공해상의 접수국 항공기나 선박도 관할지역에 포함
② 제3국
㉠ 원칙적으로 특권과 면제를 인정할 의무가 없음
㉡ 단, 비자를 부여한 제3국은 통과외교관이 자국의 영역을 통과하거나 자국 영역 내에 있는 경우 불가침권 및 통과나 귀환을 확실하게 하는 데에 필요한 면제를 부여해야 함
㉢ 별도로 여행하는 가족에게도 동일하게 적용됨
㉣ 외교관이 불가항력으로 제3국에 들어간 경우 불가침권과 면제가 인정됨
㉤ 행정 및 기능직원, 노무직원의 통과에 대해 제3국은 통행을 방해하지 않을 의무를 부담함
㉥ 외교관이 사적 목적으로 제3국에 체류하는 경우 제3국은 특권과 면제를 부여할 의무가 없음
㉦ 외교관이 제3국에서 담배나 마약 등의 밀수혐의로 체포된 경우 특권과 면제를 인정받지 못함

통과외교관
부임하거나 귀임하기 위해 제3국을 통과하거나 일시 체류하는 경우에 해당한다.

◎ 제3국은 통과 중인 통신문 및 외교행낭에 대한 불가침성을 접수국에서와 동일하게 부여해야 함
③ 접수국 내 행위 관련 제3국에서 면제 인정 여부
㉠ 비엔나협약은 이 문제에 대해 침묵
㉡ 단지 접수국으로부터의 면제를 규정한 협약 제31조 제1항은 외교관이 제3국의 관할권으로부터는 면제되지 않는 것으로 해석될 여지가 있음
㉢ 1997년 독일 연방헌법재판소: 제3국에서의 면제 부인

(4) 외교면제의 입증
① 외교면제를 향유할 권리가 있다고 주장하는 자가 입증해야 함
② 외교면제를 입증하기 위해서는 자신이 특정국의 외교사절단에 속한다는 사실과 문제의 상황에서 면제가 자신에게 적용된다는 것을 입증해야 함

12. 접수국 및 외교사절단의 특별의무

(1) 접수국
① 접수국에게는 공관취득에 있어서 원조
② 직무수행을 위한 충분한 편의의 제공
③ 무력충돌 시 조속한 퇴거를 위한 편의의 제공
④ 파견국과 외교관계 단절 시 공관의 재산, 문서, 공관지역 등의 보호의무 등

(2) 외교사절단
① 접수국 법령의 존중
② 국내문제 불간섭
③ 영리활동의 금지의무 등

13. 특별(임시)사절의 면제·특권 – 1969년 특별사절에 관한 협약(뉴욕협약)

(1) 특별사절의 정의
① 한 국가가 타국과 특별한 문제에 관하여 거래를 하거나 혹은 타국과의 관계에 있어 특별한 임무를 수행할 목적으로 타국의 동의를 얻어 그 국가에 파견하는 국가를 대표하는 임시사절
② 특정 문제를 다룸
③ 상주사절은 파견국을 포괄적으로 대표
④ 국가대표성이 인정되므로 국회의원 사절단이나 국가대표 축구팀 등과 다름

(2) 특별사절의 파견
① 국가는 외교채널 또는 기타 합의되거나 상호 수락 가능한 채널을 통해 미리 타국의 동의를 얻어 그 국가에 특별사절을 파견할 수 있음
② 특별사절 파견은 접수국의 사전동의를 요함
③ 외교관계나 영사관계가 없는 국가 상호 간에도 특별사절을 파견할 수 있음

④ 특별사절은 접수국의 외무부 또는 상호 합의한 기타 관련 부처를 통하여 공식 접촉함
⑤ 둘 이상의 국가는 모두에게 공동의 이해관계가 있는 문제를 다루기 위해 타국의 동의를 얻어 그 국가로 각기 동시에 특사를 파견할 수 있음
⑥ 둘 이상의 국가에서 파견된 특사는 먼저 제3국의 명시적 동의를 얻는 경우 그 제3국의 영토에서 회합을 가질 수 있음
⑦ 제3국은 이 동의를 언제든지 철회할 수 있으며 또한 조건을 부과하고 접수국으로서 부담하는 의무의 범위를 제한할 수 있음

(3) 특권과 면제
① 국가원수가 특별사절단을 이끄는 경우, 그는 접수국이나 제3국에서 국제법이 국가원수의 공식 방문 시 부여하는 특권과 면제를 향유
② 정부수반, 외무장관 그리고 기타 높은 직급의 인물들이 파견국의 특별사절단에 참가하는 경우 그들은 접수국 또는 제3국에서 뉴욕협약이 부여하고 있는 것 이외에 국제법이 부여하는 편의와 특권, 면제를 향유

(4) 특권과 면제에 있어서 특별사절과 상주사절의 차이점
① 특별사절단의 구성원은 공적 직무 밖에서의 자동차 사용으로부터 야기된 손해배상청구소송에 대해서는 면제를 향유하지 못함
② 이동의 자유는 특별사절단의 임무 수행을 위해 필요한 범위 내에서만 허용됨
③ 특별사절단 공관의 불가침성 문제에 있어 그의 동의가 있는 것으로 추정하여 임시공관 내로 들어갈 수 있음
④ 조세면제는 특별사절단의 성격 및 체류 필요기간과 양립하는 범위 내에서만 인정
⑤ 접수국은 특별사절단의 관세면제를 제한하는 법률을 제정할 수 있음
⑥ 특별사절단의 공문서도 불가침을 향유함. 공문서는 필요하다면 그 외부에 가시적인 확인 표시를 부착해야 함
⑦ 통신의 자유에 있어서도 상주외교사절단의 경우와 비슷한 통신의 자유가 특별사절단에게 부여됨. 단, 가능한 한 특별사절단은 파견국의 상주외교사절단의 행낭과 신서사 등의 통신수단을 사용해야 함
⑧ 특별사절단 구성원들의 제3국 통과와 관련하여 1961년 외교관계에 관한 비엔나협약상의 의무와 동일한 의무가 통과국에게 부과됨. 이 경우의 의무는 통과국이 비자 신청 또는 통고에 의하여 사전에 특별사절단 구성원의 통과에 관하여 통고를 받고 그것에 대해 이의를 제기하지 않는 경우에만 발생함

제2절 영사(consul)

1. 개념
① 접수국에서 본국 및 재류 자국민의 ② 통상 및 경제상의 이익을 보호하기 위해 임명된 국가기관

2. 직무

(1) 일반적 직무
① 국제법이 인정하는 범위 내에서 파견국의 이익과 개인 및 법인을 포함한 그 국민의 이익을 접수국 내에서 보호
② 파견국의 국민에게 여권과 여행증서를 발급하며, 파견국에 여행하기를 원하는 자에게 사증 또는 적당한 증서를 발급
③ 개인과 법인을 포함한 파견국 국민을 도와주며 협조하는 것
④ 접수국 내의 관행과 절차에 따를 것을 조건으로 하여, 파견국의 국민이 부재 또는 기타의 사유로 적절한 시기에 그 권리와 이익의 방어를 맡을 수 없는 경우에 접수국의 법령에 따라, 그러한 국민의 권리와 이익의 보전을 위한 가처분을 받을 목적으로 접수국의 재판소 및 기타의 당국에서 파견국의 국민을 위하여 적당한 대리행위를 행하거나 또는 동 대리행위를 주선하는 것
⑤ 파견국의 국적을 가진 선박과 파견국에 등록된 항공기 및 그 승무원에 대하여 파견국의 법령에 규정된 감독 및 검사권을 행사하는 것
⑥ 파견국이 영사기관에 위임한 기타의 기능으로서 접수국의 법령에 의하여 금지되지 아니하거나 또는 접수국이 이의를 제기하지 아니하거나 또는 접수국과 파견국 간의 유효한 국제협정에 언급된 기능을 수행하는 것(영사관계에 관한 비엔나협약 제5조)
⑦ 접수국과의 외교교섭이나 본국에 대한 대표 기능은 외교관의 고유한 기능

(2) 영사보호
① 영사와 파견국 국민 간의 상호 통신 및 접촉의 자유를 의미
② 영사는 접수국 내에서 자국 국민과 자유로이 통신하며 접촉할 수 있음
③ 파견국 국민도 자국 영사와 자유로이 통신하고 접촉할 수 있어야 함
④ ICJ는 LaGrand형제사건, Avena사건, Jahahav 사건 등에서 접수국이 구금된 외국인들에게 파견국 영사를 접촉할 권리가 있음을 지체없이 통보하지 않음으로써 협약 제36조를 위반하였다고 판시
⑤ 협약 제36조에 의하면 접수국은 구금된 외국인이 요청하는 경우에 한하여 파견국 영사에게 지체없이 통보할 의무를 짐
⑥ 구금된 파견국 국민이 자신을 대신하여 영사가 조치를 취하는 것을 명시적으로 반대하는 경우 파견국 영사는 그러한 조치를 삼가야 함

⑦ 제36조에 의해 보호받는 범죄 유형에 제한은 없으므로 간첩행위라고 하여 제36조의 적용 범위 밖에 있는 것은 아님

(3) 직무수행 구역
① 영사는 영사관할구역 내에서 직무를 수행하는 것이 원칙
② 특별한 경우 접수국의 동의를 얻어 자기의 관할구역 밖에서 직무를 수행

(4) 외교관의 영사 직무 수행
① 영사기관의 직무는 원칙적으로 영사에 의해 수행되나, 경우에 따라서는 외교사절단에 의해서도 수행
② 영사는 접수국의 동의를 얻어 영사관으로서의 지위를 해함이 없이 외교행위를 수행할 수 있음
③ 영사관은 외교행위의 수행을 이유로 외교상의 특권과 면제를 요구할 수 없음

3. 종류

전임영사	영사의 사무를 그 본업으로 하며 본국에 의해 파견된 자
명예영사	• 접수국에 거주하는 자 중에서 파견국이 선임하여 영사의 사무를 위임 • 명예영사는 직무 수행상 전임영사와 동등한 보호를 받으나 특권·면제에 있어서 제한적

4. 계급 및 영사관원

(1) 계급
총영사, 영사, 부영사, 영사대리

(2) 영사관원
접수국에서 영사기관장의 직무수행을 보조하는 자
예 영사관, 영사직원, 역무직원

5. 파견과 접수

(1) 파견
① 아그레망 불요
② 파견국: 위임장을 교부
③ 접수국 국민이나 제3국 국민의 임명: 접수국의 명시적 동의를 요함

(2) 접수
① 접수국은 영사기관장으로 임명된 자를 반드시 접수해야 할 의무는 없음
② 외교사절단장의 경우와 같이 기피인물이라는 이유로 접수거부를 통고할 수 있음
③ 영사기관장이 위임장을 접수국 원수 또는 외무장관에게 제출하면 접수국은 인가장(exequatur)을 교부

(3) 영사공관 설치
① 외교관계 수립 시, 달리 의사를 표시하지 않는 한 영사관계 수립에 대한 동의를 포함
② 외교관계 단절 시, 영사관계 단절이 당연히 포함되는 것은 아님
③ 영사관 설치된 지방 이외의 다른 지방에 사무소 개설: 접수국의 동의 필요
④ 영사관할구역 외에서 직무 수행: 접수국의 동의 필요
⑤ 제3국에서의 영사기능 수행: 관계국에 통고 후 관계국의 명시적 반대가 없는 경우에 가능
⑥ 제3국을 대표하는 영사기능 수행: 접수국에 통고 후 접수국이 반대하지 않는 경우에 가능
⑦ 영사기관 소재지 이외의 다른 장소에 기존 영사기관의 일부를 이루는 사무소 개설: 접수국의 명시적인 사전동의 필요

6. 영사기관의 특권과 면제

(1) 의의
① 특권: 영사기관 및 영사관원에게 부여되는 접수국에 의한 특별한 대우 및 보호
② 면제: 접수국의 관할권으로부터의 면제
③ 인정취지: 영사직무의 원활한 수행을 보장(기능설)

(2) 영사공관의 불가침
① 접수국의 공관 출입: 원칙적으로 공관장의 동의를 요함. 단, 화재 기타 신속한 보호조치를 필요로 하는 재해의 경우에는 영사기관의 장의 동의가 있는 것으로 간주함. 상대적 불가침의 성격을 가짐
② 접수국은 공관을 보호하고 영사기관의 안녕의 방해 또는 위엄의 침해를 방지하기 위해 모든 적절한 조치를 취해야 함
③ 공관·공관 내 재산·수송수단은 국방 또는 공익의 목적을 위한 접수국의 징발에서 원칙적으로 면제되나 영사직무수행을 방해하지 않도록 조치를 취하고 신속·적정·실효적 보상을 할 것을 조건으로 징발될 수 있음

(3) 문서의 불가침
① 영사기관의 공문서, 서류 및 공용통신문은 일시·장소에 관계없이 언제나 불가침
② 사문서는 불가침권 없음

(4) 과세의 면제
① 파견국이 소유·임차하는 영사기관의 공관 및 영사기관장의 관저는 접수국·지방자치단체의 모든 조세 및 부과금으로부터 면제
② 특정 역무의 제공에 대한 급부로서의 성질을 가지는 경우에는 면제되지 않음

(5) 통신의 자유

무선통신기 설치 및 사용은 접수국의 동의를 요함

(6) 영사행낭

① 원칙: 개봉 또는 유치할 수 없음

② 예외: 공용통신문 이외의 것이 포함된다고 추정하는 경우, 파견국 대표에게 개봉을 요구할 수 있음. 개봉 요구에 불응하는 경우 발송지로 반송조치할 수 있음

(7) 영사신서사

① 신체의 불가침을 향유

② 어떠한 경우에도 억류 또는 구금할 수 없음

③ 임시영사신서사도 신체의 불가침을 향유

7. 영사(관원)의 특권과 면제

(1) 신체의 불가침

① 원칙적으로 신체의 불가침을 향유

② 단, 중죄를 범하고 관할법원의 결정이 있는 경우 미결구금할 수 있음

(2) 재판관할권의 면제

형사 및 행정재판관할권 면제	직무수행상의 행위에 대해서만 형사 및 행정재판관할권으로부터 면제
민사재판관할권 면제	• 직무수행상의 행위에 대해서는 민사재판관할권에서 면제됨 • 직무수행상의 행위에 관한 것이라도 사인자격으로 체결한 계약에 관한 민사소송 및 자동차·선박·항공기에 의한 손해에 관해 제3자가 제기한 소송으로부터는 면제되지 않음

(3) 공적 행위와 사적 행위의 구분

① Bigelow 대 Princess Zizianoff 사건: 파리 주재 미국 영사인 Bigelow는 백러시아계 이주민인 Zizianoff 왕녀에게 미국 여행 비자를 발급하기를 거부하였음. 그 후 그는 파리의 각 신문사에 전화를 걸어 자기가 비자 발급을 거부한 이유는 그녀가 소련의 첩자이기 때문이라고 해명하였음. 파리 항소재판소는 비자 발급 거부행위에 대해서는 재판관할권이 없지만 그 뒤에 행해진 명예훼손에 대해서는 재판관할권을 가진다고 판결하였음

② Tae Sook Park 대 Shin & Shin 사건: 원고는 미국 샌프란시스코 주재 한국 총영사관의 부총영사와 그의 부인을 상대로 미국 재판소에 제소하면서, 그들을 위해 가사노동자로 일하면서 최소임금 혹은 초과근무수당을 지급받지 못하였으며, 몸이 아픈 데도 수차례 병원에도 가지 못하였고, 자신

의 여권도 몰수당하였다고 주장하였음. 이 사건에서 두 피고는 영사관계에 관한 비엔나협약하의 영사면제와 외국주권면제법(FSIA)하의 국가면제를 원용하였으나 기각되었음. 원고를 고용하고 감독한 행위는 영사직무가 아니므로 면제가 인정되지 않는다고 하였음. 직무행위가 아니므로 국가면제와도 무관하고, 국가의 행위로 보더라도 주권면제의 예외인 상업적 활동이라고 하였음

③ **영사가 범한 도로교통범죄**: 운전 당시 공무수행 중이었다고 하더라도 자동차 운전행위 그 자체는 영사직무가 아니기 때문에 형사재판관할권의 면제를 향유하지 못함

④ **L. 대 The Crown 사건**: 뉴질랜드 항소재판소는 여권발급행위는 협약 제5조 제(d)호에 영사직무의 하나로 언급되고 있음에도 불구하고 여권을 발급받기 위해 자신을 찾아온 사람에게 성적 가해행위를 한 혐의로 기소된 한 영사에게 면제를 인정하지 않았음

⑤ **미국의 Gerritsen 대 de la Madrid Hurtado 사건**: 영사관 밖에서 시위를 벌이고 있는 사람에게 폭행을 가한 혐의로 기소된 한 영사에게 면제를 인정하지 않았음

(4) **증언**
① 원칙적으로 증언을 거부할 수 없음
② 단, 직무수행상의 행위에 관한 증언을 하거나 공문서 또는 공용통신문을 증거로 제출할 의무는 없음
③ 영사관이 증언을 거부해도 증언을 강제하거나 처벌할 수 없음

(5) **행정권으로부터의 면제**
① 급료 및 재산에 대해 일반적으로 조세를 면제
② 상품 또는 역무에 통상적으로 포함되는 간접세와 접수국 영역 내에 소재하는 개인의 부동산에 대한 조세 및 부과금 등은 면제되지 않음
③ 접수국은 영사기관의 공용물품과 영사관 및 그 가족의 개인사용품의 수입을 허가하며 이에 대한 관세, 조세 및 기타 과징금을 면제

(6) **면제의 포기**
① **주체**: 파견국
② **방법**: 명시적이어야 하며, 접수국에 대해 서면으로 통고하여야 함
③ 영사관 또는 영사관원은 스스로 소를 제기한 경우에는 당해 소송에 직접 관련되는 반소에 대해 재판관할권의 면제를 원용할 수 없음
④ 재판관할권의 포기는 당해 소송의 판결의 집행에 관한 면제의 포기를 의미하지 않음. 따라서 판결의 집행에 관한 면제의 포기를 위해서는 별도의 포기를 요함

핵심 POINT | 외교면제와 영사면제의 비교

구분	외교면제	영사면제
인정근거	대표설, 기능설	기능설
공관불가침	절대적, 수용 불가	상대적, 수용 가능
통신불가침	외교행낭 – 절대불가침	영사행낭 – 개봉 요구, 반송 가능
주거·서류	외교공관장 주거·사문서 불가침	영사공관장 주거·사문서 제외
신체불가침	절대적	상대적
재판관할권면제	공적 행위, 사적 행위	공적 행위 (공적 행위라도 민사소송 예외 있음)

8. 명예영사

(1) 의의
① 명예영사는 대체로 접수국 주민 중에서 선임
② 영사의 사무를 명예직으로 위촉받음
③ 상업이나 기타의 영업에 종사할 수 있음
④ 봉급은 받지 않고 수당의 성질을 가진 보수를 받음
⑤ 각국은 명예영사관원을 임명·접수하는 것을 결정하는 자유를 가짐
⑥ 명예영사도 영사로서 전임영사와 동일한 직무를 수행할 수 있고, 전임영사에 적용되는 많은 규정은 명예영사에게도 적용됨
⑦ 가장 큰 차이는 명예영사의 공관과 그의 신체는 불가침성이 없음
⑧ 특권과 면제는 명예영사관원의 가족 구성원 또는 명예영사관원을 장으로 하는 영사기관에 고용되어 있는 사무직원에게 부여되지 않음
⑨ 명예영사관을 장으로 하는 상이한 국가 내의 2개의 영사기관 간의 영사행낭의 교환은 당해 2개 접수국의 동의 없이 허용되지 않음

(2) 보호
① 접수국은 침입 또는 손괴로부터 명예영사관원을 장으로 하는 영사기관의 영사관사를 보호하며, 영사기관의 평온에 대한 교란 또는 그 위엄의 손상을 방지하기 위하여 필요한 조치를 취하여야 함
② 명예영사관사는 포괄적인 불가침권을 갖지 않음

(3) 과세로부터의 면제
명예영사관원을 장으로 하는 영사기관의 영사관사의 소유자 또는 임차자가 파견국인 경우에, 동 영사관사는 제공된 특정 역무에 대한 급부로서의 성질을 가지는 것을 제외한 다른 여하한 형태의 모든 국가, 지역 또는 지방의 부과금과 조세로부터 면제됨

(4) 영사문서와 서류의 불가침

① 명예영사관원을 장으로 하는 영사기관의 영사문서와 서류는 언제 어디서나 불가침을 향유
② 영사기관의 문서와 서류는 다른 문서 및 서류와 구분됨
③ 영사기관의 문서와 서류는 영사기관장과 그와 같이 근무하는 자의 사용 서한과 구분됨
④ 영사기관의 문서와 서류는 그들의 전문 직업 또는 거래에 관계되는 자료, 서적 및 서류와 구분됨

(5) 형사소송절차

① 명예영사관원에 대하여 형사소송절차가 개시되는 경우에 그는 권한있는 당국에 출두해야 함
② 체포 또는 구속된 경우를 제외하고 영사직무의 수행에 최소한의 지장을 주는 방법으로 행해져야 함
③ 명예영사관원을 구속하는 것이 필요한 경우 소송절차는 지체를 최소한으로 하여 개시되어야 함

(6) 명예영사관원의 보호

① 접수국은 명예영사관원에 대하여 그의 공적 직책상의 이유에서 필요로 하는 보호를 부여할 의무를 부담
② 명예영사관원은 영사직무의 수행에 관하여 그가 파견국으로부터 받는 보수와 급료에 대한 모든 부과금과 조세로부터 면제

제3절 한미 주둔군 지위협정(SOFA) 주요 규정

1. 한미 주둔군 지위협정(SOFA)

① 한미상호방위조약 제4조
② 1966년에 체결되고 1967년에 발효된 한미상호방위조약 제4조에 의한 시설과 구역 및 대한민국에서의 합중국군대의 지위에 관한 협정에 의해 규율
③ 1991년 및 2001년에 개정

2. 형사재판관할권

(1) 전속관할권

파견국 전속관할권	평시에 파견국의 안전에 대한 범죄를 포함하여 파견국 법률에 의해서만 처벌될 수 있는 범죄
접수국 전속관할권	접수국의 안전에 대한 범죄 등
전속관할권의 포기	미군 당국이 한국에 대해 전속적 관할권의 포기를 요청하면, 적절한 경우 한국 당국은 이를 포기할 수 있음

(2) 관할권의 경합과 1차적 관할권 행사

파견국의 1차적 관할권	파견국 군대의 재산 및 안전에 관한 범죄 또는 그 구성원 등의 신체 및 재산에 관한 범죄, 공무집행 중의 작위 또는 부작위에 의한 범죄
접수국의 1차적 관할권	파견국의 1차적 관할권 행사 대상이 되는 범죄 이외의 범죄
1차적 관할권 행사의 포기	타방이 관할권을 행사

3. 형사재판관할권의 집행과 관련된 주요 규정

① 접수국은 파견국 군대의 구성원 등에 대한 체포를 파견국 당국에 즉시 통고
② 미군 구성원 등 피의자가 미군 당국의 수중에 있는 경우 재판절차의 종료와 한국 당국의 인도 요청 시까지 계속 미군 당국이 구금
③ 피의자가 한국 당국의 수중에 있는 경우에는 미군 당국의 요청에 의해 피의자를 인도해야 하며 재판절차의 종료와 한국 당국의 인도 요청 시까지 미군 당국이 계속 구금
④ 접수국에 의한 구금: 2001년 개정의 결과 한국 당국이 미군 구성원 등 피의자를 범행현장에서 체포한 경우 당해 피의자가 살인 등을 저질렀다고 믿을 만한 상당한 이유가 있고, 증거인멸 등의 이유로 구속해야 할 필요가 있는 경우 미군 당국은 구금인도를 요청하지 아니하기로 합의
⑤ 죄질이 나쁜 피의자의 구금인도: 한국이 1차적 재판권을 갖고 기소 시 또는 그 이후 구금인도를 요청한 범죄가 구금을 필요로 하기에 충분한 중대성을 갖는 살인, 강간 등에 해당하고 구금의 상당한 이유와 필요가 있는 경우 미군 당국은 한국 당국에 구금을 인도함
⑥ 한국 법원이 선고한 자유형을 복역하고 있는 미군 구성원 등의 구금인도를 미군 당국이 요청하면 한국 당국은 이를 호의적으로 고려함
⑦ 이중처벌금지
⑧ 이중위험금지원칙: 접수국 당국의 상소권 제한

4. 민사재판관할권

(1) 공무집행 중 발생한 손해

① 공무집행 중 여부의 결정: 중재인이 함
② 군대 및 군대구성원에 대한 손해: 손해에 대한 청구를 포기
③ 정부재산에 대한 손해: 배상문제는 중재인을 통해 해결
④ 제3자에 대한 손해: 관할권은 원칙적으로 접수국에 있음. 파견국 단독책임인 경우 접수국이 배상액의 25%, 파견국이 75%를 부담하고, 공동책임이나 책임소재가 불명확한 경우 배상액을 균등하게 분담함

(2) **비공무집행 중 발생한 손해 - 제23조 제6항**
  ① 접수국의 민사관할권에 종속되며 원칙적으로 일반민사사건과 같이 민사재판에 의해 해결
  ② 접수국은 공평한 방법으로 청구를 심사하고 배상금을 사정하여 파견국에 통보
  ③ 피해자가 사정액에 이의가 있으면 접수국 법원에 민사소송을 제기하여 해결

(3) **강제집행절차**
  ① 미국 측은 강제집행에 필요한 모든 원조를 제공
  ② 한국 법원은 강제집행 등과 관련하여 개인의 자유를 박탈할 수 없음
  ③ 봉급에 대한 강제집행은 미국법이 허용하는 한도 내에서 가능
  ④ 미군기지 내에서 강제집행을 하는 경우 미국 측 대표가 입회

제4절 군함

1. 정치범에 대한 비호권이 인정됨
2. 연안국의 내수나 영해에 존재하는 경우 불가침권과 면제를 향유함
3. 연안국의 국내법을 위반한 경우 연안국은 퇴거를 요구할 수 있음
4. 군함의 국내법 또는 국제법 위반으로 국가책임이 성립할 수 있으며, 군함의 국적국은 이를 이행해야 할 법적 의무가 있음

제6장 국가승계

제1절 총설

1. 의의 및 연혁
① 일정한 지역을 통치하던 국가 또는 통치 주체 자체의 변경으로 그때까지 통치하던 선행국(predecessor state)의 조약 및 기타 권리의무가 승계국(successor state)에 승계되는 것
② 1978년 조약에 대한 국가승계에 관한 비엔나협약(이하 조약승계협약, 발효)
③ 1983년 국가재산·국가문서 및 국가부채에 대한 국가승계협약(이하 재산 등 승계협약, 미발효)
④ 2000년 국가승계에 관련된 자연인의 국적 채택(UN총회)
⑤ 국가책임에 관한 국가승계에 관한 논의 진행 중[국제법위원회(ILC)]

2. 국가승계의 문제가 발생하는 경우
① 합병
② 병합
③ 분열(해체, dissolution)
　예 구유고연방이 5개 국가로 해체된 후 UN에 각각 가입
④ 영토의 일부 이전
⑤ 신생독립국
⑥ 분리독립

3. 국가승계의 문제대상
① 조약
② 재산
③ 문서
④ 채무
⑤ 국적
⑥ 외국인의 권리
⑦ 국제기구 회원국 지위 등

4. 국제인권조약의 승계문제

(1) 쟁점
① 국제인권조약이나 국제인도법 조약상의 권리가 국가승계와 관계없이 기존 지역 주민의 개인적 권리로서 계속 적용된다고 볼 수 있을지가 문제
② 국가에게 권리의무를 부과하는 일반조약과 달리 국제인권조약은 개인에 대한 직접적용을 목표로 하고 있으며 개인에게 국제적 구제수단을 부여하는 경우가 많음
③ 오늘날 국제법에서 인권조약의 자동승계가 국제관습법이라고 보기는 어려움

(2) Human Right Committee
① General Comment에서 시민적·정치적 권리에 관한 국제규약과 같은 기본적 인권조약은 당사국의 해체나 승계에도 불구하고 기존 주민에게 계속 적용되며 일단 당사국이 되면 탈퇴할 수 없다고 해석
② 중요한 인권조약의 경우 조약상의 권리는 국가가 아닌 주민의 권리이므로 국가승계가 발생해도 이들의 권리는 영향받지 않는다는 입장

(3) 국제사법재판소(ICJ)
① 구유고 연방 해체 과정에서 발생한 제노사이드 방지협약 적용에 관한 국제사법재판소(ICJ) 재판에서 제소국인 보스니아-헤르체고비나와 크로아티아 등은 자동승계를 통해 이 협약의 당사국이 되었다고 주장
② 다수 의견은 이 문제에 대해 특별한 입장을 표명하지 않았음
③ S. Weeramantry 판사와 Shahabuddeen 판사는 개별 의견에서 기본적인 인권조약의 자동승계를 지지

(4) 유럽인권재판소 및 구유고형사재판소
① 유럽인권재판소: 인권조약의 자동승계를 지지
② 구유고형사재판소: 인권조약의 자동승계를 지지

제2절 조약승계 - 1978년 조약승계협약의 주요 내용

1. 승계 발생사유
① 국가 영토의 일부 이전
② 국가의 통합
③ 국가의 분리(분열 + 분리독립)
④ 신생독립국
⑤ UN헌장에 규정된 국제법 원칙에 부합되게 발생하는 국가승계에 대해서만 적용

2. 승계조약의 적용대상이 되는 조약
① 국가 간 체결된 조약
② 서면으로 체결되는 조약

3. 처분적 조약의 승계
① 개념: 영토에 대한 권리의무를 다루는 조약 또는 일정한 토지와 밀접하게 결부된 의무나 지위를 설정한 조약, 국경획정조약, 영토할양조약 등
② 처분적 조약은 승계가 원칙(국제관습법)
③ 지역권 설정조약도 처분적 조약에 속하며, 승계가 원칙
④ 단, 외국군대기지 설정조약은 승계되지 않음
⑤ Gabcikovo-Nagymaros 사건(ICJ): 헝가리와 체코슬로바키아 간에 체결된 1977년 조약은 처분적 조약으로서 슬로바키아의 승계를 인정함
⑥ 리비아-차드 간 국경분쟁 사건(ICJ, 1994): 구 식민지 지배국이 체결한 국경조약은 이후 독립국에도 승계됨. 일단 합의된 국경은 원조약의 유효기간이 경과하였어도 항구성을 지님

4. 비처분적 조약의 승계
(1) 영토 일부의 이전
① 조약국경이동의 원칙(moving treaty-frontiers rule)이 적용
② 승계 시 발효 중이던 전임국의 조약은 상실한 영토 부분에 대해서는 효력이 소멸
③ 승계 시 발효 중이던 승계국의 조약은 새로 취득한 영토에 확장 적용

(2) 신생독립국(newly independent state)
① 원칙: 백지출발주의이며 승계의무는 없음
② 예외적 승계
  ㉠ 다자조약: 기탁소에 통고
  ㉡ 양자조약: 타방 당사국의 명시적·묵시적 동의
  ㉢ 승계 통고 시 신생독립국은 독립일부터 조약당사국 지위를 인정받으나, 독립일과 승계 통고일 사이의 기간에는 적용이 정지됨
  ㉣ 국제기구설립조약의 경우 단순히 통고로서 승계할 수 없고, 설립조약이 요구하는 회원 자격 요건을 충족해야 함
  ㉤ 신생국의 의사표시가 없는 경우 조약에 대한 유보도 승계하나, 신생국은 새로운 유보를 첨부하거나 기존 유보를 변경할 수 있음

(3) **국가통합**
  ① 원칙: 계속주의
  ② 적용범위: 통합 전에 적용되었던 영토 부분에 대해서만 효력 지속
  ③ 적용범위 확대
    ㉠ 다자조약: 기탁소에 통고
    ㉡ 양자조약: 타방 당사국과의 합의

(4) **국가의 분리 – 분리독립과 분열**
  ① 원칙: 계속주의
  ② 문제점: 분리독립의 경우 기존 관행은 백지출발주의였음

제3절 재산·문서·채무의 승계 – 1983년 협약

1. 국가재산의 승계

(1) **국가재산의 개념**
  국가승계 당시 전임국가의 국내법에 따라 당해 전임국가의 소유로 인정되는 재산·권리 및 이익

(2) **국제관습법**
  ① 동산·부동산을 불문하고 승계국으로 이전되는 것이 원칙. 단, 전임국가의 영토 내에 있던 제3국의 국가재산은 국가승계의 영향을 받지 않음
  ② 국가재산, 특히 부동산은 국가영역의 종물(從物)로 인정되어 영역의 변동에 따라 당연히 후계국에 귀속

(3) **승계 유형**

영토 일부의 이전	• 합의가 원칙 • 합의가 없는 경우 이전된 영토 내에 위치하고 있고 국유부동산과 이전된 영토에 대한 전임국가의 활동과 관련된 국유동산은 승계국에 이전
신생독립국	• 승계가 발생하는 영토, 즉 식민지 안에 위치하고 있던 전임국가의 국유부동산은 신생독립국에게 이전 • 승계영토 밖에 존재한 부동산으로서 식민지가 되기 전에 그 영토에 속했으나 식민기간 중 전임국가의 국유재산으로 된 부동산은 신생독립국에 이전 • 승계영토에 대한 전임국가의 활동과 관련한 국유동산은 신생독립국에 이전
국가통합	동산·부동산 모두 승계

분리독립	• 달리 합의가 없는 한, 분리된 영토 내에 존재하는 국유부동산은 신국가에 이전 • 승계영토에 대한 전임국가의 활동과 관련된 국유동산도 이전 • 그 밖의 동산은 형평한 비율로 신국가에 이전
분열	• 달리 합의가 없는 한, 전임국의 국유부동산은 그 소재지 신국가에 이전 • 전임국의 영토 밖에 위치한 국유부동산은 형평한 비율로 신국가에 이전 • 특정 영토 부분에 대한 전임국가의 활동과 관련한 전임국가의 국유동산은 당해 영토를 승계한 신국에 이전되며, 전임국가의 그 밖의 동산은 형평한 비율로 신국가들에게 이전

2. 국가문서의 승계

(1) 국가문서의 개념

국가승계 시 전임국가의 국내법에 따라 그 국가에 속하였고 전임국가가 그 통제하에 보존하였던 문서로서, 전임국가가 그 직무를 수행함에 있어 작성하였거나 수령한 모든 문서

(2) 승계 유형

영토 일부의 이전	• 합의가 없는 한, 이전되는 영토의 통상적 행정을 위해 승계국의 처분하에 두어져야 하는 전임국가의 국가문서는 승계국에 이전 • 오로지 승계영토에 관련되는 국가문서도 승계국에 이전
신생독립국	• 원래 식민지 영토에 속했으나 식민기간 중 전임국가의 국가문서로 된 문서는 신생독립국에 이전 • 식민지화 또는 식민지 통치기간에 관한 자료 등 신생독립국과 이해관계가 있는 전임국가의 국가문서는 전임국과 신생독립국이 모두 형평한 이익을 볼 수 있는 방법으로 합의에 의해 이전이나 적절한 복제를 결정 • 전임국가는 영토권과 국경선 문제에 관련한 자국의 국가문서로부터 이용 가능한 최선의 증거자료를 신생독립국에게 제공할 의무가 있음
국가통합	전임국가들의 국가문서는 승계국에 이전
분리독립	• 달리 합의가 없는 한, 분리된 영토의 통상적 행정을 위해 당해 영토 내에 있어야 하는 전임국의 국가문서는 신국가에 이전 • 분리된 영토와 직접적으로 관계있는 전임국가의 국가문서도 신국가에 이전
분열	모든 관련 상황을 고려하여 형평한 방법으로 신국가들에게 이전

3. 국가채무의 승계

(1) 국가채무의 개념
전임국가가 국제법에 따라 타국가, 국제기구 및 기타 국제법의 주체에 대해서 지고 있는 일체의 재정적 의무

(2) 승계 유형

영토 일부의 이전	달리 합의가 없는 한, 전임국가의 부채는 형평한 비율로 승계국에 이전
신생독립국	합의가 없는 한, 전임국가의 국가채무는 신생독립국에게 이전되지 않음
국가통합	이전됨
분리독립 분열	• 달리 합의가 없는 한, 전임국가의 부채는 형평한 비율로 신국가에 이전 • 비율 결정에 있어서 신국가에 이전되는 재산·권리·이익을 고려

제4절 국가승계의 다른 문제

1. 사적 권리(private rights)

(1) 기득권존중원칙
승계국이 전임국이나 제3국의 국민이 보유한 사권을 존중해야 하며, 위반 시 국가책임을 진다는 견해

(2) 국가주권원칙
승계국은 전임국과 동일성·계속성이 인정되지 않으므로 외국인의 기득권존중 의무가 없다고 보는 견해

(3) 선진국
기득권존중원칙을 지지

(4) 아시아·아프리카 제국
독립 전에 외국인들이 가지고 있었던 재산 및 투자는 승계하지 않아도 된다고 봄

(5) 폴란드에 있어서의 독일계 농민 사건(권고적 의견, PCIJ, 1923)
선행국의 법령하에서 확정적으로 취득된 사권에 대해 후계국이 이를 존중하고 승계할 의무가 있다고 권고함

(6) 호르죠 공장 사건(1927)
기득권존중원칙은 국제법의 원칙이며 위반은 국가책임을 수반한다고 판시

2. 양허계약(concession)

(1) 양허계약의 개념
국가와 영업권 보유자(concessionaire) 간에 체결된 공법상의 국가계약(state contract)으로서 국가가 이 계약에 규정된 사업을 운영하기 위하여 부여한 면허 내지 이권

(2) 전통적인 학설·판례·국가실행
① 사권에 관한 기득권존중원칙을 그대로 양허계약에도 적용 가능한 것으로 해석
② 따라서 양허계약을 파기하는 경우 보상을 지불해야 하며(Akehurst), 전임국의 양허계약 파기에 대한 책임 역시 후계국에 승계된다고 봄

(3) 아시아·아프리카 국가들
선행국이 부여한 양허계약은 천연자원에 대한 영구주권원칙에 근거하여 국가승계의 경우 소멸한다고 봄

3. 국적
① 국가승계와 국적문제에 관해 확립된 국제법원칙은 없음
② 영역 변경이 있는 경우 이에 따라 후계국은 승계지역의 주민에게 그 국적을 부여하는 것이 통례
③ 선행국의 국적은 상실되고 후계국의 국내법이 정한 바에 따라 그 국적이 취득된다는 설이 유력
④ **국제관행**: 관계 지역의 주민에 대해 일단 후계국의 국적을 일률적으로 취득하게 하고 그 후 일정 기간 후계국의 국내법상의 절차에 따라 그 국적을 포기하고 선행국의 국적을 회복하도록 하는 국적선택권(right of option)을 부여

4. UN회원국 지위

(1) 영토의 일부 이전 또는 상실
전임국가의 UN회원국 지위에 영향을 주지 않음

(2) 신생독립국
UN헌장규정에 따라 별도로 UN에 가입

(3) 합병
① 이론상 신국가 창설이므로 신규가입절차를 밟아야 할 것이나, UN 관행에 따르면 전임국이 모두 UN회원국인 경우 신국가의 UN회원국 지위는 유지
  예 이집트와 시리아의 합병, 남예멘과 북예멘의 합병
② 일방 당사국만이 UN회원국인 경우에는 분명하지 않음. 전임국이 모두 UN회원국이 아닌 경우는 당연히 별도로 가입절차를 밟아야 함

(4) 병합
① 동서독 병합의 경우 양국은 모두 UN회원국이었으나, 병합 이후 서독이 독일이란 명칭으로 회원국 지위를 유지
② 병합국이 UN회원국이고, 피병합국은 회원국이 아닌 경우 승계국인 병합국의 UN회원국 지위는 유지

(5) 분리독립
① 분리독립한 국가가 UN의 원회원국인 경우 별도 가입절차는 불필요하지만, 그렇지 아니한 경우에는 별도 가입을 요하는 것이 UN의 관행
② 1958년 이집트와 함께 통일아랍공화국을 창설했던 시리아는 1961년 다시 분리독립하였으나, 재가입절차를 밟지 않고 UN회원국 지위를 회복
③ 반면, 인도로부터 분리독립한 파키스탄 및 에티오피아로부터 독립한 에리트리아는 정식 가입절차를 밟았음

(6) 분열
① 구소련
  ㉠ 구소련 구성국들 중 UN원회원국이었던 우크라이나와 벨라루스 및 러시아연방은 UN회원국 지위를 유지
  ㉡ 러시아연방은 상임이사국 지위도 승계
  ㉢ 그 밖의 구성국들은 별도의 가입절차를 거쳐 UN에 가입
② 체코슬로바키아: UN원회원국이었던 체코슬로바키아는 1993년 체코공화국과 슬로바키아공화국으로 분열되었으며, 각각 UN에 가입하였음
③ 구유고
  ㉠ UN원회원국이었던 구유고연방은 보스니아 – 헤르체고비나, 크로아티아, 슬로베니아, 마케도니아, 세르비아, 몬테네그로로 구성
  ㉡ 보스니아 – 헤르체고비나, 크로아티아, 슬로베니아는 1992년에, 마케도니아는 1993년에 각각 UN에 가입
  ㉢ 세르비아와 몬테네그로는 유고연방공화국을 구성하여 구유고와의 계속성을 주장하였으나 UN이 인정하지 않자 2000년 UN에 신규가입하였음
④ 이후, 유고연방을 구성하고 있던 몬테네그로는 2006년 국민투표를 통해 분리독립하였음

제5절 국가승계 사례

1. 소련

(1) 분리독립

일반적 견해

(2) 양자조약

① 러시아: 승계

② 발트3국: 회귀이론을 채택

③ CIS 국가들: 승계

(3) 다자조약

① 러시아: 구소련의 모든 다자조약을 승계

② CIS 국가들: 승계 또는 별도 가입

2. 독일

(1) 서독의 동독 병합

일반적 견해

(2) 구서독이 체결한 조약의 효력

조약국경이동의 원칙에 따라 구동독지역에 확장 적용

(3) 구동독이 체결한 양자조약

다양한 관련 사항을 고려하여 동독조약을 존속·종료·개정

(4) 다자조약

구동독의 다자조약 및 국제기구에 있어서의 회원국 지위가 독일 통일과 더불어 소멸되었다는 전제에서 통일독일이 구동독만이 가입해있던 다자조약에 참여를 원하는 경우 관련 당사국과 합의하여야 함

3. 구유고연방

① 1991년 6월 이후 5개 공화국으로 분열

② 세르비아 - 몬테네그로는 신유고연방을 표방하고 구유고의 승계를 주장하였으나 UN은 이를 인정하지 않았음. 이후 유고연방공화국이라는 명칭으로 UN에 신규 가입하였음

③ 국제사회는 구유고연방이 해체된 것으로 보았음

④ 2006년 몬테네그로가 분리독립하였고, 2008년에는 코소보가 독립을 선언하였음

⑤ 각각의 독립국들은 대체로 구유고연방이 체결한 다자조약을 승계하였음

5개 공화국
- 세르비아 - 몬테네그로
- 슬로베니아
- 크로아티아
- 마케도니아
- 보스니아 - 헤르체고비나

MEMO

해커스공무원 학원·인강
gosi.Hackers.com

제3편
국제기구

제1장 국제연합(UN)
제2장 유럽연합(EU)

제1장 국제연합(UN)

제1절 총설

1. 창설과정

회의	일시	결정사항
대서양헌장	1941. 8. 14.	루즈벨트(미국)와 처칠(영국): 종전 후 새로운 평화정착 희망 표명
연합국선언	1942. 1. 1.	UN창설을 위한 연합국의 공동노력 천명
모스크바회의	1943. 10. 30.	4개국 공동선언(미국, 영국, 소련, 중국): 세계적 국제조직 설립 결의
테헤란회담	1943. 11. 28.	국제조직 설립 재확인
덤바턴오크스회의	1944. 8. 21.	UN헌장의 모체 형성
얄타회담	1945. 2. 4.	안전보장이사회 표결방법과 신탁통치제도 합의
샌프란시스코회의	1945. 4. 25.	UN헌장 채택

2. 목적

① 국제평화와 안전 유지
② 사람들의 평등권 및 자결의 원칙의 존중에 기초하여 국가 간의 우호관계 발전
③ 경제적·사회적·문화적·인도적 성격의 국제문제를 해결하고, 인종·성별·언어·종교에 따른 차별 없이 모든 사람의 인권 및 기본적 자유에 대한 존중을 촉진하고 장려함에 있어 국제적 협력 달성
④ 이러한 공동의 목적을 달성함에 있어서 각국의 활동을 조화시키는 중심

3. 원칙

① 주권평등의무
② 헌장에 따라 부과되는 의무의 성실한 이행의무
③ 국제분쟁의 평화적 해결의무
④ 무력의 위협이나 무력행사금지의무
⑤ UN이 취하는 조치에 대한 원조의무

⑥ UN의 회원국이 아닌 국가가 원칙에 따라 행동하도록 확보할 의무
⑦ 국내문제 불간섭의무

4. 회원국

(1) 가입
① 헌장상의 의무를 수락하고 이행할 능력과 의사가 있다고 인정되는 평화애호국
② 안전보장이사회의 심사·권고와 총회의 검토·결정
③ 안전보장이사회의 권고 결의는 상임이사국 동의투표를 포함한 9개 이사국의 찬성투표를 요함
④ 총회는 가입신청에 대해 출석·투표 회원국 3분의 2 다수 찬성으로 의결
⑤ 원회원국은 51개국임
⑥ 헌장에 유보를 부가할 수 없음
⑦ 2011년, 남수단이 193번째 회원국으로 마지막으로 가입(2022년 기준)
⑧ 통합국인 탄자니아, 통일아랍공화국, 예멘, 독일 등은 신규가입하지 않았음
⑨ 통일아랍공화국은 추후 이집트와 시리아로 재분열되었으나 통합 이전 과거 회원국 지위가 인정되었음
⑩ 체코슬로바키아는 체코와 슬로바키아로 분열된 이후 신규가입
⑪ 구유고연방은 5개 국가로 분열되었고, 이후 5개국 모두 신규가입하였음

(2) 가입조건에 대한 해석
① First Admissions 사건(1948, ICJ): UN헌장 제4조 제1항에 규정된 가입조건들은 열거적이고 필요충분 조건임
② Second Admissions 사건(1950, ICJ): 총회와 안보리는 둘 다 UN의 주요 기관으로 헌장은 안보리를 종속적 지위에 두지 않음. 헌장 제4조 제2항의 안보리의 권고는 가입 찬성의 권고만을 의도한 것이지 불찬성의 권고는 해당되지 않음. 안보리가 가입찬성의 결정을 한다고 해도 이 결정은 총회를 구속하지 아니하는 권고에 불과함

(3) 탈퇴
① 국제연맹과 달리 헌장에는 탈퇴에 관한 명문규정이 없음
② 그러나 정당한 이유가 있고 부득이한 경우 탈퇴가 인정됨
③ 인도네시아: 1965년 1월 UN사무국에 탈퇴를 통지하였으나 1966년 9월 UN 참여의사를 다시 밝혔음. UN은 탈퇴행위를 회원국으로서의 협력 중지로만 해석하였으며, 재가입절차 없이 회원국으로서의 지위를 회복시켰음

(4) 제명
① 회원국이 헌장상 원칙을 지속적으로 위반한 경우 총회는 안전보장이사회의 권고에 기초하여 제명함
② 이스라엘과 남아프리카공화국에 대해 제명안이 제기되기도 하였으나 실제 제명 사례는 없음. 제명된 이후 재가입이 금지되지 않았음
③ 제명된 경우 UN전문기구 회원국 자격까지 자동적으로 박탈되는 것은 아님

(5) 권리 및 특권의 정지
① 안전보장이사회가 취하는 강제조치의 대상이 된 회원국에 대해 안전보장이사회 권고에 기초한 총회의 결정으로 회원국으로서의 권리·특권을 정지함. 정지된 권리의 회복은 안전보장이사회의 단독권한임
② 기구에 대한 재정적 분담금의 지불을 연체한 UN회원국은 그 연체금액이 그때까지의 만 2년간 그 나라가 지불하였어야 할 분담금의 금액과 같거나 또는 초과하는 경우 총회에서 투표권을 가지지 못 함. 단, 총회는 지불의 불이행이 그 회원국이 제어할 수 없는 사정에 의한 것임이 인정되는 경우 그 회원국의 투표를 허용할 수 있음

5. 헌장개정
① **개정안의 채택**: UN 전 회원국의 3분의 2 다수결로 채택
② **발효**: 안전보장이사회 상임이사국 전체를 포함하여 UN회원국 전체 3분의 2에 의해 각국 헌법 절차에 따라 비준되는 경우 발효
③ **효력**: 개정된 헌장의 효력은 모든 UN회원국에 미침

핵심 POINT | 국제연맹과 국제연합(UN)의 비교

구분	국제연맹	국제연합(UN)
가입	• 미국 미가입 • 소련은 추후 가입 • 총회 결정으로 가입	• 미국·소련은 원회원국 • 안전보장이사회 권고 + 총회 결정으로 가입
주요 기관	총회, 이사회, 사무국	총회, 안전보장이사회, 사무국, 경제사회이사회, 신탁통치이사회, 국제사법재판소(ICJ)
탈퇴	명문규정	규정 없음
제명	명문규정	명문규정
이사회 결의	권고적 효력	법적 구속력
표결	만장일치, 다수결	다수결, 거부권

제2절 총회

1. 구성
① 모든 회원국으로 구성
② 회원국은 5명 이하의 대표자를 낼 수 있음
③ 비회원국의 대표자는 옵저버로서 총회에 참석하는 것이 인정됨

2. 옵저버

(1) 의의
① UN헌장에 옵저버에 관한 조항은 없으며 총회와 사무총장의 실행을 통해 발전
② 옵저버제도는 헌장 제35조 제2항을 근거로 총회에서 특정 문제를 토의할 때 비회원국인 당사국을 초청하는 실행에서 시작
③ 창설 초기 그리스 사태의 토의시 비회원국인 알바니아와 불가리아가 옵저버로 초빙됨
④ 비회원국이 상주 옵저버 사절을 설치하겠다는 의사를 사무총장에게 통고하면 사무총장은 회원국 대표의 신임장을 수락하듯 이를 수용
⑤ 현재 교황청과 팔레스타인이 상주 옵저버국의 지위를 유지

(2) 옵저버 지위 부여 대상
① 옵저버: 비회원국, 지역기구, 일정한 국가집단, 민족해방전선에게 UN 활동에 상설적으로 그러나 제한적인 참여를 허용할 때 부여되는 자격
② UN사무총장은 1946년 스위스를 옵저버국으로 인정하였고 스위스는 1948년 최초로 독립적인 상주 옵저버 대표부를 설치하였음
③ 상주 옵저버 지위가 국가에게만 부여되는 것은 아님
④ 총회는 PLO나 SWAPO와 같은 민족해방전선에도 상주 옵저버 단체 자격을 부여하였음
⑤ OAS, 아랍연맹, OAU, EU 등 여러 국제기구에 대하여도 이를 인정

(3) 상주 옵저버 지위 부여 요건
① 상주 옵저버 사절을 파견할 자격이 있는 국가인가 여부는 그 국가가 UN전문기구 중 어느 하나라도 가입되어 있는지를 기준으로 판단
② 총회는 사무총장의 이러한 실행을 수락

(4) 상주 옵저버의 법적 지위
① 사무국은 옵저버 국가에 대하여도 회원국과 거의 동일한 기준에서 자료 배포나 연락을 유지
② 상주 옵저버국 대표는 일반회원국이 참석할 수 있는 UN의 모든 회의에 출석 가능

③ 옵저버 국가의 대표들에게는 그 임무 수행을 위한 기본적인 권리와 특권을 인정

④ 옵저버 국가는 총회에 참석하고 때로 발언권을 행사해도 표결권은 없음

⑤ 옵저버는 헌장상의 제도가 아니기 때문에 기구 소재국에서의 지위는 현지국의 정책에 비교적 크게 영향을 받음

(5) 대한민국
① 1949년 8월 1일 주UN 옵저버 대표부를 설치

② 주미대사가 그 업무를 겸임하다가 1951년 11월 6일 상주 대표부를 개설

③ 1991년 9월 회원국으로 가입하기까지 42년 이상 상주 옵저버국으로 활동

3. UN 대표권 문제

(1) 쟁점
① UN회원국의 지위는 국가들이 향유하는 것이지만 국가는 정부에 의하여 대표됨

② 둘 이상의 집단이 각각 특정 회원국의 정부를 대표하는 합법적인 대표라고 주장하면서 UN총회에 참석하고자 하는 경우 누구를 대표권자로 볼 것인지가 문제됨

(2) UN총회의 권고
① 1950년 12월 14일의 결의 396(Ⅴ) 회원국 대표권에 대한 UN의 승인 채택

② 둘 이상의 당국이 UN에서 어떤 회원국을 대표할 자격이 있는 정부라고 주장하고 이 문제가 UN에서 논쟁의 대상이 되는 경우 이 문제는 UN의 목적과 원칙 그리고 각 경우의 상황에 비추어 검토

③ 문제가 발생하면 이것은 총회에서, 총회가 회기 중이 아닌 경우에는 중간위원회에서 검토

④ 총회나 중간위원회가 채택한 태도는 UN의 타 기관과 전문기구들에서도 고려되어야 함

(3) UN총회 절차 규칙 제29조
① 회원국으로부터 총회 입장에 이의를 제기당한 대표는 신임장심사위원회가 보고하고 총회가 결정을 할 때까지

② 다른 대표들과 동일한 권리를 가지고 잠정적으로 총회장에 착석 가능

(4) 중국 대표권 문제
① 중국(The Republic of China)은 UN의 원회원국이면서 안전보장이사회 상임이사국

② 1949년 중국 대륙에서는 모택동이 이끄는 중화인민공화국(PRC)이 권력을 장악하였지만 1971년까지 중국은 UN 내에서 중화민국(대만)에 근거지를 둔 장개석 국민당정부의 중화민국(대만)에 의하여 대표됨

③ 당시 냉전구도하에서 미국의 지원에 의한 것이었으나 이러한 현상은 국가를 대표하는 정부는 실효적 지배를 행사할 수 있어야 한다는 국제법의 일반원칙에 위배됨

④ 1971년 10월 25일 총회는 결의 2758(ⅩⅩⅥ)에서 중화인민공화국(PRC) 정부의 대표들이 UN에 대한 중국의 유일한 합법적 대표들이며 중화인민공화국(PRC)는 안전보장이사회 5개 상임이사국의 하나임을 승인하면서 장개석(정부)의 대표들을 그들이 UN에서 그리고 UN과 관련된 모든 국제기구에서 불법적으로 점령하고 있는 자리로부터 즉각 추방하기로 결정

⑤ 안전보장이사회와 UN전문기구들은 총회의 결정을 신속히 수락

(5) 남아프리카공화국 사례

① 1970년 총회는 표결을 통해 남아프리카 대표단의 신임장을 거부하기로 결정

② 당시 총회 의장 Edvard Hambro는 남아프리카 대표단이 총회에 계속 참여하는 것을 허용

③ 1974년 총회에서 다시 남아프리카 정부 대표단의 신임장을 거부하기로 결정

④ 당시 총회 의장 Abdelaziz Bouteflika(알제리)는 신임장이 거부된 대표는 총회에 참석할 수 없다고 해석

⑤ 남아프리카는 제3차 UN해양법회의에 대표단을 참석시킬 수 없었음

(6) 이스라엘 사례

① 총회 제37차 회기에서 신임장심사위원회가 이스라엘 대표단의 신임장들을 수락하자 42개 회원국이 이 결정에 이의를 제기하였음

② 이 문제는 총회에 상정되었고, 신임장심사위원회의 결정을 수정하려는 제안이 표결에 부쳐져서는 안 된다는 핀란드의 제안이 채택되었음

③ 이스라엘은 여러 국가들의 반대에도 불구하고 계속해서 UN총회에 참석하고 있음

(7) 비판

① Bouteflika의 접근법(신임장 거부 시 총회 참석 불가)에 기초한 실제관행은 헌장 제5조에 기초한 권리와 특권의 정지에 상응하는 결과를 초래하게 되었음

② 이에 대해 특정 회원국의 정책에 대한 반대의 표시로 절차규칙을 이용하여 하나뿐인 정부에서 파견한 대표자의 신임장을 배척하는 것은 UN헌장하에서의 총회권한의 정당한 행사가 아니라는 비판이 제기됨

4. 회기

정기총회	매년 1회 9월 셋째 주 화요일에 소집
임시총회	안전보장이사회의 요청 또는 전회원국의 과반수 요청에 의하여 사무총장이 소집
긴급총회	안전보장이사회 상임이사국의 거부권 때문에 조치를 취하지 못하는 경우, 안전보장이사회의 단순 9개국의 동의투표에 의한 요청과 UN회원국의 과반수의 요청에 의해 사무총장이 소집

5. 중간위원회

① 총회의 보조기관
② 현재 개최되지 않고 있어 사실상 사문화됨
③ 각 회원국에게 한 좌석만이 할당되었기 때문에 소총회라고도 함
④ 중간위원회는 1947년 11월 13일의 총회결의 111(Ⅱ)에 의하여 창설됨
⑤ 총회 회기 사이의 활동 공백 특히 국제평화와 안전의 유지 분야에서의 그 공백을 메꾸기 위하여 창안됨
⑥ 당시 소련이 중간위원회를 안전보장이사회의 권한에 대한 침해로 간주하여 그의 동맹국들과 함께 일체의 협력을 거부
⑦ 1961년 6월 이후로는 소집된 적이 없음

6. 권한

(1) 일반적 권한
① 헌장의 범위 내에 있는 모든 문제 및 헌장상 제기관의 권한에 관한 모든 문제를 토의
② 안전보장이사회에서 심의 중인 문제를 제외한 모든 문제에 관해 권고
③ 각 가맹국 또는 안전보장이사회에 권고

(2) 회원국의 지위에 대한 권한
회원국의 가입, 회원국의 권리 및 특권의 정지, 회원국의 제명 등을 안전보장이사회의 권고에 기초하여 행함

(3) 총회절차·재정·헌장 개정 등에 대한 권한
① 총회의 절차규칙을 제정하고, 의장을 선출함
② 보조기관의 설치
③ 예산 심의와 승인
④ 경비 할당
⑤ UN헌장 개정안 채택

(4) 국제평화와 안전의 유지에 관한 권한
① 국제평화와 안전의 유지를 위한 협력에 관한 일반원칙, 군비축소와 군비규제의 원칙을 심의하고, 이의 가맹국과 안전보장이사회에 권고

② 총회에 부탁된 국제평화와 안전의 유지에 관한 일체의 문제를 토의하고 관계국과 안전보장이사회에 권고함. 단, 안전보장이사회에서 토의 중인 문제는 안전보장이사회의 허가가 있어야 권고할 수 있음. UN의 조치(action)를 요하는 경우 토의 전 또는 토의 후에 안전보장이사회에 회부해야 함. 조치(action)는 헌장 제7장상 구속력 있는 강제조치만을 의미함. 비구속적 조치의 권고는 총회가 독자적으로 취할 수 있음
③ 일반적 복지와 각국 간의 우호관계를 해칠 우려가 있다고 인정되는 사태에 대하여 평화적으로 조정하기 위한 조치의 권고
④ 안전보장이사회의 연차보고와 특별보고의 심사
⑤ 안전보장이사회의 비상임이사국 선출
⑥ 안전보장이사회가 다루고 있는 사태에 대해서도 총회가 국제사법재판소(ICJ)에 권고적 의견을 요청할 수 있음

(5) 국제적 협력에 대한 권한
① 국제협력의 촉진과 국제법의 점진적 발달 및 법전화를 위한 연구의 발의와 권고
② 경제사회이사국 선출

(6) 신탁통치에 대한 권한
① 국제신탁통치제도에 관한 임무 수행
② 신탁통치협정 승인
③ 신탁통치이사국 선출

(7) 국제사법재판에 대한 권한
① 권고적 의견 요청
② UN가맹국이 아닌 국가에 대한 국제사법재판소(ICJ)규정 당사자로의 결정
③ 국제사법재판소(ICJ) 재판관 선출

(8) 국제분쟁해결을 위한 총회의 권한
① 총회는 일반적 복리 또는 각 국가 간 우호관계를 해할 염려가 있는 모든 사태를 관할
② 국제평화와 안전의 유지에 대한 제1차적 책임은 안전보장이사회에 있기 때문에 안전보장이사회가 특정 문제를 관할하는 경우 총회는 이에 대해 안전보장이사회가 요청하지 아니하는 한 어떠한 권고도 할 수 없음
③ UN의 행동을 요하는 문제에 대해서는 토의 전 또는 토의 후에 안전보장이사회에 부탁해야 함
④ **분쟁 부탁 주체**: 안전보장이사회, 회원국(분쟁당사국 + 제3국), 분쟁당사국인 비회원국, 총회 직권
⑤ 사무총장은 총회에 대해서는 주의 환기 불가

⑥ 총회는 어떠한 분쟁이나 사태에 대해서도 해결방법을 권고할 수도 있고, 해결조건을 권고할 수도 있음
⑦ 총회의 권고는 법적 구속력이 없음

(9) **총회와 안전보장이사회의 권한관계**

총회의 단독권한	안전보장이사회, 경제사회이사회, 신탁통치이사회 이사국 선출
	안전보장이사회로부터 연례보고 및 특별보고의 수리 및 심의
	UN의 다른 기관으로부터의 보고에 대한 심의
	비전략지역에 대한 신탁통치 승인
	예산의 심의, 승인 및 경비 할당
	국제법의 점진적 발달 및 법전화
	국제협력의 촉진, 인권 및 기본적 자유의 실현 지원
	안전보장이사회가 수립한 군비규제체제 확립 계획 심의
안전보장이사회의 단독권한	국제평화에 대한 위협, 평화의 파괴, 침략의 존재 결정
	UN헌장 제7장에 따른 강제조치 결정
	회원국 권리 및 특권 정지의 철회 결정
	국제사법재판소(ICJ)규정 비당사국이 소송을 부탁하기 위한 조건 제시
	군비통제안의 작성, 군비통제체제 확립을 위한 계획 수립
	총회의 특별회기 소집 요청
	UN강제조치 대상국의 권리 및 주권 회복
	전략지역에 대한 신탁통치권한
	지역협정에 관한 권한
양자의 협력 사항 (안전보장이사회 권고 + 총회 결정)	UN가입, 회원국의 권리정지, 제명
	UN비회원국의 국제사법재판소(ICJ)규정 가입 결정
	UN사무총장 선출
양자가 별도로 보유하는 권한	국제사법재판소(ICJ)의 재판관 선출

7. 의결

(1) **의결정족수**
① 중요문제: 출석·투표 3분의 2 이상 찬성
② 중요 문제 이외의 문제: 출석하여 투표하는 회원국의 과반수 찬성
③ 선결문제: 출석·투표 3분의 2의 다수결에 의하여 결정될 문제의 새로운 부류도 기타 문제와 같이 단순다수결(출석과반수)로 결정

④ 총회의장은 우선 재적 3분의 1만 출석하면 개회를 선언하고 토의의 개시를 허락할 수 있음. 그러나 어떤 결정을 내리기 위해서는 재적 과반수의 출석이 요구됨

(2) 출석·투표 3분의 2로 의결하는 사항
① 국제평화와 안전의 유지에 관한 권고
② 안전보장이사회 비상임이사국, 경제사회이사국, 신탁통치이사국 선출
③ 신규가입 승인
④ 회원국의 권리와 특권의 정지
⑤ 제명
⑥ 신탁통치제도의 운용
⑦ 예산문제

(3) 회원국 전체의 3분의 2 다수결로 의결하는 사항
① 헌장을 재검토하기 위한 전체 회의의 개최
② 헌장개정의 채택

(4) 투표권
모든 회원국은 1개의 투표권을 보유

(5) 결의의 효력
① UN회원국에 대한 효력: 권고적 효력으로, 구속력이 없음
② UN기관에 대한 효력: 원칙적으로 법적 구속력이 있음

(6) 국제연맹의 위임통치권 승계에 따른 의결 규칙의 문제
① 국제사법재판소(ICJ)는 South-West-Africa-Voting-Procedure 사건에 대한 권고적 의견에서 총회는 UN의 기관이므로 헌장에 규정된 표결절차에 따라야 한다는 견해를 제시하였음. 즉, 국제연맹규약상의 만장일치가 아니라 헌장 규정에 따라 출석·투표 3분의 2로 의결함
② 실제로 총회는 이것이 중요문제라고 보고 UN헌장에 의거하여 행동하였음

(7) 기타 의결방식
① 총회에서 모든 경우에 반드시 투표가 요구되는 것은 아니며, 안건에 따라서는 투표 없이 갈채나 컨센서스의 방식으로 채택되기도 함
② 투표는 통상 손을 들거나 기립하는 방식에 의함
③ 점호방식을 채택할 수도 있음
④ 전자투표를 하는 경우에는 각국이 취한 입장이 나타나는 방식으로 할 수도 있고 그것이 나타나지 않는 방식으로 할 수도 있는데 전자를 기록되는 투표, 후자를 기록되지 않는 투표라고 함
⑤ 전자투표에 의한 기록투표가 이용 가능한 경우에는 가능하면 점호투표는 요청하지 않을 것이 권고되고 있음

제3절 안전보장이사회

1. 구성

(1) **상임이사국**
  ① 미국, 영국, 러시아, 프랑스, 중국
  ② 특수한 지위: 거부권을 가지며, 군사참모위원회를 구성함. 헌장 개정안은 상임이사국이 비준해야 발효됨

(2) **비상임이사국**
  ① 매년 5개국씩 출석·투표 3분의 2의 다수결로 총회에서 선출
  ② 임기: 2년
  ③ 계속적 재선은 인정되지 않음
  ④ 선출에 있어서 후보국의 국제평화와 안전의 유지, 기타 UN의 목적에 공헌한 정도와 공평한 지리적 분포를 고려

2. 권한

(1) **국제평화와 안전의 유지**
  ① 국제평화와 안전의 유지에 관하여 1차적 책임
  ② 이를 위해 회원국을 대리하여 행동
  ③ 회원국은 안전보장이사회의 결정을 수락하고 이행하는 데에 동의

(2) **군비통제안의 작성**
  ① 군사참모위원회의 원조를 얻어 군비통제안을 작성
  ② 회원국이 이를 채택하도록 권고

(3) **임시총회의 소집**

(4) **기타**
  ① 총회의 책임하에 신탁통치이사회가 신탁통치에 관한 모든 임무를 대행
  ② 전략신탁통치지역에 대해서는 안전보장이사회가 그 임무를 대행
  ③ 국가의 UN에의 가입, 회원국의 권리와 특권의 정지, 회원국의 제명, 사무총장의 임명 등에 있어서 총회에 권고
  ④ 국제사법재판소(ICJ)의 재판관을 선출
  ⑤ 국제사법재판소(ICJ)에 권고적 의견 요청: 모든 법적 문제에 대해 의견을 요청할 수 있음

3. 회합

정기회의	절차규칙상 매년 2회의 정기회의를 개최
임시회의	• 이사국이 회의의 개최를 요구한 경우 • 가맹국 또는 비가맹국이 국제평화와 안전의 유지를 위태롭게 할 우려가 있는 분쟁 또는 사태의 존재에 관해 이사회에 주의를 환기한 경우

	• 총회가 권고 또는 부탁하는 경우
	• 사무총장이 주의를 환기하는 경우

4. 의결

(1) **투표권**

안전보장이사국은 각각 1개의 투표권을 가짐

(2) **의결정족수**

절차에 관한 문제	단순 9개 이사국의 찬성
기타 모든 문제	상임이사국을 포함한 9개국 이상의 찬성
선결문제	기타 문제로 분류됨
분쟁당사국의 투표 기권	분쟁의 평화적 해결에 관한 결정 시

(3) **효력**

절차사항에 관한 결의	구속력이 있음
분쟁의 평화적 해결에 관한 결의	법적 구속력이 없음
헌장 제7장의 '강제조치'에 관한 결정	모든 회원국을 구속함

(4) **의장성명**
① 안전보장이사회 의장은 안전보장이사회를 대신하여 의장성명 발표
② 안전보장이사회에서 컨센서스에 의해 채택
③ 법적 구속력은 없음
④ 안전보장이사회에서 정식 결의 채택이 어려운 경우에 사용
⑤ 헌장이나 안전보장이사회 임시(잠정)절차규칙에도 규정되어 있는 절차가 아님

5. 국제평화와 안전의 유지를 위한 안전보장이사회의 역할

(1) **분쟁의 평화적 해결**
① 분쟁해결의 부탁: 분쟁당사국(UN비회원국 포함), 총회, 사무총장, 안전보장이사회 직권
② 분쟁의 조사 여부, 처리절차를 결정
③ 분쟁당사국인 이사국은 표결에서 제외
④ 의제로 결정되면 분쟁의 심의에 대한 안전보장이사회의 권능은 총회보다 우선
⑤ 안전보장이사회는 자신의 조사에 따라 적절한 조정절차나 조정방법을 권고할 수 있음
⑥ 분쟁당사국 모두의 요청이 있는 경우 분쟁의 평화적 해결을 위하여 당사자에게 권고할 수 있음
⑦ 효력: 권고적

(2) **집단적 강제조치**

강제조치의 전제	평화에 대한 위협, 평화의 파괴, 침략행위의 존재 중 하나를 우선 결정해야 함 - **평화에 대한 위협**: 복수국 간 충돌을 전제로 하지 않음 예 이라크의 쿠르드족 탄압(1991), 소말리아 사태(1992), 리비아 사태(2011), 리비아의 로커비 사태 용의자 인도 거부(1992), 북한의 핵실험(2006) 등 - **평화의 파괴**: 북한의 대한민국 침공(1950), 아르헨티나의 포클랜드 공격(1982), 이란 – 이라크 전쟁(1987) 등을 평화의 파괴로 규정 - **침략행위의 존재**: 앙골라에 대한 남아공의 공격(1976), 모잠비크에 대한 로디지아의 공격(1977), 이스라엘의 튀니지 내 PLO본부 공격(1985), 이라크의 쿠웨이트 공격(1990) 등을 침략으로 인정
예비적 조치 및 잠정조치	• **예비적 조치**: 평화 유지·회복을 위한 권고로, 구속력이 없음 • **잠정조치**: 구속력이 있음
비군사적 강제조치	• 경제관계 등의 단절 • 예시적 조치 규정 • 임시 국제형사재판소 설치 • 로디지아에 대한 제재(1968) • 남아프리카공화국에 대한 제재(1977) • 구속력이 있음 • **표적제재조치(smart sanction)**: 특정 개인이나 단체만을 제재의 대상으로 한정하거나, 제재 대상 품목이나 행위를 구체화하는 방안 • **제재 해제 청구 절차(2006년 결의)**: 개인이나 단체로부터 제재 해제 청구를 받는 절차를 마련
군사적 강제조치	• 공군, 해군, 육군에 의한 조치 • 제43조의 특별협정에 기초하여 발동. 동 협정 체결국에 대해서만 구속력을 가지며, 특별협정체결국은 현재 없음 • 군사적·비군사적 강제조치에 시간적 우선순위는 없음(군사적 조치 먼저 결정 가능) • 로디지아 사태 당시 영국에게 필요한 경우 무력사용 허가(1966) • 이라크의 쿠웨이트 침공 시 회원국들에게 무력사용 허가(1990) • 소말리아(1993), 유고 사태(1995), 동티모르 사태(1999), 라이베리아(2003), 코트디부아르(2004) 사태 당시 무력사용 허가

(3) **안전보장이사회의 다른 역할들**

① 자위권 행사의 통제기관
② 지역기구에 의한 평화유지권능의 통제: 사전허가가 필요함. 안전보장이사회의 허가를 요하는 지역적 협정이나 지역적 기구에 의한 강제행동은 군사적

강제조치만을 의미하며, 비군사적 강제조치는 여기는 포함되지 않는 것으로 보는 견해도 있음. 주요 지역적 기구들은 비군사적 조치는 안전보장이사회에 사전허가를 구하지 아니하고 회원국 혹은 비회원국을 상대로 적용함. 지역기구가 착수 또는 계획하고 있는 활동에 대해 안전보장이사회에 통보할 의무를 짐
③ 국제사법재판소(ICJ)판결의 집행기관으로서의 역할
④ **평화유지활동**: 초기에 총회가 PKO를 창설한 사례도 있었으나, 현재는 안전보장이사회가 창설기관으로 확립되었음

제4절 기타 주요기관

1. 경제사회이사회

(1) **구성**
① 총회에서 선출되는 54개 이사국으로 구성
② 임기는 3년
③ 매년 정기총회에서 18개국씩 개선
④ 연속해서 재선될 수 있음

(2) **권한**
① 경제·사회·문화·교육·보건 등의 국제사항에 관하여 연구·보고·발의하고 이러한 사항에 관하여 총회·회원국 및 관계 전문기관에 권고
② 인권 및 기본적 자유의 존중과 준수를 조장하기 위하여 권고
③ 권한 내 사항에 관하여 총회에 제출할 조약안을 작성하거나 국제회의를 소집
④ 총회의 승인을 받아 전문기관과 협정을 체결하고 활동을 조정
⑤ 안전보장이사회에 정보를 제공할 수 있으며, 안전보장이사회의 요청이 있을 때 원조
⑥ 총회의 권고를 이행함에 있어서 자기의 권한에 속하는 임무를 수행해야 함
⑦ UN회원국이나 전문기구의 요청이 있을 때 총회의 승인을 얻어 용역(services)을 제공할 수 있음
⑧ 비정부기구와 협의를 위한 적당한 협정을 체결할 수 있음
⑨ 적당한 경우 관계있는 UN회원국과 협의 후 비정부국내기구(NGO)와 협정을 체결할 수 있음

(3) **의결**
① 이사국은 1개의 투표권을 가짐
② 결의는 출석·투표하는 이사국 과반수에 의해 성립

③ 결의는 원칙적으로 권고적 효력을 가짐
④ UN회원국에 대해 당해 회원국에 특별히 관계있는 문제에 관한 심의에는 투표권 없이 참가하도록 초청해야 함

2. 신탁통치이사회

① 신탁통치국, 안전보장이사회 상임이사국 중 신탁통치국이 아닌 국가, 총회에서 3년 임기로 선출된 국가로 구성
② 1994년 유일하게 남아 있던 팔라우가 마지막으로 독립하여 신탁통치지역이 전부 없어짐으로써 신탁통치이사회의 임무는 사실상 종료

> **참고**
>
> **비자치영토**
> - 신탁통치지역과 더불어 헌장의 규율을 받는 식민지 유형
> - 미국령 괌, 영국령 지브롤터, 프랑스령 뉴칼레도니아, 뉴질랜드령 토커라우 등
> - 반기문 사무총장은 2008년 5월 14일 시정국들에게 탈식민지화에 대한 UN의 소임을 다하도록 촉구
> - 일부 비자치영토는 UN에서 자치 내지는 독립을 권유하여도 스스로 이를 원하지 아니함

3. 사무국

① UN의 행정적 사무를 담당하는 기관으로 1명의 사무총장과 필요한 직원으로 구성
② 1997년 12월에 사무부총장직을 신설
③ 사무총장 및 직원은 임무를 수행함에 있어서 어떤 정부 또는 UN 이외의 당국으로부터 지시를 구하거나 받아서는 안 되며, 오직 UN에 대해서만 책임을 지는 국제공무원
④ UN헌장과 1946년에 채택된 UN의 특권·면제에 관한 협약에 의해 특권과 면제를 향유

> **참고**
>
> **전문성의 원칙과 묵시적 권한**
> - 전문성의 원칙 또는 파생적 권한의 원칙이란 국제기구들은 그것을 창설하는 국가들로부터 부여받은 목표와 권한의 범위 내에서만 직무를 수행할 수 있다는 원칙
> - 전문성원칙 또는 파생적 권한의 원칙은 특히 UN체제하의 그 전문기구에 관해서는 묵시적 권한의 원칙을 제한하기 위해 도입됨
> - 국제사법재판소(ICJ)는 Legality of the Use by a State of Nuclear Weapons in Armed Conflict 사건에서 WHO에 핵무기사용의 합법성 문제를 제기할 수 있는 권한을 귀속시키는 것은 설령 그것이 보건과 환경에 미치는 효과를 고려하더라도 전문성의 원칙을 무시하는 것이라고 언급

4. 사무총장

① UN을 대표하고, 사무국 직원을 임명
② 안전보장이사회의 권고에 의하여 총회가 임명
③ 안전보장이사회의 지명 권고에는 거부권이 적용되며, 총회의 임명은 단순 다수결에 따름
④ 임기
　㉠ 헌장에 규정이 없음
　㉡ UN총회는 5년으로 결의하였으며, 총회와 안전보장이사회와의 협의하에 사무총장의 임기를 연장할 수 있음
⑤ 사무총장은 총회가 고려하고 있는 어떤 문제에 관해서도 구두 또는 서면으로 총회에 진술할 수 있음. 총회의 위원회나 소위원회에 대해서도 인정함
⑥ 국제평화와 안전의 유지를 위협한다고 인정되는 사항에 대하여 안전보장이사회에 그 주의를 환기
⑦ 국제사법재판소(ICJ)규정상 선택조항의 수락선언서를 기탁받음. 사무총장은 그 등본을 재판소규정의 당사국 및 재판소 서기에게 송부함
⑧ UN헌장 또는 회원국과의 협정에 의하여 그 임무수행상 특권이 인정

제5절 국제연합 전문기구

1. 개념 및 구별개념

(1) 개념

① 전문기구는 정부 간 협정에 의하여 설치
② 경제·사회·문화·교육·보건 및 관련 모든 분야에 있어 그 기본 문서가 정하는 바에 따라 광범위한 국제적 책임을 짐
③ UN헌장에 따라 UN과 관계를 맺은 국제기구

(2) 구별개념 – 보조기관

① UN의 주요기관들은 보조기관을 설치할 수 있음
② 보조기관은 회원국으로 구성될 수도 있고, 사적 자격으로 행동하는 개인들로 구성될 수도 있음
③ 보조기관을 설립하기 위해서는 반드시 UN헌장에 명시적인 근거가 있어야 하는 것은 아니며 묵시적 권한의 이론이 적용됨
④ 일반적으로 기구 혹은 주요기관이 자신의 직무수행을 돕기 위해 만드는 보조기관은 자신이 소속한 기구 혹은 주요기관의 통제 내지 감독하에 있다는 의미에서 종속적이며, 또한 보조기관의 결정은 주요기관 특히 자신을 만든 기관에 대해 구속력을 가질 수 없음

⑤ 국제사법재판소(ICJ)는, Effect of awards of compensation made by the UN Administrative Tribunal 사건에서 행정재판소는 총회에 의해 사법기관으로 의도된 것이므로 행정재판소를 보조적이거나 부차적 기관의 관점에서만 봐서는 안 된다고 하였음. 국제사법재판소(ICJ)는 이와 같은 논리에 기초하여 총회에게 행정재판소가 UN직원에게 유리하게 내린 배상판결의 시행을 거절할 권리가 없다고 판시하였음

전문기구	보조기관
국제법인격자	총회와 안전보장이사회의 하부 기관
정부 간 협정으로 설치	총회나 안전보장이사회 등의 결의에 의해 설치
경제사회이사회와 협정을 체결하여 UN과 제휴관계를 맺음	협정을 체결하지 않음

2. 전문기구의 요건
① 정부 간 협정에 의해 창설된 정부 간 국제기구이어야 함
② 경제사회이사회와 협정을 체결하여 UN과 제휴관계를 맺어야 함
③ 제휴협정은 총회의 승인을 받아야 함

3. UN과 전문기구 및 회원국과의 관계

(1) UN과 전문기구의 일반적 관계
① UN은 전문기구의 정책과 활동을 조정하기 위해 권고
② UN은 적당한 경우에는 제55조에 명시된 목적 달성에 필요한 새로운 전문기구를 설치하기 위하여 관련국들이 교섭에 들어갈 것을 발의
③ 국제사법재판소(ICJ)는 Legality of the Use by a State of Nuclear Weapons in Armed Conflict에서 UN과 그 전문기구들이 UN체제를 형성하고 있으므로 전문기구인 WHO는 UN체제의 다른 부분들의 책임을 침해할 수 없다고 함

(2) UN과 전문기구의 제휴협정 내용
① UN과 전문기구는 타당사자의 기관 회합에 투표권 없이 대표자를 파견할 권리 부여
② 대부분의 전문기구는 UN총회의 권고를 심의하고 경제사회이사회에 정기적으로 보고서를 제출할 것에 동의
③ 대부분의 전문기구는 그들의 활동범위 내에서 발생하는 법적 문제에 대하여 국제사법재판소(ICJ)에 권고적 의견을 요청할 수 있는 권리를 총회로부터 부여받음
④ 정보교환을 위한 규정을 삽입

(3) 전문기구와 당해기구 회원국과의 관계
① 일반적으로 전문기구는 그 회원국들에게 구속력 있는 결정을 채택할 권한이 없음
② 설립조약에서 회원국들이 특정한 방향으로 행동하도록 압력을 넣는 수단 규정
③ ILO, UNESCO, WHO는 권고와 협약 초안을 작성할 수 있는데 이 경우 그 회원국들은 이들 권고와 협약 초안을 수락할 의무는 지지 않음
④ 그러나 문제의 권고와 협약 초안에 의하여 규율되는 분야에서의 자국의 법과 실행에 관하여 당해 전문기구에 정기적으로 보고해야 하며 또한 일부 경우에는 권고와 협약 초안을 수락하지 않은 이유를 천명하도록 함
⑤ WHO의 경우 일부 주제에 대해서는 원칙적으로 모든 회원국에 대해 구속력 있는 규칙을 채택할 수 있음

4. UN전문기구

① 국제통화기금(IMF: International Monetary Fund)
② 국제부흥개발은행[IBRD: 세계은행(World Bank)]
③ 국제개발협회(IDA: International Development Association)
④ 국제금융공사(IFC: International Finance Corperation)
⑤ UN교육과학문화기구(UNESCO)
⑥ 세계기상기구(WMO: World Meteorological Organization)
⑦ 세계지적소유권기구(WIPO: World Intellectual Property Organization)
⑧ 국제노동기구(ILO: International Labor Organization)
⑨ 세계보건기구(WHO: World Health Organization)
⑩ 국제민간항공기구(ICAO: International Civil Aviation Organization)
⑪ 국제해사기구(IMO: International Maritime Organization)
⑫ 만국우편연합(UPU: Universal Postal Union)
⑬ 국제전기통신연합(ITU: International Telecommunication Union)
⑭ UN식량농업기구(UNFAO: UN Food & Agriculture Organization)
⑮ 국제농업개발기금(IFAD: International Fund for Agricultural Development)
⑯ UN공업개발기구(UNIDO: UN International Development Organization)
⑰ 다자간 투자보증기구(MIGA: Multilateral Investment Guarantee Agency)
⑱ 세계관광기구(WTO: World Tourism Organization)
⑲ 국제투자분쟁해결센터(ICSID: International Centre for Settlement of Investment Disputes)

제6절 PKO

1. 개념
① 헌장상의 정의규정은 없음
② 군사요원을 포함하되 강제력은 사용하지 않는 활동으로 분쟁지역의 국제평화와 안전을 유지하고 회복하는 것을 돕기 위해 UN에 의해 취해지는 제반활동

핵심 POINT | 평화유지군과 다국적군 비교

비교기준	평화유지군 (PKF)	다국적군 (MLF)
창설기관	안전보장이사회, 총회	안전보장이사회
헌장상 근거	없음(ICJ - 목적필요설)	헌장 제7장(안전보장이사회 관행)
분쟁당사국 동의 여부	동의 요함	동의 불요함
선제적 무력사용	불가	가능
법적 성격	UN군	UN군 아님
통제	UN사무총장	파견국
비용부담주체	UN	파견국

2. 취지
① UN의 집단안전보장체제에 내재된 제도적 흠결을 보완
② 헌장 제6장에서 예정된 분쟁의 평화적 해결을 위한 방안이 무력화되고 분쟁이 국제평화와 안전의 유지를 위태롭게 할 우려가 있는 단계가 이미 지났음에도 안전보장이사회 상임이사국 간 의견 불일치 등의 이유로 헌장 제7장에 의거한 행동이 발동되지 못한 경우 취해짐

3. 주요 활동
① 휴전의 감시와 확인
② 인도적 구호활동 지원
③ 무장해제
④ 지뢰 제거 지원
⑤ 선거 실시와 감시
⑥ 예방적 배치(preventive deployment)
  ㉠ 1992년 부트로스 갈리 UN사무총장이 An Agenda for Peace에서 예방적 배치(preventive deployment) 개념을 제시
  ㉡ 예방적 배치는 평화에 대한 위협이 될 수 있는 사태의 추이를 감시·보고하는 역할을 수행하는 것

4. 활동원칙

(1) 당사자 동의원칙
① 당사자 확인이 어렵거나 다수인 경우 예외
② 동의 철회 시 철수해야 함

(2) 중립성의 원칙

(3) 무력불사용의 원칙
① 원칙: 자위 목적의 무력사용만 인정
② 예외: 무장한 자가 평화유지군의 임무수행을 저지하는 경우 최소한의 선제적 무력사용할 수 있음

(4) 자발적 파견의 원칙

(5) UN사무총장의 평화유지활동 관장원칙

5. 법적 근거

① 헌장에 명문조항이 없음
② 국제사법재판소(ICJ)의 견해
　㉠ 총회: 평화적 조정에 관한 권고 규정(제14조)
　㉡ 안전보장이사회: 보조기관 설치권한(제29조)

6. 구성과 법적 지위

① 평화유지군의 편성을 최종적으로 결정할 권한은 UN에 있음
② 평화유지활동의 중립적 성격을 보장하기 위해 5대 상임이사국과 특수이해관계국의 병력은 편성에서 제외됨
③ UN의 배타적 지배하에 놓여지며 사무총장 지휘
④ 국별 파견부대는 UN군으로 통합되며, 통일사령부의 지휘하에 국제적인 임무를 수행
⑤ 비용은 UN예산에서 충당

7. 평화유지군의 특권·면제 및 국제책임

(1) 특권 및 면제
① 평화유지군은 UN헌장 제104조 및 제105조, UN의 특권면제에 관한 조약에 기초하여 그 임무 수행 및 목적 달성에 필요한 특권 및 면제를 향유
② UN과 현지국 간의 주둔군 지위협정상 PKO 참여자들의 형사적 위법행위에 대하여는 현지 법원이 관할권을 행사하지 못함
③ 최근, 사무총장과 PKO 병력제공국 간에 자국군의 범죄행위에 대해 형사재판권을 행사하겠다는 약속을 포함한 양해각서의 체결이 권장됨

(2) 평화유지군의 행위에 대한 국제책임
① PKO는 UN의 보조기관으로 UN이 최종적인 통제권을 가짐
② 설치와 해산은 UN이 결정
③ PKO의 위법행위에 대한 책임은 원칙적으로 UN이 짐
④ ILC 2011년 초안은 국제기구의 통제에 맡겨진 국가 기관의 행위에 대하여는 기구가 실효적 통제를 행사하는 경우에만 기구의 행위로 간주된다고 규정
⑤ PKO의 행위 중 본국의 명령에 따른 행위의 책임은 UN에 귀속되지 않음
⑥ Nuhanović 사건: 네덜란드 대법원은 UN PKO 활동과정에서 벌어진 결과라도 문제의 행위에 대해 네덜란드 정부가 실효적 통제를 하고 있었다면 그 책임은 네덜란드에 귀속된다고 판단
⑦ Behrami 및 Saramati 사건: 유럽인권재판소는 UN KFOR(코소보평화유지군)의 행위는 피고 유럽인권협약 당사국들에 귀속되지 않는다고 판결

제7절 국제연맹

1. 성립
① 제1차 세계대전 이후 평화유지를 위해 창설
② 1919년 파리평화회의에서 가결되어 베르사유조약 제1편으로 규정
③ 1919년 6월 28일 채택되고, 1920년 1월 10일 발효

2. 목적
① 국제평화와 안전을 성취하는 것
② 국제협력을 촉진하는 것

3. 구성
① 원연맹국과 신연맹국으로 구성

원연맹국	연합국과 초청된 중립국
신연맹국	연맹총회의 3분의 2 동의로 가입한 국가

② 국가뿐 아니라 속령 또는 식민지라도 완전한 자치능력이 있는 경우 가입 허용

4. 탈퇴와 제명

(1) 탈퇴
① 연맹국은 2년 전에 예고함으로써 탈퇴 가능
② 1935년에 일본과 독일이 탈퇴하였고, 1937년에 이탈리아가 탈퇴하였음

(2) 제명
① 연맹규약을 지속적으로 위반한 경우 제명됨
② 소련은 핀란드 침략으로 1939년 국제연맹에서 제명됨

5. 기관

총회	• 모든 연맹국 대표로서 구성되어 연맹의 행동범위에 속하거나 세계평화에 영향을 미치는 모든 사항을 처리 • 표결권은 1국 1표 • 절차사항은 과반수로 의결하나 그 밖의 사항은 만장일치로 의결
이사회	• 상임이사국과 비상임이사국 대표로 구성 • 총회의 과반수 찬성투표로 그 수를 변경 • 이사회의 권한과 의결방법은 총회와 동일
상설사무국	총회 과반수의 동의로 이사회가 임명하는 1명의 사무총장과 그가 임명하는 사무직원으로 구성

6. 분쟁의 평화적 해결

① 국교단절에 도달할 우려가 있는 분쟁이 연맹국 간 발생한 경우, 연맹국은 이를 국제재판이나 이사회의 심사에 부탁해야 함
② 판결이나 이사회보고 후 3개월간은 어떤 경우에도 전쟁에 호소할 수 없음
③ 이사회에 부탁한 경우 그 보고는 구속력은 없었음
④ 그러나 당사국을 제외한 연맹이사국 전부의 동의를 얻은 것일 경우 일방 당사국이 이 보고에 응하면 타방 당사국은 전쟁에 호소할 수 없었음

7. 분쟁해결 규정 위반시 제재

① 전쟁을 일으킨 연맹국에 대하여는 당연히 연맹국 전체에 대해 전쟁을 일으킨 것으로 인정
② 연맹국은 위반국에 대해 일체의 통상상 또는 금융상 관계를 단절하고, 자국민과 위반국 국민 간의 교통을 일절 금지하며, 연맹국 여부를 불문하고 다른 모든 국가의 국민과 위반국 국민 간의 일체의 금융상·통상상 관계 및 개인적 교통을 금지
③ 군사적 제재조치의 경우 침략의 희생이 된 국가에 대한 군사상의 원조는 각 연맹국의 자유재량에 일임되어 있었고, 규약을 위반한 행위의 발생 여부와 발생시기 및 연맹국 전체에 대한 전쟁행위가 있었는지 여부 등 중대문제의 결정을 각 가맹국에 일임

제2장 유럽연합(EU)

1. 발전과정

(1) 유럽석탄·철강공동체(European Coal and Steel Community: ECSC, 1951)
① 슈만플랜에 기초하여 창설
② 독일, 프랑스, 이탈리아, 벨기에, 네덜란드, 룩셈부르크가 참여
③ 석탄과 철강에 대한 관세를 폐지하고 공동시장을 설립
④ 관련 정책을 시행하고 감독할 초국가기구인 고등관청을 설치
⑤ 각료이사회, 유럽법원, 공동의회를 설립
⑥ 2002년 7월 23일 공식 소멸

(2) 유럽경제공동체(EEC, 1957)
① 로마조약에 의해 창설
② 관세동맹을 창설하고자 함
③ 1968년 관세동맹을 완성
④ 1965년 유럽석탄·철강공동체(ECSC), 유럽원자력공동체(EURATOM), 유럽경제공동체(EEC) 세 기관의 위원회와 각료이사회를 통합
⑤ 1967년 7월 1일 유럽공동체를 창설
⑥ 1977년 유럽자유무역연합(EFTA)과 무역협정을 체결

(3) 유럽원자력공동체(EURATOM, 1957)
① 1958년 1월 로마협정에 따라 설립
② 핵물질 교역을 위한 공동시장을 설치

(4) 단일유럽의정서(1985)
① 상품, 사람, 자본, 서비스 이동의 자유를 보장
② 단일시장(공동시장)을 완성
③ 의사결정방식에 있어서 가중다수결방식을 도입
④ 입법과정에서 협력절차(cooperation procedure)를 도입하여 유럽의회의 관여범위를 확대
⑤ 유럽이사회를 공동체 기구 속에 포함시킴

(5) 마스트리히트조약(1992)
① 법인격은 갖지 않는 EU를 창설
② 종래 3개 공동체(1기둥), 공동외교안보정책(2기둥), 사법 및 내무 분야 협력(3기둥)의 세 기둥으로 구성

③ 유럽경제공동체를 유럽공동체(EC)로 개명
④ 1기둥 내에서 경제통화동맹을 도입하기로 함
⑤ 보충성 원칙을 도입
⑥ EU 시민권 개념을 도입
⑦ 공동결정(co-decision)절차를 새로 도입하여 의회의 권한을 강화. 동 절차에 의하면 의회는 각료이사회가 합의한 법안을 거부할 수 있음
⑧ 의회가 신규회원국의 가입과 공동체 예산 집행에 대한 승인권을 갖게 됨
⑨ 공동외교안보정책을 처음으로 명문화

(6) 암스테르담조약(1997)
① 협력절차를 대부분 폐지하고 공동결정절차로 대체
② 셍겐체제를 EU 속에 도입
③ EU에 조약체결권을 부여
④ 위반국에 대해 투표권 등의 권리를 정지하는 제도를 도입
⑤ 다단계 통합방안을 도입하여 과반수 국가들 사이에서 합의가 성립되면 이들 국가 간 먼저 통합을 실시하기로 합의
⑥ 공동외교안보정책에 있어서 다수결제도를 도입
⑦ 경제통화동맹과 단일시장을 완성
⑧ 서유럽동맹을 EU로 편입

(7) 니스조약(2001)
① 유럽연합이사회 만장일치 의결범위를 축소
② 가중다수결방식을 개정하여 국가별 가중치요건을 규정하였으나, 리스본조약에서 국가별 가중치요건을 삭제
③ 2005년부터 유럽집행위원회 위원 수를 1국 1위원으로 개정

(8) 유럽헌법조약(2004, 미발효)
① EU대통령직을 신설
② EU외무장관직을 신설
③ 유럽의회의 권한을 강화
④ 유럽의회의 공동결정권한을 확대
⑤ 유럽의회에 집행위원장 및 위원에 대한 임명동의권을 부여
⑥ 이중다수결제도를 도입
⑦ 탈퇴규정을 도입
⑧ 집행위원 수를 18명으로 줄이기로 합의
⑨ 조세, 외교안보, 국방 등 특정 분야를 제외하고 회원국이 거부권을 행사할 수 있는 분야를 축소

(9) 리스본조약(2007)
① 이중다수결제도 도입: 이사회 구성원 55% + EU 인구의 65%로, 2014년부터 시행하기로 하였음
② 집행위원수를 18명으로 감축(추후 종전대로 1국 1집행위원회 유지하기로 합의하였으며, 현재는 총 27명임)
③ 유럽이사회의 상임의장제를 도입
④ 외교안보정책 고위대표 체제를 창설. 유럽연합조약에서 도입된 공동외교안보정책 고위대표와 EU집행위원회의 대외관계 담당 집행위원이 하나로 통합된 직책. 외교안보정책 고위대표는 EU의 외교정책을 총괄하는 대외정책 실행국(대외관계청)과 유럽방위기구를 총괄
⑤ 탈퇴권을 명시
⑥ 리스본조약에 의해 마스트리히트조약의 3주 체제는 유럽연합조약(TEU)과 유럽연합기능조약(TFEU) 양대 구조로 변화
⑦ TFEU는 1958년 발효된 로마조약에서 비롯한 EC창설조약이 리스본조약을 통해 TFEU로 명칭이 변경된 것임. 이 조약은 EU기구의 운영, 역할, 정책 등에 대해 규정
⑧ 기존 제3기둥이었던 경찰 및 사법 협력 분야는 TFEU 내에 편입됨
⑨ 이사회와 유럽의회 간 공동입법절차를 일반입법절차로 도입하였음. 단일유럽의정서에서 도입된 협력절차가 폐지됨
⑩ 유럽의회는 집행위원장을 선출
⑪ EU정상회의를 공식 EU기구로 규정
⑫ EU정상회의는 최소 연 4회 개최
⑬ EU정상회의(유럽이사회) 의사결정원칙은 총의
⑭ 외교안보 고위대표는 집행위원회 부위원장을 겸직하며 리스본조약에 의해 신설된 유럽대외관계청의 수장 역할을 맡음
⑮ 외교안보 고위대표의 임기는 5년이며, 외교이사회의 상임의장임
⑯ 외교안보 고위대표는 공동대외정책 및 안보정책에서 EU를 대표
⑰ 유럽이사회 상임의장은 EU정상회의에서 가중다수결로 선출되며 임기는 30개월이며, 1회 연임 가능
⑱ 유럽이사회 상임의장은 EU정상회의를 주재하고, 외교안보고위대표의 권한을 침해하지 않는 범위에서 공동외교안보정책과 관련하여 EU를 대외적으로 대표
⑲ EC설립조약을 EU기능조약으로 명칭을 변경

2. 주요 기관

(1) 유럽이사회
① 27개 회원국 정부 수반, 유럽이사회 상임의장, 집행위원장으로 구성
② 상임의장은 유럽이사회에서 가중다수결로 선출되며 임기 2년 6개월, 1회 연장 가능
③ 의사결정방식은 컨센서스가 원칙이나 가중다수결이나 만장일치도 있음
④ 표결시 상임의장과 집행위원장은 참여할 수 없음
⑤ 상임의장은 공동외교안보정책에서 EU를 대표하나, 외교안보정책고위대표 체제의 권한을 침해하지 않는 범위 내로 한정
⑥ EU의 정치적 방향과 우선순위를 분명히 하는 것이 주요 기능
⑦ 입법기능은 없음
⑧ 외교안보정책 고위대표는 매번 참석하지는 않고 필요 시 참석
⑨ 6개월에 2회씩, 연 4회 개최
⑩ 1974년 1월 유럽이사회의 명칭이 채택되고 매년 3번 만날 것을 결정하였으며, 1975년 3월 더블린에서 최초로 유럽이사회가 개최
⑪ 1986년 단일유럽의정서에서 공식적으로 승인되었고, 1992년 마스트리히트조약을 통해 정식 지위(formal status)를 획득
⑫ 2007년 리스본조약에서 유럽이사회를 유럽연합의 제도로서 공식 승인하고 그 지위와 역할을 명확히 규정
⑬ 초대 상임의장으로 헤르만 반 롬푀이가 선출되었고 재선됨
⑭ 2014년 도날드 투스크를 선출
⑮ 유럽이사회가 가중다수결을 적용하는 경우 이사회에 적용되는 가중다수결 규칙을 적용
⑯ 유럽이사회가 만장일치로 행동하는 경우 기권국이 있더라도 만장일치로 인정

(2) 이사회(각료이사회, 유럽연합이사회)
① 장관급으로 구성
② 유럽의회와 공동으로 예산 및 입법기능을 수행
③ 외무이사회는 외교안보정책 고위대표가 상임의장이나, 타 이사회 의장은 순번제로 맡음
④ 의사결정은 중요도에 따라 단순다수결, 이중다수결(리스본조약에서 채택), 만장일치 사용
⑤ 만장일치는 외교, 안보, 회원국 확대, 조세 등 주요한 사안에 한해 적용
⑥ 이중다수결이 일반적으로 이용됨
⑦ 이중다수결은 회원국 55%, EU 총인구의 65% 이상을 요건으로 결정
⑧ 이중다수결하에서 모든 회원국은 1국 1표를 가짐

⑨ 이중다수결은 2014년 11월 1일부터 적용됨
⑩ 집행위원회는 유럽의 일반적 이익을 대변하는 기구이나, 각료이사회는 각 회원국의 이익을 담보하는 기구
⑪ EU의 입법을 최종결정하고 의회와 함께 예산을 결정
⑫ 10개 이사회: 일반, 대외관계, 경제재무, 내무사법, 고용 사회정책 보건 소비자보호, 경쟁력, 운송통신에너지, 농업, 환경, 교육청소년문화스포츠
  ㉠ 일반이사회는 외무장관들이 참여하여 외교정책 및 EU의 전반적인 정책을 조율
  ㉡ 대외관계이사회는 일반이사회와 마찬가지로 외무장관이 참석하며 외교 안보 및 대외 통상정책 전반을 다룸
  ㉢ 각료이사회 의장은 6개월마다 돌아가면서 맡음

(3) **집행위원회(European Commission)**
① 집행위원장은 유럽이사회가 가중다수결로 후보자를 제안하고 유럽의회에서 재적의원 과반수 동의로 선출
② 외교안보정책 고등대표도 집행위원회 구성원이며, 유럽이사회가 집행위원장과 합의하여 가중다수결로 임명
③ 초국가적 기관으로 각 회원국이 아닌 EU의 공동이익을 추구
④ 조약 및 타 기관들이 채택한 조치를 적용하는 집행기능을 수행
⑤ EU입법행위는 원칙적으로 집행위원회의 제안에 의해서만 가능
⑥ 집행위원장은 국제협상에서 EU를 대표
⑦ 집행위원은 회원국 정부에 의해 지명되고, 유럽의회가 인사청문회를 거쳐 집행위원단 전체에 대한 승인 여부를 결정한 뒤, EU정상회의(EU이사회)의 이중다수결로 최종 임명. 임기는 5년
⑧ 니스조약 이후 1국 1집행위원원칙에 따라 27명으로 구성되며 이 중 한 명이 집행위원장으로 선출

(4) **유럽의회**
① 체감비례대표로 구성하면 의원총수는 의장 외에 750명을 넘을 수 없음
② 의장도 의원이긴 하지만, 의장은 표결에 참여할 수 없음
③ 국가별 의석수로는 독일이 96석으로 최대, 몰타가 6석으로 최소
④ 이사회와 공동으로 입법 및 예산 기능을 수행
⑤ 리스본조약 이후 일반입법절차를 통해 집행위원회 및 각료이사회와 동등한 정책결정 권한을 가짐. 외교, 안보, 일부 내무 사법 분야는 여전히 이사회의 권한이며, 유럽의회는 협의 및 권고 역할만 수행
⑥ 입법제안권은 없음
⑦ 신규 회원국 가입에 대한 동의권을 가짐
⑧ 집행위원장 임명 동의권을 보유

⑨ 집행위원 임기는 5년
⑩ 출신국별로 행동하지 않고 정치단체를 형성하여 행동
⑪ 1952년 유럽석탄철강공동체 공동의회에서 시작됨
⑫ 2004년부터 의원의 겸직 금지(위원회 위원, 유럽재판소 재판관도 겸직 금지)

(5) **유럽사법재판소(ECJ: European Court of Justice)**
① EU의 최고 법원으로서 로마조약에 따라 1958년 설립
② 27명의 법관으로 구성
③ 1958년 수립 당시 단일재판소로 출발하였으나 1980년 업무량 급증에 따라 일심법원(Court of First Instance: CFI)을 설치
④ 기능: EU의 헌법인 조약을 최종적으로 해석, EU의 최고법원으로 통일된 법해석을 통해 공동정책 수행을 보장, EU 내 자연인과 법인을 보호

(6) **유럽대외관계청(EEAS: European External Action Service)**
① 리스본조약에 의해 신설
② 외교안보정책 고위대표의 업무를 지원
③ 외교안보정책 고위대표가 직접 관리하고 통솔
④ 집행위원회와 각료이사회의 대외관계 부서 그리고 회원국 정부의 대외관계 부서와의 협력을 촉진
⑤ 회원국 정부의 다양한 의견을 조정하여 EU 차원에서 단일한 목소리를 내도록 하는 것이 설립목적
⑥ 외교안보정책 고위대표는 유럽의회에서 찬반투표를 거쳐 유럽이사회에서 임명. 임기는 5년이며 1회 연임이 가능. 집행위원회 부위원장을 겸직하며, 대외관계이사회를 주재

3. 기타

(1) **EU 탈퇴절차**
① 리스본조약에서 신설
② 탈퇴희망국은 유럽이사회(정상이사회)에 통고
③ 유럽이사회가 협상방침을 컨센서스로 정함. 탈퇴희망국은 유럽이사회 의사결정에 참여할 수 없음
④ 탈퇴협정은 유럽의회의 동의를 얻은 후 이사회가 이중다수결로 체결
⑤ 회원국 72% + 인구수 65%, 20개 회원국 이상 찬성해야 함
⑥ 유럽의회 동의는 단순 과반수 이상 찬성으로 결정
⑦ 유럽의회 표결 시 탈퇴희망국 출신도 표결할 수 있음
⑧ 탈퇴협상은 탈퇴희망국과 집행위원회가 수행
⑨ 탈퇴협상 기간은 2년이고, 유럽이사회 만장일치로 연장할 수 있음

(2) **EU법과 회원국 국내법의 관계**
　① EU법은 직접적용성을 가지므로 회원국 국내법체계에 별도 입법조치 없이 수용
　② EU법은 직접효력성을 가지므로 유럽연합 시민들도 이를 원용할 수 있음
　③ EU법은 회원국의 헌법을 포함하여 모든 국내법보다 우위이나, 양 규범이 상충해도 회원국 국내법이 자동적으로 무효가 되는 것은 아니며, 유럽재판소도 무효선언을 할 수 없음

(3) **EU의 규범**
　① 1차 규범과 2차 규범으로 구성됨
　　㉠ **1차 규범**: 각 공동체를 설립하는 조약 등 각 회원국 간에 체결된 조약
　　㉡ **2차 규범**: EU기관 내부 과정을 거쳐 만들어진 규범
　② 2차 규범에는 법적 구속력을 가진 규정(Regulation)·지침(Directive)·결정(Decision)이 있고, 법적 구속력이 없는 권고(Recommendation)와 의견(Opinion)이 있음
　　㉠ **규정**: 모든 회원국, 모든 개인과 법인에 적용되며 구속력이 있음. 직접적용성도 있음
　　㉡ **지침**: 모든 회원국에 적용되고 법적 구속력이 있음. 다만, 규정과 달리 정책 목표 달성과 방법의 선택에 있어서 회원국의 재량을 인정함. EU에서 지침을 주고 회원국이 국내에서 재입법할 수 있음
　　㉢ **결정**: 특정 회원국, 개인, 법인에 대해서만 구속력이 있음. 세부적인 행정조치의 성격을 가짐

MEMO

해커스공무원 학원·인강
gosi.Hackers.com

제4편
개인

제1장 국민 및 외국인
제2장 국제인권법

제1장 국민 및 외국인

제1절 국민과 국적

1. 개념

(1) **국민**
특정 국가에 속하며 국가를 구성하는 개인(자연인, 법인)

(2) **국적**
개인을 특정 국가의 구성원이 되게 하는 자격 또는 법적 유대(legal bond)

(3) **시민권**
미국은 시민권과 국적을 준별하고, 시민권은 특정 국내법 안에서 완전한 정치적 권리를 보유한 사람들의 지위를 의미

2. 국적 결정

① 원칙적으로 각국이 국제법상 독자적으로 결정(국적법 저촉에 관한 헤이그협약, 1930)
② 그 국적이 국제법상 실효적으로 기능하기 위해서는 국적에 관한 국내법이 국제조약·국제관습·국적에 관하여 일반적으로 인정된 법의 일반원칙에 일치되어야 함
③ 자연인의 경우 국적 부여국과 국민 간에 진정한 관련성(genuine link)이 있어야 함
④ 국가는 개인의 국적을 자의적으로 박탈할 수 없음
⑤ 개인은 자신의 국적을 변경할 권리를 가짐(세계인권선언 제15조 제2항)
⑥ 둘 이상의 국적을 가진 개인은 그 각각의 국적국에 의하여 자국민으로 간주될 수 있음(국적법 저촉에 관한 헤이그협약, 1930)

3. 국적의 취득과 상실

(1) 취득

자연인	• 출생: 출생지주의와 혈통주의 　- 대한민국: 혈통주의 및 부모양계혈통주의 • 혼인: 부부국적동일주의와 부부국적독립주의가 대립 　- 대한민국: 부부국적독립주의 • 귀화(naturalization): 당사자의 의사표시에 의해 외국에 귀화를 신청하고 그 허가를 얻음으로써 국적을 취득하는 것 　- 노테봄 사건(1995): 국제사법재판소(ICJ)는 귀화에 의해 국적 취득시 국적 부여국과 국적 취득자 간에 진정한 관련성(genuine link)을 요한다고 봄
법인	• 원칙: 국적 부여 기준은 재량사항이자 국내 문제 • 법인의 국적: 설립지국 또는 본점소재지국(바르셀로나 트랙션 사건, ICJ) • 법인의 국적 결정과 진정한 관련성의 필요 여부: 불필요(바르셀로나 트랙션 사건, ICJ) • 주주: 법인의 피해에 대해 주주의 국적국이 원칙적으로 보호권을 발동할 수 없음. 단, 법인이 법적으로 소멸한 경우 보호권이 발동할 수 있음. 주주에 대한 직접적인 피해인 경우에는 주주의 국적국도 원칙적으로 보호권을 발동할 수 있음

> **관련 판례** | **노테봄 사건(ICJ, 1955)**
>
> • 노테봄의 재산 몰수에 대해 리히텐슈타인이 과테말라를 상대로 외교적 보호권을 발동하였다.
> • 과테말라는 선결적 항변에서 노테봄의 리히텐슈타인 국적의 국제법적 유효성에 대해 이의를 제기하였다.
> • 국제사법재판소(ICJ)는 노테봄의 국적에 진정한 관련성이 없음을 이유로 과테말라 항변을 인용하였다.
> • 금반언(estoppel): 리히텐슈타인이 주장하였으나, 본 사건과 무관하다고 판시하였다.
> • 2006년 ILC의 외교보호초안에는 진정한 관련성을 요구한다는 규정이 없다.

> **관련 판례** | **바르셀로나 트랙션 사건(ICJ, 1970)**
>
> • 스페인이 동 회사에 대해 파산선고하여 벨기에 주주가 피해를 입자 벨기에가 제소하였다.
> • 스페인의 선결적 항변: 주주의 국적국인 벨기에의 원고적격을 부인하였고, 국제사법재판소(ICJ)는 인용하였다.
> • 법인의 국적: 법인의 설립지국 또는 본점 소재지국
> 　- 이 사건에서는 캐나다가 법인의 국적이다.
> • 주주의 국적국의 외교적 보호권: 법인의 국적국이 보호권을 포기한 경우, 법인의 법적 소멸 시 주주가 가해국에 의해 직접 피해를 입은 경우

(2) 상실
① **국적상실사유**: 이탈, 박탈, 국가영역의 변경, 혼인 등
② 개인은 자국법에 규정된 경우를 제외하고 국적이탈(expatriation)의 자유를 향유하지 못함
③ 일반국제법상 국적은 개인이 임의로 포기할 수 없음. 국가는 국민에 대해 대인주권을 갖고 있기 때문임
④ 세계인권선언 제15조 제2항: 누구도 자신의 국적을 변경할 권리를 거부당하지 아니한다고 규정하고 있으나 비현실적인 규정으로 평가됨

4. 저촉 및 해결

(1) 개념
① **적극적 저촉**: 동일인이 2개 이상의 국적을 갖는 경우
② **소극적 저촉**: 전혀 국적을 갖지 못하는 경우
③ **국적의 저촉이 발생하는 이유**: 국적 부여에 대한 국제법상 일반원칙이 확립되어 있지 않고 개별 국가가 국적을 독자적으로 결정하기 때문임

(2) 적극적 저촉 - 이중국적(double nationality)
① 1인이 2개 이상의 국적을 취득하는 경우를 이중국적이라 함
② 혈통주의에 의해 국적을 부여하는 국가의 부모로부터 자녀가 출생지주의에 의해 국적을 부여하는 국가에서 출생한 경우, 부모양계혈통주의를 취하는 국가의 경우 그 자녀는 이중국적자가 될 수 있음
③ 부부국적동일주의를 취하지 않는 국가의 경우 내국인과 외국인의 혼인으로 이중국적 발생이 가능함

(3) 소극적 저촉 - 무국적
① 출생지주의국가의 국민이 혈통주의 국가에서 출산한 경우, ② 출생 후에도 국적박탈의 결과, ③ 영토 변경의 경우 할양지국민의 국적에 관하여 관계국간 완전한 협정이 체결되지 않는 경우 무국적자가 될 수 있음

(4) 국적의 저촉의 해결
① **국제조약**: 국적법의 저촉에 관련되는 약간의 문제에 관한 협약(1930), 이중국적의 어떤 경우에 있어서의 병역의무에 관한 의정서(1930), 무국적의 어떤 경우에 관한 의정서, 무국적에 관한 특별의정서, 무국적자지위협약, 무국적감소협약 등
② **이중국적문제의 해결**
  ㉠ 자신의 의사와 무관하게 이중국적자가 된 경우 포기하려는 국적국의 허가를 얻어 포기
  ㉡ 여자가 외국인과 혼인할 경우, 부의 국적을 취득해야 여자의 국적이 상실

ⓒ 출생지주의를 취하는 국가의 국적에 관한 규정은 외교관의 자에 대해서는 적용되지 않음
ⓔ 이중국적자의 병역문제에 있어서 이중병역문제를 방지하기 위한 규정들을 둠

③ 무국적문제의 해결(무국적의 감소에 관한 협약, 1960)
ⓐ 체약국은 자국 영역 내에서 출생한 무국적자에게 자국 국적을 부여함
ⓑ 체약국 영역에서 혼인 중 출생하여 무국적자가 된 자녀는 그 모가 체약국의 국적자인 경우 그 국적을 취득함

5. 대한민국 국적법 주요 내용

① 부모양계혈통주의
② 부부국적독립주의
③ **귀화요건**: 5년 이상 거주할 것 + 영주 체류 자격을 보유할 것 + 성년일 것 + 품행이 단정할 것 + 생계능력이 있을 것 + 대한민국 국민으로서의 기본적 소양을 갖출 것
④ **출생지주의**: 부모가 모두 불분명한 경우 또는 대한민국 국적이 없는 경우 또는 대한민국에서 발견된 기아의 경우
⑤ 한국인이 스스로 외국 국적을 취득하면 한국 국적은 자동으로 상실
⑥ 외국 영주권을 취득한 경우는 한국 국적을 유지
⑦ 무국적이 되기 위한 국적 이탈은 허용되지 않음
⑧ 후천적 복수 국적자가 국내에서 외국 국적을 행사하지 않겠다는 서약을 한 경우 외국 국적 유지를 허용

제2절 외교적 보호권

1. 개념

(1) 일반적 개념

재외국민이 재류국으로부터 부당한 대우를 받거나 불법하게 권리침해를 받는 경우에 국적국이 재류국에 대해 적절한 구제를 요구할 수 있는 국제관습법상 국가의 권리

(2) 피해 발생 장소의 문제

① 외교보호를 필요로 하는 침해가 반드시 외국에서 발생해야 하는 것은 아님
② 외국제위법행위를 구성하는 개인에 대한 외국의 침해는 현지국가에 의해서뿐만 아니라 제3국에 의해서도 발생할 수 있고, 피해자의 국적국가 영토 안에서도 발생할 수 있음

③ 국가들의 관할권하에 있지 아니한 공해, 공해 상공, 무주지, 외기권 등에서도 발생할 수 있음
④ PCIJ는 Mavromatis Palestine Concessions 사건에서 외교보호를 침해의 장소에 기초하여 설명하지 않았음
⑤ ILC도 2006년 외교보호초안에서 외교보호를 침해의 장소와 결부시켜 정의하지 않았음

2. 구별개념

(1) 외교적 보호권과 직무 보호권의 비교

구별기준	외교적 보호권	직무 보호권
주체	국가	국제기구
법적 성질	관습법상 권리	조약상 권리
결합기초	국적	직무
국내구제완료	필요	불요

(2) 외교적 비호권의 의의
① 접수국 내에 존재하는 파견국의 공관에서 도망범죄인을 비호하는 행위
② 조약법에 관한 비엔나협약에 명시적 허용규정이 없음
③ 국제사법재판소(ICJ): 비호권 사건에서 라틴아메리카지역의 지역관습법 성립에 대해 부인함

3. 법적 성질

(1) 국제관습법상 국가의 권리
(2) 칼보조항
① 피해 발생 시 가해국의 국내법원에만 호소하고, 본국의 외교적 개입을 포기한다는 조항
② 외교적 보호권은 국가의 권리이므로 개인이 포기할 수 없으므로 칼보조항은 무효
③ 칼보조항은 다수의 국제중재판결에서 당연무효로 판결받았음
④ 칼보조항의 유효성 인정 사례: 1926년의 North American Dredging Company 사건에서 미국-멕시코 일반청구위원회는 칼보조항에 의하면 멕시코 국내법상의 구제수단을 이용하는 것이 원고 회사의 의무인데도 그렇게 하지 않았다는 이유로 청구를 각하한 바 있음

4. 대상(객체)

(1) 국민과 외국인
① 국민: 자국 국적을 가진 자

② 외국인: 자국 국적을 가지지 아니한 자
③ Nottebohm 사건에서 ICJ는 청구국과 그 국민 사이에 진정한 관련(genuine connection)이 존재하는 경우에만 외교보호권이 발생한다고 함. 진정한 관련성 요건은 자연인이 국적의 변경, 특히 귀화를 통하여 국적을 취득하는 경우를 전제로 함. 따라서 자연인의 국적이 출생과 관련하여 혈통주의나 출생지주의에 기초하고 있는 경우 국제청구를 제기함에 있어 진정한 관련과 같은 추가적인 요건은 요구되지 아니함

(2) 이중국적자
① 가해국이 이중국적국인 경우: 외교권 발동이 불가함. 단, 한쪽이 지배적 국적국인 경우 발동 가능함
② 가해국이 제3국인 경우: 이중국적자의 경우 양국 모두 외교적 보호권을 가짐. 다만, 가해국인 제3국은 양국 모두에게 외교적 보호권을 인정할 의무는 없음. 1930년의 '국적법 충돌의 일정 문제에 관한 헤이그협약'에 따르면 제3국은 피해자가 통상 거주하는 국가의 국적이나 그가 사실상 가장 긴밀한 관련을 맺고 있는 것으로 보이는 국가의 국적, 즉 '진정하고 실효적인 국적'(real and effective nationality)을 승인해야 함. ILC 외교보호초안은 관련성을 요하지 아니함. 동 초안은 제3국에 대해 공동으로 외교보호를 행사할 수 있음을 규정
③ 메르제 중재 사건: 이중국적자의 일방이 타방에 대해 지배적 국적국인 경우 보호권 발동 가능

(3) 무국적자
① 보호국이 없음
② ILC외교보호초안(2006): 상주국(常住國)이 보호권을 발동할 수 있음
③ 인권을 존중해야 함

(4) 법인
① 설립지국이나 본점 소재지국이 국적국
② 진정한 연관을 요하지 아니함
③ ILC에 의하면 설립지국이 아닌 국가가 회사의 국적국으로 간주되기 위해서는 회사의 본점 소재지와 재무지배 소재지 둘 다 모두 동일한 국가에 위치하고 있어야 함. 만약 본점 소재지와 재무지배 소재지가 각각 다른 국가에 위치하고 있다면 설립지국이 외교보호권을 가짐

(5) 주주
① 간접적으로 피해를 입은 경우
  ㉠ 원칙적으로 주주의 국적국은 보호권을 발동할 수 없음
  ㉡ 예외: 법인이 법적으로 소멸한 경우와 국적국이 보호권을 포기한 경우에는 보호권을 발동할 수 있으나, 명시적으로 포기해야 하는 것은 아님

② 직접적으로 피해를 입은 경우: 주주의 국적국은 외교적 보호권을 발동할 수 있음

(6) 난민
① ILC외교보호초안(2006): 난민인정국이 보호권 발동
② 난민인정국은 난민의 본래 국적국에 대해 보호권을 발동할 수는 없음

5. 행사요건

(1) 자국민에 대한 손해 발생
① 간접책임에만 외교적 보호권 발동
② 조약의무 위반이나, 외교관 등 국가기관에 대한 침해는 직접침해

(2) 국내적 구제절차의 완료(exhaustion of local remedies)
① 가해국이 제공하는 ② 모든 구제수단을 ③ 완료한 경우에만 ④ 외교적 보호권을 발동할 수 있음

(3) 국적계속의 원칙
① 원칙: 국민이 손해를 받을 때부터 국가가 국제청구를 제기할 때까지 국적이 유지되어야 함을 말함
② 외교보호초안의 규정
  ㉠ 피해 시 및 청구 제기 시에 국적이 동일하면 국적이 계속된 것으로 추정
  ㉡ 국적변경이 국가승계와 같이 피해자의 의사와 무관하게 이루어진 경우 동 원칙 적용을 배제
  ㉢ 청구 제기 후 피해자가 가해국의 국적을 취득한 경우 보호권 발동을 계속할 수 없음
  ㉣ 개인의 국적이 변경된 경우 현 국적국은 구 국적국을 상대로 보호권을 발동할 수 없음

6. 국내구제완료의 원칙

(1) 개념
외국의 행위로 인하여 자국민에게 손해가 발생한 경우 사인이 그 외국의 모든 국내법상 구제방법을 동원한 후가 아니면 본국은 외교적 보호권을 행사하여 그 외국에 대하여 국제법상 국가책임을 물을 수 없다는 원칙

(2) 제도적 취지 및 법적 성질
① 관계 국가의 주권을 존중하고 사인 간의 문제가 국제분쟁으로 전환되는 것을 방지
② 피해사실이나 손해액 등에 관해서는 현지의 구제기관에 의하여 확인되는 것이 바람직함
③ Interhandel 사건에서 ICJ는 동 원칙이 확립된 국제관습법규라고 하였음

④ Eletttronica Sicula S.p.A.(ELSI) 사건에서 동 원칙이 ICJ는 국제관습법의 중요한 원칙이라고 하였음

(3) **전제 – 자발적 관련성**(voluntary link)
① 의미
㉠ 사인과 가해국 간 자발적 관련성(voluntary link)이 있는 경우에만 적용
㉡ **외교보호초안**: 적절한 관련성(relevant connection)으로 규정
㉢ **외교보호초안**에 의한 적절한 관련성이 존재해야 하는 시점: 침해 시
② 자발적 관련성이 없는 경우
㉠ 불가항력(force majeure)에 의해 외국 영토에 들어간 경우
㉡ 강제납치의 경우
㉢ 자국에 주둔하고 있는 외국 군대로부터 피해를 입은 경우
㉣ 어선이나 상선이 공해상에서 외국 군함으로부터 공격을 받은 경우
㉤ 자국 내에서 외국의 방사능 누출로 손해를 입은 경우

(4) **국내구제수단의 범위**
① 가해국 국내법이 제공하고 있는 모든 법적 수단
② 통상적인 재판소뿐만 아니라 행정기관과 행정심판소를 포함
③ 피해자에게 실효성 있는 충분한 구제의 가능성을 주는 구제수단이어야 함

(5) **국내구제완료의 의미**
① 가해국 국내법 체계가 제시하는 구제수단을 성실하게 최종적으로 이행해야 함
② 위법행위가 발생한 후 규정된 시한 내에 절차를 개시해야 함
③ 여러 개의 가능한 상소절차를 다 밟아야 함(Interhandel 사건, ICJ, 1959)
④ 승소를 위해 필수적일 수 있는 자료를 제시해야 함(Ambatielos 중재 사건, 1956)

(6) **제한**
① 국가의 법익을 직접 침해한 경우
② 가해국과 피해 사인 간 자발적 관련성이 없는 경우
③ 국내법상 주권자가 소송으로부터 면제되거나, 외국인의 청구와 관련된 사항에 대해서는 정부에 대한 소송을 금지하는 국내법규정 등의 존재로 국내구제수단이 없는 경우
④ 국내구제수단이 존재하고 이용 가능하지만 구제수단이 명백히 실효성이 없는 경우
⑤ **조약에 의한 배제**: 우주물체에 의해 야기된 손해에 대한 국제책임에 관한 협약(1972) 제11조 제1항은 발사국에 대한 청구의 제출에 관하여 국내구제수단의 완료를 요하지 않음을 명시

(7) 구제수단이 비실효적이라고 판단하는 경우
① 상급심이 법률심이어서 하급심의 사실인정을 재조사할 권한이 없고 따라서 하급심의 판결의 파기가 불가능한 경우
② 충분하거나 적절한 배상을 부여할 권한이 없는 구제수단인 경우
③ 국내법규정상 외국인에게 불리한 판결을 내릴 수밖에 없거나 외국인의 승소 가능성이 없는 경우
④ 사법부가 정치기관에 종속되어 사법행정상 하자가 있는 경우
⑤ 외국인이 특정 기관에 호소하지 못하도록 정부가 불법적인 조치를 취한 경우
⑥ 구제수단의 운영이 부당하게 지연되는 경우

(8) 국내구제완료원칙 적용의 포기
① 동 원칙을 포기한 경우 피해자는 국내구제완료의무가 면제됨
② 포기는 일방적으로 취소하거나 철회할 수 없음
③ 포기는 반드시 명시적일 필요는 없으며, 묵시적으로 표현되거나 피고국가의 행동으로부터 추론될 수도 있음
④ 국제사법재판소(ICJ)는 Elettronica Sicula S.p.A(ELSI) 사건에서 국내구제수단완료는 국제관습법의 중요한 원칙이기 때문에 그것의 포기가 쉽게 추정되거나 묵시되어서는 안 된다는 점을 지적한 바 있음
⑤ 국제사법재판소(ICJ)는 Elettronica Sicula S.p.A(ELSI) 사건에서 피고국가가 장래 원고국가와 발생할 수 있는 분쟁을 국제재판에 회부하기로 동의하는 것이 체약국 일방이 자국민을 위하여 청구를 제기하는 경우 국내구제완료원칙을 포기한 것으로 볼 수 없다고 하였음
⑥ 국제사법재판소(ICJ)규정 제36조 제2항(임의조항)을 유보 없이 수락한 국가들 간에는 국내구제완료원칙이 묵시적으로 포기되고 있다는 견해도 제기된 바 있으나, 이는 수락되지 않고 있음
⑦ 개인에게 침해가 발생한 후 피고 국가가 원고 국가와 피해자의 대우에 관한 분쟁을 다루는 재판부탁협정을 체결하였다면, 협정에서 국내구제완료원칙의 유지에 대해 침묵하고 있더라도 동 원칙의 묵시적 포기가 존재한다는 주장이 제기될 수 있음

(9) 혼합청구(mixed claim)
① 간접침해에 대한 청구와 직접침해에 대한 청구가 혼재된 청구
② Avena 사건(2004, ICJ): 국가의 권리와 개인의 권리가 상호의존적인 특별한 사정에서는 국내구제 완료의 의무가 적용되지 않음
③ 외교보호초안 제14조 제3항: 압도적 우세 기준(preponderance test) 제시. 국가 간 청구가 압도적으로 사인에 대한 침해에 기초하여 제기되는 경우 국내적 구제를 완료해야 함

(10) 선언적 판결을 요구하는 경우
   ① 선언적 판결: 국가가 타국의 국제위법행위에 의해 피해를 입은 자국민을 위하여 손해배상을 청구하는 것이 아니라 개인을 위법하게 대우하는 과정에서 또는 그에 수반하여 피고 국가가 위반한 것으로 주장되는 조약의 해석과 적용에 관한 결정
   ② 선언적 판결만을 구하는 경우에도 국내적 구제를 완료할 필요가 있는가?
   ③ Elettronica Sicula S.p.A.(ELSI) 사건(ICJ): 국내구제 완료 원칙 적용
   ④ ILC 외교보호초안: 국내구제 완료 원칙 적용

7. 외교적 보호권의 행사
   ① 일반적 국가책임 해제절차와 원칙이 적용됨
   ② 무력을 사용할 수는 없음
   ③ 원상회복이 원칙이며, 불가능한 경우 금전배상
   ④ 대항조치: 가해국이 책임을 이행하지 않는 경우, 비례성 준수

8. 1965년 한일 청구권협정과 외교적 보호권 및 개인 청구권 문제(대한민국 대법원)
   ① 1965년 한일 청구권협정은 일본의 식민지배 배상을 청구하기 위한 협상이 아니라 샌프란시스코조약 제4조에 근거하여 한일 양국 간의 재정적, 민사적 채권·채무관계를 정치적 합의에 의해 해결하기 위한 것임
   ② 한일 청구권협정에 일본의 국가권력이 관여한 반인도적 불법행위나 식민지배와 직결된 불법행위로 인한 손해배상청구권이 포함되는 것은 아님
   ③ 한일 청구권협정으로 개인 청구권이 소멸되지 않았음
   ④ 이와 관련한 대한민국의 외교적 보호권도 포기되지 않았음
   ⑤ 국가가 조약을 체결하여 국민의 동의 없이 국민의 개인 청구권을 직접 소멸시킬 수 없음
   ⑥ 일본의 반인도적 강제동원에 대한 위자료 청구권도 한일 청구권협정에 포함되지 않으므로 관련기업에 배상을 청구할 수 있으며, 해당 기업은 배상할 의무가 있음

제3절 외국인

1. 개념
① 외국인: 자국 국적을 보유하지 않은 자
② 이중국적자도 국민

2. 출입국과 추방

(1) 출입국

자발적 출국	출국은 원칙적으로 자유이며 제한할 수 없음. 단, 거류지국에서의 조세, 채무문제가 있을 경우 출국을 제한할 수 있음
강제적 출국	정당한 이유가 있는 경우 추방 예 난민에 대한 강제송환금지, 범죄인 인도 등
입국	• 허용하여야 할 의무는 없음 • 우호통상항해조약에 규정하고 있음 • 국가의 안전, 경제상의 이유로 정신질환자 · 범죄자 등은 입국을 금할 수 있음

(2) 추방(expulsion)

① 추방은 강제적 출국에 해당됨. 국가는 영역권에 입각하여 외국인에 대해 출국을 명할 수 있음. 이 권리를 추방권이라 함
② 전시에 일방 교전당사국은 자국 영역에 있는 적국민을 비인도적 방법에 의해 추방해서는 안 되나, 어느 정도 강제적 방법으로 추방할 수 있음
③ 평시에는 ⑤ 재류국의 안전 및 질서를 위태롭게 하는 경우, ⓒ 입국절차를 밟지 않고 불법입국하는 경우 등 정당한 사유가 있어야 함
④ 추방권은 ⑤ 남용금지, ⓒ 장기체류 외국인 추방 시 본국에 추방이유 제시, ⓒ 난민에 대한 강제송환금지(principle of non-refoulement) 등 제한이 있음
⑤ 외국인 추방에 관한 규정 초안: 추방은 외국인에게 국가를 떠나도록 강제하는 그 국가에게 귀속되는 공식적인 행위 또는 행동을 말하며, 타 국가나 국제재판소로의 범죄인 인도 혹은 외국인의 입국 거부는 포함하지 아니함
⑥ 시민적 · 정치적 권리에 관한 국제규약 제13조는 원칙적으로 자기변호의 기회를 제공하도록 규정하고 있음
⑦ 2014년 ILC초안 제5조 제1항은 거주의 합법성을 전제함이 없이 그 어떤 추방결정도 기초된 이유를 말하여야 한다고 규정하고 있음. ILC는 추방이유를 적시할 추방국의 의무는 국제법에서 확립된 것이라고 하였음
⑧ 국제법상 집단적 추방이 금지되지 않음

⑨ 조약을 통해 집단적 추방을 금지시킬 수 있음
  예 유럽인권협약 제4의정서 제4조, 모든 이주노동자와 그들의 가족구성원의 권리보호에 관한 국제협약 제22조(제1항)
⑩ 본국 정부는 추방된 자들을 받아들일 의무가 있다는 것이 일반적 견해
  예 유럽인권협약 제4의정서 제32조 제2항
⑪ 자의적이 아닌 합리적인 사유가 있으면 자국민에 대해서도 입국을 거절할 수 있음

3. 지위·권리·의무

(1) **일반적 지위 – 이중적 지배**
  ① 거류지국의 속지적 관할권하에 놓임
  ② 본국의 속인적 관할권하에 놓임

(2) **권리**
  ① **사법상의 권리**: 계약능력, 결혼능력 등을 보유
  ② **공법상의 권리**: 참정권·공무담임권·선거권 등은 원칙적으로 인정되지 않으나, 소송권·청원권 등은 예외적으로 인정

(3) **의무**
  ① 원칙적으로 내국인과 동일한 의무
  ② 행정·경찰·조세 등에 있어 내국인과 동일한 의무
  ③ 단, 교육·국방의무와 같은 신분·공법상의 의무는 지지 않음

4. 보호

(1) **보호수준**
  ① 내국민대우원칙(국내표준주의)와 국제표준주의가 대립
  ② 국내표준주의가 통설·관행
  ③ **칼보 독트린(Calvo Doctrine)**: 한 국가에 정착하는 외국인이 내국인과 동일한 보호를 받을 권리를 가지고 있는 것은 분명하나, 외국인이 내국민보다 더 확대된 보호를 주장해서는 안 된다는 주장
  ④ 칼보 독트린은 국제표준주의가 강대국의 약소국에 대한 간섭 수단으로 원용되는 경향이 있어 이에 대항할 목적으로 제시됨

(2) **보호방법**
  상당한 주의의무로서 사전예방 또는 사후구제를 하여야 함

5. 외국인 재산의 국유화(수용)

(1) **개념**
  ① **국유화**: 국가가 사회적·경제적 변혁의 일환으로 사적 경제활동에 관여하여 특정한 사유재산을 국가기관에 강제적으로 이전하는 것

② **공용수용**: 공공목적을 위하여 특정 개인의 특정 사유재산을 국가에 이전하는 것
③ **간접수용**: 국가가 투자자의 직접적인 소유권에 영향을 미치지 않으면서 개인의 재산권을 심각하게 침해하는 입법·사법·행정조치를 취한 경우로, 수용의 범위에 포함됨
④ 계약상의 권리(contractual rights)도 재산의 개념에 포함됨
⑤ **요건**: 공익 + 비차별 + 보상

(2) **공익**
① 국유화가 공익을 목적으로 행해져야 함
② 공익개념이 다의적임에도 불구하고 이를 객관적으로 판단할 기준이나 기관이 존재하지 않으므로 국유화국의 판단이 우선함
③ Libyan American Oil Company(LIAMCO) 대 Libya 사건: 중재재판관은 공익의 원칙은 국유화의 합법성을 위한 필수요건이 아니라는 것이 국제이론에서의 일반적 견해라고 하였음
④ Amoco International Finance Corporation 대 Iran 사건: 이란-미국 청구재판소는 수용을 합법적으로 결정할 수 있는 공공목적에 대한 정확한 정의는 국제법에서 합의된 바 없으며 제시조차 된 일이 없기 때문에 이 술어는 넓게 해석되고는 있지만, 수용의 유일한 목적이 계약상의 의무를 회피하기 위한 것이었다면 그러한 수용은 국제법상 합법적인 것으로 볼 수 없을 것이라고 하였음
⑤ 1962년에 채택한 천연자원에 대한 영구주권결의: 공익, 안보 또는 국가적 이익 요건이 언급되고 있으나, 개발도상국들의 견해를 채택한 1974년의 국가의 경제적 권리·의무헌장은 공익 요건이 언급되지 않았음

(3) **비차별**
① 내·외국인 간 비차별
② 외국인 상호 간 비차별

(4) **보상**
① 선진국과 개발도상국의 입장 대립
  ㉠ 선진국: Hull 공식
  ㉡ 개발도상국: 적절한 보상
② Hull 공식: 충분, 신속, 실효적(국제적 통용성) 보상
③ 보상 관련 분쟁해결방법
  ㉠ 선진국: 국제법에 따라 해결
  ㉡ 개발도상국: 국내법에 따라 해결
④ 현재 개발도상국의 입장: 양자 간 투자보장협정 체결을 통해 투자를 보호하며, 선진국의 입장을 수용하기 시작

⑤ 천연자원에 대한 영구주권결의(1962): 국제법에 따른 적절한 보상
⑥ 천연자원에 대한 영구주권결의(1973): 각국은 가능한 보상금액과 지급방법을 결정할 권리가 있음
⑦ 국가의 경제적 권리의무 헌장(1974): 각국은 국유화나 수용의 권리를 가짐. 자국의 관련 법령과 적절하다고 생각되는 모든 상황을 고려하여 적절한 보상 지급. 분쟁시 별단의 합의가 없는 한 국유화국의 국내법에 따라 국유화국 재판소에서 해결

6. 국가계약 위반과 국가책임 문제

(1) 개념
① 사인과 국가가 체결한 합의
② 국가계약의 준거법을 국제법이나 법의 일반원칙으로 하면 당해 계약은 국내적 차원을 벗어나서 국제화된다는 견해가 있음. 즉, 당해 준거법 조항에 의해 문제의 국가계약은 준조약(quasi-treaty) 또는 국제화된 계약(internationalised contract)이 되고, 따라서 그러한 국가계약의 위반은 곧 국가책임을 동반한다는 주장. 그러나 국가계약은 조약이 아니므로 타당하지 않은 것으로 평가됨

(2) 국가책임이 성립하지 않는 경우
① 정부측의 계약 위반이 사인도 할 수 있는 성질의 위반인 경우
② 국가계약의 위반이 정부의 공권력 행사에 의해 단행되더라도 그 목적이 수용에 있고 그 요건을 충족시키는 경우

(3) 국가책임이 성립하는 경우
① 국가계약의 위반 또는 파기가 정부권력의 자의적 또는 차별적 남용으로 평가되는 경우
② 국가가 타국 국민에 대해 부담하는 계약상의 의무를 위반하더라도 조약 위반의 책임을 지기로 국가들 상호 간 합의한 경우

7. 양자 간 투자협정(BIT; Bilateral Investment Treaty)

(1) 의의
① 투자자에 대한 피투자국 국내법이나 국가계약상의 보호의 불안정성을 보완하기 위해 체결
② 투자국과 피투자국이 양자조약을 통해 투자자 보호에 만전을 기하기 위한 목적으로 체결

(2) 적용범위
① 특별한 유형의 투자들을 열거함으로써 투자를 광의로 정의
② BIT 체결 이전에 이루어진 투자에 대해서도 보호
③ BIT조약이 종료하는 경우에도 10~15년의 유예기간을 두고 보호

(3) 주요내용
① 대상 투자 및 투자자에 대해 정당하고 형평한 대우를 규정
② 내국민대우 및 최혜국대우를 규정
③ 투자에 관련된 송금은 자유롭고 지체 없이 행해져야 함
④ 피투자국들의 국제수지나 외환보유고상의 난점을 고려하여 분할지급(payment in installments)규정을 두기도 함
⑤ 외국인 재산의 수용에 있어서 공익, 비차별, 보상 등의 요건을 규정
⑥ 분쟁이 발생하는 경우 조약당사국 상호 간 분쟁은 임시중재재판에 회부하고, 투자자와 피투자국 간 분쟁은 대체로 ICSID 중재에 회부할 것을 규정

8. 국제투자분쟁해결기구(ICSID; International Centre for the Settlement of Investment Disputes)

(1) 목적
① 투자자가 입은 피해에 대한 국제적 구제절차를 마련함으로써 개발도상국 투자를 증진하기 위함
② 국가와 타국 국민 간의 투자분쟁해결에 관한 협약 채택
③ 개인과 타국 정부 사이의 투자분쟁을 심리하기 위한 ICSID를 설치
④ 분쟁해결수단: 조정절차 + 중재절차

(2) 기구
① 행정이사회
  ㉠ 각 체약국의 대표로 구성되며, 의장은 국제부흥개발은행(IBRD) 총재
  ㉡ 의결은 3분의 2 다수결제
② 조정인 패널과 중재인 패널 구성: 체약국은 국적을 불문하고 4명씩 지명
③ 패널 구성원의 임기는 6년이며 연임 가능
④ 본부는 완전한 국제법인격을 가짐
⑤ 계약체결, 동산과 부동산의 취득 및 처분, 소송제기 등의 법적 능력 가짐

(3) 관할권의 성립요건
① 투자에 관련된 분쟁: 전통적 투자, 서비스계약, 기술 이전 등
② 체약국과 타체약국 국민 간 분쟁: 투자자는 자신이 투자한 국가의 국적을 가지면 안 됨(단, 외국 투자자의 통제하에 있는 체약국 국내기업은 투자자와 체약국의 합의에 의해 그 국내기업에게 제소권을 인정)
③ 서면동의: 동의 후에는 일방적으로 철회할 수 없음

(4) 조정절차
① 투자자나 체약국은 사무총장을 통하여 투자분쟁을 조정위원회에 부탁
② 조정인의 수는 합의에 의해 결정
③ 법적 구속력이 없음

(5) **중재절차**
  ① **준거법**
      ㉠ 당사자들이 합의하는 법규칙에 따라 분쟁을 해결
      ㉡ 합의가 없는 경우 분쟁체약당사국의 국내법과 적용 가능한 국제법규를 적용
  ② 재소소는 법의 부존재나 모호함을 이유로 재판불능의 결정을 내려서는 안 됨
  ③ 당사자 간 합의를 전제로 형평과 선에 따라(ex aequo et bono) 분쟁해결 가능
  ④ 중재절차에 명백히 하자가 있더라도 국내재판소는 판정을 배제하며, 파기 불가
  ⑤ **명백한 하자가 있는 경우**: 임시위원회(ad hoc Committee)에 의해서만 무효화 가능
  ⑥ **중재판정의 무효사유**: 중재재판소의 구성이 부적절한 경우, 중재재판소의 명백한 권한 일탈, 재판소 구성원의 부패
  ⑦ 판정이 취소되는 경우 분쟁당사자들은 새로 구성되는 중재재판소에 회부
  ⑧ **중재재판소의 배타적 관할권**: 분쟁당사자들이 동 중재재판에 동의하면 일체의 다른 구제수단을 배제하는 것으로 간주
  ⑨ 본부 중재재판이 선택되면 국내재판소는 더 이상 투자분쟁을 심리할 권한이 없음
  ⑩ 투자자 본국 정부도 국제청구를 제기하는 등의 외교적 보호권을 행사할 수 없음

(6) **중재판정의 승인과 집행**
  ① 체약국은 판정을 구속력 있는 것으로 승인해야 함
  ② 당해 국가 재판소의 최종판결인 것과 같이 자국 영토 내에서의 집행을 보장해야 함

9. 다자간 투자보증기구(MIGA; Multilateral Investment Guarantee Agency)

(1) **목적**
  ① 외국인의 대개발도상국 투자 증대
  ② 일정 수수료를 받는 대신 사인의 대개발도상국 투자가 비상업적 위험(non-commercial risks)에 처하면 보험 제공

(2) **기구**
  ① **총회**: 회원국의 대표위원 및 교체위원으로 구성
  ② 자본국 출자액수에 따라 회원국별로 투표수가 차별적으로 할당
  ③ MIGA는 완전한 법인격을 가지며, 특히 계약을 체결하고 동산·부동산을 취득·처분하며, 소송을 제기할 법적 능력을 가짐

④ 각 회원국의 영토 내에서 업무수행에 필요한 여러 가지 특권과 면제를 향유

(3) 보증대상 투자자
① 회원국의 국민인 자연인, ② 회원국에서 설립되었거나 그 곳에 주영업소를 가진 법인, ③ 자본의 대부분이 회원국의 회사나 국민의 통제에 있는 법인

(4) 보증대상 투자
① 외국인의 직접투자, 주식투자 등
② 반드시 자금의 투입이 요구되는 것은 아님
③ 노하우, 특허, 경영계약 등도 보호대상
④ 투자는 MIGA회원국인 개발도상국 영토에서 이루어져야 함

(5) 보증대상위험
비상업적 위험은 ① 송금의 제약, ② 수용 및 유사조치, ③ 정부계약의 위반, ④ 전쟁이나 내란으로 인한 손실

(6) 분쟁해결
① MIGA와 투자자 사이의 일체의 분쟁은 최종해결을 위해 중재에 부탁
② 대체로 ICSID 중재를 선택

제4절 범죄인 인도

1. 개념
① 외국에서 범죄를 범하거나 기소된 자를 ② 외국의 청구에 응하여 청구국에 인도

2. 법적 성격 및 대한민국 현황

(1) 법적 성격
① 일반국제법(국제관습법)상 의무는 아님
② 범죄인 인도조약에 의해 권리·의무가 발생함
③ 예양에 의해 인도할 수 있음
④ 1933년의 Samuel Insull 사건에서 그리스로 도망간 Insull을 미국이 조약에 기초하여 인도를 청구하였으나 그리스가 거절함. 이후 Insull은 터키로 도피하였고, 미국이 인도를 청구하자 당시 미국과 터키 간에는 인도조약이 없었지만 터키는 즉시 이에 응함

(2) 대한민국 현황
① 우리나라는 호주(1990.9.5. 서명, 1991.1. 발효)를 시작으로 2020년 기준 77개국과 조약을 맺고 있음. 이 중 양자조약 체결국은 32개로, 2011년 12월

발효된 다자조약인 범죄인 인도에 관한 유럽협약에 따라 45개국과 추가로 체결됨
② 우리나라에서 범죄인을 조약당사국에 인도할 것을 청구하는 업무는 서울고등검찰청이, 청구된 사건을 심사하는 업무는 서울고등법원이 전속으로 관할함
③ 서울고등법원이 인도허가 또는 거절결정을 내리더라도 단심제이기 때문에 불복할 수 있는 절차는 없음

3. 요건

(1) 주체
① 국가
② 청구 경합 시

동일범죄인 경우	• 범죄지 소속국 우선 • 범죄지 소속국이 없는 경우 먼저 청구한 국가에 인도
상이한 범죄인 경우	중한 범죄로 청구한 국가에 인도

(2) 자국민 불인도의 원칙
① 대륙법계: 자국민 불인도와 속지·속인병용주의를 채택
② 영미법계: 자국민 인도와 속지주의가 원칙이며, 속인주의는 예외적
③ 한미 범죄인 인도조약: 인도청구된 범죄의 행위시 기준
④ 유럽 범죄인 인도협약(1957): 국적은 범죄인의 인도에 관한 결정의 시로서 결정
⑤ UN모델조약: 자국민인 경우 임의적 인도거절사유로 규정함. 단, 자국민이라는 이유로 인도를 거절한 경우 상대국의 요청이 있으면 기소해야 함
⑥ 대한민국: 범죄인 인도법 제9조는 범죄인이 한국인인 경우에는 인도하지 아니할 수 있다고 규정하고 있음
⑦ 독일: 종래 독일헌법, 즉 기본법은 어떤 독일인도 외국으로 인도해서는 안 된다고 규정하여 자국민의 인도를 절대적으로 금지하고 있었음. 그러나 2000년 11월 29일의 개정 기본법 제16조 제2항은 어떤 독일인도 외국으로 인도해서는 안 된다고 규정하면서도, 법치국가의 원칙들이 보장되는 범위 내에서 EU회원국이나 국제재판소로의 인도를 위한 예외적 규칙을 법률로써 마련할 수 있다고 규정하였음
⑧ 한국-미국 범죄인 인도조약: 제3조 제2항·제3항에서 단지 국적만을 이유로 인도청구된 자의 인도를 거절하는 때에는, 피청구국은 청구국의 요청에 따라 자국의 기소당국에 사건을 회부하도록 규정하고 있음

(3) 범죄의 종류
① 정치범 불인도의 원칙
② 최소 중대성의 원칙: 최소 중대성의 기준은 국가나 조약마다 다름

③ 쌍방 가벌성의 원칙: 청구국과 피청구국 모두에서 처벌범죄로 인정되어야 함
④ 쌍방가벌성 원칙의 포기: 1996년 9월 27일 채택된 '범죄인인도에 관한 EU협약'. 청구국에서 12개월 이상의 자유형에 해당하는 마약거래와 기타 조직범죄 분야에서의 일체의 범죄에 대해 피청구국은 그 국가의 국내법에서 인도를 요청받은 범죄를 범죄로 규정하고 있지 않더라도 인도해야 함

(4) **정치범 불인도의 원칙**
① 의의
㉠ 국제관습법상 확립
㉡ 프랑스혁명 이후 불인도원칙이 확립
㉢ 1833년 벨기에 국내법에 최초로 규정
㉣ 1834년 프랑스 – 벨기에 간의 범죄인 인도조약에 규정
② 정치범 불인도의 제한
㉠ 상대적 정치범죄: 정치범 요소 + 보통범 요소
㉡ 국가원수나 그 가족에 대한 살해행위
㉢ 반사회적 범죄
  예 무정부주의자의 행위 등
㉣ 국제범죄
  예 평화에 대한 죄, 인도에 대한 죄, 전쟁범죄, 해적행위, 집단살해죄 등
㉤ 항공기 불법탈취행위, 항공시설 파괴행위 등
③ 리우치앙 사건(대한민국, 2013)
㉠ 야스쿠니 신사 기둥에 방화를 시도하고 한국으로 도피
㉡ 일본이 기소하고 한국에 범죄인 인도를 청구
㉢ 대한민국 법원
  ⓐ 정치범 불인도원칙을 적용
  ⓑ 일반범죄로서의 성격과 정치범으로서의 성격이 혼재하는 경우, 범행 동기, 목적, 대상의 성격, 수단의 적합성, 결과의 중대성 등을 종합하여 어느 쪽에 속하는지 판단
  ⓒ 정치범으로 인정하여 인도를 거절
④ 우엔 후 창 사건(한국, 2006)
㉠ 베트남 출신 미국 거주자로서 한국에 방문하자 베트남이 폭탄테러미수 혐의로 인도를 청구
㉡ 법원이 정치범 불인도원칙에 따라 인도를 거절
⑤ 가나 항소재판소에 제기된 The State 대 Schumann 사건: 문제의 의사 Horst Schumann은 1939 ~ 1941년 정신병원에서 환자 약 3만 명을 살해하였으며, 1942 ~ 1944년의 기간 동안에는 아우슈비츠에서 다수의 유대인을 살해하는 데 가담한 자로, 재판소는 서독으로의 인도를 명함

⑥ Public Prosecutor 대 Zind 사건: 이탈리아 파기원은 히틀러의 반유대인정책을 찬양한 피고는 정치범이므로 서독으로 인도해서는 안 된다고 판결
⑦ Re Bressano 사건: 페루 정부에 대한 게릴라전 수행을 위해 은행을 턴 것과 관련한 사건에서 아르헨티나 재판소는 범인의 페루 인도를 결정

4. 유럽체포영장제도

① EU는 2002년 형사문제에 있어서 경찰 및 사법협력의 차원에서 유럽체포영장으로 명명된 신속인도절차를 도입하기 위한 결정을 채택
② 2004년 1월 1일부터 도입
③ 종래 EU회원국 간에 적용되어 온 범죄인 인도조약들은 회원국 사법당국 간, 즉 각 회원국이 지정하는 영장발부사법당국과 영장집행사법당국 간의 범죄인 체포 및 인도 절차로 대체
④ 영장발부국(인도요청국)의 법에 의해 3년 이상의 형이 언도될 수 있는 32개의 중요 범죄에 대해서는 쌍방가벌성의 원칙을 포기
⑤ 범죄특정성의 원칙도 상호주의 조건하에 포괄적으로 포기 또는 제한
⑥ 범죄인 자신이 영장발부국으로 인도된 뒤 범죄특정성의 원칙의 권리를 포기하는 것도 허용됨

5. 범죄인 인도의 절차

정규적 인도방법	외교기관을 통한 인도
비정규적 인도방법	추방, 입국 거부, 납치
납치	영토주권 침해로 국가책임이 성립함. 단, 납치로 인해 국내 재판절차가 방해를 받는지 여부는 국제법의 문제가 아니라 국가의 재량임

6. 납치의 법적 쟁점 및 관행

(1) 법적 쟁점
① 특정 국가가 다른 국가의 영역 내에서 범죄인을 납치해 옴으로써 사실상 범죄인의 인도를 받은 것과 동일한 결과를 가져옴
② 납치행위가 납치행위지국의 명시적, 묵시적 승인 없이 특정 국가의 국가기관에 의해 이루어진 경우 그 범죄인의 납치국은 납치행위지국의 영토주권을 침해
③ 납치한 범죄인을 국내적으로 처벌할 수 있는지는 국제법의 문제가 아니라 개별 국가가 판단할 문제

(2) 국제관행

① 납치에 의한 처벌을 허용하는 국가

이스라엘	아이히만(Eichmann) 사건에서 이스라엘 재판소는 납치가 아르헨티나의 법적 권리를 침해할 수는 있으나, 피고 아이히만(Eichmann)의 권리를 침해한 것은 아니라고 판결
미국	• 미국 연방최고재판소는 미국 연방마약단속국 요원의 살해에 가담한 혐의로 1992년 6월 15일 멕시코로부터 납치되어 기소된 멕시코인 Alvarez-Machain 사건에서 미국·멕시코 간의 범죄인 인도협정에서 납치를 명시적으로 혹은 묵시적으로 금지하고 있지 않다는 이유를 들어 미국 재판소의 형사관할권 행사를 인정 • 미국 정부는 이와 같이 미국 영토 밖에서 마약 밀수범과 기타 범죄 용의자들은 불법적으로 체포함에 있어 이같은 태도를 취함 • 1989년 12월~1990년 1월 군사적 침공까지 감행하여 당시 파나마의 실권자 Manuel Antonio Noriega 장군을 마약사범으로 강제납치하여 미국 법정에 세움
이탈리아	• 1985년 10월에 이탈리아 여객선 Achille Lauro호를 나포한 혐의로 기소된 팔레스타인들이 그 후 이집트 국영비행기로 이집트로 압송되던 도중 미국 전투기들에 의해 요격되어 이탈리아에 강제 착륙되어 체포된 뒤 이탈리아 당국에 인계 • 이때 이탈리아 재판소는 그들을 재판하는 데에 어떤 장애물이 있는 것으로 보지 않았음
독일	• 독일 연방헌법재판소는 특별히 위계(속임수)에 의한 납치의 경우 인도를 막는 일반국제법규가 존재한다는 청구인의 주장을 배척하고 인도를 허락 • male captus, bene detentus(wrongly captured, properly detained) 관념에 기초
프랑스	• 1970년대와 1980년대 유럽과 중동에서 여러 건의 테러지원으로 악명이 높았던 베네수엘라 출신 the Jackal이 수단에서 은신 중 1994년 수단 정부는 the Jackal을 체포하여 프랑스 정부의 관여하에 비밀리에 파리로 압송됨 • the Jackal은 파리 법원에 기소됨. the Jackal이 체포와 이송과정에서의 위법성을 이유로 재판관할권의 불성립을 주장하였으나, 파리 재판부는 기각함

② 납치에 의한 처벌을 허용하지 않는 국가

영국	House of Lords(상원)는 1994년 Bennett 사건에서 당국이 범죄인 인도라는 적법절차를 무시하고 피고인의 신병을 강제로 확보한 경우라면, 법원은 그에 대한 재판을 거부한다고 선언

뉴질랜드	• R 대 Hartley 사건에서 호주 경찰은 뉴질랜드 경찰로부터 전화로 요청을 받고 피고인이 뉴질랜드에서 살인혐의로 재판을 받도록 하기 위해 그를 강제로 체포하여 뉴질랜드로 송환 • 뉴질랜드 재판소는 피고가 불법적인 방법(납치)를 통해 뉴질랜드로 송환되었기 때문에 재판관할권이 결여된다고 판시
남아프리카 공화국	1991년 State 대 Ebrahim 사건에서 남아프리카공화국은 납치한 자에 대해 재판할 수 없다고 보았음

7. 처벌

① 범죄특정성의 원칙: 청구의 원인이 된 범죄에 대해서만 처벌
② 청구된 범죄보다 중한 범죄 또는 경한 범죄로 처벌할 수 없음
③ 인도 후 새로 범한 범죄, 범인 자신이 동의한 경우, 인도국이 다시 동의한 경우 등에는 인도청구하지 않은 새로운 범죄에 대한 처벌 가능

8. 범죄인 인도에 있어서 인도적 고려의 원칙

(1) 의의

① 인도적 고려의 원칙(principle of human rights consideration)은 인도 혹은 송환되어 사형·고문 또는 기타 비인권적 대우를 받을 것이 예견되는 경우 인도를 거절할 수 있다는 원칙
② 고문금지협약, 유럽체포영장에 관한 EU이사회 골격 결정, 범죄인 인도에 관한 유럽협약, 한국 – 호주 범죄인 인도조약 등에서 규정
③ 유럽사법재판소는 쇠링(Söring) 사건에서 인도되면 사형수 감방에 갇히게 될 사람의 인도는 유럽인권협약 제3조 고문 및 비인도적 대우 및 처벌의 금지에 위반될 것이라고 판단

(2) 국제관행 및 재판소 입장

① 해외에 소재하는 테러용의자들을 심문하기 위해 국내로 송환하지 않고 고문기록을 가진 타국가로 이른바 이상한 인도를 하는 경우 타국가가 고문을 하지 않겠다는 외교적 보증을 받았음
② 유럽인권재판소: Chahal 대 United Kingdom 사건(1996)에서 영국 정부가 시크 분리운동주의자를 인도로 송환하려는 결정은 고문을 가하지 않겠다는 인도의 보증을 받았다고 해도 유럽인권협약을 위반한 것이며, 인도의 인권상황에 비추어 볼 때 그렇게 판단된다고 하였음

(3) B규약위원회

① Kindler 대 Canada 사건(1993)에서 B규약위원회는 B규약 제6조의 생명권조항상의 의무가 사형이 부과되지 않을 것이라는 보증이 없으면 인도를 거절할 것을 요구하지는 않지만, 보증없이 내려진 인도결정이 자의적이거나 약식적인 것이었다면 제6조를 위반한다고 판단

② 캐나다의 인도결정은 제6조를 위반하지 않았다고 판단
③ 10년 뒤 Roger Judge 대 Canada 사건에서는 입장을 바꾸어 사형 폐지에 대한 국제적 컨센서스가 확대되고 있고 이와 함께 시민적·정치적 권리에 관한 국제규약은 살아있는 문서로서 해석되어야 한다고 하면서 사형을 이미 폐지한 캐나다가 아직 그렇지 아니한 미국으로부터 사형을 집행하지 않을 것이라는 보증을 받지 않고 추방한 것은 미국인 신청인의 규약 제6조 제1항하의 생명권을 침해한 것이라고 판단

9. 판례 – 쇠링(Söring) 사건
① 인도적 고려의 원칙에 의해 범죄인 인도를 거절한 사건
② 미국인을 살해한 독일인이 영국으로 도피하자 독일과 미국이 범죄인 인도를 청구
③ 영국은 속지주의에 따라 인도를 청구한 미국에 인도를 결정
④ 쇠링(Söring)은 영국의 인도 결정이 유럽인권협약에 위반이라고 주장하며 유럽인권법원에 제소하였고, 유럽인권법원은 인용하였음. 법원은 미국 인도시 법정최고형인 사형판결을 받을 가능성이 있고, 집행 시까지의 이른바 Death Row로 인해 쇠링(Söring)의 인권이 침해될 것으로 판단하였음
⑤ 미국은 법정최고형이 종신형인 다른 범죄로 새로 청구하여 인도받아 처벌하였음

10. 수형자이송제도

(1) 의의
① 형 집행을 위한 수형자이송조약이라는 새로운 유형의 인도조약이 체결되는 추세
② 유럽국가들은 1983년 수형자 이송에 관한 협약(스트라스부르그협약)을 체결
③ 미국과 홍콩은 1997년 수형자 이송을 위한 미국 정부와 홍콩 정부 간 협정을 체결
④ 수형자이송은 도망자가 아닌 수형자를 그의 자유의사에 기초하여 본국으로 이감조치한다는 점에서 도망자를 강제로 인도청구국에 보내는 범죄인 인도와는 구분됨

(2) 1997년 추가의정서(유럽)
① EU는 1997년 수형자 이송에 관한 추가의정서를 채택
② 수형자의 의사와 무관하게 이송할 수 있는 사항을 추가
③ 수형자가 선고국에서 형 집행을 완료하기 전에 그의 본국으로 도주한 경우 선고국은 그 본국에 대해 나머지 형을 대신 집행해 주도록 요청할 수 있음

④ 수형자가 선고국의 감옥에서 일단 석방되면 더 이상 동 국가에 체류하는 것을 허용하지 않는 추방령 등이 형의 선고에 이미 포함되어 있는 경우 선고국은 본국으로의 그의 이송을 동 국가에 요청할 수 있음. 이 경우 수형자의 본국은 선고국의 이송요청에 동의하기 전에 먼저 수형자의 의견을 고려에 넣었어야 함

11. 우리나라 범죄인 인도법의 주요 내용

범죄중대성의 원칙	사형·무기·장기 1년 이상의 징역 또는 금고
절대적 인도거절사유	• 대한민국 또는 청구국의 법률에 의하여 인도범죄에 관한 공소시효 또는 형의 시효가 완성된 경우 • 인도범죄에 관하여 대한민국 법원에서 재판 계속 중이거나 재판이 확정된 경우 • 범죄인이 인도범죄를 행하였다고 의심할 만한 상당한 이유가 없는 경우. 다만, 인도범죄에 관하여 청구국에서 유죄의 재판이 있는 때에는 예외 • 범죄인이 인종·종교·국적·성별·정치적 신념 또는 특정 사회단체에 속함 등을 이유로 처벌되거나 그 밖의 불이익한 처분을 받을 염려가 있다고 인정되는 경우
정치범 불인도원칙의 예외	• 국가원수·정부수반 또는 그 가족의 생명·신체를 침해하거나 위협하는 범죄 • 다자 간 조약에 의하여 대한민국이 범죄인에 대하여 재판권을 행사하거나 범죄인을 인도할 의무를 부담하고 있는 범죄 • 다수인의 생명·신체를 침해·위협하거나 이에 대한 위험을 야기하는 범죄
임의적 인도거절사유	• 범죄인이 대한민국 국민인 경우 • 인도범죄의 전부 또는 일부가 대한민국 영역 안에서 행하여진 경우 • 범죄인이 인도범죄 외의 범죄에 관하여 대한민국 법원에 재판이 계속 중인 경우 또는 형의 선고를 받고 그 집행을 종료하지 아니하거나 면제받지 아니한 경우 • 범죄인이 인도범죄에 관하여 제3국(청구국이 아닌 외국)에서 재판을 받고 처벌되었거나 처벌받지 아니하기로 확정된 경우 • 인도범죄의 성격과 범죄인이 처한 환경 등에 비추어 범죄인을 인도함이 비인도적이라고 인정되는 경우

제2장 국제인권법

제1절 총설

1. 국제인권법의 의의
국제인권법이란 개인의 인권을 국제적으로 보호하는 다양한 제도와 규범들임. 전통국제법상 개인의 인권보호문제는 개별 국가의 문제로 인식. 제2차 세계대전 중 발생한 대규모 인권침해 사태는 인권문제가 더 이상 국내문제만은 아니라는 인식을 갖게 하였고 나아가 인권침해문제는 국제평화에 대한 위협이 된다는 사실을 자각

2. 제3세대 인권
① 제3세계에 의해 제시된 개념
② 국경선을 초월하는 것으로서 개인이 국가들의 국제 공동체 전체에 대해 주장할 수 있는 권리
③ 개인과 국가의 상호의존을 함축하고 있으며, 나아가 모든 국가 내 개인들의 상호의존을 함축
④ 평화, 발전, 건강한 환경, 인류의 공동 유산, 국경을 넘는 교신, 인도적 지원, 자결 등
⑤ 세계인권선언 제28조: 모든 사람이 동 선언에 명시된 권리와 자유가 완전히 실현될 수 있는 하나의 사회적, 국제적 질서를 향유할 권리가 있다고 규정하여 제3세대 인권을 언급

제2절 UN의 인권보호

1. UN헌장상 인권보호 관련 규정

(1) 헌장 제1조
UN의 기본 목적 중의 하나로 인종, 성별, 언어 또는 종교에 따른 차별 없이 모든 사람의 인권 및 기본적 자유에 대한 존중을 촉진하고 장려한다는 것을 명시

(2) 헌장 제55조
평화롭고 우호적인 국가관계에 필요한 안정과 복지의 조건을 창조하기 위해 인권 및 기본적 자유의 보편적 존중과 준수를 촉진해야 함을 규정

(3) 헌장 제56조

모든 가맹국은 제55조에 규정된 목적을 달성하기 위해 UN과 협력하여 공동 또는 개별적인 조치를 취할 것을 규정

2. 세계인권선언

① 인권위원회(Commission on Human Rights) 주도로 작성
② 1948년 UN총회에서 만장일치로 채택
③ 정치적 권리 및 사회적·경제적·문화적 권리 등을 규정
④ 법적 구속력이 없음
⑤ 자결권 관련 규정이 없음
⑥ 재산권 보호규정이 있음
⑦ 선언 내용의 대부분은 오늘날 관습법이 됨
⑧ 정치적 권리에 상대적으로 높은 비중을 두고 있음

3. UN의 인권보호기관

(1) UN의 주요 기관의 인권보호

총회	비구속적 결의를 통해 국제적 인권침해를 고발, 국제인권규범 제정 등
안전보장이사회	대규모 인권침해 시 헌장 제7장상의 조치를 취하거나 임시국제형사재판소를 설치
사무총장	인도적인 주선을 담당
경제사회이사회 (경사리)	헌장상 인권문제를 직접적으로 다루는 기관

> **참고**
>
> **인간게놈과 인권**
> - 1997년 11월 11일 UNESCO총회에서 만장일치로 채택된 인간게놈과 인권에 관한 세계선언: 인간 게놈은 상징적 의미에서 인류의 유산이며 그 자연상태에서의 인간게놈은 금전적 이득을 가져오지 아니하며 누구도 유전적 특성을 근거로 인권, 기본적 자유 및 인간의 존엄성을 침해할 의도가 있거나 그러한 결과를 초래하는 차별대우를 받지 아니함
> - UN총회: 1998년 12월 9일의 인간게놈과 인권을 통해 1997년 결의 승인
> - UN총회는 2005년 3월 8일 결의를 통해 인간복제에 관한 UN선언으로 명명된 UN 차원의 선언을 채택. 모든 형태의 인간복제는 인간의 존엄성 및 인간생명의 보호와 양립할 수 없으므로 이를 금지시킬 것, 인간의 존엄성에 배치될 수 있는 유전자 공학기술의 적용을 금지하는 데 필요한 조치를 채택할 것, 생명과학의 적용에 있어 여성의 이용을 방지하기 위한 조치를 취할 것 등. 연성법규

(2) 인권위원회 및 소위원회

인권위원회 (Commission on Human Rights)	• 1946년 경제사회이사회결의에 의해 설립되었고, 경제사회이사회에서 선출되는 임기 3년의 53개 위원국으로 구성됨 • 인권위원회는 2006년 3월 15일 UN총회결의를 통해 총회 산하의 인권이사회(Human Rights Council)로 대체됨
인권소위원회	• 1947년 인권위원회(Commission on Human Rights)의 결정에 따라 설립됨 • 매 2년마다 인권위원회에서 선출되는 임기 4년의 26명의 위원으로 구성됨 • 위원들은 국가대표가 아니라 개인자격으로 활동 • 인권소위원회의 주요 임무는 인권 관련 선언이나 협약의 초안을 마련하고 차별방지 및 소수민족보호에 대해 인권위원회에 권고하는 것 • 경제사회이사회 및 인권위원회가 위임하는 문제를 토의 • 1998년 8월 소위원회에서는 위안부 문제가 집중 토의되었고 맥두걸 보고서를 채택

(3) UN인권고등판무관

① 1993년 비엔나 세계인권회의에서 본격 논의되고 1993년 UN총회결의에 기초하여 UN고등판무관직을 신설

② UN인권조직 강화, UN인권사무국을 전체적으로 감독, UN인권 관련 기관들의 활동 총괄 조정 등의 임무를 수행

(4) 인권이사회(Human Rights Council)

① 인권위원회(Commission on Human Rights)가 2006년 총회 산하 기관이 되면서 개칭

② 47개국으로 구성

③ 지역그룹의 추천 없이 개별 국가별로 선출

④ 총회 재적 과반수의 지지로 선출

⑤ 최소 연 3회의 회기를 개최하며, 3분의 1 이상의 이사국이 요구하면 특별회의를 개최

⑥ 심각한 인권침해를 야기한 국가는 이사국 자격이 정지될 수 있음

⑦ 모든 국가의 인권상황을 4년마다(2012년부터는 5년씩 소요) 정기적으로 점검하는 보편적 정례 검토(Universal Periodic Review: UPR)를 담당

⑧ 기존의 특별보고관제도를 유지

⑨ **실무위원회**: 대규모 지속적 인권침해가 있는 경우 5명으로 구성

⑩ **자문위원회**: 민간인 18명으로 구성하며, 2008년 설립되었음. 임기는 3년이며 1회 재임할 수 있음

(5) 주요 인권조약 관련 기관

① 인권위원회(Human Rights Committee)
  ㉠ 시민적·정치적 권리에 관한 국제규약(국제인권B규약)에 의거해 설립
  ㉡ 위원회는 당사국들이 제출한 정기 보고서를 심의하는 한편, B규약 제1 선택의정서에 따라 제출된 개인청원을 심의하고 권고

② 경제적·사회적·문화적 권리위원회
  ㉠ 경제적·사회적·문화적 권리에 관한 국제규약(국제인권A규약)과 관련하여 경제사회이사회 결의에 따라 설립되었음
  ㉡ 위원회는 A규약에 따라 매 5년마다 제출되는 정기보고서를 심의하는 것을 임무로 하며 위원회 활동은 매년 경제사회이사회에 보고해야 함

③ 인종차별철폐위원회·여성차별철폐위원회·아동권리위원회·고문방지위원회
  ㉠ 인종차별철폐협약(1969년 발효), 여성차별철폐협약(1981년 발효), 고문방지협약(1987년 발효), 아동권리협약(1990년 발효)에 기초하여 산하위원회를 설립
  ㉡ 각 조약의 국가별 이행을 감시·감독하며 보다 효과적인 이행을 위한 기술적인 지원을 담당

4. 인권 관련 주요 안전보장이사회결의

(1) 쿠르드족 사태와 안전보장이사회결의 제688호

① 자국 내에서 자국민을 상대로 벌어지는 인권침해라는 비군사적 사태에 대해 안전보장이사회가 개입한 사례
② 안전보장이사회는 한 국가의 자국민 탄압 자체를 국제평화와 안전에 대한 위협이라고 규정하기보다는 이의 대외적 파급효과(난민 유입)가 국제평화와 안전을 위협한다고 규정

(2) 구유고연방 사태와 안전보장이사회결의 제808호

① 구유고연방의 내전 및 분열과정에서 민간인의 대규모 학살, 강제추방, 대량 억류, 집단적 강간 등 비인도적 참상이 자행
② 안전보장이사회는 일련의 결의들을 통해 이러한 비인도적 행위들은 국제인도법 위반행위로서 동 지역에서의 평화 노력에 대한 심각한 위협일 뿐 아니라 그러한 사태는 국제평화와 안전에 대한 위협을 구성한다고 결정

(3) 소말리아 사태와 안전보장이사회결의 제733호 및 제794호

① 소말리아 내전 과정에서 식량부족사태로 150만 명 이상의 소말리아인이 아사 위기에 처함
② 국제사회가 적극적인 인도적 지원조치를 취함
③ 군벌들의 약탈행위로 실효를 거두지 못함
④ 결의 제733호를 통해 소말리아 사태는 국제평화와 안전에 대한 위협을 구성함을 확인

⑤ 결의 제794호를 통해 분쟁으로 인한 대규모 인간적 비극과 이것이 인도적 원조의 분배상의 장애에 의해 더욱 악화됨으로써 국제평화와 안전에 대한 위협을 구성한다고 확인하는 한편, 인도주의적 구호활동을 위한 안전한 환경을 수립하기 위하여 헌장 제7장에 의거하여 UN사무총장과 회원국들이 모든 필요한 수단을 사용할 것을 허용
⑥ 결의 제794호는 사태의 대외적 영향에 대한 고려 없이 국내적으로 발생한 상황만을 이유로 하여 국제평화와 안전에 대한 위협의 성립을 확인함. 인권침해 결과 자체가 국제평화와 안전에 위협임을 직접적으로 언급하고 있다는 점에서 중요함

(4) 르완다 사태와 안전보장이사회결의 제929호
① 1990년 10월부터 후투족이 주력인 르완다 정부군과 투치족의 지지를 받는 르완다 애국선(RPF) 간에 발발한 내전과정에서 르완다는 사실상 무정부상태에 빠지고 대규모 살육이 발생
② 안전보장이사회는 결의 제929호에서 르완다에서의 대규모 인도적 위기가 국제평화와 안전에 대한 위협을 구성한다고 지적하면서 인도적 목적을 달성하기 위해 필요한 모든 수단을 다할 것을 허용
③ 내전의 대외적 영향을 고려함이 없이 국제평화와 안전에 대한 위협을 구성한다고 봄

(5) 아이티 군사 쿠데타와 안전보장이사회결의
① 아이티에서 군사 쿠데타가 발생
② 안전보장이사회는 민주주의의 회복과 합법적으로 선출된 대통령의 즉각적인 복귀를 요구하며 아이티 군사 쿠데타의 계속은 국제평화와 안전에 대한 위협을 구성한다고 결의(결의 제841호)
③ 안전보장이사회는 쿠데타 자체보다는 쿠데타 이후 군정기간에 벌어진 재판에 의하지 않은 처형, 자의적 체포, 불법감금, 납치, 강간, 강제실종 등 인도적 상황의 악화와 난민들의 절망적 탈출 등의 일련의 사태가 국제평화와 안전을 위협한다고 판단(결의 제940호)

제3절 국제인권규약

1. 연혁
① 1948년 세계인권선언이 채택되었으나 법적 구속력이 없었음
② 1966년 경제적·사회적·문화적 권리에 관한 국제규약(A규약), 시민적·정치적 권리에 관한 국제규약(B규약), 시민적·정치적 권리에 관한 규약 선택의정서(B규약 제1선택의정서)를 채택
③ 1989년 12월 15일 사형의 폐지를 목표로 하는 시민적·정치적 권리에 관한 규약의 제2선택의정서가 채택
④ 2008년 A규약 선택의정서를 채택
⑤ 대한민국은 A규약, B규약, B규약 제1선택의정서에 가입
　㉠ 대한민국의 B규약에 대한 유보: 상소권 보장(제14조 제5항), 일사부재리 및 이중처벌금지(제14조 제7항), 결사의 자유(제22조), 혼인기간 중 및 혼인 해소시 배우자 평등(제23조 제4항)
　㉡ 대한민국의 B규약에 대한 유보 철회
　　ⓐ 상소권 보장, 일사부재리, 혼인기간 중 및 혼인 해소 시 배우자 평등
　　ⓑ 현재 결사의 자유에 대한 유보만 잔존

2. A규약(경제적·사회적·문화적 권리에 관한 국제규약)
① 민족자결권을 규정
② 당사국들에게 즉각적인 이행을 촉구하기보다는 당사국들의 능력이 허용하는 범위 내에서 점진적인 보호를 위해 최선의 노력을 다하도록 규정
③ 공공복리를 증진하기 위해 법률로써 규약상 권리의 향유를 제한할 수 있음
④ 경제적 권리: 노동권, 노동조건, 단결권
⑤ 사회적 권리: 사회보장, 가정에 대한 보호, 생활수준의 확보, 건강권
⑥ 문화적 권리: 교육권, 무상의 교육의무 등

3. B규약(시민적·정치적 권리에 관한 국제규약)
① 민족자결권을 규정
② 즉시 적용 가능한 기준을 정하여 이를 준수·실시할 의무를 당사국에 부과
③ 남녀의 평등권
④ 비상사태하에서의 인권제한가능성(제4조) 인정: 타 국제법 준수의무가 있고, UN사무총장을 통해 타 당사국에 통보해야 함
⑤ 훼손할 수 없는 인권: 비상사태하에서도 생명권, 사형제도, 고문 및 잔학형의 금지 등 제반규정을 위반할 수 없음

⑥ 실체규정: 생명권 및 사형제도, 고문 및 잔학형의 금지, 노예 및 강제노동의 금지, 신체의 자유 및 체포·구금의 요건, 공정한 재판을 받을 권리, 표현의 자유, 소수민족의 보호 등이 있음
⑦ 사형제도를 인정
⑧ 추방
  ㉠ 법률에 따라 이루어진 결정에 의해야 하고, 추방 반대이유 제시를 허용해야 하며, 재심을 인정해야 함
  ㉡ 일단 가입하면 탈퇴할 수 없음(Human Rights Committee)

4. A규약과 B규약의 차이점

(1) 당사국의 재량성
A규약은 B규약에 비해 이행에 있어서 당사국의 재량이 광범위함

(2) 외국인에 대한 차별
A규약은 개발도상국들이 외국인에 대해 특정 조건하에서 차별을 할 수 있도록 인정

(3) 인권의 서열의 인정 여부
B규약에서는 인권의 서열 인정

5. A규약 이행제도

(1) 보고제도
① 정기적으로 UN사무총장에게 보고서 제출
② 경제사회이사회가 검토
③ 경제사회이사회는 보고서 검토를 담당하기 위해 '경제적·사회적·문화적 권리에 관한 위원회' 설치. 위원회는 18인으로 구성되며 임기 4년

(2) 개인청원제도
① 청원 대상 권리: A규약에서 규정하고 있는 모든 권리
② 국내구제 완료: 청원을 제기하기 위해서는 국내구제를 완료해야 함. 단, 국내절차가 불합리하게 지연되는 경우 국내절차가 종료됨 없이 청원 가능. 청원은 원칙적으로 국내구제절차가 완료된 지 1년 이내에 제출되어야 함
③ 불소급원칙: 대상 권리가 당사국에서의 선택의정서 발효일 이후에 침해되었어야 함
④ 중복청원이나 청원권의 남용 금지
⑤ 당사자적격: 선택의정서는 개인이나 집단이 직접청원하거나 이들을 대신하여 제3자가 청원할 수 있음. NGO나 국제인권기구에 의한 의견제출제도(amicus curiae)를 인정하지 않았음

⑥ **당사국에 대한 통보**: 청원신청서가 들어오면 위원회는 해당 당사국에 비공개적으로 그 내용을 송부해야 하며, 당사국은 6개월 이내에 그 문제에 관한 의견이나 당사국이 취한 조치를 서면으로 제출해야 함

⑦ **잠정조치**: 청원이 접수되면 위원회는 어떤 단계에서든 청원인의 회복할 수 없는 권리 피해를 막기 위해 잠정조치를 당사국에게 요청할 수 있음

⑧ **사후이행조치**: 선택의정서는 위원회의 본안판단 이후 그 결정에 대한 이행을 담보하기 위한 절차(follow-up procedure) 규정. 특별보고관이나 실무그룹 설치는 규정되지 않았음. 당사국은 6개월 이내에 이행상황을 서면으로 보고해야 함

(3) 조사절차(inquiry procedure)

① 중대한 인권침해에 대해서 위원회가 자체적으로 사실을 조사하여 그에 기초하여 적절한 조치를 취할 수 있는 절차

② 사실조사를 위해 1인 이상의 위원에게 조사임무를 맡길 수 있음

③ 당사국이 동의하는 경우 당사국 방문 조사 가능

④ 조사에 기초하여 위원회는 당사국에 확인된 사실을 위원회의 판단과 함께 통보할 수 있으며, 당사국은 6개월 내에 이에 대해 의견을 제출해야 함

⑤ 이 절차를 위원회가 사용하기 위해서는 당사국이 특별히 수락선언을 해야 함. 조약 가입 이후 언제든지 수락 가능

(4) 국가간고발제도(inter-state communication)

① 당사국이 A규약을 위반한 경우 다른 당사국이 위원회에 그 위반을 진정할 수 있는 제도

② 이 절차가 이용되기 위한 전제는 당사국이 이러한 절차를 운용하는 위원회의 권한을 인정하는 수락선언을 해야 함

③ 통보국이 접수국에 대해 사회권규약을 위반하였다고 서면으로 통보하면 접수국은 3개월 내에 이 사건에 대해 설명해야 함

④ 통보 후 6개월 내에 통보국과 접수국 간에 만족스러운 협상이 되지 않으면 관련국은 이 사안을 위원회로 가져갈 수 있음. 이 경우 접수국의 국내구제절차를 모두 완료해야 함

⑤ 위원회는 이 사안이 우호적으로 해결되도록 주선

6. B규약상의 이행감독제도

(1) 보고제도

① 권리실현조치 및 실현성과에 대한 보고서를 규약 발효 후 1년 이내 및 그 후 위원회의 요청 시 UN사무총장에게 제출

② UN사무총장은 이를 인권위원회로 송부

③ 인권위원회는 당사국들이 제출한 보고서를 검토하고 자체보고서 및 적정하다고 생각되는 일반적 의견을 당사국에 송부하며, 당사국으로부터 접수한 보고서 사본과 함께 일반적 의견(non-country-specific)을 경제사회이사회에 제출

(2) 국가 간 고발제도(inter-state complaint machinery)
① 의의
  ㉠ B규약 제41조를 수락한 당사국 상호 간 적용
  ㉡ B규약상의 의무 이행에 대해 당사국 상호 간 감시·감독하는 제도
  ㉢ 제41조의 수락선언은 언제든지 할 수 있고 또한 언제든지 철회할 수 있음
  ㉣ B규약 제41조를 수락한 당사국은 타당사국의 규약상 의무 위반을 통보할 수 있고, 이에 따라 인권위원회는 자신이 주선하거나 특별조정위원회를 구성하여 조정

② 당사국 간 통보
  ㉠ 서면으로 통보
  ㉡ 3개월 내 해명서를 통보
  ㉢ 6개월 내 해결 안 되는 경우 인권위원회에 주선을 요청

③ 인권위원회의 주선
  ㉠ 국내구제수단이 완료되어야 다룰 수 있음
  ㉡ 구제수단의 부당한 지연시에는 국내구제완료의무가 없음
  ㉢ 인권위원회는 통보된 사안을 검토하여 분쟁당사국들 간 분쟁의 우호적 해결을 위해 주선(good offices)을 제공
  ㉣ 인권위원회는 분쟁당사국들에게 정보제공을 요청할 수 있음
  ㉤ 당사국들은 구두 또는 서면 진술권이 있음
  ㉥ 인권위원회는 12개월 내에 보고서를 제출해야 함

④ 특별조정위원회의 조정
  ㉠ 인권위원회의 주선에 의해 분쟁이 해결되지 않은 경우 개시
  ㉡ 위원회는 분쟁당사국의 동의에 기초하여 특별조정위원회를 구성
  ㉢ 특별조정위원은 제41조를 수락한 국가의 국민이어야 하되, 분쟁당사국의 국민이 아니어야 함
  ㉣ 특별조정위원회는 사안을 검토하여 인권위원장에게 12개월 이내에 보고서를 제출하여야 함
  ㉤ 인권위원장은 이를 당사국에 송부
  ㉥ 12개월 이내에 사안 검토를 완료하지 못한 경우 보고서에는 문제의 검토상황에 대한 간단한 기술에 국한된 내용을 담을 수 있음
  ㉦ 우호적 해결에 도달한 경우 사실과 도달한 해결에 대해 진술

◎ 당사국들은 보고서를 송부받은 후 3개월 내에 위원장에게 보고서 내용의 수락 여부를 통보해야 함

(3) 개인청원제도
후술

7. 개인청원제도 – B규약 선택의정서

(1) 의의
① 인권보호조약의 실효성을 확보하는 제도
② 조약상의 권리나 자유를 침해당한 개인이 조약에 예정된 절차에 따라 인권을 침해한 국가를 고발하거나 청원하는 제도
③ 인권조약은 조약 준수의 최대의 보장자로 당사국을 예정
④ 당사국이 자국 영역 또는 관할 내의 개인에 대하여 충분한 보호를 하지 못한 경우 그 피해를 구제받지 못한 개인이 최후 수단으로 이용할 수 있게 하자는 취지

(2) 관할권의 성립 요건
① 관련국(침해국)이 B규약 및 B규약 선택의정서에 가입해야 함
② 조약에서 정하는 권리 또는 자유의 침해가 있어야 함
③ 조약이 당사국에 발효된 이후의 그리고 당사국에 의한 탈퇴의 효력이 발생하기 이전의 행위여야 함
④ 영토 내에 있으며 그 관할하에 있는 개인일 것
⑤ 영토 밖에 있는 개인에 대해서도 적용됨(역외적용)
⑥ 개인은 국민뿐 아니라 외국인도 포함
⑦ 법인은 청원을 제기할 수 없음

(3) 국내구제절차완료
① 개인은 모든 이용 가능한 국내적 구제조치를 완료하였을 경우 규약인권위원회에 심리를 위한 서면통보를 제출할 수 있음
② 구제조치의 적용이 불합리하게 지연되는 경우 적용되지 않음
③ 피해자가 체포된 이후 4년 반 이상이나 최종판결이 선고되지 않은 것은 불합리한 지연으로서 사건을 심리할 수 있다고 판단(Weiz 대 Uruguay 사건)
④ 최고법원의 판결이 있어야 함
⑤ 헌법재판소도 구제수단에 포함됨
⑥ 사면은 구제수단에 포함되지 않음

(4) 청원인
① 규약에 규정된 권리에 대한 위반의 피해자임을 주장하는 개인으로부터 청원을 수리

② 피해자와 신청인 간에 충분한 연관성(a sufficient link)이 있으면 대리인도 신청서를 접수할 수 있음
③ 임박한 피해를 주장하는 개인도 청원을 제출할 수 있음
④ B규약 인권위원회는 핵무기의 네덜란드 배치가 B규약 제6조를 침해한다고 주장하는 6588명 명의의 청원에 대한 결정에서 청원인은 국가의 작위 또는 부작위가 권리의 향유에 불리한 효과를 갖거나 그러한 효과가 임박한(imminent) 것임을 보여주어야 한다고 판단

(5) 다른 국제절차와의 중복 금지
① 동일문제가 다른 국제적 조사 또는 해결절차에 따라 심사되고 있지 않아야 함
② 다른 국제기관이 사실관계를 심사하지 않는 한 다른 국제절차에서 심사 중인 것으로 보지 않음
③ 다른 국제절차에 부탁된 사안이라도 청원인이 이를 취소하면 B규약 인권위원회는 심의할 권한을 가짐

(6) 청원권 남용 및 익명청원의 금지
① 청원권이 남용된 경우 수리 거부 가능
② 과거 위원회가 수리 거부한 사안과 동일하거나 유사한 사안을 청원하는 경우 남용에 해당
③ 개인청원제도는 궁극적으로 개인이 입은 피해의 구제가 목적이므로 구체적인 구제대상이 존재하지 않는 것이므로 익명청원(anonymous petitions)의 경우 이는 심리거부사유에 해당

(7) 본안심리절차
① 개인청원의 본안심리절차는 청원인이 청원서를 작성하여 인권위원회에 제출함으로써 개시
② 본안심리는 서면심리가 원칙
③ 개인청원이 인권이사회에 의해 수리된 다음, 그 수리통지를 받은 피청원국은 6개월 이내에 개인청원에 대한 설명서 혹은 성명서를 제출해야 함

(8) 최종 견해의 채택과 법적 효력
① 위원회의 기본 임무는 규약상 권리의 위반에 관한 청원을 심리하고 그 위반사실을 확인하고 선언하는 것
② 최종 견해에는 책임자의 처벌 및 피해자에 대한 보상, 피해자의 권리 회복, 권리를 침해하지 않겠다는 약속, 권리를 침해하는 법률의 개정 등이 포함됨
③ 결정 및 이행권고는 피청구국에 법적 구속력이 없음
④ 한국은 손종규 사건에서 법적 구속력이 없음을 이유로 결정의 국내적 실시 거부

⑤ 선례불구속의 원칙
⑥ Follow-up Procedure: 당사국이 최종 견해를 이행하는지 추적 조사하는 절차

(9) **양심적 병역거부 사건(HRC, 2007) 및 관련 헌법재판소 결정**
① 대한민국의 여호와의 증인 신도는 병역거부로 대법원에서 1년 6개월 형을 선고받았음
② 청원인은 대체복무제 없이 일률적으로 병역의무를 부과하고 이를 거부하는 자를 처벌하는 한국의 병역법이 시민적·정치적 권리에 관한 국제규약 제18조 종교의 자유를 침해한다고 주장하며 청원을 제기하였음
③ B규약위원회(HRC)는 한국의 병역법이 동 협약을 위반하였다고 결정하였음
④ 대한민국 헌법재판소는 2018년 6월 종교나 비폭력·평화주의 신념 등에 따라 입영을 거부하는 이른바 양심적 병역거부자를 위한 대체복무제를 병역의 한 종류로 명시하지 않은 병역법 조항이 헌법에 어긋난다고 결정하였음. 국회는 2019년 12월 31일까지 대체복무제를 도입하는 방향으로 병역법을 개정하여야 했으며, 현재는 개정을 완료하였음

8. 인권위원회(Human Rights Committee)
① B규약에서 설치하였음
② 18명으로 구성
③ 당사국은 2명까지 후보를 지명할 수 있고, 자국민이어야 함
④ 당사국 3분의 2를 정족수로 하고, 출석하여 투표하는 당사국 대표의 최대다수표 및 절대다수표를 획득하는 후보가 위원으로 선출
⑤ 동일국가의 국민 2명 이상을 포함할 수 없음
⑥ 임기는 4년으로 재선 가능

9. 인권조약의 역외적용
① 자국이 가입한 인권조약이 자국 영토 밖에서도 준수되어야 하는지의 문제
② ICJ는 Legal Consequences of the Construction of a Wall in the Occupied Palestine Territory에서 국제인권B규약이 국가가 자국 영토 밖에서 자신의 관할권을 행사함에 있어 행한 행위에 대해 적용될 수 있다고 하여 역외적용 긍정
③ Human Rights Committee는 Delia Saldias de Lopez v. Uruguay 사건에서 B규약 위반이 우루과이 영토 밖에서 행해졌다고 하더라도 우루과이 공무원에 의해 행해진 것이라면 위원회가 관할권을 행사할 수 있다고 하여 역외적용을 인정
④ 유럽인권법원은 Loizidou v. Turkey(1995)에서 유럽인권협약의 역외적용 인정

⑤ 미주인권법원도 미주인권협약의 역외적용 긍정
⑥ 인권조약이 국가들에게 부과한 실체적 의무의 지리적 적용범위와 인권조약을 침해한 개인들을 소추할 의무의 지리적 범위 또는 누가 그들을 재판할 수 있는가의 문제는 구분해야 함
⑦ Application of the Convention on the Prevention and Punishment of the Crime of Genocide 사건(ICJ, 2007): 제노사이드로 기소된 자에 대한 재판은 그 영토에서 그 행위가 행해진 국가의 권한 있는 재판소에서 수행하거나, 관할권을 가진 국제형사재판소에서 수행되어야 함. 즉, 모든 국가에서 재판이 가능한 것은 아님

제4절 지역인권규약

1. 유럽

(1) 조약

유럽인권협약	• 1950년 채택되어 1953년 발효 • 시민적·정치적 권리를 규정하며, 유럽인권위원회 및 유럽인권법원을 설치
유럽사회헌장	• 1961년 채택되어 1965년에 발효 • 경제적·사회적 권리를 규정
유럽인권협약 제9의정서	자연인이나 비정부기구에 대해 유럽인권위원회 청원을 거쳐 유럽인권법원에 제소할 수 있는 권리를 부여
유럽인권협약 제11의정서	• 개인은 인권위원회 청원을 거치지 않고 곧바로 인권법원에 제소할 수 있도록 함 • 단, 국내구제수단을 완료해야 하며, 국내적 최종결정이 내려진 날로부터 6개월 내에 제기해야 함

(2) 주요 기관
① 유럽인권위원회
② 유럽인권법원
 ㉠ 유럽이사회의 회원국 수와 동수의 법관으로 구성됨
 ㉡ 협약의 해석과 적용에 관한 모든 사건에 대해 관할권을 가짐
 ㉢ 유럽인권협약 제11의정서에 따라 협약당사국 및 유럽인권위원회 이외에 개인이나 비정부기구도 법원에 제소할 수 있음
 ㉣ 협약과 의정서의 해석에 관한 법적 문제에 대해 권고적 의견을 발할 수 있음
 ㉤ 인권법원의 판결은 체약국에 대해 최종적이고 구속적임

2. 미주지역

(1) 미주인권협약
① 주로 시민적·정치적 권리를 대상으로 함
② 미주인권위원회와 미주인권법원을 설치함

(2) 미주인권위원회
① 미주국제기구(OAS) 총회에서 선출되는 임기 4년의 위원 7명으로 구성
② 미주인권위원회의 권한을 인정한 국가는 타국의 협약위반을 위원회에 통보할 수 있음
③ 개인, 개인의 집단, 비정부기구는 미주인권위원회에 청원할 수 있음
④ 청원을 제기하기 전에 국내적 구제를 완료
⑤ 청원은 국내적 구제의 최종결정을 통보받은 이후 6개월 이내에 제기해야 함

(3) 미주인권법원
① 협약당사국이 선출한 임기 6년의 법관 7명으로 구성됨
② 법원은 재판사건관할권과 권고적 관할권을 가짐
③ 체약국과 미주인권위원회만 당사자능력이 인정
④ 개인의 제소권을 부정

3. 아프리카

(1) 아프리카 인권헌장의 내용
① 시민적·정치적 권리와 함께 경제적·사회적·문화적 권리를 규정
② 자결의 권리를 포함
③ 제3세대 인권에 해당하는 경제적·사회적·문화적 개발에 대한 권리와 국가적·국제적 평화와 안전에 대한 권리를 규정

(2) 아프리카 인권헌장의 보장수단
① 인권위원회의 조사 또는 조정의 방법을 통하는 것 이외에 우호적 해결을 권장
② 위원회의 권한을 인정하는 선언이 없어도 타국의 위반에 대한 통보 가능
③ 아프리카 인권법원 설치(2004)

(3) 아프리카 인권법원(African Court on Human and People's Rights)
① 탄자니아 아루샤에 위치
② AU의 전신인 아프리카 통일 기구(OAU)가 부르키나파소에서 1998년 채택한 반줄헌장의 의정서에 따라 창설. 의정서는 2004년 1월 25일 15개 이상의 국가가 비준한 후 발효. 법원의 첫 번째 판사는 2006년에 선출
③ 법원은 AU 회원국이 지명하고 후자의 국가 및 정부 원수 총회에서 선출된 11명의 판사로 구성
④ 판사의 임기는 6년이며 한 번 재선 가능

4. 아시아
① 아시아 전역을 포함하는 독자적 인권협약은 채택되지 않았음
② ASEAN: 2009년 ASEAN인권선언을 채택하였으며, 정부 간 위원회가 출범하였음

제5절 국제난민법

1. 난민의 개념 및 비교 개념

(1) 개념
① 인종, 종교, 국적, 특정 사회 집단의 구성신분 또는 정치적 의견을 이유로 ② 박해를 받을 우려가 있다는 충분한 이유 있는 공포로 인하여 ③ 국적국 밖에 있는 자로서 ④ 그 국적국의 보호를 받을 수 없거나 또는 그러한 공포로 인하여 그 국적국의 보호를 받는 것을 원하지 아니하는 자

(2) 비교 개념
① 현장난민: 현재 국적국이나 상주국 밖에 사람이지만 이들이 국가를 떠날 때 이미 난민이 되는 것, 즉 이미 정치적 박해를 받고 있었을 것이 요구되지는 않는데 이처럼 개인이 국적국이나 상주국을 떠난 뒤 외국 땅에서 추후 난민이 되는 경우

② 위임난민(mandate refugees)
   ㉠ UNHCR사무소규정의 난민기준을 충족하는 자는 그가 1951년 협약이나 1967년 의정서의 당사국인 국가 내에 있는지에 관계없이, 또는 그가 피난국당국에 의하여 이들 두 조약 중에서 어느 하나에 의거하여 난민으로 인정되었느냐에 관계없이, UNHCR이 제공하는 UN의 보호를 받을 자격이 있음
   ㉡ UNHCR이 규정에 의거하여 UN으로부터 위임받은 권한(mandate) 내에 들게 되는 난민

③ 국내피난민 또는 국내실향민
   ㉠ 지금까지 자신이 살던 거주지에서 쫓겨나긴 했지만 국제적으로 승인된 국경선을 넘지는 않은 사람들
   ㉡ UNHCR은 국내피난민들에게 보호와 지원을 제공할 일반적 권한은 갖고 있지 않으나 국내피난민의 일부 집단에 대해서는 제한된 범위 내에서 점차 책임을 떠맡고 있음
   ㉢ 이와 같은 활동은 UN사무총장이나 총회의 요청에 따라 관련 국가의 동의를 얻어 개시됨

2. 난민의 국제적 보호의 연혁

① 국제연맹에서 최초로 보호를 시도
② 1921년 국제연맹은 고등판무관사무소를 설치하여 난민들에게 여행증명서를 발급
③ 1943년 UN국제부흥기구가 설립되어 유럽 및 극동의 난민보호활동이 시작
④ 1948년 국제난민기구가 설립되어 그 임무를 승계
⑤ 1950년 UN난민고등판무관사무소가 총회결의로 설립
⑥ 1951년 난민지위에 관한 협약 채택
⑦ 1967년 난민지위에 관한 의정서 채택

3. 난민지위에 관한 협약(1951) 및 동 의정서(1967)

(1) 난민지위에 관한 협약

① 1954년에 발효
② 법정난민과 1951년 1월 1일 이전에 유럽 또는 체약국의 선택에 따라서는 유럽 이외의 곳에서 발생한 사건의 결과로서 타국에서 도피처를 찾는 사람들에 국한하여 보호
③ 협약규정에 대해서는 몇몇의 유보할 수 없는 조항이 열거되어 있으며, 그 밖의 조항은 유보 가능
④ UN사무총장에게 1년 전에 통고함으로써 협약 폐기
⑤ 협약 관련 분쟁은 다른 방법으로 해결되지 않으면 분쟁당사국 일방의 요청에 의해 국제사법재판소(ICJ)에 부탁(약정관할권)

법정난민
난민지위에 관한 협약 발효 전에 여러 국제문서에 의해 국제난민으로서의 지위를 인정받은 사람들이다.

(2) 난민지위에 관한 의정서

① 1967년 체결된 의정서는 시간적·장소적 제한을 삭제
② 협약과 의정서는 별개의 독립된 문서이므로 협약 당사국이 아니어도 의정서에 가입할 수 있음
③ 의정서는 1967년 10월 4일 발효

4. 난민의 요건

① 인종, 종교, 국적, 특정 사회집단의 구성원 신분, 정치적 의견으로 인한 박해를 받을 근거 있는 공포가 존재해야 함
  ㉠ 정치적 난민만 보호하며, 박해의 입증책임은 난민 측에 있음
  ㉡ 재중국 탈북자: 경제적 난민이므로 보호대상이 아님(중국 입장)
② 국적국 또는 상주국 밖에 있는 자로서 국적국의 보호를 받을 수 없거나 받기를 원하지 않는 자
③ 무국적자도 난민이 될 수 있음
④ 대한민국은 박해주체가 국가가 아닌 경우에도 난민으로 인정한 사례가 있음

⑤ 국내실향민, 경제적 난민, 전쟁난민, 환경난민 등은 협약상 난민이 아님

5. 자격결정

① 결정주체는 체약국
② 체약당사국은 난민자격결정에 있어서 난민고등판무관과 협조할 의무 있음
③ 난민자격결정의 세부 절차는 체약국 국내법에 위임되어 있음

6. 자격배제

① 국제범죄인, ② 입국 전에 중대한 비정치적 범죄를 범한 자, ③ UN의 목적과 원칙에 반하는 행위를 한 자는 난민으로 보호될 수 없음

7. 난민의 입국과 출국

(1) 입국권
없음

(2) 불법입국 시 형벌 부과 제한
난민이 불법으로 입국한 경우 그 불법입국 및 불법체류를 이유로 형벌을 과할 수 없음. 단, 지체 없이 당국에 출두하여 불법입국 및 체류의 정당한 이유를 제시할 것을 조건으로 함

(3) 자발적 출국
난민의 자유로운 출국을 인정하고 그에게 여행증명서(travel documents)를 발급해 주도록 규정함. 단, 국가안보 또는 공공질서를 위해 부득이한 경우 출국의 자유를 제한할 수 있음

(4) 강제출국(추방)
① 합법적으로 체약국 영토에 있는 난민은 국가안보 또는 공공질서를 이유로 하는 경우를 제외하고는 추방 불가
② 추방은 적법절차(due process of law)에 따라 내려진 결정에 의하여서만 이루어져야 함
③ 추방시 국가안보상의 불가피한 이유가 있는 경우를 제외하고는 난민에게 자기변호의 기회를 주어야 함
④ 난민이 그의 생명이나 자유가 위협을 받을 영역으로 난민을 추방하거나 송환할 수 없음(강제송환금지원칙)

8. 난민의 일반적 대우

(1) 최혜국민대우
난민협약이 더 유리한 규정을 두고 있는 경우를 제외하고, 일반적으로 외국인에게 부여하는 대우와 동등한 대우를 부여

(2) 내국민대우

체약국 영역 내에서 3년간 거주한 후 체류국 국민과 같은 대우를 받음. 단, 공조구호혜택이나 배급제도의 혜택, 공공교육 등은 거주기간 무관하게 내국민대우를 받음

(3) 난민의 개인적 지위

주소지 국가의 법률에 의하나, 없는 경우 거소지 국가 법률에 의해 규율

9. 난민의 권리

① 외국인과 같이 사권과 공권을 향유
② 종교의 자유: 내국민대우
③ 동산·부동산 소유권: 최혜국민대우
④ 임금이 지급되는 직업에 종사할 권리와 거주의 자유 등

10. 난민의 의무

① 외국인과 같이 재류국의 사법상·공법상 의무
② 재류국의 법령준수의무
③ 납세의무 등

11. 난민협약의 기타 규정

① 이동의 자유
② 체약국은 난민에게 인종, 종교 또는 출신국에 의한 차별 없이 협약의 규정을 적용
③ 협약의 어떠한 규정도 체약국이 협약과 관계없이 난민에게 부여하는 권리와 이익을 저해하는 것으로 해석되지 아니함
④ 당사국은 난민의 귀화를 장려함

12. 난민의 지위상실

① 난민으로서의 인정받은 객관적 사유가 소멸하게 된 경우 난민으로서의 지위를 상실
  ㉠ 임의로 국적국의 보호를 다시 받고 있는 경우
  ㉡ 국적을 상실한 후 임의로 다시 국적을 회복한 경우
  ㉢ 새로운 국적을 취득하고, 새로운 국적국의 보호를 받고 있는 경우
② 난민이 그의 지위를 상실하고 계속 수용국에 재류하는 경우 일반적인 외국인의 지위를 유지

13. 강제송환금지원칙

① 생명이나 자유가 위협받을 수 있고 또한 박해를 받을 우려가 있는 영역으로 개인의 의사에 반하여 강제로 송환될 수 없다는 원칙
② 비호권은 개인의 권리가 아니나, 강제송환금지원칙은 추적국으로 송환당하지 아니할 개인의 권리를 내포하고 있음
③ 강제송환금지원칙은 현재 관습법화되고 있다는 견해가 유력
④ 주요 연원: 1933년 난민의 국제적 지위에 관한 협약, 1951년 난민협약, 1984년 고문방지협약 등
⑤ UNHCR 집행위원회에 의하면 개인이 난민으로 공식적으로 인정된 것에 관계없이 동 원칙이 적용됨
⑥ 난민자격을 인정받은 자를 포함하여, 합법적으로 체류하고 있는 자, 불법적으로 체류하고 있는 자, 비호신청을 한 자 모두에 대해 적용
⑦ 피난국 내에 존재할 때만 적용되는 것이 아니라 국경에서의 입국거부에 대해서도 적용됨
⑧ 난민개념에서 배제된 자(제네바협약 제1조 F 섹션)는 강제송환될 수 있음
⑨ 난민이 체류하고 있는 국가의 안전을 위협하는 인물로 볼 만한 합리적인 사유가 있거나, 특히 중대한 범죄를 저질러 최종적으로 유죄판결을 받아 그 국가의 공동체에 대하여 위험한 존재가 되는 난민은 강제송환 가능

14. 난민개념 확대 노력

(1) 아프리카 난민문제의 특별한 측면들에 적용되는 협약(1969)

제네바난민조약상 난민 이외에도 외부침략, 점령, 외국의 지배, 또는 출신국이나 국적국의 일부 혹은 전역에서 공공질서를 중대하게 문란하게 하는 사건 때문에, 출신국이나 국적국 밖의 다른 장소에서 피난처를 구하기 위해 자신의 상주지역을 떠나지 않을 수 없게 된 모든 사람도 난민으로 규정

(2) 카타헤나 난민선언(Cartagena Declaration on Refugees, 1984)

대규모적인 인권침해때문에 출신국이나 국적국 밖의 다른 장소에서 피난처를 구하고 있는 사람도 난민으로 규정

(3) 아랍세계에서 난민과 피난민의 보호에 관한 선언(Declaration on the Protection of Refugees and Displaced Persons in the Arab World, 1992)

1951년 협약, 1967년 의정서, 또는 발효 중인 타 관련 문서나 UN총회결의들이 적용될 수 없는 상황이라 하더라도 난민, 비호를 구하는 사람, 피난민(실향민)은 이슬람법과 아랍의 가치에 담겨있는 인도적인 비호원칙들에 의하여 보호되어야 한다고 규정

15. UN난민고등판무관(UNHCR)

① UN 난민고등판무관사무소규정에 의거하여 UN 사무총장의 지명에 따라 총회에서 선출되는 국제공무원
② UNHCR 본부는 스위스 제네바에 소재
③ 선임: UN 사무총장의 지명에 따라 UN총회에서 선출
④ 임기: 당초 3년이었으나 이후 5년으로 변경됨
⑤ 임무: 난민협약 비준 장려, 난민 상태 개선 및 보호, 본국귀환이나 국내공동체 동화 장려 등
⑥ 활동비용: UNHCR의 활동과 관련된 다른 모든 비용은 UN회원국이나 NGO 또는 개인들이 제공하는 자발적 기부금으로 충당

16. 우리나라 난민법의 주요 내용

① 법무부장관은 난민인정신청이 이유 있다고 인정할 때에는 난민임을 인정하는 결정을 하고 난민인정증명서를 난민신청자에게 교부
② 난민인정 등의 결정은 난민인정신청서를 접수한 날부터 6개월 안에 하여야 함
③ 부득이한 경우에는 6개월의 범위에서 기간을 정하여 연장 가능
④ 난민불인정결정을 받은 사람 또는 난민인정이 취소 또는 철회된 사람은 그 통지를 받은 날부터 30일 이내에 법무부장관에게 이의신청 가능
⑤ 법무부장관은 이의신청서를 접수한 날부터 6개월 이내에 이의신청에 대해 결정함
⑥ 부득이한 사정으로 그 기간 안에 이의신청에 대한 결정을 할 수 없는 경우에는 6개월의 범위에서 기간을 정하여 연장 가능
⑦ 법무부장관은 난민인정결정이 거짓서류의 제출이나 거짓 진술 또는 사실의 은폐에 따른 것으로 밝혀진 경우에는 난민인정을 취소할 수 있음
⑧ 난민인정자가 자발적으로 국적국의 보호를 받고 있는 경우 등에는 난민인정결정을 철회할 수 있음
⑨ 난민위원회나 법원은 난민신청자나 그 가족 등의 안전을 위하여 필요하다고 인정하면 난민신청자의 신청에 따라 또는 직권으로 심의 또는 심리를 공개하지 아니하는 결정을 할 수 있음
⑩ 법무부장관은 유엔난민기구(UNHCR)가 난민인정자 상황 등에 대하여 통계 등의 자료를 요청하는 경우 협력해야 함
⑪ 대한민국에 체류하는 난민인정자는 다른 법률에도 불구하고 난민협약에 따른 처우를 받음
⑫ 난민으로 인정되어 국내에 체류하는 외국인은 타 법률에도 불구하고 대한민국 국민과 같은 수준의 사회보장을 받음

제6절 국제형사재판소(ICC)

1. 연혁

① 제노사이드협약(1948)은 국제형사법원의 설립을 예정
② ILC가 국제형사재판소(ICC)설립규정 초안을 작성
③ 1994년 ILC는 상설국제형사재판소설립규정 초안을 채택
④ 1998년 7월 로마외교회의에서 역사적인 국제형사재판소(ICC)설립규정을 채택
⑤ 국제형사재판소(ICC)협약은 2002년 7월 1일 발효
⑥ 2010년 침략범죄 구성요건을 채택
⑦ 2018년 7월 17일 침략범죄 구성요건을 발효

> **참고**
>
> **개인의 국제형사책임과 국가책임**
> - 국제형사법을 위반한 개인의 행위는 동시에 국가의 국제법 위반책임을 야기할 수 있다.
> - 개인의 국제형사책임 성립이 자동적으로 국가의 국제책임을 성립시키는 것은 아니다. 개인의 행위가 국가로 귀속될 경우에만 국제책임이 성립한다.
> - 국가의 국제책임이 인정된다고 해서 국가기관인 행위자 개인이 면책되지 않는다.
> - 국가책임은 국제법 위반의 결과가 객관적으로 발생했는지를 판단하나, 개인의 국제형사책임에서는 행위자의 주관적 의도가 중요한 판단기준이 된다.
> - 국가의 국제책임은 피해의 전보를 1차적 목적으로 하나, 개인 형사책임제도는 범죄자에 대한 형사 처벌을 목적으로 한다.
> - 국가 자체에게 국제법상 형사책임을 부과하려는 시도는 수락되지 않고 있다.

2. 소재지

① 네덜란드의 헤이그
② 재판소가 바람직하다고 인정하는 때에는 다른 장소에서 개정

3. 시간적 관할권 및 인적 관할권

시간적 관할권	로마협약 발효 이후 행해진 범죄
인적 관할권	• 국제적으로 중요성을 갖는 가장 중대한 범죄를 저지른 사람들로, 자연인을 의미 • 법인은 제외 • 18세 이상에 해당

4. 물적 관할권

(1) 개념

① 국제형사재판소(ICC)가 처벌대상으로 하는 범죄

② 집단살해죄, 인도에 대한 죄, 전쟁범죄, 침략범죄를 관할
③ 구유고국제형사재판소 상소부는 Tadić 사건에 대한 2000년 판결에서 인도에 대한 죄가 전쟁범죄보다 더 중대하며 따라서 더 무거운 과형을 정당화하는가의 문제에 부정적으로 답한 바 있음. 이것은 이들 두 범죄 사이에 위계가 존재하는 것이 아님을 의미

(2) 집단살해죄
① 개념: 국민적·인종적·민족적 또는 종교적 집단을 말살하려는 의도하에 이루어지는 범행으로서 살해, 집단 구성원에 대한 중대한 신체적 또는 정신적 위해의 야기, 전부 또는 부분적인 육체적 파괴를 초래할 목적으로 계산된 생활조건을 집단에게 고의적 부과, 집단 내의 출생을 방지하기 위하여 의도된 조치의 부과, 집단의 아동을 타집단으로의 강제이주 등을 말함
② 비교개념
  ㉠ 인종청소(ethnic cleansing): 특정 집단에 속하는 민간인들을 특정 지역이나 마을로부터 강제로 몰아내는 여러 정책
  ㉡ 문화적 제노사이드·에쓰노사이드(ethnocide): 특정 집단의 언어와 문화를 체계적으로 파괴하는 것
③ 보호대상: 일정한 지역의 비(非)세르비아인과 같은 부정적 방법으로 정의될 수 없으며, 일정한 지역의 무슬림과 같이 적극적 방법으로 정의되어야 함
④ 특정 정치집단을 살해하는 경우 제노사이드가 아님
⑤ 집단 전체가 아닌 일부를 대상으로 하는 제노사이드도 성립할 수 있으나, 일부의 파괴가 전체 집단에 상당한 충격을 줄 정도의 규모가 되어야 함
⑥ 인도에 반하는 죄와 달리 민간인 주민에 대한 광범위하거나 체계적인 공격의 일환으로 범행되었을 것을 요건으로 하지는 않음
⑦ 제노사이드로부터의 보호 집단은 개인의 자발적 의사를 통해 소속될 수 있는 가변적 집단이 아닌 선천적으로 소속이 결정되는 안정적 집단을 의미함(르완다전범재판소)

(3) 인도에 반하는 죄
① 개념: 민간인에 대한 광범위하거나 체계적인 공격하에 발생하는 범죄
  예 살인, 말살, 인구의 강제이전 또는 추방, 강제임신, 강제매춘 등 성적 범죄, 인종분리(apartheid) 등의 범죄 등
② 전시뿐만 아니라 평상시에도 범해짐
③ 인도에 반하는 죄를 구성하는 체계적인 공격은 반드시 국가의 공식적인 정책일 필요는 없음
④ 반드시 폭력적 형태로 자행된 행위만을 포함하는 것도 아님
⑤ 인도에 반한 죄가 성립하기 위해서는 공격에 대한 인식이 존재해야 함
⑥ 범행대상은 단순한 개인이 아닌 집단이어야 함

⑦ 범죄 대상에 일부 비민간인이 포함되어도 성립함
⑧ **광범위한 공격**: 다수 희생자를 목표로 집단적으로 수행된 반복적이고 대규모적인 공격
⑨ **체계적 공격**: 공통의 정책 기반 위에서 조직화되고 규칙적인 패턴을 따르는 공격
⑩ 인도에 반하는 죄의 특징은 집단성과 조직성에 있음
⑪ 개인적 동기로 인한 살인이나 강간은 반인도적 범죄이나, 그 자체로 인도에 대한 죄는 아님
⑫ 국가나 조직의 정책에 따라 수행된다면 단 1명을 살해하더라도 인도에 대한 죄가 될 수 있음

(4) **전쟁범죄(war crimes)**
① 개념: 계획적·정책적·대규모적인 범행의 부분으로 저질러진 경우이나 고의적 살해 등의 범죄
  예 고문, 생체실험을 포함한 비인간적 대우, 정당한 군사적 목적 이외의 광범위한 민간재산 손괴, 금지무기 사용 등의 범죄 등
② 국제적 무력충돌뿐만 아니라 비국제적 무력충돌에서 야기되는 행위도 포함
③ 국가가 국제형사재판소(ICC)규정의 당사국이 될 때 국제형사재판소(ICC)규정 발효 후 7년 동안 자국민이 행한 전쟁범죄나 자국 내에서 발생한 전쟁범죄와 관련하여서는 이 범죄에 대한 국제형사재판소(ICC)의 관할권을 수락하지 않는다는 선언을 할 수 있음. 단, 안전보장이사회가 회부하는 사태의 경우 7년 유예선언이 적용되지 않음
④ 국제적·국내적 무력분쟁에서 국제인도법을 심각하게 위반한 행위
⑤ 국제형사재판소(ICC)는 모든 전쟁범죄가 아닌, 특히 계획이나 정책의 일부로서 또는 그러한 범죄의 대규모 실행의 일부로서 범하여진 전쟁범죄만을 처벌함
⑥ 핵무기의 불법화 여부를 직접적으로 명기하지는 않음
⑦ 2017년 12월 4일 뉴욕 UN 본부에서 개최된 제16차 로마규정 당사국총회에서 로마규정 제8조를 개정하여 3개 전쟁범죄(미생물·생물·독성 무기의 사용, 엑스레이로 탐지할 수 없는 파편으로 상해를 입히는 무기의 사용, 레이저무기의 사용)를 국제형사재판소(ICC)의 관할권에 추가하는 결의 채택

(5) **침략범죄(aggressions)**
① 침략범죄의 정의 및 관할권 행사조건은 규정 발효 후 7년이 경과 후 개최되는 당사국회나 재검토회의에서 이 범죄의 정의와 이 범죄에 대한 국제형사재판소(ICC)의 관할권 행사 방법을 규정한 조항이 3분의 2의 다수결로 채택되었을 때 국제형사재판소(ICC)가 관할권을 행사할 수 있음

② 침략범죄에 대한 구성요건 채택
　㉠ 2010년 5월 재검토회의를 개최하여 침략 및 침략범죄 정의조항과 침략범죄에 대한 관할권 행사요건을 채택
　㉡ 2018년 발효
③ **침략**: 한 국가가 다른 국가의 주권, 영토적 일체성, 정치적 독립에 반하여 무력을 행사하는 것
④ 경제적 봉쇄·정치적 압력은 침략이 아님
⑤ 국가만이 침략의 주체가 될 수 있음
⑥ 테러단체는 침략의 주체가 될 수 없음
⑦ **침략범죄**: 침략행위를 계획, 준비, 개시, 실행하는 행위
⑧ 침략범죄는 지도자 범죄이며, 단순참가자나 동원된 자는 처벌되지 않음
⑨ 공직자가 아닌 산업계 지도자도 침략범죄자가 될 수 있음
⑩ 안전보장이사회는 당사국뿐 아니라 비당사국의 침략도 재판소에 회부할 수 있음
⑪ 안전보장이사회가 회부하는 경우 개별 국가가 침략범죄에 대한 재판소의 관할권을 수락했는지 여부는 문제되지 않음
⑫ 사태회부에 앞서 안전보장이사회가 침략행위의 존재를 확인하는 결정을 내려야 하는 것은 아님
⑬ 당사국이 사태를 회부하거나 소추관이 독자적으로 수사를 개시하는 경우: UN사무총장에게 통고 → 6개월 동안 안전보장이사회가 관련조치를 취하지 않음 → 전심재판부 허가 → 수사 개시
⑭ 당사국은 사전에 침략범죄에 대해 관할권을 수락하지 않겠다는 배제선언을 할 수 있음
⑮ 비당사국의 국민과 영토에 의해 범해진 침략범죄는 국제형사재판소(ICC)가 관할할 수 없음

5. 관할권 행사의 전제조건

(1) **수락 - 자동적 관할권**
국제형사재판소(ICC)규정의 당사국이 되는 국가의 경우, 국제형사재판소(ICC)가 제5조에 규정되어 있는 관할대상범죄에 대해 관할권을 가짐을 자동적으로 승인받음

(2) **행사요건**
① 범죄발생지국·피고인 국적국이 당사국인 경우에만 행사할 수 있음
② 안전보장이사회가 회부한 상황에 대해서는 관련국의 당사국 여부에 관계없이 관할권을 행사할 수 있음
③ 비당사국도 해당 범죄와 관련하여 국제형사재판소(ICC)의 관할권을 수락한다는 선언을 할 수 있음

6. 관할권의 행사(제소장치)
① 당사국이 행사
② 안전보장이사회는 국제형사재판소(ICC)에 대해 기소중지를 요청할 수도 있음
③ 검사는 독자적으로(proprio motu) 수사를 개시할 수 있음. 단, 합리적 근거(reasonable basis)의 유무를 스스로 결정 후 이에 대해 전심재판부의 허가를 받아야 함

7. 재판적격성
(1) 의의
① 개념: ICC가 특정 사건을 재판하여도 되는지의 여부를 판단하는 것
② 판단주체: 전심재판부
③ 관할권이 있는 경우에도 재판적격성이 없으면 재판할 수 없음

(2) 판단기준

보충성의 원칙	• 국제형사재판소(ICC)는 국내 형사관할권을 보충 • 국내법원이 우선적 관할권을 가짐 • 개별국이 수사, 기소, 불기소한 경우 국제형사재판소(ICC)는 재판할 수 없음 • 개별국에게 기소의사나 기소능력이 없는 경우에만 예외적으로 재판할 수 있음 • 기소의사 부재: ① 피의자 보호목적으로 소송절차에 착수, ② 소송절차의 부당한 지연, ③ 소송절차가 불공정하게 진행된 경우 • 기소능력 부재(기소불능): ① 사법제도의 전반적 붕괴, ② 문제된 행위가 국내법상 범죄가 아닌 경우, ③ 문제의 행위가 당해국에서 발생하지 않은 경우, ④ 당해국에 형사재판제도가 존재하지 않는 경우
일사부재리의 원칙	• 적절한 국내재판을 이미 받은 자는 국제형사재판소(ICC)가 재판할 수 없음 • 다른 국제재판소에서 재판을 받은 경우에도 국제형사재판소(ICC)가 재판할 수 없음 • 예외: 범죄인을 보호할 목적으로 재판한 경우, 적법한 절차에 따라 공정하게 재판이 수행되지 않은 경우 등
범죄의 중대성 원칙	사건이 국제형사재판소(ICC)에 의한 재판을 정당화시킬 만큼 충분히 중대하지 않은 경우 국제형사재판소(ICC)가 재판할 수 없음

8. 형법의 일반원칙
(1) 기본원칙
① 죄형법정주의
② 소급금지원칙

③ 국가원수 등 공직종사 사실의 비면책: 현직 국가원수도 처벌 가능하며, 인적 면제를 부인하는 것
④ 시효의 부적용

(2) 개인의 형사책임
① 재판소의 관할범죄를 범한 자는 규정에 따라 개인적으로 책임지고 처벌받음
② 개인적으로, 또는 다른 사람이 형사책임이 있는지 여부와는 관계없이 다른 사람과 공동으로 또는 다른 사람을 통하여 범죄를 범한 경우 처벌됨
③ 실제로 일어났거나 착수된 범죄의 실행을 명령·권유 또는 유인한 경우 처벌
④ 범죄의 실행을 용이하게 할 목적으로 범행수단의 제공을 포함하여 범죄의 실행이나 실행의 착수를 방조, 교사 또는 달리 조력한 경우 처벌
⑤ 공동의 목적을 가지고 활동하는 집단에 의한 범죄의 실행 또는 실행의 착수에 기타 여하한 방식으로 기여한 경우 처벌
⑥ 집단살해죄와 관련하여 집단살해죄를 범하도록 직접적으로 그리고 공공연하게 타인을 선동한 경우 처벌
⑦ 실질적인 조치에 의하여 범죄의 실행에 착수하는 행위를 함으로써 범죄의 실행을 기도하였으나 본인의 의도와는 무관한 사정으로 범죄가 발생하지 아니한 경우 처벌. 그러나 범행의 실시를 포기하거나 또는 달리 범죄의 완성을 방지한 자는 자신이 범죄 목적을 완전히 그리고 자발적으로 포기하였다면 범죄미수에 대하여 이 규정에 따른 처벌을 받지 아니함

(3) 기타 원칙
① 위계책임의 법리: 군지휘관이나 민간인 상관은 자신의 실효적 통제하에 있는 자들의 행위를 적절히 통제하지 않음으로 인하여 그들이 범한 범죄에 대해서도 일정 책임 부담
② 주관적 요소: 사람은 고의와 인식을 가지고 범죄의 객관적 요소를 범한 경우에만 재판소의 관할범죄에 대하여 형사책임을 짐
③ 형사책임 조각사유: 정신질환, 중독 등
④ 착오: 사실의 착오는 당해 범죄에 의하여 요구되는 주관적 요소가 부인되는 경우에만 형사책임배제사유가 됨. 어떤 행위유형이 ICC의 재판권에 속하는 범죄인지의 여부에 관한 법률의 착오는 원칙적으로 형사책임배제사유가 되지 아니함
⑤ 상관의 명령: ICC의 재판권에 속하는 범죄가 정부나 상관의 명령에 의거하여 실행되었다고 해서 행위자의 형사책임이 면제되지는 아니함. 단, 정부나 상관의 명령을 따를 법적 의무가 있었고, 명령이 위법하다는 것을 인식하지 못하였으며, 그리고 당해 명령이 명백히 위법하지는 않았던 경우에는 형사책임이 면제됨

9. 국제형사재판소(ICC)의 구성

① 소장단(the Presidency)

② 전심부(Pre-Trial Division)

③ 1심부

④ 항소부

⑤ 검사실

⑥ 사무국

    ㉠ 사무총장은 당사국총회의 추천에 따라 재판관들의 절대다수결로 선출

    ㉡ 임기는 5년이며 재선 가능

⑦ 판사

    ㉠ 임기는 9년이며 18명으로 구성, 재선은 불가

    ㉡ 최소 9명은 형사실무경험자 중에서, 최소 5명은 국제법전문가 중에서 선출

    ㉢ 당사국총회에서 비밀투표로 선출되며 출석·투표 3분의 2 이상 찬성이 필요

    ㉣ 국적이 모두 달라야 함

    ㉤ 강제제척제도가 존재(재판관은 자신의 공정성이 합리적으로 의심받을 수 있는 사건에 참여할 수 없음)

    ㉥ 소추관이나 피의자는 재판관의 제척을 요청할 수 있음(기피신청)

    ㉦ 제척에 대한 결정은 재판관 절대 다수결에 의함

(8) 소추관

① 당사국총회에서 절대다수결로 선출

② 임기는 9년이며, 재선은 불가

③ 강제제척제도가 존재하며 상소부에서 결정

④ 수사·기소 중인 자는 소추관의 제척을 요청할 수 있음(기피신청)

10. 재판절차

① 달리 결정하지 않는 한 재판은 국제형사재판소(ICC) 소재지에서 진행

② 유·무죄 선고와 양형 결정의 분리 가능

③ **피의자에 대한 배상**: 청구를 전제로 하되, 예외적으로 직권에 의해서도 부과

④ 피고인에 대한 궐석재판은 금지

⑤ **선례불구속의 원칙**: 국제형사재판소(ICC)는 자신의 종전 판결에서 해석된 대로 법의 원칙과 규칙을 적용할 수 있음. 즉, 국제형사재판소(ICC)는 자신의 선례에 관한 한 이를 적용할 수는 있지만 적용할 의무가 있는 것은 아님. 국제형사재판소(ICC)판결에 선례구속의 원칙이 적용되지 않음

⑥ **혐의 사실 확인을 위한 심리**: 피의자가 인도되거나 재판소에 자발적으로 출두한 후 합리적인 기간 내에 전심부는 검사가 재판을 구하려고 하는 바의 혐의 사실을 확인하기 위한 심리를 진행하여야 함. 심리는 검사와 피의자뿐만 아니라 그의 변호인의 출석하에 진행되어야 함. 다만, 일정한 경우에는 피의자의 부재하에 이와 같은 심리를 진행할 수도 있음. 피고인 도주 중의 궐석재판은 로마규정에서는 어떠한 경우에도 허용되지 않으나, 재판 전절차인 피의자 혐의사실 확인절차에서는 이것이 허용됨

⑦ **유죄답변 거래 불인정**: 공소사실의 수정이나 유죄인정 또는 부과될 형벌에 관한 검사와 피고인 측 사이의 어떠한 상의도 국제형사재판소(ICC)에 대해 구속력이 없음. 다시 말해서 일부 국내법에서 인정되는 유죄답변거래는 국제형사재판소(ICC)에서는 인정되지 아니함

⑧ **입증책임**: 피고인의 유죄를 입증할 책임은 검사에게 있음

⑨ 소추관은 획득가능한 정보를 평가한 뒤 로마규정에 따라 절차를 진행할 어떠한 합리적 근거가 없다고 결정하지 않는 한 수사를 개시해야 함. 소추관은 전심부의 허가를 받아 국가 영역에서 수사를 진행할 수 있음. 일정한 경우 비당사국의 영역에서도 수사할 수 있음

⑩ **체포영장 발부**: 수사 개시 후 전심부는 ICC 재판관에 속하는 범죄를 실행했다고 믿을 만한 합리적 근거가 존재하고 그 자를 체포하는 것이 필요하다고 확신하는 경우 소추관의 신청에 기초하여 체포영장 발부. 체포 요청을 받은 당사국은 당해인을 체포하기 위한 조치를 지체 없이 취해야 함

⑪ **피의자 인도 또는 자발적 출두 이후 절차**: 전심부는 피의자의 인도 또는 자발적 출두 이후 범죄혐의와 재판 중 가석방 신청권 등의 권리를 고지받았음을 확인해야 함. 체포영장 대상자는 재판 중 가석방 신청을 할 수 있음

⑫ **전심부의 심리**: 피의자 인도 또는 출두 후 합리적 기간 내에 전심부는 소추관이 재판을 구하려고 하는 바의 혐의사실을 확인하기 위한 심리를 진행해야 함. 심리는 피의자의 변호인의 출석하에 진행. 피고인의 도주 중 궐석재판은 로마규정상 허용되지 않음. 다만, 재판 전 절차인 피의자 혐의사실 확인절차에서는 궐석재판이 허용됨

⑬ **판결**: 만장일치가 아닌 경우 재판관 과반수 찬성으로 결정

11. 형벌

① 30년 이하의 유기징역과 무기징역만을 열거
② 사형은 포함하지 않음
③ 징역형에 부가하여 몰수형과 벌금형을 부가형으로 규정

12. 상소
① 상소부에서 관할
② 무죄석방이나 유죄선고에 대해 검사는 절차상 하자, 사실 착오, 법률 착오를 이유로 상소할 수 있음
③ 유죄판결을 받은 자는 위 세 가지 외에 재판절차나 판결의 공정성 또는 신뢰성에 영향을 주는 기타 다른 사유가 추가됨
④ 과형(양형)에 대해서는 범죄와 과형 사이의 불균형을 이유로 검사나 유죄선고를 받은 자가 상소할 수 있음
⑤ 상소부는 결정이나 과형을 파기·변경하거나, 다른 공판부에서 새로 재판하도록 명령할 수 있음
⑥ 상소부 판결은 구성원 과반수 찬성에 의해 채택되며, 공개된 법정에서 공표
⑦ 재판관은 법률문제에 관해 개별의견이나 반대의견을 표명할 수 있음
⑧ 공판부에서와 달리 상소부는 유죄나 무죄 선고를 받은 자의 출석 없이도 공표할 수 있음

13. 재심
① 확정된 유죄선고와 과형에 대해 허용
② **재심청구자:** 유죄선고를 받은 자, 그가 사망한 경우 배우자, 자녀, 부모 등
③ 피고인을 대신하는 검사도 청구 가능
④ **사유:** 재판 당시에는 획득할 수 없었던 새로운 증거가 발견된 경우, 유죄선고의 결정적 증거가 허위이거나 위조 또는 변조되었음이 새로이 발견된 경우, 혐의사실 확인 결정이나 유죄 선고에 참여하였던 재판관이 중대한 부정행위 또는 중대한 의무위반의 행위를 실행한 경우
⑤ 상소부 관할
⑥ 상소부는 재심청구가 근거가 없다고 판단한 경우 이를 기각해야 함
⑦ 청구가 이유가 있다고 결정한 경우 상소부는 재심대상 판결을 하였던 원래의 공판부를 재소집하거나, 새로운 공판부를 구성하거나 또는 절차 증거 규칙에 명시된 방식으로 당사자들을 심리한 후 판결이 재심되어야 하는지에 관한 결정을 하기 위하여 그 문제에 관한 재판권을 계속 유지할 수 있음

14. 당사국의 협력의무
① 당사국은 국제형사재판소(ICC)규정에 따라 국제형사재판소(ICC) 관할대상범죄의 수사 및 기소에 충분히 협력할 일반적 협력의무를 짐
② 국제형사재판소(ICC)는 당사국에게 협력을 요청할 수 있음

③ 특별협정을 체결한 비당사국이 공조요청에 불응하는 경우나, 당사국이 규정에 위반하여 협력요청에 불응하는 경우에는 당사국회의에 이 사실을 통보
④ 안전보장이사회 회부사건인 경우 안전보장이사회에 통보할 수 있음
⑤ 당사국들은 제9부에서 명기된 모든 형태의 협력을 위하여 국내법적 절차를 마련해야 함

15. 범죄인 인도(Surrender)
① 국가가 국제형사재판소(ICC)규정에 따라 국제형사재판소(ICC)에 신병을 인도하는 것
② 청구가 경합할 수 있음
③ 범죄특정성의 원칙 적용

16. 집행
징역형의 선고는 국제형사재판소(ICC)에 대하여 선고를 받은 자를 받아들일 의사를 표명한 국가들의 명단 중에서 국제형사재판소(ICC)가 지정한 국가에서 집행

17. 최종조항
① 국제형사재판소(ICC)의 사법적 기능과 관련된 분쟁은 국제형사재판소(ICC)의 결정으로 해결
② 국제형사재판소(ICC)규정의 해석 또는 적용에 관한 둘 이상의 국가 간 분쟁은 교섭에 의하여 해결하며, 이러한 교섭에 의해 해결되지 않으면 당사국회의에 회부함. 당사국회의는 이를 스스로 해결하거나 추가적인 해결수단을 권고할 수 있으며, 이러한 권고에는 국제사법재판소(ICJ)에의 회부를 포함함
③ 국제형사재판소(ICC)규정에 대해서는 어떠한 유보도 허용되지 아니함

18. 한국의 국제형사재판소 관할범죄의 처벌 등에 관한 법률 주요 내용
(1) 적용범위(제3조)
① 대한민국 영역 안에서 이 법으로 정한 죄를 범한 내국인과 외국인
② 대한민국 영역 밖에서 이 법으로 정한 죄를 범한 내국인
③ 대한민국 영역 밖에 있는 대한민국의 선박 또는 항공기 안에서 이 법으로 정한 죄를 범한 외국인
④ 대한민국 영역 밖에서 대한민국 또는 대한민국 국민에 대하여 이 법으로 정한 죄를 범한 외국인
⑤ 대한민국 영역 밖에서 집단살해죄 등을 범하고 대한민국 영역 안에 있는 외국인

(2) 상급자의 명령에 따른 행위(제4조)

① 정부 또는 상급자의 명령에 복종할 법적 의무가 있는 사람이 그 명령에 따른 자기의 행위가 불법임을 알지 못하고 집단살해죄 등을 범한 경우에는 명령이 명백한 불법이 아니고 그 오인(誤認)에 정당한 이유가 있을 때에만 처벌하지 아니함

② 제8조(집단살해죄) 또는 제9조(인도에 대한 죄)의 죄를 범하도록 하는 명령은 명백히 불법인 것으로 간주

(3) 지휘관과 그 밖의 상급자의 책임(제5조)

① 군대의 지휘관 또는 단체·기관의 상급자가 실효적인 지휘와 통제하에 있는 부하 또는 하급자가 집단살해죄 등을 범하고 있거나 범하려는 것을 알고도 이를 방지하기 위하여 필요한 상당한 조치를 하지 아니하였을 때에는 그 집단살해죄 등을 범한 사람을 처벌하는 외에 그 지휘관 또는 상급자도 각 해당 조문에서 정한 형으로 처벌

② 지휘관에는 지휘관의 권한을 사실상 행사하는 사람을 포함하며, 상급자에는 상급자의 권한을 사실상 행사하는 사람을 포함

(4) 시효의 적용 배제(제6조) 및 면소(제7조)

① 집단살해죄 등에 대하여는 공소시효와 형의 시효에 관한 규정을 비적용

② 집단살해죄 등의 피고사건에 관해 이미 국제형사재판소(ICC)에서 유죄 또는 무죄의 확정판결이 있은 경우, 판결로써 면소(免訴)를 선고해야 함

(5) 국제형사재판소(ICC) 관할 범죄의 주요 처벌 및 형량

① 국민적·인종적·민족적·종교적 집단 자체를 전부·일부 파괴할 목적으로 그 집단의 구성원을 살해한 사람: 사형, 무기 또는 7년 이상의 징역

② 국민적·인종적·민족적·종교적 집단 자체를 전부·일부 파괴할 목적으로 중대한 신체적·정신적 위해(危害)를 끼치는 행위 등을 한 사람: 무기 또는 5년 이상의 징역

③ 집단살해죄를 선동한 사람: 5년 이상의 유기징역

④ 민간인 주민을 공격하려는 국가 또는 단체·기관의 정책과 관련하여 민간인 주민에 대한 광범위하거나 체계적인 공격으로 사람을 살해한 사람(인도에 대한 죄): 사형, 무기 또는 7년 이상의 징역

⑤ 국제적·비국제적 무력충돌(폭동이나 국지적이고 산발적인 폭력행위와 같은 국내적 소요나 긴장 상태는 제외)과 관련하여 인도에 관한 국제법규에 따라 보호되는 사람을 살해한 사람(사람에 대한 전쟁범죄): 사형, 무기 또는 7년 이상의 징역

⑥ 국제적·비국제적 무력충돌과 관련하여 적국 또는 적대 당사자의 재산을 약탈하거나 무력충돌의 필요상 불가피하지 아니한데도 적국 또는 적대 당사자의 재산을 국제법규를 위반하여 광범위하게 파괴·징발하거나 압수한 사람(재산 및 권리에 대한 전쟁범죄): 무기 또는 3년 이상의 징역

⑦ 국제적·비국제적 무력충돌과 관련하여 민간인 주민을 공격의 대상으로 삼거나 적대행위에 직접 참여하지 아니한 민간인 주민을 공격의 대상으로 삼는 행위를 한 사람(금지된 방법에 의한 전쟁범죄): 무기 또는 3년 이상의 징역

⑧ 국제적·비국제적 무력충돌과 관련하여 독물(毒物) 또는 유독무기(有毒武器)를 사용한 사람(금지된 무기를 사용한 전쟁범죄): 무기 또는 5년 이상의 징역

⑨ 국제형사재판소(ICC)에서 수사 또는 재판 중인 사건과 관련하여 거짓 증거를 제출한 사람(사법방해죄): 5년 이하의 징역 또는 1천500만 원 이하의 벌금에 처하거나 이를 병과(倂科) 가능

(6) 기타규정

① **친고죄·반의사불벌죄의 배제**: 집단살해죄 등은 고소가 없거나 피해자의 명시적 의사에 반하여도 공소 제기 가능

② **범죄인 인도법의 준용**: 대한민국과 국제형사재판소(ICC) 간의 범죄인 인도에 관하여는 범죄인 인도법을 준용

③ 국제형사재판소(ICC)규정에 범죄인 인도법과 다른 규정이 있는 경우에는 그 규정에 따름

④ **국제형사사법 공조법의 준용**: 국제형사재판소(ICC)의 형사사건 수사 및 재판과 관련하여 국제형사재판소(ICC)의 요청에 따라 실시하는 공조 및 국제형사재판소(ICC)에 대하여 요청하는 공조에 관하여 국제형사사법 공조법을 준용

⑤ 국제형사재판소(ICC)규정에 국제형사사법 공조법과 다른 규정이 있는 경우에는 그 규정에 따름

19. 기타 사항

① **당사국총회**: 의사결정 원칙은 컨센서스. 컨센서스 도달이 어려운 경우, 실체문제 결정은 당사국의 절대다수가 투표를 위한 정족수를 구성할 것을 조건으로, 출석하여 투표한 당사국의 3분의 2 다수결로 승인. 절차문제는 출석하여 투표한 당사국의 단순과반수에 의해 채택

② **재정**: ICC분담금을 연체한 당사국은 그 연체금액이 지난 2년간의 분담금 총액과 같거나 이를 초과한 경우, 총회에서나 실무단에서 투표권이 없음. 다만, 총회는 그러한 연체가 당해 당사국의 통제 밖의 상황에 기인하는 것이라고 판단되는 경우 투표를 허락할 수 있음

③ 영어, 프랑스어, 러시아어, 스페인어, 아랍어가 공식언어 및 실무언어

④ **가입**: UN사무총장에게 가입서를 기탁한 후 60일이 경과하고 나서 그 다음 달의 첫째 날에 발효. 팔레스타인은 2015년 4월 1일 가입

⑤ **탈퇴**: UN사무총장에게 보내는 통지서에 의해 로마규정에서 탈퇴 가능. 탈퇴는 원칙적으로 UN사무총장이 통지서를 수령한 날로부터 1년이 되는 날 발효

제7절 기타 인권 관련 다자조약

1. 집단살해 방지 및 처벌에 관한 협약

① 1948년 채택
② 전시·평시 막론하고 집단살해는 국제범죄
③ 직접 수행한 자, 공모자, 교사자, 미수자, 공범을 처벌
④ 국제형사법원 설치를 예정하였으나 실패
⑤ 약정관할권: 협약 관련 분쟁은 일방 당사자가 국제사법재판소(ICJ)에 부탁할 수 있음
⑥ 제노사이드방지협약 적용 사건(ICJ, 2007): 세르비아가 스레브레니챠 학살에 대해 직접 책임을 지는 것은 아님. 그러나 동 협약상 방지의무나 처벌의무는 위반하였음. 동 협약은 당사국이 스스로도 제노사이드를 범하지 않을 의무를 부과함. 당사국은 자국 영역 밖에서 발생한 행위에 대해서도 협약상 예방 및 처벌 의무를 부담함
⑦ 오늘날 제노사이드금지는 국제법상 강행규범으로 인정됨
⑧ 집단살해죄의 정의: 민족적, 종족적, 인종적 또는 종교적 집단의 전부 또는 일부를 절멸하게 할 의도로 행해진 집단구성원 살해, 집단구성원에 대한 중대한 신체적 또는 정신적 위해의 야기, 전부 또는 부분적인 육체적 파괴를 초래할 목적으로 계산된 생활조건을 집단에게 고의적 부과, 집단 내의 출생을 방지하기 위하여 의도된 조치의 부과, 집단의 아동을 타 집단으로 강제이주시키는 것

2. 인종차별철폐협약

① 1965년 채택
② 당사국은 인종차별을 철폐하기 위해 조치를 취할 의무를 부담
③ 타당사국이 협약을 불이행하는 경우 당사국은 이를 위원회에 신고할 수 있음
④ 개인청원제도가 있음
⑤ 국적에 근거한 내외국인 구별은 인종차별이 아님
⑥ 당사국은 인종차별행위를 범죄로 규정하고 처벌할 의무를 부담함
⑦ 협약 내용의 실천을 감시하기 위한 기구로 당사국회의에서 선출된 18명의 위원으로 인종차별철폐위원회를 설치
⑧ 대한민국은 1978년 12월 5일에 유보 없이 비준서를 기탁하여 1979년 1월 4일부터 이 협약을 적용

3. 여성인권에 관한 협약

① 여성의 정치적 권리협약(1953), 여성에 대한 모든 형태의 차별철폐협약(1979), 기혼여성의 국적에 관한 협약(1957) 등
② **여성에 대한 모든 형태의 차별철폐협약(1979)**: 당사국은 자국 헌법 및 관계법령에 남녀평등원칙을 규정하고, 여성차별을 금지하는 법령 및 조치를 제정·채택하며, 개인·단체·기업에 의한 여성차별을 철폐하기 위한 모든 적절한 조치를 취해야 함
③ **1999년 선택의정서 채택**: 여성차별철폐위원회에서 청원을 심사하였음. 협약은 당사국의 의무이행을 감독할 기관으로 23명의 전문가로 구성된 여성차별철폐위원회를 설립하였음
④ 대한민국은 1984년 12월 27일 비준서를 기탁하고 1985년 1월 26일부터 이 협약을 적용하였음
⑤ 대한민국은 피해자가 직접 개인통보를 할 수 있도록 하는 선택의정서를 2006년 비준하였음

4. 고문방지협약

(1) 고문의 정의

① 공무원이나 그 밖의 공무 수행자가 직접 또는 이러한 자의 교사·동의·묵인 아래, 어떤 개인이나 제3자로부터 정보나 자백을 얻어내기 위한 목적으로, 개인이나 제3자가 실행하였거나 실행한 혐의가 있는 행위에 대하여 처벌을 하기 위한 목적으로, 개인이나 제3자를 협박·강요할 목적으로, 또는 모든 종류의 차별에 기초한 이유로, 개인에게 고의로 극심한 신체적·정신적 고통을 가하는 행위
② 합법적 제재조치로부터 초래되는 고통은 고문에 포함되지 아니함

(2) 주요 규정

① 전쟁상태, 전쟁의 위협, 국내의 정치불안정 또는 그 밖의 사회적 긴급상황 등 어떠한 예외적인 상황도 고문을 정당화하기 위하여 원용될 수 없음
② 상관 또는 당국의 명령은 고문을 정당화하기 위하여 원용될 수 없음
③ **강제송환금지**: 고문받을 위험이 있다고 믿을 만한 상당한 근거가 있는 다른 나라로 개인을 추방·송환 또는 인도하여서는 아니 됨
④ **관할권을 확립하기 위하여 필요한 조치를 취해야 하는 경우**: 범죄가 자기나라 관할하의 영토 내에서 또는 자기나라에 등록된 선박이나 항공기에서 실행된 경우, 범죄혐의자가 자기나라의 국민인 경우, 피해자가 자기나라의 국민이며 자기나라의 관할권 행사가 적절하다고 인정하는 경우
⑤ **신병확보조치**: 고문범죄를 행한 것으로 추정되는 혐의자가 자기나라 영토 안에 소재하는 경우

⑥ **강제적 보편관할권**: 인도 아니면 소추(aut dedere, aut judicare)원칙 규정
⑦ **범죄인 인도조약**: 고문 범죄는 당사국 사이의 현행 범죄인 인도조약상 인도대상 범죄에 포함된 것으로 간주. 당사국은 향후 그들 사이에 체결될 모든 범죄인 인도조약에 이러한 범죄를 인도대상 범죄로 포함시킴

(3) 고문방지 위원회
① 인권분야에서 능력이 인정된 10명의 전문가로 구성
② 당사국은 자기나라 국민 중에서 후보자 1명을 지명
③ 위원은 국제연합 사무총장이 2년마다 소집하는 당사국회의에서 선출
④ 당사국의 3분의 2가 의사정족수를 구성하는 회의에서 위원회 위원은 출석하여 투표한 당사국 대표로부터 절대 다수표를 획득한 자 중 최다득표자 순으로 선출됨
⑤ 위원은 4년 임기로 선출. 위원은 후보로 재지명되는 경우 재선될 수 있음

(4) 이행제도
① **보고서제도**: 협약 발효 1년 이내에 UN사무총장을 통해 위원회에 제출. 이후에 당사국은 새로이 취한 조치에 관하여 매 4년마다 추가보고서를 제출. 위원회가 요청하는 그 밖의 보고서를 제출. 국제연합사무총장은 보고서를 모든 당사국에 송부. 위원회는 각 보고서를 검토하고, 보고서에 관하여 적절하다고 판단되는 일반적인 의견제시를 할 수 있음
② **사실심사**: 위원회가 어떤 당사국의 영토 내에서 고문이 조직적으로 자행되고 있다는 근거 있는 내용을 포함하고 있는 것으로 추정되는 신뢰할 만한 정보를 접수하는 경우, 위원회는 그 당사국에 대하여 그러한 정보를 조사하는 데 협조할 것과, 또한 이를 위하여 관련 정보에 대한 의견을 제출하도록 요청. 위원 중 1명 또는 그 이상을 지명하여 비공개 조사를 실시할 수 있음. 관련당사국과 합의하는 경우 이러한 조사에는 관련당사국의 영토방문이 포함될 수 있음. 위원의 조사결과를 검토한 후, 위원회는 이러한 조사결과를 상황에 비추어 적절하다고 판단되는 의견제시 및 제안과 함께 관련당사국에 송부
③ **국가 간 고발제도**: 이 제도를 수락한 국가 상호 간에만 적용. 서면 통보로 주의 환기 후 3개월 이내에 설명서를 송부해야 함. 6개월 내에 양국 간 조정되지 않는 경우 위원회에 문제를 회부할 수 있음. 위원회가 다루는 경우 국내구제완료원칙 적용됨. 위원회는 12개월 내에 검토 완료
④ **개인청원제도**: 이 제도를 수락한 국가의 관할하의 개인에게만 인정됨

(5) 기타
① **분쟁해결**: 교섭에 의한 미해결시 중재재판에 회부. 6월 안에 중재재판부 구성에 합의하지 못하는 경우 일방적으로 국제사법재판소에 제소
② **탈퇴**: UN사무총장에게 서면통고. 1년 후에 발효

5. 아동권리보호에 관한 협약

① 1989년 채택
② 아동은 18세 미만인 자
③ 난민이 된 아동에 대하여 적절한 보호와 인도적 원조를 제공
④ 초등교육의 무상·의무교육을 제공
⑤ 15세 미만 아동의 군입대를 금지
⑥ 아동의 무력분쟁 관여에 관한 선택의정서를 채택
⑦ 아동매매, 성매매 및 음란물에 관한 선택의정서를 채택
⑧ 대한민국은 1991년 11월 20일 비준서를 기탁하여 1991년 12월 20일부터 협약을 적용
⑨ 아동의 무력분쟁 관여에 관한 선택의정서, 아동매매, 성매매 및 아동음란물에 관한 선택의정서가 추가로 채택되어 발효되었으며, 대한민국은 모두 가입하였음
⑩ 2011년에는 아동권리협약에 관하여도 개인통보절차를 인정하는 선택의정서가 채택(2014년 4월 발효)되었으나, 대한민국은 비준하지 않았음
⑪ 선택의정서는 아동이라는 특성을 고려하여 아동권리위원회가 심각하고 체계적인 아동권리의 침해에 관한 정보를 입수한 경우 상황을 직권으로 조사하고 해당국에 권고안을 제시하는 제도를 마련

6. 이주노동자권리협약

① 이주노동자는 자국 이외의 국가에서 노동하는 사람
② 1990년 12월 18일 UN총회는 모든 이주노동자와 그 가족의 권리보호에 관한 국제협약을 채택
③ 협약은 보호대상을 불법체류자를 포함한 모든 이주노동자에게 일반적으로 보호될 권리와, 특히 합법적 상황의 이주노동자에게 추가적으로 보호될 권리로 구분하여 규정
④ 월경노동자, 계절노동자, 선원, 순회노동자 등 다양한 형태의 이주노동자에게는 그 구체적 근로형태에 따라 보호의 내용을 세분하여 규정
⑤ 모든 이주노동자와 그 가족의 권리보호에 관한 국제협약은 주로 인력 송출국의 요구를 바탕으로 준비되고 작성되어 정작 이주노동자의 보호가 이루어져야 할 인력 수입국은 이 협약을 외면
⑥ 인력 수입국의 가입이 사실상 전무한 형편이라 이 협약이 실효성을 거두기 어려운 상황
⑦ 대한민국도 협약을 비준하지 않았음

7. 장애인의 권리에 관한 협약

① 2006년 12월 13일 UN총회는 만장일치로 장애인권리협약과 선택의정서를 채택
② 2008년 5월 협약과 의정서가 발효
③ 2008년 대한민국은 협약에 가입
④ 장애인은 장기간의 신체적·정신적·지적 또는 감각적 손상으로 인하여 다른 사람들과의 동등한 기초 위에서 완전하고 효과적인 사회참여에 어려움을 겪는 자
⑤ 장애인들을 사회의 시혜적 보호대상이 아닌 적극적인 인권의 주체로 인정
⑥ 장애인의 동등한 사회 참여를 위해 광범위한 내용의 권리보호를 규정
⑦ 협약은 당사국의 보고서를 심사할 장애인권리위원회를 설치
⑧ 협약당사국이 선택의정서를 수락한 경우 권리를 침해당한 개인, 집단 또는 대리인이 개인청원을 제기할 수 있음

MEMO

해커스공무원 학원·인강
gosi.Hackers.com

제5편

국제법의 규율 대상

제1장 해양법
제2장 국제법의 객체
제3장 국제환경법

제1장 해양법

제1절 총설 - 해양법의 역사

1. 제1차 UN해양법회의
① 1958년 제네바에서 개최
② 4개 협약 채택
  ㉠ 영해 및 접속수역에 관한 협약
  ㉡ 공해에 관한 협약
  ㉢ 공해상 어업 및 생물자원보존협약
  ㉣ 대륙붕에 관한 협약

2. 제2차 UN해양법회의
① 1960년 개최
② 영해의 범위를 확정하는 것이 주요 의제
③ 국가 간 갈등이 첨예하여 별다른 성과는 없었음

3. 제3차 UN해양법회의
① 1982년 4월 30일 UN해양법협약을 채택
② 영해를 12해리로 확장
③ 국제해협에 통과통항제도를 도입
④ 군도수역과 경제수역을 새로이 성문화
⑤ 대륙붕을 확장
⑥ 심해저와 그 자원을 인류의 공동유산으로 설정
⑦ 국제해양법재판소를 설립

4. UN해양법협약의 특징

(1) 유보와 예외
① 협약의 다른 조항에 의해 명시적으로 허용되지 아니하는 한 이 협약에 대한 유보와 예외는 허용되지 아니함
② 협약은 제298조에서 선택적 배제(예외)(optional exceptions) 허용
③ 협약 제310조에서는 해석선언 인정: 국가가 협약에 서명, 비준, 가입할 때 특히 국내법령과 협약규정과의 조화를 목적으로 선언을 하는 것을 방해하

지 아니하나, 그러한 선언은 그 국가에 대해 협약을 적용함에 있어 협약규정의 법적 효과를 배제하거나 변경하는 것을 의도해서는 아니 됨

(2) 기타
① 가입대상: 제네바협약과 달리 국가 이외에 자치연합국, 자치영토, 국제기구의 가입 허용
② 골격협정이므로 특정 분야에서 이를 실천에 옮기기 위한 다자조약 체결

★ 핵심 POINT | 제네바조약(1958)과 UN해양법협약(1982) 비교

구분	제네바조약	UN해양법협약
영해범위	합의 못함	기선으로부터 최대 12해리
군도수역	–	신설
접속수역	기선으로부터 최대 12해리	최대 24해리
국제항행해협	–	신설
대륙붕의 범위	수심 200m + 개발가능성	• 기선으로부터 최대 200해리 • 대륙변계가 그 이상인 경우 최대 350해리 또는 2,500m 등심선으로부터 100해리까지
중첩대륙붕의 경계획정	합의, 특별사정 고려, 중간선, 등거리선	형평한 해결을 위해 합의
EEZ	–	신설
심해저	–	신설

제2절 내수

1. 의의
① 영해의 측정기준이 되는 기선의 육지 측 수역
② 호소, 하천, 운하, 항, 만, 내해로 구분
③ 영수(領水) 중에서 연안국의 주권이 가장 강력하게 미치는 수역

2. 호소(湖沼, lake)
사방이 육지로 둘러싸여 있는 수역

3. 하천(river)

(1) 의의
① 국내하천: 수원(水源)에서 하구(河口)까지 1국의 영토 내를 흐르는 하천
② 국제하천: 복수국의 경계를 구성하거나 또는 복수국의 영토를 관류하는 하천

(2) 항행적 이용(navigational use)
① 선박의 항행과 관련된 규칙은 관련국과의 조약을 통해 규율
② 국제하천의 가항수로체제에 관한 바르셀로나협약과 규정(1921): 평등에 기초하여 서로의 국제수로에서 체약국상선의 자유항행을 규정

(3) 비항행적 이용(non-navigational use)
① 개념: 동력·홍수 방지·관개(灌漑)·폐기물 처리 등 선박항행 이외의 목적으로 하천을 사용하는 것
② 학설: 절대적 영역주권설(하몬주의)과 제한적 영역주권설(형평한 이용의 원칙)이 대립
③ 라누호 중재 사건(스페인 대 프랑스, 1957)
  ㉠ 제한적 영역주권설을 채택
  ㉡ 국제법상 상류국은 하류국의 이익을 침해하지 않는 범위 내에서 국제하천수를 이용
④ 뮤즈강 수로 변경 사건(벨기에 대 네덜란드, PCIJ, 1937): 제한적 영역주권설을 채택
⑤ 국제수로의 비항행적 이용에 관한 법을 위한 협약(1997): 국제수로를 형평하고 합리적인 방법으로 이용, 제한적 영역주권설을 성문화

4. 운하(canal)

(1) 개념

인공적으로 조성된 수로
예 수에즈운하, 파나마운하, 킬운하 등

(2) 자유항행

조약을 통해 모든 국가의 모든 선박에 자유항행이 인정

(3) 수에즈운하
① 1888년 오토만제국(터키)과 영국, 독일, 프랑스 등 9개국 간에 체결된 콘스탄티노플협약에 의하여 규율되고 있음
② 1957년 이집트 정부는 콘스탄티노플협약의 조건과 정신을 존중할 의사를 재확인하고 협약과 관련하여 발생하는 이집트와 타협약당사국 간의 모든 분쟁에서 국제사법재판소(ICJ)의 관할권을 수락할 것에 동의하는 선언서를 UN사무국에 기탁한 바 있음
③ 수에즈운하는 평시와 전시를 막론하고, 국적과도 무관하게 모든 상선과 전함에게 언제나 자유롭게 개방
④ 체약국들은 평시와 전시를 막론하고 운하의 자유로운 사용을 방해하지 않을 것에 동의

(4) 파나마운하

① 1901년의 Hay-Pauncefote조약에서 미국은 운하가 모든 국가의 선박의 자유항행을 위해 개방될 것을 영국에게 약속하였고, 그 대가로 영국은 이 운하의 경영 및 안전확보권을 미국에 인정하였음

② 파나마가 콜롬비아로부터 독립을 선포한 직후 체결된 1903년의 Hay-Banau-Varilla조약에서 미국은 파나마로부터 미국이 주권자인 것처럼 무기한으로 운하를 사용·점령 및 통제할 권리를 얻어냄으로써, 파나마는 단지 운하에 대하여 껍데기 잔여주권만을 갖게 됨

③ 파나마와 미국 간에 체결된 1977년의 파나마운하조약에 의하여 1903년의 조약은 종료되고 파나마운하지대에 대한 주권은 미국으로부터 파나마로 이전

④ 파나마운하의 영구중립과 운용에 관한 조약 제1조는 "파나마공화국은 이 운하가 국제적 통과수로로서 이 조약에서 수립된 체제에 따라 항구적으로 중립임을 선언한다."라고 규정하고 있음

5. 항(port)

① 선박이 정박하여 하역·승선·하선 등을 하기 위하여 인공적으로 해안에 설치한 시설

② 방파제의 내측은 내수이며, 외측은 영해

③ 연안국은 항에서 무해입항과 무해정박을 허용할 의무가 없음

④ 일반적으로 외국선에 개방된 항에서는 무해입항과 무해정박을 허용

⑤ 선박의 고장이나 해난 등 불가항력인 경우 입항을 허용해야 할 의무가 있음

6. 만(bay)

(1) 개념

일방의 입구가 해양에 접속된 수역으로 그 굴입도(屈入度)가 입구 폭에 비해 훨씬 깊어서 육지에 둘러싸인 수역을 포함하며, 또한 단순한 해안의 굴곡 이상의 것을 구성하는 수역

(2) 요건

① 만을 둘러싼 육지가 동일국에 속할 것

② 만구(灣口)의 폭이 24해리를 초과하지 않을 것. 단, 역사만인 경우 24해리를 초과할 수 있음

③ 만의 형태는 상당히 깊숙이 육지로 굴입(屈入)하여 해안의 단순한 굴곡 이상의 것을 구성하는 명백한 만입이어야 하고, 그 만입은 만구(灣口)를 직경으로 한 반원의 면적 이상이어야 함

④ 만의 입구를 직선으로 연결하여 기선으로 삼을 경우, 만 폐쇄선 안쪽의 수역은 내수

(3) 역사적 만(historic bays)

① 캐나다 허드슨 만, 러시아 피요르트 만, 호주 스펜서 만 및 남미 3국의 폰세카 만 등
② 해양법협약 규정에 의한 통상의 만이 아닌 연안국의 역사적 권원에 의해 만으로 인정되고 내수로서의 법적 지위를 인정받은 수역
③ 영해와 접속수역에 관한 협약(1958): 만에 관한 일반규정은 역사적 만에 적용되지 않으며 또한 제4조에 규정한 직선기선의 방법의 적용에 있어서도 이것을 적용하지 않는다고 규정
④ 1982년의 UN해양법협약: 만에 관한 규정들은 역사적 만에 대하여 적용되지 않는다고 규정
⑤ 국제사법재판소(ICJ)는 연안이 니카라과, 온두라스, 엘살바도르 3개국으로 둘러싸인 Fonseca 만을 3개국 공동주권이 인정되는 역사적 만으로 인정
⑥ 역사적 만 인정 요건: 국제관습법에 따르면 역사적 만으로 인정받기 위해서는 연안국이 상당한 기간 동안 만을 내수로 주장하고 그 안에서 실효적 권한을 행사하였으며, 이 기간 중 타국가들이 연안국의 이러한 주장에 묵인하였어야 함

7. 내해(inland sea)

① 개념: 수역이 육지에 둘러싸여 있고 2개 이상의 입구에 의하여 배타적 경제수역 또는 공해와 접속된 수역
② 내해가 국제법상 내수로 인정되기 위한 요건: 주위의 육지가 동일국에 속하고, 모든 입구의 폭이 일정한 거리를 초과하지 않아야 함
③ 내수로 인정되는 내해라도 만의 경우와 달리 국제교통의 요로가 되는 경우 외국선에 대한 무해통항권을 인정

8. 내수의 법적 지위

(1) 일반적 지위
① 육지 영토의 일부로 간주
② 연안국의 배타적 주권이 미치며, 원칙적으로 연안국 국내법의 지배

(2) 내수에 있어서 외국 선박에 대한 관할권
① 내수는 주권이 미치는 수역이므로 원칙적으로 외국 선박에 대한 관할권을 가지나 항행에 미치는 부정적 영향을 고려하여 영국주의(속지주의)와 프랑스주의(기국주의)의 대립이 있음
   ㉠ **영국주의**: 모든 경우에 연안국의 관할권을 인정
   ㉡ **프랑스주의**: 선박 내부사항 및 승무원 상호 간의 사건에 관해서는 원칙적으로 연안국에는 관할권이 없으나, 선장 또는 선적국 영사의 요청, 연

안국의 이해관계 또는 항의 질서를 해하는 경우에 연안국이 관할권을 행사
② 프랑스주의가 일반관행으로 평가됨
③ 연안국은 내수로 진입한 외국 민간 선박의 내부사항에 대해 자국의 이해관계가 관련되지 않는 한 관할권을 행사하지 않는 것이 관례임
④ 기국 관할권 부인 사례: 미국 뉴저지 항구 내의 벨기에 기선 안에서 한 벨기에인이 동료 벨기에 승무원을 살해한 것과 관련한 Mali 대 Keeper of the Common Jail 사건에서 벨기에 영사는 벨기에가 재판관할권을 갖는다고 주장하였으나 수락되지 않았음
⑤ 프랑스주의 적용 사례(연안국 관할권 자제): 프랑스 내수 내의 영국 선박에서 미국인 앤더슨(Anderson)이 살인을 저지른 사건에서 프랑스는 재판권을 행사하지 않았으며, 그 후 이 선박이 영국에 입항한 뒤 영국이 재판을 한 바 있음

(3) **내수에서 외국 군함의 법적 지위**
① 군함의 내수 출입을 허락할 것인지 여부는 연안국의 자유재량
② 군함은 체류 시 특권과 면제를 향유
③ 정치범에 대해서는 비호를 인정할 수 있다는 것이 다수의 견해
④ 승무원이 연안국 영토상에서 범죄를 한 경우 연안국은 범인을 재판할 수 있음
⑤ 내수에서 군함이나 비상업용 정부선박은 치외법권을 향유하는 것이 아니라 단지 특권이나 면제를 갖는 것이며, 이러한 특권과 면제는 포기될 수 있음
⑥ Chung Chi Cheung 대 The King 사건(1939): 내수에서 외국의 정부선박은 치외법권을 갖지 아니함. 다만, 연안국의 관할권으로부터 면제를 향유하며, 이는 면제향유국에 의해 포기될 수 있음.

(4) **내수에서의 외국 선박의 무해통항권**
① 외국 선박의 무해통항권은 원칙적으로 부정됨
② 예외적으로 연안국에 의해 직선기선이 획정됨으로써 종래에는 내수가 아닌 수역이 기선의 내측에 포함되어 내수가 된 경우 그러한 수역에 대해서는 무해통항권을 인정

(5) **불가항력으로 내수에 입항한 경우 연안국의 관할권**
① 상선이 조난 또는 불가항력 등 통제 밖의 강제적 상황으로 인하여 타국의 내수에 들어간 경우에는 연안국의 관할권 행사는 허용되지 않음
② 이 경우 기국만이 관할권을 행사할 수 있음
③ Creole호 사건(1855)에서 중재재판관은 불가항력으로 선박이 입항한 경우 연안국은 관할권을 행사할 수 없다고 하였음

제3절 군도수역

1. 개념

군도국가	국가 전체가 1개 또는 다수의 군도로 구성된 국가
군도	서로 밀접하게 관련하여 하나의 본질적인 지리적·경제적·정치적 실체를 구성하는 도서군, 인접수역 및 기타 자연형태의 총체
군도수역	군도국가의 외곽을 직선으로 연결하여 구성되는 내측의 수역

2. 연혁

제3차 해양법회의에서 새롭게 창설된 제도

3. 군도기선

① 군도의 최외곽도서 및 건암초의 최외곽점을 연결하는 군도직선기선을 설정
② 군도국가의 영해, 접속수역, 배타적 경제수역 및 대륙붕의 폭은 군도직선기선으로부터 획정
③ 군도직선기선 내의 육지와 바다와의 면적의 비율은 1 : 1에서 1 : 9 이내에 있어야 함
④ 기선의 길이는 100해리를 초과할 수 없음. 단, 군도를 둘러싸는 기선 전체 수의 3%까지는 125해리까지로 획정될 수 있음
⑤ 원칙적으로 간출지와 연결하여 그을 수 없음. 그러나 등대나 항상 해면 위에 있는 유사한 시설물이 간출지에 설치되어 있는 경우와 간출지가 전체적으로 또는 부분적으로 가장 가까운 섬으로부터 영해 폭을 초과하지 않는 거리에 있는 경우에는 그을 수 있음
⑥ 군도 중에 지리학적으로 가장 큰 섬 및 정치적·경제적으로 가장 중요한 섬은 군도직선기선의 내측에 위치하고 있어야 함
⑦ 군도직선기선은 군도의 일반적 형태로부터 현저히 이탈해서는 안 됨
⑧ 군도직선기선은 타국의 영해를 공해 또는 배타적 경제수역으로부터 격리시키는 방법으로는 설정될 수 없음
⑨ 군도국가는 적절한 축척의 해도 위에 군도직선기선을 명백히 표시하여 이를 공시함. 그 해도나 목록의 사본을 UN사무총장에게 기탁함

4. 군도국가의 국권

① 국권은 수심과 연안으로부터의 거리에 관계없이 군도기선 내에 포함된 모든 수역에 미침
② 군도수역 내의 수역·상부공역·해저 및 하층토 및 그 자원에 대하여 주권을 가짐

③ 군도수역의 내측은 내수
④ 군도수역의 외측은 영해

5. 국권의 제한
① 타국과의 기존협정을 존중해야 하며 인접국가의 전통어업권과 기타 군도수역 내의 합법적 활동을 인정, 관계당사국의 요구에 의해 양자조약을 체결
② 타국이 부설한 기존 해저전선을 존중하고 그 정비와 교체를 허용
③ 모든 국가의 선박에게 영해에서 인정된 것과 동일하게 군도수역을 무해통항할 권리를 보장

6. 군도해로통항권
① 일방 국가의 공해 또는 배타적 경제수역으로부터 타방 국가의 공해 또는 배타적 경제수역으로 통과하기 위해 계속적으로 신속하게 방해받지 아니하고 항행 또는 비행하는 권리
② 군도국가가 지정하는 통항로(군도해로)에 있어서 군도해로통항권을 향유
③ 군함의 항행을 허용
④ 잠수함의 잠항을 허용
⑤ 모든 항공기의 상공비행을 허용

7. 군도해로통항권과 관련한 군도국가의 권리·의무
(1) **권리**
① 통항로지정권, ② 통항방법설정권
(2) **의무**
지정한 통항로의 축선(軸線)과 설정한 분리통항방법을 해도에 명시할 의무

제4절 영해

1. 개념
① 국가의 영토와 내수 외측 또는 군도국가의 경우 군도수역의 외측에 인접하고 있는 일정한 범위의 해역
② 국가의 영유권에 속하는 공간

2. 영해의 범위
(1) **빈켈스후크(Cornelius von Bynkershoek)**
1702년 그의 저서 『영해론(De Domino Maris)』에서 "국토의 권력은 무기의 힘이 그치는 곳에서 그친다."라고 하여 3해리설을 주장

(2) 국가들의 관습법
국가들은 3해리를 영해의 범위로 인정

(3) 해양법협약
영해범위를 기선으로부터 최대 12해리로 확대

(4) 우리나라 국내법
12해리를 원칙으로 하되 예외적으로 대한해협에서 3해리를 적용

(5) 대향국 간 또는 인접국 간의 영해의 경계획정
① 두 국가의 해안이 서로 마주보고 있거나 인접하고 있는 경우, 양국 간 달리 합의하지 않는 한 양국 각각의 영해 기선상의 가장 가까운 점으로부터 같은 거리에 있는 모든 점을 연결한 중간선 밖으로 영해를 확장할 수 없음
② 다만 역사적 권원이나 그 밖의 특별한 사정에 의하여 이와 다른 방법으로 양국의 영해의 경계를 획정할 필요가 있는 경우에는 중간선원칙이 적용되지 않음
③ 국제사법재판소(ICJ)는 영해경계획정의 방법론과 관련하여 Maritime Delimitation and Territorial Questions between Qatar and Bahrain 사건에서 1982년 UN해양법협약의 제15조는 영해 및 접속수역에 관한 1958년 협약의 제12조 제1항과 사실상 동일하며, 관습적 성격을 가진다고 함
④ 광범위하게 사용되고 있는 방법은 우선 잠정적으로 등거리선을 긋고, 다음 이 등거리선이 특별한 사정의 존재에 비추어 조정되어야 하는지의 여부를 검토하는 것
⑤ 국제사법재판소(ICJ)는 2018년 Maritime Delimitation in the Caribbean Seas and the Pacific Ocean and Land Boundary in the Northern Part of Isla Portillos(Costa Rica 대 Nicaragua) 사건에서 영해경계획정을 위한 이 2단계 방법론을 자신의 확립된 판례로 지칭한 바 있음

3. 기선

(1) 통상기선
① 연안국이 공인하는 대축척지도에 기재되어 있는 연안의 저조선
② 통상기선이 원칙이므로 통상기선을 설정할 수 있음에도 불구하고 직선기선을 설정한 경우 직선기선은 무효(카타르 – 바레인 해양경계획정 사건, ICJ)

(2) 직선기선제도의 연혁
① 해안선이 심히 굴곡되고 돌입한 지역 또는 바로 인근에 도서가 산재해 있는 경우 적당한 지점을 연결한 기선
② 노르웨이는 국내법으로 전관어업수역을 설정하면서 직선기선제도를 채택
③ 영국 – 노르웨이 어업 사건(ICJ)에서 직선기선제도를 국제관습법으로 인정
④ 영해 및 접속수역에 관한 협약(1958)은 이를 성문화

⑤ UN해양법협약(1982)도 같은 규정

(3) 직선기선의 요건
① 해안선이 깊이 굴곡한 지역 또는 바로 인접한 해안을 따라 일련의 도서가 산재한 지역
② 기선의 설정 방향은 해안의 일반적 방향으로부터 현저히 이탈할 수 없음
③ 직선기선의 내측 수역은 내수제도에 종속될 수 있도록 육지영역에 충분히 밀접
④ 간출지로부터 또는 간출지까지 직선기선을 설정할 수 없음. 다만, 항구적으로 해면 위에 있는 등대 또는 유사한 시설이 간출지상에 세워지거나 또는 이러한 간출지로부터의 기선 설정이 국제적 승인을 받는 경우는 직선기선을 설정할 수 있음
⑤ 직선기선을 설정하는 중요성이 장기적인 관행에 의하여 명백히 증명된 경제적 이익을 고려할 수 있는 것이어야 함
⑥ 직선기선의 적용이 타국의 영해를 공해 또는 배타적 경제수역으로부터 차단하는 방법이 되어서는 안 됨

(4) 기선의 효과
① 내수와 영해의 경계선의 역할 및 영해, 접속수역, 배타적 경제수역, 대륙붕의 범위를 획정하는 역할
② 기선의 내측은 통상 내수로서 선박의 무해통항권이 인정되지 않으나 UN해양법협약 제8조 제2항은 직선기선에 의해 종전에 영해로 인정되던 수역이 내수로 편입된 경우 그 수역에서는 무해통항권을 인정함

(5) 간출지
① 밀물 시에는 물에 잠기는 자연적으로 형성된 육지 지역
② 간출지가 섬으로부터 영해의 폭을 넘지 않는 거리에 위치한 경우 간출지의 저조선을 영해 기선으로 삼을 수 있음
③ 간출지가 섬으로부터 영해의 폭을 넘는 거리에 위치하는 경우 간출지는 자체 영해를 갖지 않음

4. 영해에서 연안국의 권리

(1) 권리의 성질
주권

수평적 범위	영해라는 수역
수직적 범위	영해의 상부공역과 영해의 해상 및 그 해저지하에 미침

(2) 주요 권리
경찰권, 어업통제권, 연안무역권, 해양과학조사권 등

5. 영해에서 외국 선박의 무해통항권

(1) 개념
모든 국가의 선박이 연안국의 평화, 공공질서 및 안전보장을 침해하지 않고 영해를 통항하는 권리

(2) 연혁
① 국제관습법으로 확립
② 1949년 코르푸해협 사건(Corfu Channel Case)에서 국제사법재판소(ICJ)는 연안국이 외국 선박에게 무해통항권을 인정해야 함은 국제법상 확립된 원칙이라고 판시
③ 1958년 영해 및 접속수역에 관한 협약이 성문화하였으나 구체적인 무해 또는 유해행위를 열거하지는 못함
④ 1982년 UN해양법협약은 무해·유해의 판단기준을 통항방법에 의하도록 구체적 행위를 열거

(3) 무해의 의미
① 연안국의 평화·공공질서·안전보장을 해하지 않으며, 국제법 및 기타 법규에 합당
② 무해의 판단기준: 통항방법
③ 유해행위: 무력위협이나 행사, 무기를 사용한 훈련, 연안국의 방위에 유해한 정보수집행위, 선전선동활동, 어로활동 등

(4) 통항의 의미
① 내수에 들어가지 않고 영해를 횡단하거나, 내수 밖에 위치한 정박지 또는 항구의 시설을 방문할 목적으로 항행하는 경우
② 내수 또는 내수로부터 항진하거나, 이러한 정박지 또는 항구시설을 방문할 목적으로 항행하는 경우
③ 통항방법: 계속적이고 신속해야 함. 다만, 통상항행에 부수적이거나 불가항력 또는 해난으로 인하여 필요한 경우 위험 또는 해난상태의 사람, 선박, 항공기를 구조하기 위한 정박과 투묘(投錨)는 제외함

(5) 적용범위
① 모든 국가
② 상선
③ 어선
④ 핵추진선박이나 핵 등 유해물질 운반선박: 서류를 휴대하고 특수예방조치를 준수
⑤ 잠수함: 수면 위로 부상하여 국기를 게양

(6) 군함
① 해양법협약상 불명확함

② **국제관행**: 사전통고 또는 사전허가제도를 적용함
③ **대한민국**: 3일 전 외무부장관에게 사전통고
④ **구소련**: 종전에 30일 전 사전허가제도에서 1983년부터 무해통항권을 인정
⑤ **미국**: 현재 무해통항권을 인정
⑥ **중국**: 사전허가제도를 실시
⑦ **북한**: 무해통항권을 부정

(7) **연안국의 권리**
① 법령제정권
② 통항로지정권
③ 통항분리제도실시권
④ **보호권**: 영해 특정 수역에서 선박을 일시 정지시킬 수 있는 권리로, 비차별적이어야 하며 사전공시해야 함

(8) **연안국의 의무**
① 방해금지의무
② 위험공시의무
③ 과징금 부과금지의무

6. 영해에서 외국 선박에 대한 재판관할권 – UN해양법협약

(1) **의의**
① 영해에서 연안국은 사법권 또는 재판관할권을 행사할 수 있음
② 그러나 항행의 자유 및 외국 주권의 존중을 위해 재판관할권을 제한

(2) **상선과 상업용 정부선박**

형사재판 관할권	연안국의 영해를 통과 중인 상선	• 선박 내 범죄의 경우 기국 관할 • 다음 경우에는 예외적으로 연안국 관할 – 범죄의 결과가 연안국에 영향을 주는 경우 – 범죄가 연안국의 평화 또는 영해의 질서를 교란하는 성질의 것인 경우 – 선박의 선장 또는 기국의 외교관이나 영사에 의하여 연안국 지방관청의 원조가 요청되는 경우 – 마약의 불법매매의 진압을 위하여 필요한 경우
	연안국의 내수를 떠나 영해를 통과 중인 상선	• 연안국주의 • 형사관할권의 행사를 위해 어떠한 조치도 취할 수 있음
	영해에 진입하기 전에 범죄가 발생한 경우	• 기국주의 • 연안국의 영해에 들어오기 전에 이미 외국 상선 내에서 범죄가 발생한 경우, 당해 선박이 내수에 들어오지 않는 한, 연안국은 외국 선박 내에서 형사관할권을 행사하지 않을 법적 의무를 부담

민사재판 관할권	원칙	외국 선박 내에서의 민사사건에 대한 재판관할권은 선박소속국(기국)에 있음
	예외	• 연안국주의 • 선박이 연안국 수역을 항행 중 또는 항행하기 위해 스스로 부담한 채무 또는 책임에 관한 강제집행 또는 보전처분을 하는 경우 • 영해 내에 정박하고 있는 외국 선박에 대한 강제집행 또는 보전처분의 경우 • 내수에서 나와 영해를 항행하는 외국 선박에 대한 강제집행 또는 보전처분을 하는 경우

(3) 군함과 비상업용 정부선박

① 영해 내에 있는 외국의 군함과 공선 내의 형사·민사재판관할권은 선박소속국에 있음

② 이에 대한 예외는 없음

③ 연안국의 법령을 준수하지 아니하는 경우에 즉시 퇴거시킬 수 있음

④ 연안국의 법령을 준수하지 아니한 경우 선박의 기국에 대해 국제책임을 물을 수 있음

⑤ 군함이나 비상업용 정부선박이라 하더라도 연안국이 무해하지 아니한 통항을 방지하기 위하여 영해 내에서 채택하는 필요한 조치로부터의 면제를 의미하는 것은 아님. 연안국은 UN헌장 제51조의 요건에 따라 영해 내의 외국 군함에 대해 자위권을 발동할 수 있으며, 상황이 여기에 이르지 아니하더라도 그 통과가 무해하지 아니한 외국 군함을 퇴거시키기 위해 최종적으로 합리적인 범위 내에서 무력을 사용할 수 있음

제5절 국제해협

1. 개념

공해 또는 배타적 경제수역의 일부와 공해 또는 배타적 경제수역의 다른 부분을 연결하여 국제항행에 사용되는 수로

2. 입법취지

① 제3차 UN해양법회의에서 새롭게 도입된 제도

② 12해리 영해의 확립에 따라 기존의 해협의 공해대가 소멸됨에 따라 전통적으로 인정되던 자유통항을 확보하고자 함

3. 법적 지위

① 해협은 해협국의 영해를 구성
② 국제법상 제한이 있는 경우 외에는 해협국은 연안국이 영해에 대해 행사하는 것과 동일한 권리를 향유
③ 국권의 제한: 무해통항권과 통과통항권 보장할 의무
④ 통과통항이 적용되는 상부 공간에 대해서는 연안국이 완전하고 배타적인 주권을 행사할 수 없음(타국의 항공기의 상공비행권이 인정되기 때문)
⑤ 해협 내의 내수: 해협 내의 내수에서는 무해통항과 통과통항이 인정되지 않지만, 종래 내수가 아니었던 수역이 직선기선의 채택으로 내수로 된 수역에서는 통과통항과 무해통항이 보장됨

4. 통과통항권

(1) 개념
① 국제항행해협에서 ② 모든 국가의 선박과 항공기에 인정되는 ③ 통과통항의 권리

(2) **통과통항이 인정되는 해협**
① 통항로의 양 입구가 모두 공해나 배타적 경제수역으로 연결된 ② 국제항행용 해협

(3) **통과통항이 인정되지 않는 해협 - 무해통항 인정**
① 통항로 입구의 일방이 외국 영해로 연결된 경우
② 해협의 중간수역에 존재하는 공해 또는 배타적 경제수역을 통항로로 갖는 국제항행해협으로서 당해 통항로가 항행 및 수로학적 특성상 유사한 편의의 통항로인 경우
③ 해협국의 본토와 도서 사이에 형성되어 있는 국제항행해협으로서 당해 도서 외측으로 유사한 편의의 통로가 존재하는 경우

(4) **통과통항의 인정범위**
① 모든 국가
② 모든 선박
③ 모든 항공기
④ 군함
⑤ 비연안국
⑥ 잠수함의 잠항

(5) **해협국의 권리**
① 통항로지정권
② 분리통항방법설정권
③ 법령제정권

④ **국제기구의 개입**: 통과통항체제하에서 해협연안국은 항로대나 통항분리방식을 일방적으로 지정하거나 설정할 수 있는 것이 아님. 연안국은 자신의 제안이 권한있는 국제기구에 의하여 채택된 이후 항로대나 통항분리방식을 지정 혹은 설정할 수 있음. 무해통항체제하에서 연안국에게 권한 있는 국제기구의 권고를 단지 고려에 넣을 것이 요구되고 있는 것과 대조적임

(6) 해협국의 의무
① 통항로 등을 공시
② 통과통항을 방해하거나 일시적으로 정지할 수 없음
③ 위험사항을 공시

(7) 외국 선박 및 외국 항공기의 의무
① 통항방법준수의무
② 법령준수의무
③ 조사측량활동금지의무

> **참고**
>
> **해양법협약상 통항제도 상호 비교**
>
> | 구분 | 무해통항 | 통과통항 | 군도 항로대 통항 |
> | --- | --- | --- | --- |
> | 적용수역 | • 일반 영해
• 요건 미충족 해협
• 통과통항 배제 해협
• 군도수역 일반
• 내수(직선기선 설정시) | 요건 충족 +
적용제한에
해당하지
아니하는 해협 | 군도수역 내
특별 해역 |
> | 적용대상 | • 상선
• 상업용 정부선박 | • 상선
• 정부선박
• 군함 | • 상선
• 정부선박
• 군함 |
> | 잠수함 | 잠항 불가 | 잠항 가능 | 잠항 가능 |
> | 군함 | 학설 대립 | 인정 | 인정 |
> | 연안국의
보호권 | • 인정(특정 수역, 일시적, 비차별)
• 단, 무해통항해협에서는 일시 정지 불가 | 부정 | 부정 |

5. 대한민국의 해협

(1) 대한해협
① 대한민국과 일본은 모두 12해리 영해법을 제정하여 시행하고 있으나, 대한해협에서는 모두 3해리로 한정
② 대한해협은 중간에 배타적 경제수역이 존재
③ 대한해협 내의 배타적 경제수역에서는 통과통항이 아닌 자유통항이 인정
④ 배타적 경제수역 통항로가 영해 측 통항로와 유사하게 편리한 수로라는 전제에서 영해 내에서는 무해통항

(2) **제주해협**
① 공해와 공해를 연결하는 해협이지만, 항행 및 수로상 특성에 관해 유사한 편의를 갖는 공해통과통로가 도서의 해양 측에 존재함
② 제주해협에는 통과통항권이 인정되지 않고 무해통항만 인정. 단, 대한민국 국내법에 제주해협에서 통과통항을 배제하는 규정은 없음
③ 남북해운합의서에 따라 제주해협에서 북한 상선의 통과가 인정되었으나, 5·24조치(2010.5.24.)에 따라 동 합의서 효력을 정지하고, 북한 선박의 제주해협 통과를 불허함

제6절 접속수역

1. 의의
① 영해에 접속한 일정한 범위의 공해에 대하여 관세·재정·이민·위생 등의 사항에 관한 연안국의 국권 행사가 인정된 수역
② 18세기 초 영국의 Hovering Act에서 비롯됨

2. 제도적 취지
국제교통의 발달과 항해기술의 발달에 따라 종래 12해리 영해로서는 연안국의 이익과 안전을 확보하기가 어렵게 되어 연안국의 관할권을 확대할 필요가 있음

3. 법적 성질
① 확장된 영해가 아니라 국권 행사가 인정되는 일정 범위의 공해
② 연안국의 적용 선포가 있어야만 실시할 수 있음
③ 해양법협약이 인정하는 범위 내에서만 관할권을 행사할 수 있음
④ 영해에 진입하지 않고 접속수역 내에 있는 선박에 대해 국가는 관련 법령 위반을 방지하기 위해 통제만 할 수 있을 뿐 법령 위반을 예상하고 미수범을 나포하거나 처벌할 수 없음
⑤ 밀입국을 시도하는 선박에 대해 이를 차단하고 외곽으로 퇴거시킬 수는 있으나, 불법입국 미수혐의로 형사처벌할 수 없음. 밀입국선박은 영해 내로 진입한 이후에나 처벌할 수 있음

4. 접속수역의 폭
(1) **영해협약(1958)**
영해의 폭을 측정하는 기선으로부터 12해리까지

(2) **해양법협약(1982)**
   영해기선으로부터 24해리를 초과할 수 없음
(3) **접속수역의 실제상의 폭**
   설정된 접속수역의 폭으로부터 인정된 영해의 폭을 공제한 부분
(4) **중첩 접속수역 경계획정**
   ① 영해 및 접속수역에 관한 협약(1958): 중간선 / 등거리선
   ② UN해양법협약(1982): 규정 없음

5. 연안국의 통제사항
① 관세, 재정, 이민, 위생법규의 위반에 관한 사항에 한정
② 어업에 관한 사항이나 안전에 관한 사항에 관해서는 통제권이 미치지 아니함

제7절 배타적 경제수역

1. 의의
(1) **개념**
영해에 접속된 특정 수역으로서 연안국이 당해 수역의 상부수역·해저 및 하층토에 있는 천연자원의 탐사·개발 및 보존에 관한 주권적 권리와 당해 수역에서의 인공도·시설의 설치·사용, 해양환경의 보호·보존 및 과학적 조사의 규제에 대한 배타적 관할권을 행사하는 수역

(2) **제도적 취지**
어업기술의 급속한 발달로 인한 남획으로 공해의 어족자원이 고갈되어가자 연안국이 어족자원을 효과적으로 보존하도록 하기 위한 것

(3) **연혁**
① 미국의 공해의 일정한 수역에서의 연안어업에 관한 미국의 정책에 관한 대통령포고(트루먼선언, 미국, 1945)에서 보존수역을 창안한 것이 효시
② 1972년 UN총회는 압도적 다수로 대륙붕상부수역의 해양자원에 대한 연안국의 주권을 승인하는 결의 채택
③ ICJ는 1974년의 Fisheris Jrisdiction 사건에서 기선으로부터 12마일까지의 배타적 어업수역이 관습법화되었음을 인정
④ 1982년 해양법협약은 제5장(제55조~제75조)에서 배타적 경제수역제도 규정
⑤ ICJ는 1982년의 Continental Shelf(Tunisia/Libyan Arab Jamahiriya) 사건에서 EEZ 개념은 현대국제법의 일부로 볼 수 있다고 함

★ 핵심 POINT	배타적 경제수역과 대륙붕의 비교	
구분	배타적 경제수역	대륙붕
공통점	• 공해에 대한 연안국 관할권 확장 • 자원관할권 • 500m 안전 수역 • 상부수역 항행 및 상공 비행의 자유	
차이점 - 횡적 범위	기선으로부터 최대 200해리	• 대륙변계가 200해리 미만 시 200해리까지 • 대륙변계가 200해리 초과 시 최대 350해리까지 또는 2,500m 등심선으로부터 100해리까지
차이점 - 구성	상부수역, 해상, 해저지하	해상, 해저지하
차이점 - 취득방법	국가의사에 의한 취득	원시취득
차이점 - 상부수역	제3의 수역	공해
차이점 - 자원관할	• 일체의 생물 • 무생물 자원	• 무생물 자원 • 정착성 어족

2. 법적 지위

① 연안국의 주권적 권리 및 관할권과 ② 공해자유의 일부가 병존하는 ③ 제3의 특별수역으로서 ④ 영해와 공해의 중간적 법제도

3. 범위

① 영해측정기선으로부터 ② 200해리를 초과하지 못함

4. 대향·인접하는 경제수역의 경계

(1) 협약규정

① 형평한 해결을 달성하기 위해 국제사법재판소(ICJ)규정 제38조에 의거한 국제법을 기초로 하여 합의에 의해 획정됨
② 합의에 도달할 때까지 상호 이해와 협력의 정신으로 실질적인 잠정협정을 체결하도록 모든 노력을 다하고 과도기간 동안 최종합의에 이르는 것을 위태롭게 하거나 방해하지 않아야 함
③ 상당한 기간 내에 최종합의에 이르지 못하는 경우 관련국들은 제15부(분쟁해결)에 규정된 강제절차에 회부
④ 각국은 배타적 경제수역 경계획정분쟁을 구속력 있는 결정을 수반하는 강제관할절차에 맡기지 않겠다는 선언을 언제든지 할 수 있으며, 이 경우 의무적 조정(compulsory conciliation)이 적용

(2) 판례 태도

2단계접근법 또는 3단계접근법을 적용

① 1단계: 잠정적 중간선 또는 등거리선을 획정
② 2단계
  ㉠ 형평을 위해 중간선 또는 등거리선을 이동
  ㉡ 해안선의 길이, 해저 지형 등을 고려
③ 3단계
  ㉠ 비례성을 판단
  ㉡ 해안선의 길이와 확정된 내포 수역 간 비례성 판단하여 조정

(3) **배타적 경제수역과 대륙붕의 단일경계 획정 여부**
① 배타적 경제수역과 대륙붕은 서로 별개의 제도이므로 대향국이나 인접국 간 경계가 반드시 일치해야 하는 것은 아님
② 호주 – 파푸아뉴기니, 호주 – 인도네시아 등은 배타적 경제수역과 대륙붕 경계를 달리 획정함
③ 국제관행은 관리상의 난점 등을 이유로 단일한 경계로 획정함

5. 연안국의 권리

(1) **주권적 권리**
① 생물·비생물자원의 이용 및 보존권: 배타적 경제수역의 상부수역, 해저 및 하층토에서의 생물 및 비생물천연자원의 탐사·개발·보존·관리를 위한 주권적 권리
② 수역의 경제적 이용권: 수력·조력·풍력발전을 포함하여 배타적 경제수역의 경제적 탐사·개발을 위한 활동에 대한 주권적 권리
③ The M/V Saiga호 사건(1999): 연안국은 자국의 배타적 경제수역 내에서 외국선박에게 자국의 관세법을 적용할 수 없음
④ The M/V Virginia G호 사건(2014): 배타적 경제수역 내에서 어선에 연료를 공급하는 행위는 어업관련활동으로, 연안국은 생물자원의 보전 및 관리를 위해 연료를 공급하는 선박을 규제할 수 있음. 그러나 당해 선박을 몰수할 수는 없음

(2) **관할권**
① 인공도·시설 및 구조물의 설치 및 사용에 대한 배타적 관할권, 인공도의 주위에 반경 500미터 이내의 안전수역(safefy zone)을 설정
② 해양환경의 보호·보존권
③ 해양과학조사권
④ 배타적 경제수역 내에서 선박 충돌 사건: 가해선 기국 관할(한국 법원)

6. 연안국의 의무
① 타국 선박의 항행이나 항공기의 상공비행의 방해를 금지
② 타국의 해저전선 및 관선부설의 자유를 저해하지 못함

③ 공해에 대한 해양법협약의 제규정은 연안국의 배타적 경제수역에 대한 권리를 침해하지 않는 한 배타적 경제수역에 적용

7. 배타적 경제수역의 어업제도

(1) 생물자원보존권
① 배타적 경제수역 내의 생물자원의 보존은 연안국의 배타적 관할사항
② 연안국이 과학적 자료를 기초로 하여 남획방지를 위한 적절한 보존조치를 취함
③ 보존조치는 환경적·경제적 요소, 개발도상국의 특별수요, 어로방법, 어족 상호관계 등을 고려하여 어족의 최대지속적 생산(maximum sustainable yield)을 유지·회복할 수 있도록 마련

(2) 생물자원이용권
① 연안국은 배타적 경제수역 내의 생물자원에 대한 배타적 어로권을 가짐
② 연안국은 보존조치를 고려하여 수역 내의 생물자원의 허용어획량을 결정
③ 자국의 어획능력량(capacity to harvest)을 결정
④ 잉여어획량에 대해서는 타국에 어로를 허용해야 함

(3) 연안국의 법령제정권
① 연안국은 양자협정 또는 지역협정을 체결하여 타국에 어로를 허용하여야 함
② 국내입법을 통해 타국 어선의 입어를 규제
③ 타국 어선은 보존조치와 연안국 법령을 준수해야 함

(4) 집행조치
① 협약 규정
  ㉠ 연안국은 법령의 이행을 보장하기 위해 승선·검색·나포 등의 집행조치를 취할 수 있음
  ㉡ 나포된 선박이나 체포된 선원이 보석금을 예치하는 경우 즉시 석방되어야 함
  ㉢ 관계국의 동의 없이 법령 위반에 대해 체형(體刑)을 부과할 수 없음
  ㉣ 연안국은 외국선의 나포·억류 시 소속국에 신속히 통보해야 함
② 판례
  ㉠ Franco-Canadian Fisheries Arbitration 사건(1986): 프랑스-캐나다 중재재판소는 배타적 경제수역 내에서 고기 가공(fish processing)에 종사하는 선박은 연안국의 관할권에 종속되지 않음. 고기 가공은 연안국이 배타적 경제수역 내에서 향유하는 관할권에 속하지 않기 때문임
  ㉡ The M/V Saiga호(No.2) 사건: 국제해양법재판소(ITLOS)에 의하면 배타적 경제수역에서 연안국은 인공섬과 시설 및 구조물에 대해 세관법령을 적용할 관할권이 있음. 그러나 UN해양법협약은 연안국에게 위에 언급되지 아니한 배타적 경제수역의 다른 부분들에 대해서는 그 국가

의 관세법률을 적용할 권한을 부여하지 않고 있다고 하면서 기니가 협약을 위반하였다고 판결하였음
ⓒ The M/V Virginia G호 사건(2014): 배타적 경제수역 내에서 어선에 연료를 공급하는 행위는 어업관련활동이므로 배타적 경제수역 관련 법령을 적용할 수 있음. 연안국은 생물자원의 보전 및 관리를 위해 연료를 공급하는 선박을 규제할 수 있다고 판시하였음. 그러나 당해 선박을 몰수한 조치는 허용될 수 없는 조치였음

(5) 내륙국·지리적 불리국의 권리
① 배타적 경제수역을 갖지 못하는 내륙국·지리적 불리국의 경우 ② 경제수역의 설정으로 종래의 공해어로자유의 상실로 인한 불이익을 보상하기 위해 ③ 인접연안국 또는 역내 연안국의 배타적 경제수역 내에 형평에 입각한 입어권이 부여

(6) 분쟁해결
① 강제절차 적용 배제: 연안국은 허용어획량, 자국어획능력량, 잉여량 배분, 보존 및 관리법령에 관한 주권적 권리의 행사와 관련된 분쟁에 대해 법원의 강제적 관할에 의한 분쟁해결방법에 부탁하는 것에 동의할 의무가 없음
② 그러나 연안국의 명백한 생물자원보존 및 이용의무의 위반, 자의적 허용어획량 및 자국어획능력량의 결정거부 및 자의적 잉여량 할당거부에 관한 분쟁은 강제조정에 부탁됨

8. 특수 어종에 관한 규정

(1) 경계왕래 어종
① 동일 어족이나 연관된 종의 어족들이 2개국 이상의 연안국의 EEZ에 출현
② 연안국들은 직접 또는 적절한 소지역기구나 지역기구를 통하여 이러한 어족의 보존과 개발을 조정하고 보장하는 데 필요한 조치에 합의하도록 노력해야 함

(2) 고도회유성 어종
① 연안국과 고도회유성 어종을 어획하는 국민이 있는 그 밖의 국가는 EEZ와 그 바깥의 인접수역에서 그러한 어종의 보존을 보장하고 최적이용목표를 달성하기 위하여 직접 또는 적절한 국제기구를 통하여 협력해야 함
② 참치, 고등어, 병어, 청새치류, 돛새치, 황새치, 꽁치, 돌고래, 상어, 고래 등

(3) 해양포유동물
① 연안국 또는 국제기구는 UN해양법협약 제5부 규정보다 더 엄격하게 그것의 포획을 금지, 제한 또는 규제할 수 있음
② 각국은 해양포유동물의 보전을 위해 협력할 의무를 부담

③ 고래류의 경우 적절한 국제기구를 통하여 보존, 관리 및 연구를 위한 노력에 임해야 함

(4) 소하성(溯河性) 어족(anadromous stocks)
① 연어나 송어
② 산란을 위하여 강물을 거슬러 올라가는 어족을 의미
③ 기원하는 하천의 국가가 이 어족에 대한 일차적 이익과 책임을 짐

(5) 강하성(降河性) 어족(catadromous species)
① 담수에 살다가 산란을 위하여 바다로 가는 어종
② 뱀장어나 숭어
③ 연안국은 그 어종 관리에 책임을 지며 회유어의 출입을 보장해야 함
④ 포획은 EEZ 외측 한계의 육지쪽 수역에서만 해야 함

9. 대한민국의 배타적 경제수역

(1) 배타적 경제수역에 관한 법률 제정
① 대한민국은 1996년 1월 29일 UN해양법협약을 비준하였고, 1996년 8월 8일 배타적 경제수역법을 제정·공포하였음
② 일본은 1996년 6월 14일 배타적 경제수역 및 대륙붕에 관한 법률 공포
③ 중국은 1996년 6월 26일 배타적 경제수역 및 대륙붕에 관한 법률 공포
④ 3국 모두 200해리 배타적 경제수역을 선포하여 3국 간 배타적 경제수역 경계획정문제가 대두되었음

(2) 신한일어업협정
① 1998년 9월 체결되고, 1999년 1월 22일 발효
② 배타적 경제수역 경계획정문제를 다루는 조약이 아니라 양국 간 어업문제를 다룬 조약
③ 양국은 자국 측 배타적 경제수역에서 어업에 관한 주권적 권리를 행사
④ 배타적 경제수역은 각국의 기선으로부터 35해리로 설정
⑤ 각국은 자국 배타적 경제수역 내에서 타국의 어획할당량 등을 결정하고 이를 타방 당사국에게 통보함으로써 타국 어선의 조업을 인정
⑥ 동해중간수역과 동중국해중간수역을 설정
⑦ 중간수역은 양국의 배타적 경제수역 경계획정이 타결될 때까지 한시적으로 유지
⑧ **기국주의**: 각국은 중간수역에서 타방 당사국 국민 및 어선에 대해 자국의 어업관계법령을 적용하지 않음
⑨ 중간수역에서 해양생물자원의 보존 및 어업종류별 어선의 최고조업척수를 포함하는 적절한 관리에 필요한 조치는 한일어업공동위원회의 권고(동해중간수역) 또는 결정(동중국해중간수역)에 따라 시행

⑩ 각국은 중간수역에서의 타방 당사국의 시행조치를 위반하고 있는 타방 당사국 국민 및 어선을 발견할 경우에 위반사실과 관련 상황을 타방 당사국에 통보할 수 있음

(3) 한중어업협정
① 2000년 8월 3일 서명되고, 2001년 6월 30일 발효
② 동 협정은 양국 간 배타적 경제수역, 중간수역 및 과도수역을 설정
③ 배타적 경제수역은 각국 기선으로부터 32해리로 결정
④ 배타적 경제수역 이원에 4년간 한시적 성격을 갖는 과도수역을 설정
⑤ 4년이 지나면 과도수역은 각국 배타적 경제수역에 포함
⑥ 과도수역에서 양국은 공동감독 및 공동검사조치를 취할 수 있음
⑦ 중간수역에서 각국은 한중어업공동위원회의 결정에 따라 동 수역 내에서 보존조치 및 양적 관리조치를 취해야 함
⑧ 중간수역에 기국주의를 적용
⑨ 공동위원회의 결정을 위반하는 타국 선박에 대해서는 타국에 주의를 환기하고 정보를 제공할 수 있으며, 통보를 받은 당사국은 필요한 조치를 취한 후 상대방에게 통보해야 함

제8절 대륙붕

1. 개념
1982년 UN해양법협약에 따르면, 해안에 인접하되 영해 밖으로 뻗친 해저지역의 해상 및 그 지하로서 대륙변계의 외연이 영해기선으로부터 200해리 내에 있는 경우는 200해리까지, 200해리 외에 있는 경우는 350해리 또는 2,500m 등심선(等深線)으로부터 100해리까지

2. 법적 성격
① 대륙붕에 대한 연안국의 권리는 주권적 권리(sovereign rights)
② 상부수역은 공해로서의 지위

3. 연혁
① 1945년 트루먼(Truman)선언이 최초의 대륙붕선언
② 우리나라는 1952년 인접해양에 대한 주권선언(평화선선언)을 통해 대륙붕에 대한 주권을 선언
③ 1958년 대륙붕에 관한 협약, 1982년 UN해양법협약이 성립

4. 기선

대륙붕의 폭을 측정하는 기선은 영해의 폭을 측정하는 기선과 같음

5. 폭

(1) 1958년 대륙붕에 관한 협약

① 상부수역의 수심 200m까지로 하고 ② 예외적으로 해저구역에 있는 천연자원의 개발이 가능한 지점까지도 확대

(2) UN해양법협약

① 대륙변계의 외연이 영해기선으로부터 200해리 내에 있는 경우에는 영해기선으로부터 200해리까지의 해상 및 해저지하
② 대륙변계의 외연이 영해기선으로부터 200해리 외에 있는 경우 영해를 측정하는 기선으로부터 350해리 또는 2,500m 등심선으로부터 100해리까지의 해상 및 해저지하

(3) 대륙붕한계위원회

① 21명으로 구성
② 임기는 5년
③ 대륙변계가 영해기선으로부터 200해리 이원으로 연장되는 경우 연안국은 협약 비준 후 10년 이내에 이를 입증하는 과학적·기술적 자료를 대륙붕한계위원회에 제출하여 심사를 받아야 함
④ 대향국이나 인접국 간의 대륙붕경계획정에 있어 분쟁이 있는 경우, 위원회는 관련 분쟁당사국이 제출한 자료를 심사하지 않으나, 모든 분쟁당사국이 사전동의하는 경우에는 심사할 수 있음

(4) 분쟁해결

① 협약의 해석·적용에 관한 분쟁은 재판소의 강제적 관할권이 인정되는 것이 원칙이지만 특별히 대륙붕의 경계에 관한 분쟁은 선택적 배제에 의해 강제적 관할권의 예외가 인정됨
② 이 경우 일방 당사자의 청구에 의해 강제조정에 부탁됨
③ 단, 영유권분쟁이 혼재된 경우 강제조정절차도 배제됨

6. 국가의 권리

(1) 성질

① 주권적 권리
② 배타적 권리
③ 원시적 권리: 대륙붕에 관한 권리 취득을 위해 실효적 점유 또는 관념적 점유나 명시적 선언을 요하지 않음

(2) 내용
① 천연자원의 탐사, 개발권: 권리의 대상은 해상과 지하의 광물 기타의 비생물자원 및 정착어종에 속하는 생물. 정착어종에 속하는 생물은 수확 가능 단계에서 해저표면 또는 그 아래에서 움직이지 아니하거나 해저나 하층토에 항상 밀착하지 아니하고는 움직일 수 없는 생물체. 해저에 침몰한 선박, 항공기 및 그 내부의 화물은 천연자원이 아니므로 EEZ나 대륙붕 관련 규정 비적용
② 시설의 설치·유지·운영권
③ 시설의 주변에 반경 500m 한도까지 안전수역을 설정할 수 있음
④ 시추·굴착권

7. 연안국의 의무
① 항행의 자유보장의무
② 상공비행의 자유보장의무
③ 해저전선 및 관선의 방설보장의무: 경로 설정은 연안국의 동의가 필요
④ 해양오염방지의무
⑤ 200해리 이원의 대륙붕 개발기금 납부의무: 연안국이 기선으로부터 200해리 밖의 대륙붕에서 개발한 비생물자원에 대해 부과. 정착성 생물은 제외. 금전납부 또는 현물공여. 개발 5년간은 의무가 면제되나 6년째는 생산가격이나 생산량의 1%를 납부해야 하고, 매년 1% 증가해야 하나 7%를 초과하지 아니함. 12년째부터는 매년 7%를 납부. 자국의 대륙붕에서 생산되는 광물자원의 순수입국인 개발도상국은 납부 의무 면제

8. 중첩대륙붕의 경계
(1) 대륙붕에 관한 협약
① 합의
② 특수사정 고려
③ 중간선

(2) UN해양법협약
① 인접 또는 대향국 간의 대륙붕의 경계측정은 형평한 해결에 도달하기 위하여 국제사법재판소(ICJ)규정 제38조에 규정된 국제법을 기초로 합의에 의해 성립
② 상당한 기간 내에 합의에 도달할 수 없는 경우 관계국은 제15장에 규정된 절차에 부탁
③ 잠정협정 체결

(3) 북해대륙붕 사건(ICJ, 1969)
① 서독과 네덜란드, 서독과 덴마크 간에 북해대륙붕의 경계획정을 둘러싼 사건
② 대륙붕에 관한 협약 제6조의 등거리선원칙이 관습법인지 여부가 쟁점
③ 국제사법재판소(ICJ)는 등거리선원칙의 관습법을 부인
④ 연안 형태, 물리적·지질학적 구조, 천연자원 등을 고려한 형평의 원칙이 적용되어야 한다고 판시
⑤ 중복지역의 합의분할에 실패하는 경우 공동관할·공동사용·공동개발제도를 고려

(4) 리비아·몰타 대륙붕 사건(ICJ, 1985)
① 배타적 경제수역제도는 관습법상 제도임을 확인
② 200해리 이내의 대륙붕 경계획정에서 해저지형은 중요하지 않고, 1차적으로 거리 개념을 적용
③ 형평한 해결을 위해 3단계 접근법을 적용
④ 이탈리아의 소송참가 요청을 거절. 국제사법재판소(ICJ)는 이탈리아가 자국의 권리를 인정받기 위해 참가하려는 것이 아닌 적극적으로 보전(preservation)하려는 것으로 소송참가 요건을 충족하지 않았다고 판시함

(5) 방글라데시와 미얀마 벵골 만 해양경계획정 사건
① 2011년 3월 14일 국제해양법재판소(ITLOS)의 최초 해양경계획정 판결
② 국제사법재판소(ICJ)가 확립한 3단계접근법을 적용
③ 잠정적 등거리선 설정 → 관련상황을 고려하여 형평한 결과를 도출할 수 있도록 조정 → 관련해안선의 길이와 관련해역의 면적의 비례성 판단
④ 200해리 내에서의 EEZ와 대륙붕 단일 경계획정은 당사자들의 서로에 대한 관계에 있어서의 연안의 지리를 기초로 판단할 문제이지, 경계획정 지역 해저의 지질이나 지형학적 특질을 기초로 판단할 문제가 아님
⑤ 200해리 외측의 대륙붕 경계획정에 있어서 관련사정에 해저와 하층토의 지질 및 지형학적 특질이 포함되며, 특히 지질이 가장 자연적인 연장이라는 방글라데시의 주장 기각
⑥ 200해리 이내든지 아니면 이원이든지 불문하고 EEZ/대륙붕 경계획정에 있어서의 유일한 관련 사정은 방글라데시 연안의 오목함(concavity)

(6) Jan Mayen 사건(1993)
① 해양경계획정을 요하는 모든 영역에 걸쳐 단일 방법을 채택해야 하는 것은 아님
② 필요하면 대상 지역의 여러 부분에 여러 방법을 적용할 수 있음

(7) Maritime Delimitation in the Black Sea 사건(2009)
① 국제사법재판소(ICJ)는 형평한 해결을 위해 3단계방법론을 적용
② 제3단계에서 이루어지는 것은 불균형검사(disproportionality test)임

③ 제3단계는 균형검사(proportionality test)가 아니므로 각각의 해역이 연안의 길이에 정확하게 비례해야 하는 것은 아님
④ 배타적 경제수역과 대륙붕은 별개의 제도이므로 대향국들이나 인접국들은 대륙붕과 배타적 경제수역 공동의 단일경계선을 선택할 수도 있고, 별개의 경계선을 선택할 수도 있음

(8) Case Concerning Territorial and Maritime Dispute between Nicaragua and Honduras in the Caribbean Sea 사건
① 국제사법재판소(ICJ)에 따르면 육지가 바다를 지배함
② 섬에 대한 주권은 해양경계획정 이전에 그리고 그것과는 별도로 결정되어야 함

9. 대한민국 대륙붕제도

(1) 평화선선언
① 1952년 평화선을 선포
② 1970년 1월 해저광물자원개발법을 제정 및 공포
③ 1970년 5월 30일 7개 광구에 대한 영유권을 주장하는 대륙붕을 선언

(2) 해저광물자원개발법
① 서해, 제주도 남부, 동중국해, 대마도북동수역 등에 7개 광구를 설치
② 서해에 설정된 4개 광구의 서쪽 경계선은 중국 본토와 우리나라 본토 간의 중간선을 선택
③ 대마도 북동수역에 설정된 제6광구의 일본 측 경계선도 우리나라와 일본 본토 간의 중간선을 선택
④ 제주도 남부 동중국해에 설정된 것으로 석유부존가능성이 높은 제7광구는 육지 영토의 자연연장설에 근거하여 동중국해의 대륙붕이 오키나와해구로 단절된 부분까지를 전체적으로 하나의 계속된 대륙붕으로 보아 제주도 남단 마라도에서 280해리에 이르는 해역을 그 범위로 하고 있음

(3) 한일북부대륙붕 경계협정과 남부대륙붕 공동개발협정
① 1974년에 대한민국과 일본국 간의 양국에 인접한 대륙붕구역 경계획정에 관한 협정을 체결
② 대한해협에서의 양국의 대륙붕 경계를 중간선원칙에 따라 획정하기로 합의
③ 대한민국과 일본국 간의 양국에 인접한 대륙붕남부구역 공동개발에 관한 협정(1978년 발효): 우리나라 제5광구 일부 수역과 제7광구의 전체를 포함하는 해역 중에서 우리나라와 일본의 대륙붕 주장이 중복되고 있는 동중국해지역을 공동개발

제9절 공해

1. 개념

(1) 공해에 관한 협약(1958)
국가의 영해 또는 영수에 포함되지 아니한 해양의 모든 부분

(2) UN해양법협약(1982)
국가의 내수, 군도수역, 영해 및 배타적 경제수역에 포함되지 않는 수역으로서 국가의 주권이 배타적으로 행사되지 않는 해양의 모든 부분으로, 소극적으로 정의됨

2. 공해자유의 원칙

(1) 귀속의 자유
공해는 어느 국가에도 속하지 않으며 따라서 어느 국가도 이를 영유할 수 없다는 원칙

(2) 공해사용의 자유
① 모든 국가는 타국에 대하여 부당한 손해를 끼치지 않는 범위 내에서 공해를 자유로이 사용할 수 있다는 원칙
② 항행의 자유, 어업의 자유, 해저전선 및 관선부설의 자유, 과학적 조사의 자유, 국제법이 허용하는 인공도 및 기타 시설을 설치하는 자유
③ 제한: 타국 이익의 합리적 고려하에 행사되고, 평화적 목적을 위한 이용

3. 공해의 법질서

(1) 원칙 - 자국 선박에 대한 관할권(기국주의)
① 공해를 항행하는 선박은 원칙적으로 소속국이 보호
② 선박의 국적: 선박의 등록국
③ 진정한 관련성(genuine link): 기국과 선박 사이에는 진정한 관련성이 존재해야 함
④ 편의치적(flag of convenience) 인정: 파나마, 라이베리아, 바하마 등이 대표적 편의치적지
⑤ Artic Sunrise Arbitration 사건(2015): 선박은 한 개의 단일체(a unit)이기 때문에 선박의 기국이 선박과 선박 내의 모든 물건과 사람에 대해 청구를 제기할 원고적격을 가짐. 탑승자의 국적과 무관

(2) 예외 - 외국 선박에 대한 관할권
① 공해의 질서유지를 위해 원칙에 대한 예외로서 타국의 선박에 간섭
② 공해상에서의 금지행위: 해적행위, 노예수송, 무허가방송, 타국 국기 게양
③ 임검권: 금지행위를 하고 있는 선박에 대한 임검권을 인정

④ 추적권

(3) **해적행위**

주체	• 사유의 선박 또는 항공기의 승무원이나 승객 • 군함은 해적의 주체선박이 될 수 없으나 반란을 통해 군함으로서의 지위를 상실한 경우 해적의 주체선박이 될 수 있음
수역	• 공해상에서나 기타 국가 관할권 이외의 지역 • 해석상 배타적 경제수역도 포함
행위	• 사적 목적 • 타선박, 항공기 또는 그 선박 내의 인원이나 재산에 대한 행위 • 불법적인 폭력행위, 압류 및 탈취행위 • **선상반란**: 타선박에 대한 것이 아니므로 해적이 아님. 따라서 기국주의가 적용됨 • 석유 생산을 위해 바다에 고정설치된 플랫폼은 선박이 아니므로 협약상 해적행위의 대상이 아님
관할권	• 보편주의를 적용 • 해적행위는 어떤 국가든지 해적선·해적항공기를 나포한 국가의 법원에 기소되어 재판 • 해적선 및 해적항공기와 그러한 혐의가 있는 선박과 항공기 및 해적행위로 탈취되어 해적의 지배하에 있는 선박이나 항공기는 국가가 이를 나포할 수 있음 • 국제형사재판소(ICC) 관할대상 범죄는 아님
관할권 행사 주체	• 군함 • 군용항공기 • 정부선박 및 정부항공기(특별히 해적선 나포의 임무를 부여받고, 이러한 권한이 명백히 표시된 경우에 한함)

(4) **노예수송**

① 노예매매는 국제법상 금지
② 모든 국가는 자국기를 게양하는 선박의 노예수송을 방지·처벌
③ 노예수송을 위해 자국기가 불법으로 사용되지 않도록 유효한 조치를 취해야 함
④ 노예가 다른 선박에 피난한 경우 그 노예는 자유를 회복
⑤ 노예수송과 관련하여 군함은 외국 선박을 임검할 수는 있지만 사실로 판명되더라도 군함의 기국은 노예무역선의 기국에 이를 통보할 수 있음
⑥ 노예선의 기국이 명시적으로 허락하거나 요청하지 않는 한 노예수송 선박을 나포하거나 관련자들을 소추할 수 없음

(5) **무허가방송**

① 모든 국가는 공해로부터의 무허가방송의 방지에 협력할 의무
② 무허가방송이란 공해상의 선박 또는 설비로부터 행해지는 방송으로서 일반 공중의 수신을 의도한 것

③ 무허가방송선박에 대해 관할권을 행사할 수 있는 국가: 모든 국가가 아님
  – 방송선박소속국, 방송시설등록국, 방송자국적국, 방송청취국, 방송피방해국

(6) 타국 국기 게양
  ① 선박은 선박소속국의 국기를 게양하고 항행해야 함
  ② 선박은 반드시 1국의 국기만을 게양해야 함
  ③ 2개 이상의 국기를 게양하는 선박은 무국적선으로 간주
  ④ 무국적선은 모든 국가가 나포하여 처벌·몰수 가능

(7) 임검권(right of visit)
  ① 해적행위, 노예무역, 무국적선 혐의 선박: 모든 국가의 군함이 임검
  ② 무허가방송: 관할권을 가진 국가의 군함
  ③ 타국기를 게양하거나 국기 표시를 거부하는 행위: 동일국적 군함이 임검
  ④ 임검권 발동 선박: 군함, 군용항공기, 비상업용 정부선박·정부항공기(임검권 부여 시)

(8) 추적권(right of hot pursuit)
  ① 개념: ㉠ 연안국의 권한 있는 당국이 ㉡ 연안국의 내수, 군도수역, 접속수역, 영해, 배타적 경제수역 또는 대륙붕상에서 ㉢ 연안국의 법령을 위반하였다고 믿을 만한 외국 선박을 ㉣ 당해 관할수역으로부터 공해까지 추적하여 나포하거나, 나포 후에 재판을 위하여 연안국에 인치(引致)할 수 있는 권리
  ② 연혁
    ㉠ 국제관습법으로 성립
    ㉡ 1935년 The I'm Alone Case에서 국제관습으로 승인
    ㉢ 1958년 공해에 관한 협약(제23조)
    ㉣ 1982년 UN해양법협약(제111조)
  ③ 추적선
    ㉠ 연안국의 군함
    ㉡ 군용항공기
    ㉢ 특별히 추적권이 인정된 공선이나 공항공기
    ㉣ 정선명령을 내릴 때 추적선은 반드시 내수, 군도수역, 영해, 접속수역, 배타적 경제수역, 대륙붕의 수역에 있어야 하는 것은 아님
  ④ 피추적선의 위치
    ㉠ 내수, 군도수역, 영해, 접속수역, 배타적 경제수역 또는 대륙붕의 상부수역
    ㉡ 추정적 존재이론: 모선(母船)은 공해상에 있으나 자선(子船)은 관할 수역 내에서 연안국의 법령에 위반하여 추적대상이 된 때에는 모선도 추적대상. 이 경우 모선박에 대해 추적을 개시하려면 정선명령은 직접 모

선박에게 발해야 함. 추정적 존재의 상황은 '단순 추정적 존재'와 '확대 추정적 존재'로 구분됨. 전자는 선박이 자신의 자선을 이용하는 경우이고, 후자는 다른 선박을 이용하는 경우. 그리고 후자의 경우 두 선박의 국적이 다를 수 있음. 추정적 존재이론은 UN해양법협약 제111조 제1항과 제4항에 의해 인정되고 있음

ⓒ 추적을 개시하기 위해서는 외국 선박이 추적 개시 시점에 연안국이 보호하고자 하는 관련 수역 내에 있어야 하나, The Arctic Sunrise Arbitration 사건에서 중재재판소는 러시아 측의 최초 정선명령이 Arctic Sunrise호의 자선들이 안전수역을 벗어나고 1분 내지 2분 뒤에 발령된 것으로 추측되었지만 500m 안전수역이라는 것이 너무 작은 수역이라는 사건의 특수성에 비추어 문제삼지 않음

⑤ **추적방법**
  ㉠ 정선명령을 내린 후 개시
  ㉡ 정선명령은 보고 들을 수 있는 거리에서 시각신호와 청각신호로 해야 함. The Arctic Sunrise Arbitration 사건에서 중재재판소는 이제는 연안국들이 단속해야 할 수역이 광대할 뿐만 아니라 더욱 신뢰할 수 있는 발전된 과학기술도 이용 가능한 상황이므로 무선통신에 의한 정선명령을 보거나 들을 수 있는 거리로 국한하는 것은 합리적이지 않다고 하였음. 본 사건의 경우 무선 메시지에 의한 정선명령이 발해졌을 때 추적선과 피추적선 간의 거리가 대략 3마일 이내였기 때문에 남용의 가능성도 없었다고 보았음
  ㉢ 추적은 중단되어서는 안 되며 계속적인 것이어야 함
  ㉣ 한 추적선이 추적하다가 다른 추적선에 인계할 수 있는지에 대한 명문 규정은 없으나 해석상 가능
  ㉤ 추적권 발동 시 무력을 사용할 수 있으나 비례원칙을 준수해야 함('The I'm Alone 사건', 'M/V Saiga호 사건')

⑥ **추적수역**
  ㉠ 내수, 군도수역, 영해, 접속수역, 배타적 경제수역 또는 대륙붕 상부수역
  ㉡ 공해에서 행사
  ㉢ 피추적선이 피추적국 또는 제3국의 영해 내에 들어가면 추적권 소멸

⑦ **추적권의 효과**
  ㉠ 추적권의 요건을 구비한 적법한 추적권의 행사에 의한 정선명령, 나포, 인치는 적법한 것으로 인정
  ㉡ 추적권의 행사가 정당화되지 아니하는 상황에서 선박이 영해 밖에서 정지되거나 나포된 경우, 그 선박은 이로 인하여 받는 모든 손실이나 피해를 보상해야 함

⑧ **무력사용의 문제**: 추적권 발동 시 예외적으로 무력을 사용할 수 있으나, 비례원칙을 충족해야 하므로 과도한 무력사용은 허용되지 않음. The I'm Alone 사건이나 M/V Saiga호 사건에서 이와 같은 법리를 확인하였음

⑨ The Arctic Sunrise호 중재 사건
  ㉠ 2013년 9월 18일 러시아의 북극해 석유 생산에 항의하는 그린피스 소속 환경보호 운동가들이 네덜란드 국기를 단 쇄빙선 Arctic Sunrise 호에서 고속고무보트 4척을 내려 러시아 가즈프롬의 석유시추플랫폼(유정굴착장치) 프리라즈롬나야에 올라가 시위를 벌이려 시도하다 러시아 해안경비대에 의해 프리라즈롬나야의 500m 안전수역 밖으로 쫓겨남
  ㉡ 러시아
    ⓐ Arctic Sunrise호의 자선들이 프리라즈롬나야의 500m 안전수역 내에 있었으므로 안전수역 밖 배타적 경제수역의 모선에 대한 추적을 단행
    ⓑ Arctic Sunrise호 및 30명의 승선자를 나포하고 국내법에 따라 처벌
  ㉢ 네덜란드 정부
    ⓐ Arctic Sunrise호의 기국으로서 러시아에 대해 선박과 탑승자들의 즉각적인 석방을 요구하였으나 응하지 않자 중재재판을 청구
    ⓑ 선박이 나포 당시 러시아 영해 밖에 있었고 유정 굴착 장치 주변의 500m 안전수역 밖에 있었으며 러시아의 배타적 경제수역 내에 있긴 하였지만 UN해양법협약에 의해 항행의 자유가 인정되기 때문에 Arctic Sunrise호는 러시아의 주권적 권리와 관할권 밖에 있었다고 주장
  ㉣ 2015년 8월 14일 중재재판소는 만장일치의 결정을 통해 러시아가 UN해양법협약을 위반하여 행동하였으며 피해선박의 기국인 네덜란드는 Arctic Sunrise호에 가해진 중대한 손해에 대해(이자와 함께) 금전배상을 받을 권리가 있다고 판시
  ㉤ 중재재판소에 의하면 러시아 배타적 경제수역 내의 석유시추플랫폼 프리라즈롬나야는 선박이 아닌 고정된 플랫폼이기 때문에 해적행위가 성립하기 위한 타선박의 요건에 해당하지 않음
  ㉥ 중재재판소에 의하면 국제해양법재판소(ITLOS)가 M/V Saiga호 사건(No.2)에서 지적한 바와 같이 UN해양법협약 제111조에 명시된 추적권 행사를 위한 요건은 누적적인 것으로 각 요건이 모두 충족되어야 하는데 사실 검토 결과 러시아의 추적은 도중에 중단되었기 때문에 추적권 행사를 위한 누적적 요건을 충족시키지 못함

4. 선박충돌 시의 형사재판관할권

(1) **로터스호 사건(PCIJ, 1927)**
   피해선박의 국적국인 터키의 형사재판관할권 인정

(2) **형사재판관할협약(1952)**
   가해선의 기국 관할권 규정

(3) **UN해양법협약**
   가해선의 기국이나 당해 선장 등의 국적국만 제기

5. 공해 생물자원의 보존과 관리

(1) **UN해양법협약의 규정**
   ① 공해에서 어업은 연안국의 권리, 의무 및 이익에 대한 고려를 조건으로 함
   ② 모든 국가는 공해수역에서 생물자원의 보존 및 관리를 위하여 서로 협력해야 함
   ③ 공해에서 국가들은 최대지속적 생산량(maximum sustainable yield)을 생산할 수 있는 수준에서 포획어족의 자원량을 유지 또는 회복하기 위한 조치를 취해야 함

(2) **경계왕래 어족과 고도회유성 어족의 보존 및 관리협정**
   ① 1995년 12월 4일 채택되었고, 2001년 12월 11일 발효
   ② 공해에 있는 경계왕래 어족과 고도회유성 어족에 적용
   ③ UN해양법협약의 당사국이 아니어도 가입 허용
   ④ 보존조치를 강구함에 있어서 '사전주의적 접근(precautionary approach)' 적용
   ⑤ 집행조치를 취함에 있어서 기국주의 예외 도입: 지역어업기구가 관할하는 공해지역에서 기국의 회원인 모든 협정당사국은 어업에 종사하고 있는 다른 협정 당사국의 어선을 방문, 검색 가능. 선박이 보존조치를 위반하고 있다고 믿을 만한 합리적 이유가 있는 경우 임검국은 기국에 위반혐의를 신속하게 통고. 기국이 3일 내에 응답하지 않으면 검색하는 국가는 추가적인 조사를 위해 선박을 가까운 항구로 나포할 수 있음

제10절 심해저

1. 개념
① 연안국 주권하에 있는 대륙붕의 한계 외측에 위치
② 공해의 해저와 해양저(ocean floor) 및 그 하층토

2. 법적 지위
① 심해저와 그 자원은 인류의 공동유산(common heritage of mankind)
② 심해저의 자원에 대한 모든 권리는 인류 전체에게 부여된 것
③ 국제해저기구는 인류 전체를 위하여 행동
④ 국가, 자연인 및 법인은 협약 제11부에 의하지 아니하고는 심해저로부터 채취된 광물에 대해 권리를 주장, 취득 또는 행사할 수 없음

3. 연혁
① 1967년 UN총회에서 Malta 대표 Pardo에 의해 심해저에 대한 국제제도 수립이 제안
② 1970년 심해저원칙선언이 채택
③ 1982년 UN해양법협약 제11부에서 심해저에 대한 국제제도를 성문화
④ 1994년 7월 1982년 12월 10일자 UN해양법협약 제11부의 이행에 관한 협정(이행협정)이 체결되어 인류공동유산원칙을 수용하면서도 상업원칙에 입각하여 개발제도를 대폭 수정

4. 이행협정(1994)의 주요 내용
① 이행협정과 UN해양법협약 상충 시 이행협정이 우선
② 현재 발효 중
③ 심해저의 개발 및 탐사에 시장경제원리가 도입
④ 해양법협약상의 생산제한규정을 배제
⑤ 협약상 기술의 강제이전규정을 삭제
⑥ 심해저활동 허가에 있어서 선착순원칙을 도입

5. 개발
① 국제해저기구가 인류 전체를 대리하여 심해저에서의 제활동을 조직·수행·통제
② 개발도상국이나 지리적 불리국에 대해 협약상 규정에 따라 특별히 고려
③ **병행개발체제**: 심해저기업 외에 해저기구와의 제휴하에 협약당사국, 국가기업, 당사국이 보증하는 당사국 국적의 자연인이나 법인도 개발주체로 참여

6. 국제심해저기구(International Sea-Bed Authority)

(1) 일반론
① 모든 협약당사국은 당연히 국제해저기구의 회원국
② 해저기구는 국제법인격을 가지며, 그의 기능을 수행함에 있어 협약당사국의 영역에서 특권과 면제를 향유

(2) 기관

총회	• 국제해저기구의 최고기관으로서 모든 회원국으로 구성 • 의사정족수는 회원국 과반수 • 기구의 권한에 속하는 모든 사항에 관해 일반정책을 수립 • 이사국 선출, 사무총장 선출, 보조기관 설치 등의 권한을 보유 • 총회는 계속해서 제11부의 규정을 위반한 당사국에 대해 이사회의 권고에 따라 회원국으로서의 권리와 특권의 행사를 정지시킬 수 있음 • 의사결정원칙은 컨센서스 • 컨센서스가 이루어지지 않은 경우 절차문제는 출석·투표 과반수, 실질문제는 출석·투표 3분의 2에 의해 의결
이사회	• 총회에서 선출되는 국제해저기구의 36개 회원국으로 구성 • 이사국의 임기는 4년이며 재선 가능 • 이사회의 의사정족수는 이사국의 과반수이며, 각 이사국은 한 표의 투표권을 보유 • 국제해저기구의 집행기관 • 의사결정원칙은 컨센서스 • 컨센서스가 달성되지 않은 경우 절차문제는 출석·투표 과반수, 실질문제는 출석·투표 3분의 2에 의해 의결
사무국	• 사무총장과 직원으로 구성 • 사무총장은 이사회의 제안에 기초하여 총회에서 선출 • 사무총장 임기는 4년이며 재선 가능

7. 심해저기업(Enterprise)
① 협약에 의거하여 심해저활동과 개발한 광물의 수송, 가공 및 판매를 직접 수행
② 국제법적 인격을 가지며, 협약, 해저기구의 규정 및 절차, 총회의 일반정책에 의거하여 행동해야 하며, 해저기구이사회의 지시와 통제를 받음

8. 분쟁해결
① 국제해양법원에 심해저분쟁재판부(Sea-Bed Disputes Chamber)를 설치
② 당사국 간 분쟁, 해저기구와 당사국 간 분쟁, 계약당사자 간의 분쟁에 대한 관할권을 가짐
③ 재판부는 총회와 이사회의 법적 문제에 관해 권고적 의견을 부여

제11절 섬

1. 요건
① 자연적으로 형성된 육지여야 함. 인공섬은 섬이 아님
② 바닷물로 둘러싸여 있어야 함
③ 만조 시에도 수면 위에 존재해야 함. 간출지는 섬이 아님
④ 국제사법재판소(ICJ)는 섬 관련 해양법협약 규정이 관습법이라고 봄
⑤ 자연적으로 형성되어야 하므로 주변 매립을 통한 인위적 변경을 통해 법적 지위를 변경시킬 수 없음

2. 해양수역
(1) **바위섬이 아닌 섬**
 영해, 접속수역, 배타적 경제수역, 대륙붕
(2) **바위섬**
 ① 인간이 거주할 수 없거나, 독자적 경제활동을 지탱할 수 없는 섬
 ② 영해와 접속수역만 가짐
 ③ 섬뿐 아니라 모래나 점토로 구성된 소도도 포함됨
(3) **상주인구가 없는 경우**
 상주인구가 없어도 섬에 해당할 수 있음

3. 남중국해 중재 판정 재판부 입장
(1) **"거주"**
 소수 사람의 단순한 존재만으로는 부족하고 어느 정도 규모의 사람 집단이나 공동체의 거주를 필요로 하며, 상당기간 계속적이고 안정적으로 거주할 수 있도록 최소한의 음식, 식수, 주거 등이 유지될 수 있어야 함
(2) **"독자적 경제활동"**
 자원의 존재만으로는 부족하며, 자원을 이용·개발·분배하기 위한 일정 수준의 지속적인 현지 인간활동이 필요함
(3) 인간의 거주와 독자적 경제활동의 가능성 중 어느 하나의 요건만 충족하면 그 섬은 독자의 배타적 경제수역이나 대륙붕을 가질 수 있음

제12절 해양분쟁해결제도

1. 분쟁해결원칙
① 분쟁의 평화적 해결원칙
② 협약당사국은 협약의 해석 및 적용에 관한 분쟁을 자신들이 선택하는 평화적 수단에 의해 해결하기로 언제든지 합의할 수 있음

2. 분쟁해결제도
(1) 조정절차
비구속적
(2) 강제절차
구속적, 국제해양법법원·국제사법법원·중재법원·특별중재법원

3. 강제절차의 선택
① 당사자들은 협약을 서명·비준·가입할 때 해양법협약의 해석이나 적용에 관한 분쟁을 해결하기 위해 4가지 강제절차 중에서 하나 이상을 선택·선언할 수 있음
② 서면으로 해야 함
③ 선언을 철회할 수 있음
④ 철회통고를 UN사무총장에게 기탁한 지 3개월이 경과하기까지는 선언의 효력이 지속
⑤ 선언이 철회되거나 기간이 만료된 경우에도 이미 진행되는 법원절차에는 영향이 없음
⑥ 당사국이 하나 이상의 선택·선언이 없으면 중재법원을 선택한 것으로 간주됨
⑦ 분쟁당사자 간 공통된 강제절차에 의해 분쟁을 해결하는 것이 원칙

4. 강제절차의 적용의 제한
① 강제절차 수락의무가 없는 아래의 분쟁사안은 강제조정절차에 회부됨
② 배타적 경제수역과 대륙붕에서 해양과학조사에 관련한 연안국의 권리나 재량권 행사에 관한 분쟁
③ 배타적 경제수역과 대륙붕에서의 해양과학조사의 정지나 중지를 명령하는 연안국의 결정에 관한 분쟁
④ 배타적 경제수역의 생물자원에 대한 연안국의 주권적 권리 및 행사에 관련한 분쟁

5. 강제절차의 선택적 배제

(1) 의의
① 당사국의 의사에 의해 강제절차 적용으로부터 배제
② UN해양법협약의 서명·비준·가입 시 및 그 이후에도 가능

(2) 대상분쟁
① 해양경계획정과 역사적 만 또는 역사적 권원에 관한 분쟁
② 군사활동에 관한 분쟁
③ 해양과학조사 및 어업에 대한 연안국의 법집행활동에 관한 분쟁
④ UN안전보장이사회에서 다루고 있는 분쟁
⑤ 4가지 분쟁 중 일부에 대해서도 배제할 수 있음

(3) 효력
① 관련분쟁은 구속력 있는 강제절차로부터 배제
② 해양경계획정과 역사적 만 또는 역사적 권원에 대한 분쟁은 의무적 조정절차를 적용[단, 육지나 섬에 대한 주권이나 기타 권리에 관한 미해결분쟁이 반드시 함께 검토되어야 하는 혼합분쟁(mixed disputes)은 의무적 조정절차로부터도 배제됨]
③ 선택적 배제선언은 다른 당사국도 원용할 수 있으므로 상호적임

(4) 철회
① 언제든지 철회 가능
② 철회는 이미 계류 중인 소송절차에는 영향을 미치지 않음
③ 선언이나 철회는 UN사무총장에게 기탁

6. 조정

① 독립적 지위에 있는 제3자가 분쟁을 심사하고 해결조건을 작성하여 분쟁당사국에 권고함으로써 분쟁을 해결하려는 제도
② 임의조정이 원칙
③ 구속력 있는 강제절차의 적용이 제한되는 사안에 대해서는 강제조정
④ 별도의 합의가 없는 한, 조정위원회는 5인으로 구성
⑤ 결정은 위원 과반수로 행함
⑥ 조정위원회는 구성 후 12개월 이내에 분쟁 사건에 관한 조정보고
⑦ 조정위원회의 결론이나 권고를 포함한 보고는 당사자를 구속하지 않음

7. 중재

(1) 중재절차의 개시
① 분쟁당사자가 모두 중재절차를 선택한 경우, ② 분쟁당사국이 선택한 절차가 상호 다르나 달리 합의가 없는 경우, ③ 구속력 있는 결정을 내리는 강제절차를 선택하지 않은 경우

(2) **중재재판소의 구성**

각국은 자국적인 중재관을 1명씩 선임하고 나머지 3명은 제3국 국적인으로 합의하여 선임

(3) **중재재판소의 결정**

① 중재관들의 과반수, 가부동수인 경우 중재재판장이 결정투표권을 가짐

② 중재재판관 과반수 미만의 결석이나 기권이 있어도 결정을 내릴 수 있음

(4) **중재판정**

① 중재판정은 분쟁당사국을 기속

② 중재판정은 최종적이며 확정적

(5) 중재재판에 회부된 사건도 당사자들이 합의하면 국제해양법재판소(ITLOS)로 이송 가능

8. 특별중재

① 당사국들이 특별중재절차를 선택한 경우 특별중재를 이용

② **관할권**: 어업, 해양환경의 보호 및 보존, 해양과학조사, 선박기인오염 및 투기오염에 관련된 항행문제 등 4가지로 한정

③ 중재관 선임을 위한 전문가명부는 분야별로 어업은 FAO, 해양환경보호·보존은 UNEP, 해양과학조사분야는 ICO, 선박기인 및 투기오염에 관련된 선박문제는 IMO가 각각 작성·유지

④ 특별중재의 재판과 판정에 대해서는 중재재판에 관한 규정을 준용

⑤ 분쟁당사국은 각 2명씩 재판관을 지명할 수 있으나, 자국민은 1명만 가능

⑥ 소장의 역할을 맡는 제5의 중재재판관은 합의에 의해 선임하며, 합의되지 않으면 UN사무총장이 선임

⑦ 당사자들이 합의하면 판결에 이르지 않고, 사실심사 또는 권고제시만으로 사건이 종결될 수 있음

9. 국제해양법법원

(1) **구성**

① 독립된 자격의 21명의 판사로 구성

② **임기**: 9년으로, 재선 가능

③ 동일국적의 판사는 2인을 초과할 수 없음

④ UN이 작성한 지리적 안배를 고려

⑤ 재판관은 비밀투표로 선출

⑥ 선거는 당사국이 합의하는 절차에 따라 소집되는 당사국회의에서 함

⑦ 회의에서 최다득표를 한 사람으로서 출석하여 투표하는 당사국의 3분의 2 이상의 다수의 표를 얻은 사람을 재판관으로 선출함. 다만, 출석하여 투표하는 당사국의 3분의 2 이상의 다수에는 전체 당사국의 과반수가 포함되어야 함

⑧ 법원은 특별한 범주의 분쟁을 처리하기 위해 필요한 경우 3명 이상의 재판관으로 구성되는 특별부(special chamber)를 설치할 수 있음
⑨ 재판을 위한 정족수: 11명

(2) 당사자적격(인적 관할)
① UN해양법협약의 모든 당사국
② 협약의 당사국이 아니더라도 재판소의 관할권을 인정하는 다른 협약에 따라 분쟁해결을 부탁하는 모든 주체

(3) 관할권
① 해양법협약에 따라 법원에 부탁되는 모든 분쟁
② 법원에 관할권을 부여하는 다른 협정에 규정되어 있는 분쟁
③ **해양법법원만의 배타적 관할사항**: 억류된 선박과 선원의 신속한 석방을 위한 특별절차에 관한 것, 심해저 자원 개발 관련 분쟁의 관할권에 관한 것
④ 법률문제에 대해 권고적 의견을 부여할 수 있음
⑤ 국제기구뿐 아니라 국가도 요청할 수 있음

(4) 절차
① 심리는 원칙적으로 공개
② 모든 문제는 출석한 재판관의 과반수 동의로 결정
③ 가부동수인 경우 재판소장이 결정권
④ 자국 출신 판사가 없는 분쟁당사국은 그 사건에만 참여하는 임시재판관(Judge ad hoc)을 임명 가능
⑤ 필요시 잠정조치를 취할 수 있으며 잠정조치는 구속력이 있음
⑥ 궐석재판제도를 인정
⑦ 재판결과에 법적 이해관계가 있는 국가는 소송참가를 신청할 수 있음

(5) 잠정조치
① 재판소는 회부된 분쟁에 대하여 일견 관할권을 가지는 것으로 판단하는 경우 최종 판결이 날 때까지 각 분쟁당사자의 이익을 보전하기 위하여 또는 해양환경에 대한 중대한 손상을 방지하기 위하여 그 상황에서 적절하다고 판단하는 잠정조치를 명령할 수 있음
② 분쟁이 회부되는 중재재판소가 구성되는 동안 잠정조치의 요청이 있는 경우에는 당사자가 합의하는 재판소가, 만일 잠정조치의 요청이 있은 후 2주일 이내에 이러한 합의가 이루어지지 아니하는 경우에는 국제해양법재판소 또는 심해저활동에 관하여는 해저분쟁재판부가 잠정조치를 명령, 변경 또는 철회할 수 있음. 다만, 장차 구성될 중재재판소가 일견 관할권을 가지고 있고 상황이 긴급하여 필요하다고 인정된 경우에 한함
③ 국제해양법재판소(ITLOS)는 요청받은 잠정조치와는 완전히 혹은 부분적으로 다른 조치를 명령할 수 있음

④ 분쟁이 회부된 중재재판소는 구성 즉시 국제해양법재판소(ITLOS)의 잠정조치를 변경, 철회 또는 확인할 수 있음

(6) 판결
① 판결은 기초가 된 이유를 제시
② 판결에는 결정에 참여한 판사의 이름을 포함
③ 판결은 최종적이며, 모든 당사자를 구속

10. 심해저분쟁재판부
① 국제해양법법원(ITLOS) 내에 둠
② 국제해양법재판소(ITLOS)의 법관 중 법원의 다수결로 선출된 11명의 법관으로 구성
③ 의결정족수는 과반수
④ 해저지역 내 자원의 탐사 및 개발활동에 관련된 분쟁에 대해 관할권
⑤ 당사국 간, 당사국과 해저기구 간, 해저기구와 개발계약자 간, 국가기업 및 자연인 또는 법인을 막론하고 개발계약자 상호 간의 분쟁들을 포함
⑥ 특정 사건을 취급하기 위하여 3인의 재판관으로 구성되는 특별부를 둘 수 있음

11. 해양법협약상 분쟁해결제도의 특징
① 분쟁당사국의 일방적 요청에 의해 강제절차에 부탁할 수 있는 강제관할권을 승인
② 당사자적격 확대: 국제사법재판소(ICJ)가 국가만을 쟁송관할의 당사자로 인정한 반면, 해양분쟁해결제도는 국가 이외의 당사자, 심해저기구, 심해저기업, 자연인, 법인 등에 의해서도 이용 가능

제13절 해양법협약의 기타 쟁점

1. 해양환경의 보호와 보전

(1) 당사국의 의무
① 각국은 해양환경오염방지조치를 취함에 있어서 피해나 위험을 다른 지역으로 전가해서는 안 됨
② 해양환경보호조치를 취함에 있어서 지구적·지역적 차원에서 협력
③ 개발도상국에 대해 과학적·기술적 원조를 제공
④ 가능한 범위에서 해양오염을 감시하고 결과를 권한 있는 국제기구에 보고
⑤ 해양환경의 보호를 위한 의무를 이행하지 않으면 국제법에 따라 책임을 져야 함

⑥ 자국 관할하에 있는 자연인이나 법인에 의한 해양오염으로 인한 손해에 관한 한 신속하고 적절한 배상을 위한 국내법제도를 확보해야 함

(2) 선박에 의한 오염
① 선박에 의한 오염의 방지를 위한 조치를 수립할 1차적 책임은 기국에게 있음
② 국가는 관련 법령을 제정해야 하며, 이러한 법령은 일반적으로 수락된 국제규칙 및 기준과 적어도 동등한 효력을 가져야 함
③ 기국은 자국 선박이 국제법을 준수하도록 확보할 1차적 책임을 짐
④ 위반이 있는 경우 신속히 조사하고 적절한 경우 소추해야 함
⑤ 형벌은 위반을 억제하기에 충분할 만큼 엄격해야 함
⑥ 연안국도 제한적으로 오염법령을 집행할 권한을 가짐

(3) 기항국 관할권
① 기항국은 자국의 내수, 영해, 배타적 경제수역 밖에서, 즉 공해 또는 타국의 해양수역(내수, 영해 또는 배타적 경제수역)에서 외국 선박이 행한 오염물질 배출에 대해 소추할 권리를 가짐
② 기항국 권리 인정 조건: 첫째, 외국 선박이 자발적으로 기항국의 항구에 들어왔어야 함. 둘째, 권한 있는 국제기구나 일반외교회의를 통하여 수립된 적용 가능한 국제 규칙과 기준을 위반하였어야 함
③ 기항국은 오염 배출로 자국의 내수, 영해 또는 배타적 경제수역이 오염되거나 오염될 위험이 있어야 소추할 수 있음
④ 관련 국가들, 즉 타국, 기국 또는 피해 및 피해우려국의 요청이 있어야만 소추할 수 있음

(4) 연안국 또는 기항국 관할권 남용 통제
① 협약은 연안국이나 기항국이 외국 선박에 대하여 집행관할권을 남용하는 것을 막기 위한 여러 가지 보장제도를 두고 있음
② 외국 선박에 형벌을 부과하는 소송은 위반 발생일로부터 3년이 지난 후에는 제기될 수 없음
③ 해양오염법규를 위반한 것에 대해서는 벌금만 부과할 수 있음

(5) 기타규정
① UN해양법협약 제207조는 육상오염원에 의한 오염을 방지, 경감 및 통제하기 위한 법령 제정의무를 규정
② 다만, 동조 제4항은 개발도상국의 지역적 특성, 경제적 능력 및 경제개발의 필요성을 고려하여 관련 규정을 제정할 수 있도록 함. 따라서 국제규칙보다 완화된 국내법을 제정할 수 있음
③ 국가관할권하의 해저활동에 의한 오염, 심해저활동에 의한 오염, 투기에 의한 오염의 경우 관련 국내법은 최소한 국제법과 동등한 효력을 갖도록 규정하여 국내법에 의해 국제기준을 완화할 수 있는 여지를 차단

2. 해양과학조사

(1) 일반원칙
① 해양과학조사는 평화적 목적을 위해 수행해야 함
② 국가와 국제기구는 이를 위해 상호 협력
③ 해양과학조사활동은 해양자원에 대한 요구의 법적 기초가 되지 않음

(2) 영해에서 해양과학조사
① 연안국은 영해에서 해양과학조사를 규제·허가·수행할 배타적 권리를 보유
② 해양과학조사는 연안국의 명시적 동의와 연안국이 정한 조건에 따라서만 수행되어야 함

(3) 배타적 경제수역과 대륙붕에서 해양과학조사
① 연안국은 이에 대해 관할권을 가짐
② 연안국은 협약의 관련 규정에 따라 자국의 배타적 경제수역과 대륙붕에서의 해양과학조사를 규제·허가·수행할 권리를 가짐
③ 배타적 경제수역과 대륙붕에서의 타국의 해양과학조사는 연안국의 동의하에 수행되어야 함
④ 영해와 달리 반드시 명시적 동의를 요하는 것은 아님
⑤ 타국이나 국제기구가 평화적 목적을 위해, 그리고 인류 모두를 위한 해양환경 과학지식을 증진시키기 위한 해양과학조사사업에 동의를 부여해야 함
⑥ 이 경우 국가나 국제기구는 6개월 전에 관련정보를 연안국에 제공해야 함

3. 해양기술의 개발과 이전
① 해양기술은 해양자원의 탐사, 개발, 보존 및 관리, 해양환경의 보호와 보존, 해양과학조사, 해양환경에 있어서의 기타 활동들을 말함
② 협약은 해양기술의 개발과 이전을 위해 국제협력과 국내연구소의 설립을 장려
③ 각국은 심해저활동과 관련된 해양기술을 개발도상국과 그 국민 및 심해저공사에 이전하도록 장려하고 촉진하기 위해 권한있는 국제기구 및 국제해저기구와 적극적으로 협력해야 함
④ 기술이전은 형평하고 합리적인 조건에 따라 이루어져야 함

4. 해양고고학

(1) 국가들의 의무
국가들은 해양에서 발견된 고고학적·역사적 물건을 보호하고 이를 위하여 서로 협력할 의무가 있음

(2) 접속수역

연안국의 승인 없이 접속수역의 해저지대로부터 고고학적·역사적 물건을 반출하는 행위는 그 연안국에 의하여 그 영토 또는 영해 내에서의 법령 위반행위로 추정될 수 있으며, 연안국이 필요한 조치를 취할 수 있음. 그러나 확인가능한 소유주의 권리에 영향을 미치지 않음

(3) 심해저

심해저에서 발견되는 고고학적 혹은 역사적 물건은 인류 전체의 이익을 위하여 보존하거나 처분하며 특히 문화적 기원국이나 역사적·고고학적 기원국의 우선적 권리를 특별히 고려함

5. 폐쇄해(enclosed sea) 및 반폐쇄해(semi-enclosed sea)

① 2개국 이상의 국가들에 의하여 둘러싸이고 좁은 출구에 의해 다른 바다나 대양에 연결되거나, 또는 전체나 그 대부분이 2개국 이상의 연안국의 영해와 배타적 경제수역으로 이루어진 만(gulf), 내만(basin) 또는 바다(sea)

② 한국을 둘러싼 동해, 서해, 동중국해가 여기에 해당됨

③ 중국, 베트남, 말레이시아, 브루나이, 필리핀, 대만에 의해 둘러싸인 남중국해도 여기에 해당됨

④ 폐쇄해 또는 반폐쇄해의 연안국들은 해양생물자원의 관리·보존·탐사·이용 및 해양환경의 보호·보존을 조정하기 위해 서로 협력해야 함

6. 내륙국(land-locked states)

① 해안이 없는 국가

② 내륙국은 해양출입권을 가지며, 이를 위해 모든 수송수단에 의해 통과국(transit state)의 영토를 지나는 통과의 자유를 향유

③ 통과의 자유를 행사하기 위한 조건과 방식은 내륙국과 관련 통과국 사이의 양자협정이나 소지역적 혹은 지역적 협정을 통하여 결정해야 함

④ **최혜국대우 적용 배제**: 내륙국의 해양출입에 관련한 UN해양법협약의 규정과 특별협정은 최혜국대우조항의 적용에서 제외

⑤ 내륙국의 통과교통에 있어서 제공된 특별한 용역에 대하여 징수되는 부과금을 제외하고 어떠한 관세, 조세 또는 기타 부과금도 징수할 수 없음

제2장 국제법의 객체

제1절 영토

1. 개념
① 토지로 구성된 국가영역
② 육지와 도서로 구분
③ 영토를 기준으로 영수가 정해지고, 영토와 영수를 기준으로 영공이 정해짐

2. 영토의 취득 방식

(1) 취득사유

구별기준	구별	해당 영토 취득사유
권원의 시원성	시원적 취득	첨부, 선점
	파생적 취득	시효, 할양, 병합, 정복
취득 방식	일방적 취득	선점, 시효, 정복
	합의취득	할양, 병합

(2) 할양
① 양도국과 양수국 간의 합의에 의한 ② 영역 일부의 이전

(3) 병합
① ㉠ 양도국과 양수국 간의 합의에 의한 ㉡ 영역 전부의 이전
② 병합은 피병합국의 영역 전부를 취득하고 피병합국은 소멸
③ 피병합국의 국민은 종래의 국적을 상실하고 병합국의 국적을 취득

(4) 정복
① ㉠ 국가가 ㉡ 무력에 의해 ㉢ 타국의 영역 전부를 ㉣ 강제적으로 취득
② 오늘날 국제법은 무력행사를 금지 및 불법화하고 있으므로 이에 위반하여 행해진 정복은 무효
③ 1970년 우호관계원칙선언: 국가의 영토는 무력의 위협 또는 사용에 의한 취득의 대상이 될 수 없음

(5) 선점
① 개념: ㉠ 국가가 무주의 지역을 ㉡ 타국보다 먼저 실효적 점유에 의해 자기의 영역으로 취득하는 것
② 요건: ㉠ 국가가 ㉡ 무주지를 ㉢ 영유의사를 가지고 ㉣ 실효적으로 지배

③ 무주지
  ㉠ 어느 국가에도 귀속되지 않은 지역
  ㉡ 주민의 유무와는 무관
  ㉢ 정치적·사회적 조직화가 이루어져 있고 인민을 대표하는 족장을 가진 부족의 거주지는 무주지가 아님(서부사하라 사건, ICJ, 1975)
  ㉣ 처음부터 어느 국가에도 귀속되지 않은 무주지와, 버려진 땅으로서의 무주지로 구분
  ㉤ 포기된 땅으로서 무주지: 포기의 사실과 포기의 의사표시를 요함
④ 선점주체
  ㉠ 국가
  ㉡ 사인이나 사조직이 선점하는 경우 사전에 국가의 위임을 받거나 사후에 국가의 추인
⑤ 영유의사
  ㉠ 선점의 주관적 요소
  ㉡ 무주지역을 자국 영역으로 취득하려는 의사
⑥ 통고(notification)의 요건성
  ㉠ 부정설이 통설
  ㉡ 팔마스도 사건: 통고의 요건성을 부정
  ㉢ 1885년 베를린회의에서 작성된 콩고의정서: 통고의 요건성을 인정
  ㉣ 페드라 브랑카 사건(2008): 통고의 요건성을 부정하며, 영유권 이전을 인정
⑦ 실효적 지배
  ㉠ 선점의 객관적 요소
  ㉡ 선점의사를 가진 국가가 구체적으로 무주지에 대해 지배권을 행사해야 함
  ㉢ 입법·사법·행정관할권을 행사
  ㉣ 발견은 실효적 지배에 의해 대체되지 않는 경우 영토주권을 확정적으로 취득하지 못함
⑧ 상징적 지배: 무인도(클리퍼튼도 사건), 정주인구가 없는 극지(동부그린란드 사건)

(6) **첨부**
① 자연적 현상에 의해 영역이 증가되는 경우
② 하구의 삼각주 형성, 해안의 충적지 형성 등

(7) **시효**
① 의의: ㉠ 장기간에 걸쳐 ㉡ 평온하게 ㉢ 타국 영토를 점유·지배함으로써 ㉣ 그 영토를 취득하는 제도

② 요건
  ㉠ 타국 영토를 점유·지배
  ㉡ 점유·지배는 장기적이나, 기간에 대해서는 국제법상 미확립
  ㉢ 평온하게 점유·지배, 타국이 항의하거나 그 밖의 방법으로 반대의사를 표명한 경우에는 평온한 상태가 되지 않음
③ 판례
  ㉠ Chamizal 사건(미국 대 멕시코, 중재, 1911): 미국 측의 시효취득 주장을 기각
  ㉡ Temple of Preah Vihear 사건(캄보디아 대 태국, ICJ, 1962): 캄보디아 측의 시효취득을 인정
  ㉢ Kasikili/Sedudu Island(Botswana/Namibia) 사건(1999): 나미비아는 분쟁지역에 대한 자국의 권원이 1890년의 영국과 독일 간 조약에 근거하고 있다고 주장하면서, 추가로 시효에 의한 취득 원용. 보츠와나는 이 사건에서는 시효이론이 적용될 수 없다고 반박. ICJ는 나미비아가 인용한 요건들이 충족되지 않았다고 판시함

3. 영역권의 제한적 취득

(1) 국제지역
① 국가 간의 특별한 합의에 의해 일정한 국가영역에 부과되는 영역권의 특별한 제한
② 적극적 지역: 철도부설권, 군대통과권, 어업권 등
③ 소극적 지역: 요새를 건설하지 않을 의무, 비무장의무 등
④ 국가승계 시 국제지역을 설정한 조약은 승계의무가 있음

(2) 조차
① 국가가 타국과의 특별한 합의에 의해 타국 영역의 일부를 차용하는 것
② 차용하는 국가를 조차국, 대여하는 국가를 조대국, 조차의 대상이 되는 지역을 조차지(leased territory)라 함

조차국	조차지를 처분할 수 없고 조차기간이 만료되면 반환해야 함
조대국	조차기간 중 조차지에 대해 잠재적 영역권만을 가질 뿐 이에 대한 영역권은 조차국이 행사함
조차지	조대국의 영역권이 포괄적으로 배제되는 점에서 국제지역과 다름

(3) 홍콩
① 홍콩은 홍콩섬, 구룡반도, 신계지로 구성
② 홍콩섬은 1842년 난징조약에 의해 중국이 영국에 할양
③ 구룡반도는 1860년 베이징조약에 의해 할양됨
④ 신계지는 1898년 제2차 베이징조약에 의거하여 99년의 기간으로 조차

⑤ 1984년 12월 19일 홍콩반환협정에 의해 1997년 7월 1일이 시작하는 밤 12시부터 홍콩 전역이 중국에 반환됨
⑥ 중국은 이를 특별행정구역으로 하여 향후 최소 50년 동안 홍콩의 기존 경제·사회체제를 유지하며, 외교 및 국방을 제외하고는 홍콩주민의 자치를 인정해야 함

4. 영토취득 관련 기타 쟁점

(1) 시제법
① 영토취득 당시에 유효했던 국제법규에 입각하여 유효성을 판단
② 현행법의 소급적 적용은 원칙적으로 인정되지 않는다는 원칙

(2) 우티 포시데티스(uti possidetis)원칙
① 라틴 아메리카 제국은 독립 당시의 식민지 경계선을 독립 후에도 국제법상 계속하여 국경으로 인정하는 데에 합의
② "네가 현재 갖고 있는 것과 같이 네가 계속해서 갖고 있어라"라는 의미
③ 국제관습법상 원칙
④ ICJ는 부르키나파소와 말리 간의 Frontier Dipute 사건에서 uti possidetis 원칙은 국가승계시에 기존 경계선을 존중할 의무로서 이는 일반국제법규로부터 도출된다고 하여, 동 원칙이 일반관습임을 확인
⑤ 민족자결권과 상충할 수 있으나, 국제관계 안정을 위해 인정됨
⑥ 1963년 아프리카 단결기구 선언에서도 동 원칙을 인정
⑦ Croatia-Slovenia Land and Maritime Border Dispute 사건: 내수 경계획정에도 적용
⑧ Territorial and Maritime Dispute between Nicaragua and Honduras in the Caribbean Sea(2007)(ICJ): 해양경계획정 적용 가능
⑨ uti possidetis juris와 uti possidetis de facto: uti possidetis de facto는 '사실상의' 현재 상태 유지의 원칙. uti possidetis juris 원칙이 식민지 독립 당시 구 식민국가의 조약을 포함한 법률문서를 기초로 법적 권리에 따라 경계선을 정하는 것인 반면, uti possidetis de facto 원칙은 구 식민지 경계선의 법적 정의에 관계없이 독립 또는 조약체결 당시에 각 당사국이 실제로 점유하고 통치하던 영토에 기초하여 경계선을 정하는 것. 페루, 베네수엘라, 볼리비아는 각각 브라질과 uti possidetis de facto 원칙에 기초하여 국경조약 체결
⑩ 부르키나파소와 니제르 간의 Frontier Dispute 사건(2013)(ICJ): uti possidetis 원칙을 기초로 국경선을 결정하되, 이로 인해 관련 주민들에게 발생할 수 있는 어려움을 각 분쟁당사국이 충분히 고려하도록 함

(3) critical date 이론
　① critical date: 당사자의 행위가 계쟁된 법률관계에 하등의 영향도 주지 않기 시작하는 그 기일
　② 영역분쟁의 해결에 있어서 당사국 간 분쟁이 발생한 시기
　③ 영역주권의 귀속이 결정적으로 되었다고 인정되는 시기

(4) effectivités
　① 권원 취득에 직접 관계되는 주권의 표시
　② 이미 성립된 권원을 확인하기 위한 증거로서의 관할권의 행사나 표시
　③ 유효한 권원이 성립된 경우 effectivités는 권원을 확인시키는 역할을 함
　④ 확립된 권원과 충돌하는 effectivités는 별다른 효력을 가질 수 없음
　⑤ 권원이 확인되지 않은 경우 effectivités는 영유권 판단에 중요한 역할을 함

(5) 역사적 응고이론(historic consolidation)
　① 드 뷔셔(de Visscher)가 주장
　② 영역주권이 특정한 권원 취득방식에 의해 획득되기보다 당초 불안정한 권원이 기간의 경과, 합의, 승인, 묵인 등의 요소에 의해 서서히 응고되고 확정되어 간다는 주장
　③ 당초 권원 취득의 불법성을 문제시하지 않는다는 문제점이 있음
　④ 브라운리(I. Brwonlie)와 크로폴드(J. Crawford) 등은 동 개념을 부인
　⑤ 국제사법재판소(ICJ)도 역사적 응고이론을 지지하지 않음

(6) 탈베크(Thalweg)원칙
　① 항행이 가능한 하천의 경우 주된 수로(가항수로)의 중앙선이 국경선으로 된다는 원칙
　② 국제사법재판소(ICJ)는 2005년 Frontier Dispute, Benin/Niger 사건에서 국경을 형성하는 가항하천 위에 교량이 있는 경우 별도의 합의가 없는 한 중간선이 아닌 중심 수류의 수직상공에 해당하는 교량 지점을 국경으로 판단
　③ 두 국가 간에 국경을 형성하는 강의 수로가 점진적으로 변경되면 Thalweg원칙상 점진적으로 변화된 강의 수로에 따라 국경도 변화
　④ 하천의 수로가 홍수 등으로 급격하게 변경된 경우 국경선은 원래의 위치로부터 변경되지 않음(Thalweg원칙의 예외)

(7) Condominium
　① 한 지역에 대해 복수의 국가가 동등하게 주권을 행사
　② 폰세카 만: 니카라과, 엘살바도르, 온두라스의 공동주권에 속하는 수역(ICJ)
　③ New Hebrides: 과거 영국과 프랑스가 공동주권을 행사하는 지역

제2절 영공

1. 의의
① 영토 및 영수를 덮고 있는 상공으로 구성된 국가영역
② 영토와 영수를 기준으로 그 범위가 결정
③ 영공의 배타성에 대해서는 국제관습법으로 확립
④ 1919년 파리국제항공협약 및 이를 대체한 1944년 시카고민간항공협약(이하 시카고협약)에 의해 규율
⑤ 시카고협약의 보충협정으로서 국제항공업무통과협정 및 국제항공운송협정이 있음

2. 구별개념
(1) **방공식별구역**(Air Defence Identification Zone: ADIZ)
  ① 의의
    ㉠ 국가안보의 목적상 항공기의 용이한 식별, 위치 확인, 통제 등을 위해 영공 외곽에 설정되는 공역
    ㉡ 현대 항공기와 무기의 발달수준에 비추어 볼 때 방공식별구역의 설정 필요성은 대체로 인정되고 있음
    ㉢ 국제법상 상공비행의 자유가 인정되는 구역에 연안국이 일방적으로 규제를 설정할 수는 없음
    ㉣ 현재 방공식별구역은 대부분의 국가가 실시하고 있는 제도는 아니며 그 운영폭도 다르고 통일된 기준도 없으므로 일반적 관행이 수립되었다고 할 수 없음
    ㉤ 방공식별구역의 운영은 어디까지나 자발적 협조를 근거로 하고 있으며 이 구역에서 외국 비행기가 연안국의 통제에 따르지 않는다고 하여 제재를 가하거나 공격 등을 할 수는 없음
  ② 국제관행
    ㉠ 미국: 한국전쟁 발발 직후인 1950년 12월, 미국 정부는 대서양과 태평양 상공에 폭 250 ~ 350해리 구역의 방공식별구역을 선포함. 미국은 제2차 대전 중에도 유사한 제도를 운영함. 방공식별구역의 대부분은 공해의 상공이었으나 이 구역을 통해 미국 영공으로 진입하려는 모든 비행기는 사전에 경로, 목적지, 비행기에 관한 명세 등을 고지하고 지상관제소의 통제에 따르도록 요구함. 주로 방위의 목적으로 실시함
    ㉡ 북한: 방공식별구역을 별도로 선포하지 않았음. 1977년 동해와 서해에 군사경계수역을 선포하고 이의 상공에서는 군용항공기는 물론 민간항공기도 북한 당국의 허가를 받아야만 출입할 수 있도록 하였음. 방공식

별구역 선포 이상의 강력한 통제를 실시하였음
- ⓒ **중국**: 2013년 11월 23일 한국 측 기존 구역의 남단 일부를 포함하고 일본 측 구역과 광범위하게 겹치는 동중국해 방공식별구역을 선포하였음
- ⓔ **캐나다, 일본, 필리핀, 인도, 영국 등 약 30여 개 국가**: 방공식별구역을 설정·운영 중
- ⓜ **러시아**: 공식적인 방공식별구역을 선포하지 않았음

③ 우리나라 관행
- ⓐ 우리나라 방공식별구역은 1951년 3월 22일 미국 태평양 공군사령부가 한국, 일본, 대만 등에 관해 이를 설정한 데에서 시작
- ⓑ 이는 한국전쟁이 진행 중인 당시 미 태평양 공군의 방위책임구역을 분배하는 형식으로 설정되었는데 휴전협정 이후에도 별다른 국내조치 없이 그대로 유지
- ⓒ 대한민국은 2007년 군용항공기운영 등에 관한 법률을 제정하여 국내법적 근거를 마련
- ⓓ 2008년 고시된 한국의 방공식별구역은 과거 미국 공군이 작전 구획용으로 설정한 선을 기준으로 삼았기 때문에 영공조차 포함되지 못한 지역이 있었고, 이어도 상공 등 대한민국의 배타적 경제수역으로 예상되는 지역이 배제되기도 함
- ⓔ 대한민국 정부는 ICAO의 인천 비행정보구역에 맞춰 남부지역의 방공식별구역을 확대하기로 결정하고 이를 2013년 12월 15일부터 시행

(2) **비행정보구역(Flight Information Region)**
① ICAO에서의 합의를 바탕으로 할당되어 비행정보와 경보 등의 서비스가 제공되는 일정 구간의 공역
② ICAO는 전세계 공역을 세분하여 각 구역마다 책임 당국을 지정하고 이들에게 항공기 운항에 필요한 관제정보를 통신으로 제공하게 함
③ 공해상에도 설정
④ 작은 국가의 경우 수개국 영공이 통합되어 하나의 비행정보구역으로 지정되기도 하고 면적이 큰 국가는 여러 개의 비행정보구역으로 나뉘기도 함
⑤ 구역을 책임진 국가는 항공관제서비스를 제공할 의무를 지지만 이에 대한 금전적 대가도 받음
⑥ 항공기 사고 시 구조와 수색의 1차적 책임을 짐
⑦ 민간항공의 안전과 효율을 도모하기 위한 제도에 불과함
⑧ 영공 주권의 인정과는 직접적인 관계가 없음

3. 한계

(1) 수평적 한계
① 확정적
② 영토와 영수(내수 + 영해 + 군도수역)의 상공

(2) 수직적 한계
① 영공의 상방이 우주공간이라는 점은 확립됨
② 그러나 영공과 우주공간의 경계에 대해서는 명확하지 않음
③ 학설: 항공기도달설, 실효적 지배설, 대기권설 등이 대립

4. 영토국의 국권
① 완전주권설이 통설
② 영공에 대해 영토국이 배타적 주권을 행사
③ 외국 항공기의 비행을 금지할 수 있음

5. 영공침범에 대한 영토국의 대응

(1) 민간항공기의 영공침범
① 시카고협약 제25조는 조난항공기에 대한 원조의무를 규정
② 조난에 의한 영공침범의 경우 긴급착륙을 포함해서 무해통과권을 인정
③ 고의적인 영공침범의 경우 영토국이 경고 및 착륙 요구를 한 뒤 최종적으로 무력을 사용
④ 민간여객기에 대해서는 어떠한 경우에도 무력을 사용할 수 없음
⑤ 과실에 의한 영공침범의 경우는 조종사가 경고조치나 착륙명령에 따르지 않는다고 하더라도 결코 무력사용에 호소할 수 없음
⑥ 대한항공 007기 사건을 계기로 1984년 ICAO총회는 체약국이 민간항공기에 대해 무기사용을 자제해야 하고, 요격할 경우 탑승자의 생명과 항공기의 안전을 위험에 빠뜨리지 말아야 한다는 조항을 신설

(2) 9·11테러 상황에서 무력사용의 문제
① 9·11테러와 같이 커다란 피해를 초래하기 위해 돌진하는 민간항공기에 대해 국가는 어떻게 대응할 수 있는지의 문제
② 더 많은 생명을 구하기 위한 극단적 상황이라면 정당방위 또는 자위권의 행사로서 국가가 민간항공기에 전혀 무력을 사용할 수 없다고는 해석되지 않음
③ 일시 영공을 침범한 민간항공기가 자국에 별다른 위험을 야기하지 않고 단순히 도주하는 경우 이를 막기 위한 무력사용은 금지된다고 해석됨

(3) **국가항공기의 영공침범**
  ① 국가항공기는 사전허가 없이 타국의 영공에 고의 또는 과실로 들어가서는 안 됨
  ② 허가 없이 고의 또는 과실로 진입한 국가항공기에 대해서는 국가면제 및 불가침성이 인정되지 않음
  ③ 조난 또는 악천후로 인한 영공침범의 경우 일종의 무해통과권을 인정해야 함
  ④ 군용기를 포함한 국가 항공기가 외국 영공을 무단으로 침입하여 영공국의 착륙 요구에 불응하는 경우에는 격추할 수 있음
  ⑤ 영공을 고의적으로 침범한 군용기에 대한 요격과 격추는 국제법 위반으로 항의되지 않았음
  ⑥ 영공국은 무력사용에 앞서 침입의 원인이나 의도를 파악하고 착륙을 유도하기 위한 조치를 선행해야 함

6. 국제민간항공에 관한 시카고협약(1944)
  ① 모든 국가는 영토 상부 공간에 대해 완전하고도 배타적 주권을 가짐
  ② 국제민간항공기구(ICAO)를 설립함(이는 UN전문기구)
  ③ 민간항공기에 대해서만 적용되며 국가항공기에 대해서는 비적용
  ④ 군, 세관, 경찰 업무에 '사용'되는 항공기는 국가항공기. 소유주 불문
  ⑤ 항공기는 등록국의 국적을 가짐. 소유주와 등록국 간 진정한 관련(genuine link)을 요구하지 않음
  ⑥ 영토국의 사전허가를 받지 않은 정기국제항공업무 금지
  ⑦ 부정기국제항공업무는 영토국의 사전허가를 요하지 않음
  ⑧ **부정기국제항공업무**: 영공통과권+운송 외의 목적을 위한 기술적 착륙+부정기 전세항공기가 승객이나 화물을 적재하고 하재할 수 있는 권리
  ⑨ 관행상 부정기'전세'항공기는 정기국제항공기와 마찬가지로 사전허가를 받아야 타체약국에 들어갈 수 있음
  ⑩ 민간항공기가 조난으로 영공을 침범한 경우 구호조치를 취할 의무를 부담
  ⑪ 협약관련 분쟁이 발생하여 체약국 간 해결되지 못한 경우 1차적으로 이사회에서 해결. 이사회 결정에 대해서는 당사국 간 합의에 의해 중재재판이나 ICJ에 제소가능

7. 정기국제항공기에 대한 영공개방
  ① 국제항공업무통과협정
  ② 국제항공운송협정
  ③ 국가별 양자협정이 보다 중요한 역할

8. 동경협약

(1) 적용범위
① 형법에 위반되는 범죄, 범죄의 성립 여부를 불문하고 항공기와 기내의 인명 및 재산의 안전을 위태롭게 할 수 있거나 위태롭게 하는 행위, 기내의 질서 및 규율을 위협하는 행위에 대해 적용
② 체약국에 등록된 항공기가 비행 중이거나 공해의 수면상에 있거나 어느 국가의 영토에도 속하지 않는 지역의 표면에 있는 경우에 적용
③ 비행 중이라 함은 이륙의 목적을 위해 시동이 된 순간부터 착륙이 끝난 순간까지

(2) 항공기 납치의 경우
① 체약국들은 항공기가 합법적인 기장의 통제하에 들어가고 그가 항공기의 통제를 유지할 수 있도록 모든 적절한 조치를 취해야 함
② 항공기 납치에 관한 세부적 규정은 헤이그협약(1970)에서 규율

(3) 형사재판관할권
① 원칙적으로 항공기 등록국이 관할권을 행사
② 국내법에 따라 행사하는 어떠한 관할권도 배제하지 아니함(속지주의, 속인주의, 수동적 속인주의, 보호주의 등)
③ **항공기 등록국 이외의 국가의 관할권**: 범죄가 항공기의 등록국이 아닌 국가의 영역에 영향을 미칠 경우, 항공기 등록국이 아닌 국가의 국민에 의해 또는 국민에 대해 범죄가 행해진 경우, 범죄가 국가의 안전에 반하는 경우 등
④ 관할권 경합 시 어떤 국가가 우선적인 관할권을 갖는지에 대한 규정이 없음
⑤ 범죄인 인도조약을 체결할 의무를 과하고 있지 않음
⑥ 직접 인도의무규정이 없음

(4) 경찰권
① 기장은 항공기 내에서 어떤 자가 동 협약이 적용되는 범죄를 범한 경우 항공기의 기내의 인명 및 재산 보호를 위해 감금 등 필요한 조치를 부과할 수 있음
② 기장은 이를 위해 다른 승무원에게 원조를 요구하거나 권한을 부여할 수 있음
③ 승객에게 원조를 요청할 수 있음
④ 착륙국은 기장이 감금하고 있는 피의자의 하기조치(下機措置)를 인정해야 함
⑤ 착륙국은 기장이 인도하는 자를 인수해야 함
⑥ 착륙국은 형사재판관할권의 존부와 관계없이 경찰권을 행사할 수 있음

(5) 동경협약 개정의정서(몬트리올의정서)
① 2014년 동경협약을 개정하기 위한 의정서(몬트리올의정서)가 채택됨

② 몬트리올의정서가 동경협약에 가한 개정 중에서 가장 주된 것은 항공기 내의 범죄에 대한 형사재판관할권을 '항공기의 등록국'에서 일정 조건하에서 '운영자의 국가'와 '착륙국'으로 확대하는 내용

③ 항공기 내에서 행하여진 범죄에 대하여 재판관할권을 확립하기 위하여 필요한 조치를 취할 의무가 등록국에서 일정 조건하에서 착륙국과 운영자의 국가에게로 확대됨

④ 국가가 착륙국의 자격으로 관할권을 행사할 때에는 문제의 범죄가 운영자의 국가에서도 범죄인지의 여부를 고려에 넣어야 함

⑤ 체약국이 협약상의 관할권을 행사함에 있어 타체약국이 동일 범죄 혹은 동일 행위에 대하여 수사, 소추 혹은 사법절차를 수행하고 있음을 통지받았거나 달리 알게 된 경우 그 체약국은 행동을 적절히 조율하기 위해 그들 타체약국의 의견을 구하여야 함

⑥ 의정서는 비행 중의 개념을 헤이그협약과 일치시켰음. 즉, '비행 중'이라 함은 탑승 후 모든 외부의 문이 닫힌 순간부터 하기하여 문이 열려있는 순간까지를 의미함

9. 헤이그협약

(1) 적용범위

① 비행 중 기내의 모든 범죄가 아닌 항공기의 불법탈취행위에 한해 적용

② 비행 중이라 함은 탑승 후 모든 외부의 문이 닫힌 순간부터 하기하여 문이 열려있는 순간까지를 의미함

③ 항공기에 탑승하지 않은 자에 의한 항공기의 불법탈취행위 및 항공기에 대한 공격이나 항공시설을 파괴하는 행위는 동 협약의 적용범위가 아님

④ 협약은 범죄가 행해지고 있는 항공기의 이륙장소 또는 실제 착륙장소가 그 항공기의 등록국가의 영토 외에 위치한 경우에만 적용

⑤ 항공기가 국제 혹은 국내항공에 종사하는지의 여부는 따지지 않음

⑥ 국내에서의 항공기의 불법탈취행위에는 적용되지 않음

(2) 항공기 불법납치의 성립요건

① 항공기의 납치나 점거가 힘(force)의 불법적 사용 또는 위협에 의해 발생할 것

② 항공기가 비행 중 납치될 것

③ 불법행위는 기내탑승자에 의해 행해질 것

④ 항공기 이륙장소나 착륙장소가 당해 항공기등록국의 영토 밖에 있을 것

(3) 형사재판관할권 - 관할권 확립을 위해 제반조치를 취해야 하는 경우

① 범죄가 당해국에 등록된 항공기 기상에서 행하여진 경우

② 기상에서 범죄가 행하여진 항공기가 아직 기상에 있는 범죄혐의자를 신고 그 영토 내에 착륙한 경우

③ 범죄가 주된 사업장소 또는 그와 같은 사업장소를 가지지 않은 경우에는 주소를 그 국가에 가진 임차인에게 승무원 없이 임대된 항공기 기상에서 행하여진 경우
④ 범죄혐의자가 그 영토 내에 존재하고 있으며, 어떠한 국가에도 그를 인도하지 않는 경우
⑤ 국내법에 의거하여 행사되는 어떠한 형사관할권도 배제하지 않음

(4) 강제적 보편관할권
① 인도 아니면 소추원칙(aut dedere, aut judicare)을 규정
② 영토 내에서 범인이 발견된 체약국은 그를 관련체약국에게로 인도하지 않는 한 예외없이 그리고 그 영토 내에서 범죄가 행해진 것인지 여부를 불문하고 소추를 위하여 권한있는 당국에 동 사건을 회부해야 함
③ 소추의무에 대한 규정이므로 반드시 재판에 회부할 의무가 부과된 것은 아님
④ 당국은 그 국가의 법률상 중대한 성질의 일반적인 범죄의 경우에 있어서와 같은 방법으로 결정을 내려야 함

(5) 범죄인 인도
① 범죄는 체약국들 간에 현존하는 인도조약상의 인도범죄에 포함되는 것으로 간주
② 체약국들은 범죄를 그들 사이에 체결될 모든 인도조약에 인도범죄로서 포함해야 함
③ 인도에 관하여 조약의 존재를 조건으로 하는 체약국이 상호 인도조약을 체결하지 않은 타체약국으로부터 인도요청을 받은 경우 협약을 범죄에 관한 인도를 위한 법적인 근거로서 간주할 수 있음
④ 인도는 피요청국의 법률에 규정된 기타 제조건에 따라야 함
⑤ 인도에 관하여 조약의 존재를 조건으로 하지 않는 체약국들은 피요청국의 법률에 규정된 제조건에 따를 것을 조건으로 범죄를 동 국가들 간 인도범죄로 인정해야 함
⑥ 범죄는 그것이 발생한 장소에서뿐만 아니라 관할권을 확립하도록 되어 있는 국가들의 영토 내에서 행하여진 것과 같이 다루어짐

(6) 헤이그협약의 약점
① 범죄를 엄중한 형벌로 처벌할 의무를 규정하여 구체적 형량을 규정하지 않았음
② 항공기 납치범에게 정치적 비호가 부여될 가능성을 제거하지 못함
③ 항공기 납치로 인해 초래된 인적·물적 손해에 대해 누가 민사배상책임을 질 것인가에 대해 규정이 없음

(7) 항공기불법납치 억제를 위한 협약 보충의정서(북경의정서)
① 2010년 9월 북경협약과 같이 채택, 2018년 1월 1일 발효

② 협약상의 주요 범죄를 범하겠다고 직간접적으로 위협하거나 범죄수행을 조직하거나 지도 또는 지시하는 것도 범죄로 규정
③ 범죄인이 수사, 소추, 혹은 처벌을 피하도록 돕는 것도 범죄
④ 당사국은 공모나 방조도 범죄로 규정해야 함
⑤ 재판관할권을 수립해야 하는 경우: 범죄인의 국적국가 추가
⑥ 재판관할권을 수립할 수 있는 경우: 자국민이 범죄피해자인 경우, 자국 영토 내에 상주거소를 두고 있는 무국적자
⑦ 무력충돌 중의 군대의 활동에는 적용되지 아니함
⑧ 적용대상 범죄를 정치범죄를 간주하지 아니한다고 명시
⑨ 형량에 대한 구체적 규정은 없음
⑩ 인도 아니면 소추 원칙이 협약과 마찬가지로 규정

10. 몬트리올협약

(1) 의의
① 협약은 특히 비행 또는 운항 중인 항공기나 공항시설에 대한 폭발물 투척과 같은 민간항공에 대한 사보타지를 규율하기 위해 체결됨
② 1988년 몬트리올 보충의정서
  ㉠ 국제공항에서 상해나 사망을 야기하는 일정 폭력행위와 국제공항에서 운항 중에 있지 아니한 항공기를 파괴하는 행위에 대해서도 적용되도록 몬트리올협약을 개정하였음
  ㉡ 협약을 폐기하면 의정서도 같이 폐기되나, 의정서를 폐기해도 협약 폐기효과는 없음

(2) 적용범위
불법적이며 고의적인 행위에 적용
예) 비행 중인 항공기에 탑승한 자에 대해 폭력을 행사하고 그 행위가 항공기의 안전에 위해를 가할 가능성이 있는 경우, 운항 중인 항공기를 파괴하는 경우, 항공시설을 파괴 혹은 손상하거나 그 운영을 방해하고 그러한 행위가 비행 중인 항공기의 안전에 위해를 줄 가능성이 있는 경우

(3) 공간적 적용범위
① 항공기가 국제 또는 국내선에 종사하는지 불문
② 항공기의 실제 또는 예정된 이륙 또는 착륙장소가 그 항공기의 등록국가의 영토 외에 위치한 경우에만 적용
③ 범죄가 그 항공기의 등록국 이외의 국가 영토 내에서 범해진 경우에만 적용

(4) 형사재판관할권 – 관할권 확립을 위해 제반조치를 취해야 하는 경우
① 범죄가 영토 내에서 범하여진 경우
② 범죄가 그 국가에 등록된 항공기에 대하여 또는 기상에서 범해진 경우

③ 범죄가 기상에서 범해지고 있는 항공기가 아직 기상에 있는 범죄혐의자와 함께 영토 내에 착륙한 경우
④ 범죄가 주된 사업장소 또는 그러한 사업장소를 가지지 않은 경우에는 영구 주소를 그 국가 내에 가진 임차인에게 승무원 없이 임대된 항공기에 대하여 또는 기상에서 범하여진 경우
⑤ 범죄혐의자가 그 영토 내에 소재하고 있으며 타국에 인도하지 않은 경우
⑥ 국내법에 따라 행사되는 어떠한 관할권도 배제하지 않음
⑦ 관할권의 경합 시의 우선순위를 정하지 못함
⑧ 기장의 경찰권에 대한 직접적인 규정은 물론 간접적인 규정도 없음

(5) 강제적 보편관할권
① 인도 아니면 소추원칙(aut dedere, aut judicare)을 규정
② 영토 내에서 범인이 발견된 체약국은 그를 관련체약국에게로 인도하지 않는 한 예외 없이 그리고 그 영토 내에서 범죄가 행해진 것인지 여부를 불문하고 소추를 위하여 권한있는 당국에 동 사건을 회부해야 함
③ 소추의무에 대한 규정이므로 반드시 재판에 회부할 의무가 부과된 것은 아님
④ 당국은 그 국가의 법률상 중대한 성질의 일반적인 범죄의 경우에 있어서와 같은 방법으로 결정을 내려야 함

(6) 범죄인 인도
① 범죄는 체약국들 간에 현존하는 인도조약상의 인도범죄에 포함되는 것으로 간주
② 체약국들은 범죄를 그들 사이에 체결될 모든 인도조약에 인도범죄로서 포함해야 함
③ 인도에 관하여 조약의 존재를 조건으로 하는 체약국이 상호 인도조약을 체결하지 않은 타체약국으로부터 인도요청을 받은 경우 협약을 범죄에 관한 인도를 위한 법적인 근거로서 간주할 수 있음
④ 인도는 피요청국의 법률에 규정된 기타 제조건에 따라야 함
⑤ 인도에 관하여 조약의 존재를 조건으로 하지 않는 체약국들은 피요청국의 법률에 규정된 제조건에 따를 것을 조건으로 범죄를 동 국가들 간 인도범죄로 인정해야 함
⑥ 범죄는 그것이 발생한 장소에서뿐만 아니라 관할권을 확립하도록 되어 있는 국가들의 영토 내에서 행하여진 것과 같이 다루어짐

11. 북경협약 및 북경의정서(2010)

(1) 의의
① 북경협약: 1971년 몬트리올협약 및 이를 개정한 1988년 몬트리올 보충의정서를 수정·보완한 조약

② 항공기의 불법납치 억제를 위한 협약 보조의정서(북경의정서): 헤이그협약에 대한 보충조약
③ 북경협약과 동 의정서는 무력충돌 중의 군대의 활동에는 적용되지 않음
④ 북경협약과 동 의정서는 적용대상 범죄들을 정치범죄(political offence)로 간주하지 아니한다고 명시하였으며, 이는 헤이그협약이나 몬트리올협약에는 없는 규정임
⑤ 범죄인 인도요청이 인종, 종교, 국적 등의 차별적 사유에 근거한 소추나 처벌로 이어질 수 있다고 믿을 만한 실질적인 이유들이 있는 경우 범죄인 인도나 사법공조를 제공할 것을 강요당하지 않음

(2) **북경협약에 의해 추가된 범죄**
① 사망, 중대한 육체적 침해 또는 재산이나 환경에 대한 중대한 손해를 초래하기 위해 민간항공기를 사용하는 행위
② 사망, 중대한 육체적 침해 혹은 재산이나 환경에 대한 중대한 손해를 초래하거나 초래할 가능성이 있는 방식으로 생물무기, 화학무기 또는 핵무기 등을 운항 중인 항공기로부터 발사 또는 방출하는 행위
③ 생물무기, 화학무기 또는 핵무기 등을 운항 중인 항공기에 대하여 또는 운항중인 항공기 내에서 사용하는 행위. 이 범죄의 경우 '인식' 혹은 '의도' 등의 심리적 요건이 부가되어 있음
④ 폭발성 또는 방사성 무기, 생물무기, 화학무기, 핵무기 등을 항공기로 운송하는 행위
⑤ 보조범죄나 미완성의 범죄

(3) **형사관할권**
① 관할권 확립을 위해 제반조치를 취해야 하는 경우(의무적)
  ㉠ 범죄가 그 국가의 영토 내에서 범해진 경우
  ㉡ 범죄가 그 국가에 등록된 항공기에 대하여 또는 항공기상에서 범해진 경우
  ㉢ 범죄가 발생한 항공기가 범죄혐의자와 함께 그 영토에 착륙한 경우
  ㉣ 범죄가 주된 또는 그러한 사업장소를 가지지 않은 경우에는 영구 주소를 그 국가 내에 가진 임차인에게 승무원 없이 임대된 항공기에 대하여 또는 항공기상에서 범해진 경우
  ㉤ 범죄혐의자가 자국 영토 내에 소재하고 있으나 타당사국에게 인도하지 않은 경우
② 관할권을 확립할 수 있는 경우(재량적)
  ㉠ 범죄가 그 국가의 국민에 대하여 범해진 경우
  ㉡ 범죄가 그 국가의 영토 내에 상거소를 가진 무국적자에 의해 범하여진 경우

      ⓒ 국내법에 따라 행사되는 어떠한 관할권도 배제하지 않음

(4) 법인에 대한 관할권
① 당사국은 자국 영토에 위치하거나 자국법하에서 설립된 법인의 경영 또는 감독에 책임 있는 자가 그 자격으로 범죄를 범한 경우 그 법인이 책임질 수 있도록 필요한 조치를 자국법원칙에 따라 취할 수 있음(재량)
② 법인에 대한 책임 추궁은 범죄를 저지른 개인의 형사책임의 침해 없이 발생
③ 법인에 대한 형사·민사·행정적 제재는 실효적이고 비례적이며 억지력을 갖도록 노력해야 함
④ 법인에 대한 제재에 금전적 제재를 포함할 수 있음(재량)

(5) 강제적 보편관할권
① 인도 아니면 소추원칙(aut dedere, aut judicare)을 규정
② 영토 내에서 범인이 발견된 체약국은 그를 관련 체약국에게로 인도하지 않는 한 예외 없이 그리고 그 영토 내에서 범죄가 행해진 것인지 여부를 불문하고 소추를 위하여 권한 있는 당국에 동 사건을 회부해야 함
③ 소추의무에 대한 규정이므로 반드시 재판에 회부할 의무가 부과된 것은 아님
④ 당국은 그 국가의 법률상 중대한 성질의 일반적인 범죄의 경우에 있어서와 같은 방법으로 결정을 내려야 함

(6) 범죄인 인도
① 범죄는 체약국들 간에 현존하는 인도조약상의 인도범죄에 포함되는 것으로 간주
② 체약국들은 범죄를 그들 사이에 체결될 모든 인도조약에 인도범죄로서 포함해야 함
③ 인도에 관하여 조약의 존재를 조건으로 하는 체약국이 상호 인도조약을 체결하지 않은 타체약국으로부터 인도요청을 받은 경우 협약을 범죄에 관한 인도를 위한 법적인 근거로서 간주할 수 있음
④ 인도는 피요청국의 법률에 규정된 기타 제조건에 따라야 함
⑤ 인도에 관하여 조약의 존재를 조건으로 하지 않는 체약국들은 피요청국의 법률에 규정된 제조건에 따를 것을 조건으로 범죄를 동 국가들 간 인도범죄로 인정해야 함
⑥ 범죄는 그것이 발생한 장소에서뿐만 아니라 관할권을 확립하도록 되어 있는 국가들의 영토 내에서 행하여진 것과 같이 다루어짐

(7) 형량
① 범죄에 적용될 수 있는 형량에 대해 구체적으로 언급이 없음
② 단지 엄중한 형벌로(by severe penalties) 처벌해야 한다고만 규정하고 있음

제3절 우주공간

1. 의의
① 영공이원의 공간으로서 국가의 영역주권이 미치지 아니하는 상부공역
② 영공의 상부외역이 우주공간이라는 관념은 확립
③ 영공과 우주공간의 경계는 명확하게 설정된 것은 아님

2. 법체계

(1) 우주조약
달과 천체를 포함한 우주공간의 탐사와 이용에 있어서의 국가 활동을 규율하는 원칙에 관한 조약(1966)

(2) 우주구조반환협정
우주비행사의 구조·귀환 및 우주공간에 발사된 물체의 귀환에 관한 협정(1968)

(3) 우주책임협약
우주공간발사체로 인한 손해의 국제적 배상책임에 관한 협약(1972)

(4) 우주물체등록협정
우주공간에 발사된 물체에 관한 협정(1974)

(5) 달협약
달 기타 천체에서의 국가활동에 관한 협약(1979)

3. 법적 지위
① 공공물
② 귀속으로부터 자유
③ 사용자유

4. 우주법의 기본원칙

(1) 우주활동자유의 원칙
① 달 기타 천체를 포함한 우주공간의 탐사와 이용은 모든 국가의 이익을 위하여 수행
② 모든 국가는 차별 없이 평등하게 달과 기타 천체를 포함한 우주를 국제법에 의거하여 자유로이 이용할 수 있다는 원칙

(2) 영유금지의 원칙
① 우주공간은 어떤 국가의 배타적 이용의 대상이 되지 아니한다는 원칙
② 달 기타 천체를 포함한 우주공간은 주권의 주장에 의하여 또는 이용과 점유에 의하여 또는 기타 모든 수단에 의하여 국가전용의 대상이 되지 않음

(3) 평화적 이용의 원칙
① 우주공간을 평화적 목적으로만 이용할 수 있고 군사적 목적으로 이용할 수 없다는 원칙
② 지구 주변의 궤도에 핵무기 또는 기타 모든 종류의 대량살상무기를 설치하는 것이 금지
③ 천체에 대량살상무기를 장치하는 것은 금지
④ 우주조약이 금지 대상으로 규정하는 것은 핵무기와 기타 대량파괴무기에 한정
⑤ 그 밖의 무기, 군사시설 또는 군사요원은 금지의 대상이 아님
⑥ 정찰위성과 통신위성의 설치를 허용
⑦ 지구 주변 궤도에 진입하지 않는 대륙간유도탄(ICBM)의 발사는 허용
⑧ 천체상에서 군사기지, 군사시설, 방위시설의 설치 및 모든 형태의 무기실험과 군사연습의 실시도 금지
⑨ 군사요원이나 군사시설을 사용하더라도 평화적 목적을 위한 것은 허용

(4) 국제적 협력의 원칙
① 우주공간의 탐사와 이용을 국제적 협조와 이해의 증진을 위해 수행
② 다른 당사국의 상응한 이익을 충분히 고려
③ 우주물체의 비행을 관찰할 기회를 평등의 원칙하에 고려
④ 외기권의 탐사 및 이용에 있어서 우주활동의 성질, 수행, 결과 등을 실행 가능한 최대 한도 내에서 일반대중, 과학단체, UN사무총장에게 통보

5. 달협약
① 달과 그 천연자원은 인류의 공동유산
② 어느 국가도 주권 주장, 이용, 점유, 기타의 방법으로 달에 대한 영유권을 주장 불가
③ 당사국은 달의 천연자원의 탐사가 가능해지면 이를 규제하는 국제제도의 확립을 약속
④ 달에서 발견되는 천연자원을 가능한 한 최대로 UN사무총장과 국제과학계에 통보

6. 우주구조반환협정
① 당사국은 우주비행사를 우주공간에 있어서 인류의 사절로 간주하고 사고나 조난의 경우 이들을 보호하고, 우주공간에 발사된 물체를 보호해야 함
② 우주비행사가 사고를 당했거나 조난상태에 있는 경우 이를 발견한 당사국은 즉시 발사당국이나, 발사당국을 확인할 수 없는 경우에는 UN사무총장에게 통보

③ 원조의무는 문제의 착륙이 당사국의 관할권하에 있는 영역 내에서 발생할 때 발생
④ 비상 또는 불의의 착륙인 경우에만 원조의무가 있음
⑤ 구조의 대상은 우주공간에 발사된 물체 또는 그 구성부품
⑥ 당사국은 자국의 영역, 공해 등에 우주물체가 귀환했다는 정보를 입수하거나, 동 물체를 발견한 경우 발사당국과 UN사무총장에게 통보해야 함
⑦ 당사국은 자국의 영역 내에서 우주물체가 발견되고 발사당국이 원조를 요청하는 경우 회수의무를 부담
⑧ 발사당국의 영역 한계 외에서 발견된 우주물체는 발사당사국의 요청에 따라 발사당국의 대표에게 반환하거나 동 대표의 처분하에 보관

7. 우주책임협약

(1) 무과실책임(절대책임: absolute liability)
① 발사국은 자국의 우주물체에 의하여 지표 또는 비행 중인 항공기에 발생된 손해에 대하여 절대적으로 배상할 책임이 있음
② 지표(surface of the earth): 육지, 바다, 지하를 포괄하는 개념
③ 비행 중인 항공기(aircraft in flight): 공중(airspace)에 배치된 모든 인공물체를 포함

(2) 과실책임(fault liability)
① 지표 이외의 곳에서, 즉 우주에서 우주물체끼리 충돌하거나 전자기적 간섭 등으로 손해가 발생한 경우 우주물체발사국들 상호 간의 책임관계를 규정
② 발사국을 달리하는 우주물체들 간의 충돌의 경우 발사국 상호 간에는 과실책임주의를 적용

(3) 공동 및 개별책임(joint and several liability)
① 어느 발사국의 우주물체 또는 그 우주물체상의 사람 또는 재산이 타발사국의 우주물체에 의해 지상 이외의 곳에서 손해를 입고, 그로 인해 제3국 또는 제3국 국민에게 손해를 발생시킨 경우 앞의 제3국에 공동 및 개별책임을 짐
② 손해에 대한 책임부담은 과실의 정도에 따라 배분되나, 과실의 범위가 입증되지 않는 경우 동등하게 분담
③ 제3국은 어느 국가에게든지 완전보상을 요구할 권리가 있음(개별책임)
④ 2개국 이상이 공동으로 하나의 우주물체를 발사한 경우에는 발생된 손해에 대해 공동 및 개별책임을 짐
⑤ 손해를 배상한 국가는 공동발사에 참여한 국가에 대해 구상권을 가짐
⑥ 공동발사 참여자들은 상호 그들의 분담분에 관한 협정을 체결할 수 있으나, 그러한 협정은 피해국의 권리를 침해할 수 없음

(4) **책임의 면제**
  ① 발사국의 책임이 면제되는 경우: 발사국 측의 절대책임의 면제는 손해를 입히려는 의도하에 행하여진 청구국 또는 청구국이 대표하는 자연인 및 법인 측의 작위나 부작위 또는 중대한 부주의로 인하여 전적으로 또는 부분적으로 손해가 발생하였다고 발사국이 입증하는 한도까지 인정
  ② 발사국의 책임이 면제되지 않는 경우: UN헌장 및 달과 기타 천체를 포함한 외기권의 탐색과 이용에 있어서의 국가 활동을 규율하는 원칙에 관한 조약을 포함한 국제법과 일치하지 않는 발사국에 의하여 행하여진 활동으로부터 손해가 발생한 경우에는 어떠한 면책도 인정되지 않음

(5) **손해배상 청구주체**
  ① 피해자가 국가인 경우에는 피해국만이 청구를 제기
  ② 개인이 손해를 입은 경우에는 국적국, 손해가 발생한 영역국 및 피해자의 영주지국이 청구를 제기
  ③ 개인피해자의 청구 제기에는 순서가 있으며, 국적국, 손해발생지국, 영주지국의 순
  ④ 세 주체가 모두 청구를 포기하는 경우 개인의 피해를 구제할 수 없음

(6) **청구절차**
  ① 외교채널을 통해 발사국에 청구
  ② 외교관계가 없는 경우 제3국이나 UN사무총장을 통해서 청구
  ③ UN사무총장을 통해 청구하는 경우에는 발사국과 청구국이 모두 UN회원국이어야 함
  ④ 제3국은 반드시 책임협약의 당사국이 아니어도 됨

(7) **국내구제완료의 배제**
  ① 국내적 구제를 다하는 것을 기다리지 않고 바로 청구를 제기할 수 있도록 함
  ② 개인이 발사국 국내법원에 대한 손해배상청구의 제기를 막는 것은 아님
  ③ 이 경우 피해국은 발사국에 대한 청구를 제기할 수 없음
  ④ 피해사인이 패소한 경우에는 피해국이 국제청구를 제기할 수 있음

(8) **국제조직의 우주활동과 책임**
  ① 책임협약은 우주활동에 종사하는 정부 간 국제기구들에게도 적용
  ② 요건: 국제기구가 책임협약에 규정된 권리와 의무를 수락한다는 선언을 하고, 또한 국제기구의 과반수 회원국이 우주책임협약 및 우주조약의 당사국인 경우에 한함
  ③ 당해 기구와 당해 기구의 회원국이면서 동시에 책임협약의 당사국인 국가들은 공동·개별적으로 책임을 짐. 손해에 대한 배상청구는 국제기구 측에 먼저 제기되어야 하며, 청구국은 국제기구가 동의했거나 결정된 배상금액을

6개월 이내에 지급하지 않는 경우에 한해서 당해 국제기구의 회원국과 동시에 책임협약의 당사국인 국가들에게 이 금액의 지급책임을 물을 수 있음
④ **국제기구가 피해자인 경우**: 국제기구에게 가해진 손해에 대한 배상청구는 당해 국제기구의 회원국이면서 동시에 책임협약의 당사국인 국가에 의하여 제기되어야 함

8. 우주물체등록협정
① **발사국의 정의**: 우주 물체를 발사하거나, 발사를 구매한 국가 또는 그 영토나 시설로부터 우주 물체가 발사된 국가
② **등록의무**: 우주 물체가 지구 궤도 또는 그 이원에 발사되었을 때, 발사국은 유지하여야 하는 적절한 등록부에 등재함으로써 우주 물체를 등록해야 함
③ 발사국은 등록의 확정을 국제 연합 사무총장에게 통보해야 함
④ 발사국이 둘 또는 그 이상일 경우 그들 중의 일국이 물체의 등록을 하여야 함을 공동으로 결정해야 함
⑤ 등록의 내용 및 그것이 유지되는 조건은 관련 등록국에 의하여 결정
⑥ **UN사무총장에게 제공할 우주물체 정보**: 발사국, 기탁자, 등록 번호, 발사 일시 등
⑦ 등록국은 등록이 행해진 우주 물체에 관련된 추가 정보를 국제연합 사무총장에게 제공할 수 있음
⑧ 등록국은 이전에 정보를 전달하였으나 지구 궤도상에 존재하지 않는 관련 우주 물체에 대해서도 가능한 한 최대로, 또한 실행 가능한 한 신속히 국제연합 사무총장에게 통보해야 함
⑨ 우주 활동을 수행하는 어떠한 정부 간 국제기구가 협약상 규정된 권리 의무의 수락을 선언하고 해당 기구의 다수 회원국이 동 협약 및 달과 기타 천체를 포함하는 외기권의 탐색 및 사용에 있어 국가 활동을 규율하는 원칙에 관한 조약의 당사국일 경우 당해 정부 간 국제기구에도 동 협약이 적용됨
⑩ **탈퇴**: 협약 발효 후 1년이 경과할 시 국제연합 사무총장에 대한 서면 통지로서 협약에의 탈퇴 통고 가능. 탈퇴는 통고의 수령일로부터 1년이 경과하였을 시 발효

9. 인공위성에 관한 국제법적 쟁점
(1) **위성직접TV방송(satellite direct television broadcasting)**
① 쟁점
㉠ 제3세계 진영의 경우 영토국에 대한 사전통고와 영토국의 동의없는 위성TV방송은 허용될 수 없는 입장
㉡ 서구진영 국가들은 인권, 특히 정보의 자유(freedom of information)라는 관점을 강조

② UN총회결의
  ㉠ 1982년 국제직접TV방송을 위한 지구인공위성의 국가사용을 규율하는 제원칙을 채택
  ㉡ 타국 영토에 대한 위성직접TV방송은 방송수신예정국에 대한 지체 없는 통고(notification without delay)에 이은 신속한 협의(prompt consultation) 및 특별협정을 기초로 해서만 수행될 수 있음
  ㉢ 불가피한 전파침투(unavoidable spillover) 문제에 대해서는 국제통신연합(ITU)의 관련 문서들이 전적으로 적용됨

(2) **지구원격탐사(remote sensing of the Earth)**
  ① 쟁점
    ㉠ 지구원격탐사: 항공기 또는 인공위성에 탑재한 감지기(sensor)를 통해 지구를 탐지 및 분석하는 것
    ㉡ 목적: 군사적 첩보수집, 기상관측, 해양과 육지의 관찰, 지하 부존자원 확인 등
    ㉢ 제3세계 입장: 피탐사국의 사전동의가 있어야만 당해 국가에 대한 원격탐사와 그로부터 얻은 정보가 공표될 수 있다고 주장
    ㉣ 소련 및 프랑스: 자국의 천연자원과 그에 관한 정보를 처분할 수 있는 국가의 불가양의 권리를 주장
    ㉤ 미국: 원격탐사와 그로부터 얻은 정보의 자유로운 이용에 대한 여하한 규제에도 반대한다는 입장
  ② UN총회결의
    ㉠ 1986년 UN총회는 외기권에서 지구의 원격탐사에 관한 제원칙을 채택
    ㉡ 동 결의 제13원칙은 원격탐사에 있어서 탐사국은 피탐사국의 사전동의를 구할 의무가 없으나, 피탐사국의 요청이 있는 경우 협의(consultation)에 응해야 함

(3) **지구정지궤도(geostationary orbit)**
  ① 개념: 적도 상공 약 36,000km(22,300mile) 지점의 외기권
  ② 이 지점에서 인공위성이 동력에 의존함이 없이 지구가 회전하는 속도와 동일하게 회전하므로 지구에서 보면 인공위성이 움직이지 않고 정지되어 있는 것처럼 보임
  ③ 지구정지궤도는 하나의 위성을 통하여 지상방송국들 간에 계속적인 접촉을 제공할 수 있는 유일한 궤도이므로 유한한 자원의 성격을 띰
  ④ 1976년 적도국가인 브라질, 콜롬비아, 콩고, 에콰도르, 인도네시아, 케냐, 우간다, 자이레 등은 보고타선언(Bogota Declaration)을 통해 지구정지궤도가 자신들의 주권이 미치는 영토의 일부라고 주장

⑤ 오늘날 영공의 상방한계는 최고 100mile 정도로 인식되므로 적도국가들의 영유권 주장은 배척됨
⑥ 국제사회는 이 문제에 대해 유한한 자원의 형평한 이용을 위한 법적 기준 마련 문제로 접근하고 있음

제4절 극지

1. 북극

(1) 의의
① 북극은 대체로 얼음으로 구성
② 그린란드는 덴마크령이며, Svalbard군도는 노르웨이령
③ 러시아와 캐나다는 명시적 또는 묵시적으로 선형이론에 근거하여 북극지방에 산재하고 있는 섬들에 대해 주권을 주장
④ 미국, 노르웨이, 덴마크, 핀란드 등의 다른 북극지방 국가들은 선형이론을 원용하지 않음

(2) 오타와선언(1996) 및 북극이사회
① 북극지역 영토에 대해 주권을 가진 북극극가(Artic States) 8개국이 1996년 오타와선언을 발표하고 북극이사회를 설립
② 북극이사회는 국제기구로 의도된 것은 아님
③ 북극이사회에는 토착민공동체가 업무에 참여
④ 북극지역의 원주민을 대표하는 일반 민간단체(NGO)는 영구참여자(Permanent Participants)의 자격으로 북극이사회의 모든 업무에 참여
⑤ 북극이사회의 의사결정은 컨센서스로 함
⑥ 영구참여자들은 투표권이 없음
⑦ 비북극국가들, 세계적 및 지역적 차원의 정부 간 및 의회 간 기구, 비정부기구는 북극이사회의 옵저버 지위를 부여받을 수 있음
⑧ 북극이사회는 2011년 5월 상설사무국을 설립하여 이사회를 강화
⑨ 북극이사회의 사무국은 노르웨이 트롬서시에 소재

(3) 북극지방 수색과 구조 협정(2011)
① 북극이사회 8개 회원국이 채택한 조약
② 북극이사회 후원하에 교섭된 최초의 구속력 있는 조약

(4) Polar Code
① 지구 기온이 상승하면서 극지방 주변의 해로가 열리거나 확대됨에 따라 Polar Code가 채택됨
② 선박의 안전한 운항과 오염 방지를 도모하기 위한 것

③ 국제해사기구는 2014년과 2015년에 Polar Code, 즉 극지해역 운항선박 국제기준을 채택하고, 해상인명안전 국제협약 및 선박오염방지 국제협약에 규정
④ 두 조약을 일부 개정한 것

2. 남극

(1) 영유권
① 영국 등 7개국이 선형이론에 기초하여 영유권을 주장
② 미국과 러시아는 영유권 주장을 유보

(2) 남극조약
① 1959년에 채택
② 남위 60도 이남지역(모든 빙산 포함)에 대한 영유권 및 청구권의 현상을 동결
③ 평화적 목적만을 위한 이용: 군사기지 설치나 무기실험이 금지되지만, 평화적 목적을 위한 군요원이나 군장비는 사용할 수 있음
④ 과학적 조사의 자유와 국제협력
⑤ 핵폭발 및 방사선폐기 처분의 금지
⑥ 조약의 최고의결기관으로 2년마다 개최되는 조약협의회를 설치
⑦ 남극지역에서의 관할권: 감시원, 과학요원 등에 대한 관할권은 국적국인 체약국이 배타적으로 행사함

(3) 남극조약 협의당사국
① 남극조약 협의당사국(Antartic Treaty Consultative Parties: ATCPs): 남극조약 당사국 중에서 12개 원회원국과 그 밖에 가입국 중에서 과학기지의 설치 또는 과학탐험대의 파견과 같은 남극에서의 실질적인 과학연구활동을 통해 남극에 대해 관심을 표시하고 있는 국가
② 남극에 관련된 중요한 결정은 이들 국가로 구성되는 남극조약협의회의에서 결정됨
③ 남극조약 채택 50주년이 되는 2009년 4월 제32차 남극조약 협의당사국 회의에서 협의당사국들은 공식선언을 통해 모든 인류의 이익을 위하여 지난 50년간 남극조약과 남극조약체제에서 수립된 그들의 협력을 계속하고, 확대하기로 결정한 바 있음

(4) 물개보존협약
① 남극의 물개를 보존하기 위하여 1972년 남극물개보존협약이 체결
② 6종 물개의 보존을 위하여 어획에 관한 양, 허용기관, 구역, 방법 등을 규제
③ 5년마다 검토회의를 개최

(5) 해양생물자원보존협약
① 미국·소련·일본을 포함하여 15개국 간에 1980년 체결
② 어족·대륙붕생물자원·근해서식조류를 해양생물자원에 포함

③ 해양생물자원의 합리적 이용과 보존을 목적
④ 보존위원회를 설치
⑤ 협약은 남위 60도 이남지역에 있어서 남극해양생물자원 및 남위 60도와 남극수렴선 사이의 지역에 있어서의 남극해양생태계에 속하는 남극해양생물자원에 대해 적용
⑥ 남극조약의 당사국이 아닌 체약당사국은 남극조약지역의 환경보호 및 보존을 위한 남극조약 협의당사국의 특별한 의무와 책임을 인정

(6) 남극조약환경보호의정서
① 남극의 환경보호를 위해 1991년 채택
② 남극환경에 악영향을 미치는 행위의 방지
③ 활동계획에 대한 사전 환경영향평가를 실시
④ 긴급사태 발생 시 대응조치를 실시
⑤ 수행 중 활동에 대해 감시
⑥ 과학조사활동의 우선적 수행의 보장 등을 명시
⑦ 과학조사 이외의 모든 광물자원개발활동은 의정서 발효 후 50년간 금지

(7) 남극 광물자원활동의 규제에 관한 협약
① 1988년 6월 2일 뉴질랜드 웰링턴에서 채택
② 이 협약은 남극에 대해 영유권을 주장하는 7개국을 포함하여 16개국이 비준해야 발효함
③ 1989년 5월 오스트레일리아 외무장관은 남극 자원개발을 승인하기 위해 엄격한 절차를 설정하고 있고, 또 환경지침을 수립하고 있는 이 협약이 남극을 보호하는 유일한 방법일지도 모른다고 항변하였음
④ 이 협약에 대해 거부권을 가지고 있는 프랑스는 비준거부 의사를 천명하면서 환경보존책임을 더욱 강화할 새로운 교섭을 요구하였음

제3장 국제환경법

제1절 의의 및 특성

1. 의의
① 국제환경법은 환경보호를 목적으로 하는 국제법 규범의 총체
② 환경보호는 생태계를 구성하고 있는 모든 요소를 보호·보전하고 생태학상의 균형을 유지하는 것

2. 특성
① 연성법(soft law)으로서 강력한 법적 구속력을 갖지 않음
② **단계적 법형식**: 기본조약과 의정서의 단계적 형식
③ 일반적 의무조항이 포함되어 조약상 의무의 보편화를 추구
④ 비국가행위자들이 조약체결에 참여
⑤ 국제법이 먼저 정립된 후 국내법으로 수용되는 방식
⑥ 상호주의적 이행 보장을 기대하기 어려우며, 이행확보장치가 필요함

제2절 발달과정

1. UN인간환경회의

(1) **서설**
① 1968년 UN총회결의에 따라 1972년 스톡홀름에서 개최
② 세계환경일(매년 6월 5일) 지정을 결의
③ 제2차 UN인간환경회의 개최를 결의
④ 핵실험금지를 결의

(2) **인간환경선언**
① 법적 구속력이 없음
② 국제환경법의 이념과 기본원칙을 선언

(3) **인간환경행동계획**
행동지침과 109개의 구체적 권고사항을 규정

(4) **UN환경계획설립결의**
1972년 설치, 인간환경의 보호·개선을 위한 국제협력을 촉진하는 목적

2. UN환경개발회의

(1) 서설
① 1989년 UN총회결의에 따라 1992년에 개최
② UN기후변화협약이 서명을 위해 개방
③ 생물다양성협약이 서명을 위해 개방

(2) 리우선언
① 법적 구속력이 없음
② 사전예방원칙, 공동의 차별책임원칙과 선진국의 주도적 역할, 환경과 무역의 조화, 사전주의원칙, 오염자부담원칙, 환경영향평가, 사전통고원칙 등을 규정

(3) 의제21
리우선언 시행을 위한 구체적 행동지침

(4) 산림원칙
산림에 관한 선진국과 개발도상국의 입장을 절충하며, 법적 구속력은 없음

3. 지속 가능한 발전 세계정상회의(WSSD)
① 2002년 8월에 남아프리카공화국 요하네스버그에서 개최
② 리우회의에서 채택된 아젠다21의 이행을 점검하고 향후 지속 가능한 발전의 실질적인 이행을 위한 국제협력방안을 도출하는 것을 목적으로 함
③ 요하네스버그 지속개발선언: 리우회의 이후 10년간 빈부격차 및 환경악화의 심화와 세계화 대처 등 해결할 과제를 언급하고, 이행계획의 목표 달성을 위한 의지를 표명, 지속 가능한 발전의 추진의지를 표명 및 미래 세대에 대한 책임 확인, 선진국의 국제적으로 합의된 공적 개발원조 수준 달성 촉구, 지속 가능한 발전에 있어서 UN의 지도적 역할 지지

제3절 기본원칙

1. 환경손해를 야기하지 않을 책임

(1) 개념
국가가 자국의 관할권 및 통제하에 있는 활동으로 인해 다른 국가 및 국가관할권 밖에 있는 지역의 환경에 손해를 가하지 않도록 보장해야 할 책임

(2) 판례
① 트레일 제련소 사건(Trail Smelter 사건): 초국경적 환경오염피해 방지의무를 최초로 언급

② 코르푸 해협 사건(Corfu Channel 사건, ICJ, 1949): 영역사용의 관리책임원칙을 확인
③ 라누호 중재 사건(Lake Lanoux 사건): 국제하천이용에 있어서 형평성의 원칙을 확인
④ 핵무기 사용 및 위협의 적법성에 대한 권고적 의견 사건(Legality of the Threat or Use of Nuclear Weapons 사건, ICJ, 1996): 자국 관할권 및 통제하에 있는 활동이 다른 국가 또는 국가관할권 범위 밖의 환경을 존중하도록 보장할 국가의 의무가 환경에 관한 국제법의 일부가 되었음을 공식 확인
⑤ Iron Rhine Railway(Belgium/Netherland) 사건: 중재재판부는 예방(방지)의무는 일반국제법의 한 원칙이 되었다고 하였음

(3) 관련 국제규범
① 스톡홀름 환경선언원칙 21
② UN해양법협약 제194조
③ 1992년 리우선언원칙 2

(4) 적용 - 황사나 미세먼지에 대한 중국의 한국에 대한 책임 문제
① 중국은 중국 내의 활동이 다른 국가에게 피해를 야기하지 않도록 방지할 책임이 있음
② 법적 장애: 중국 측 원인의 정도 확인 곤란, 자연재해로 인한 부분은 중국에 책임을 묻기 어려움, 중국의 상당한 주의의무 위반 입증 곤란, 국내 피해규모 확정 곤란, 책임 추궁의 장 마련 곤란, 대한민국 법원에 제소시 국가면제로 재판관할권 행사 곤란 등

2. 환경보호와 증진을 위한 협력원칙

① 국가의 선린과 신의성실의 원칙에 기초한 국제환경의 보호 · 증진을 위한 협력의무
② 위험의 통보의무
③ 조력의무
④ 국제환경법의 준수 및 국제환경법의 발전을 위한 협력의무
⑤ 환경영향평가의 실시 및 정보제공의무

3. 지속 가능한 개발의 원칙

(1) 개념
국가가 자연자원을 개발하고 사용함에 있어 지속 가능하도록 보장해야 한다는 원칙

(2) 지속 가능한 개발
미래 세대의 그들의 필요에 응할 능력과 타협함이 없이 현세대의 필요에 응한 개발

(3) 세대 간 형평의 원칙

현세대는 미래 세대에 대해 일정한 의무를 부담하는바, 현세대가 전세대로부터 받은 것보다 나쁘지 않은 상태로 이 지구를 미래 세대에 물려주어야 함

(4) 자연자원과 환경의 지속 가능한 이용의 원칙

자연자원과 환경의 재생능력을 고려하여 그들의 적절한 양적·질적 상태의 유지가 가능하도록 하면서 자연자원 및 환경을 이용해야 한다는 원칙

(5) 자연자원 및 환경의 형평한 이용(equitable use)의 원칙

국제사회의 구성원이 지구가족으로서 자연자원 및 환경을 이용함에 있어 그들의 경제적 사정과 필요, 그간의 지구환경에 미친 영향 등을 고려하여 공평한 몫이 돌아갈 수 있도록 이용해야 한다는 원칙

(6) 환경과 개발의 통합원칙

경제 및 기타 개발정책을 수립하고 이를 수행하는 과정에서 반드시 환경적인 면을 고려하여 환경의무를 입법하고 적용해야 하며, 이를 해석하는 과정에서도 경제 및 기타 개발의 필요성을 반드시 고려해야 한다는 원칙

4. 사전주의원칙(Precautionary Principle)

① 인간의 과학적 지식은 한계가 있고 환경오염의 위협은 심각함을 인식
② 심각하거나 회복 불가능한 손해의 위협이 있는 경우 완전한 과학적 확실성이 없다는 이유로 환경침해를 방지하기 위한 경제적으로 효율적인 조치를 연기할 수 없는 원칙
③ 국제사법재판소(ICJ): 사전주의원칙의 관습법성에 대한 명확한 판단이 없음
④ 독일 연방 임미시온방지법 제5조에서 규정하고 있는 Vorsorgeprinzip(사전배려의 원칙)에서 유래하였음. 이는 독일에서 1960년대 중반 오염에 대한 관심이 증대됨으로써 제창된 것으로, 1970년대 초 독일의 국내입법에도 도입된 것임
⑤ 오존층 보호를 위한 비엔나협약(1985): 사전주의원칙을 규정한 최초 조약
⑥ 사전주의원칙을 규정한 조약: 오존층 파괴물질에 관한 몬트리올의정서(1987), 생물다양성협약(1992), Bamako협약, 마스트리히트조약, 바이오 안정성에 관한 의정서 등
⑦ WTO패널
  ㉠ 일반관습법성을 부인
    예 EC - 호르몬 사건, EC - GMO 사건 등
  ㉡ 국제해양법재판소(ITLOS): 관습법으로 확립되지 않았음
  ㉢ 유럽국가들 간 지역적 국제관습법으로서는 이 원칙이 확고한 지위를 얻었다고 할 수 있음

5. 오염자비용부담원칙(Polluter – Pays – Principle)

① **개념**: 오염비용과 그 결과비용을, 오염을 야기한 책임 있는 주체가 부담해야 한다는 원칙
② **오염자**: 직접 또는 간접적으로 환경에 손해를 입힌 자 또는 그러한 손해에 이른 조건을 야기한 자
③ **리우선언**: 국가는 원칙적으로 오염자가 오염비용을 부담해야 한다는 접근방법을 고려하여 환경비용의 내재화에 노력해야 함(제16원칙)
④ 국제사회에서 오염자부담원칙이 등장하여 발전한 것은 OECD와 EC를 통해서였음
⑤ 1972년 OECD각료이사회가 채택한 환경정책의 국제경제적인 측면에 관한 지도원칙에 관한 권고에서 오염자부담원칙이 최초로 언급
⑥ 유류오염대비협약 및 1992년 산업사고협약(1990)은 서문에서 오염자비용부담원칙이 국제환경법의 일반원칙이라고 언급
⑦ 국제수로와 국제호수의 보호와 사용에 관한 협약(1992), 유류오염의 대응 및 협력에 관한 국제협약(1990) 등에 규정
⑧ Rhine강 염화물 오염방지협약에 관한 중재재판(네덜란드·프랑스, 2004): 관습법성을 부인

6. 공동의 그러나 차별적 책임원칙

① **개념**: 인류가 공유한 환경을 보호할 책임은 인류가 공동으로 부담하나, 부담해야 할 구체적인 책임의 정도는 환경의 상태악화에 기여한 정도와 국가가 가지고 있는 능력을 고려하여 차별적으로 정한다는 원칙
② 공동책임원칙과 차별적 책임원칙이 합성된 형태로, 최초 규정된 것은 리우선언
③ 공동책임원칙은 우주조약, 해양법협약, 생물다양성보존조약 등에서 규정
④ 차별적 책임원칙은 스톡홀름환경선언, 유해폐기물의 해양투기의 금지에 관한 협약, 오존층 보존을 위한 비엔나협약 및 몬트리올의정서 등에서 규정
⑤ **내용**: ⊙ 환경보호를 위한 공동의 책임, ⓒ 각 국가가 처한 다른 상황, 즉 환경에 그동안 각 국가가 누적적으로 미친 영향과 환경오염위협을 방지·감소 및 통제할 수 있는 능력, 특별히 개발도상국의 장래 경제개발 필요성을 고려하여 차별적인 책임을 부과

7. 환경영향평가

(1) 의의
① 개념: 계획한 활동이 환경에 일정한 영향을 미칠 가능성이 있는 경우 그 정도를 평가하는 것
② 평가목적: 영향을 측정하여 계획한 활동을 중단시키거나, 대체적인 방법을 찾거나 영향을 최소화하는 방안을 모색하는 것
③ 대상: 유럽공동체 환경영향평가명령에 따르면 환경에 중대한 효과(significant effect)를 미치는 활동에 대하여 환경영향평가를 실시하도록 규정
④ 기원
  ㉠ 미국의 연방환경정책법(National Environment Policy Act, 1972)에서 최초로 규정하였음
  ㉡ 국제법 분야에서는 유엔환경계획(UNEP)의 공유자원행위규칙이 구체적으로 환경영향평가를 언급하고 있는 최초의 국제법문서
⑤ 법적 지위: 국제관습법. 국제사법재판소(ICJ)의 Pulp Mill 사건(2010)

(2) 국제문서
① 스톡홀름선언(1972): 명시되지 않았음
② 세계자연헌장(1982): 국제적 차원에서 환경영향평가에 대해 간접적으로 언급
③ WCED 환경법전문가그룹 보고서(1986): 환경영향평가를 국제법의 새로운 원칙으로 규정
④ UNEP 환경영향평가의 목적 원칙에 관한 지침(1987): 계획된 활동이 환경적으로 건전하고 지속 가능한 발전을 확보하는 데에 있어서 환경영향평가를 하도록 규정
⑤ 리우선언(1992): 제17원칙에서 환경영향평가원칙을 규정
⑥ 의제21(1992): 환경영향평가를 규정
⑦ ILC초안(2001): 제7조에 환경영향평가를 명시

(3) 국제협약
① UN해양법협약(1982): 다른 국가 또는 자국 관할권을 넘어선 지역의 해양환경에 대한 활동의 영향을 사전에 평가하도록 요구
② Espoo협약(1991)
  ㉠ UN유럽경제위원회에서 채택하였음
  ㉡ 심각한 초국경적 악영향을 일으킬 우려가 있는 계획된 활동을 허가 또는 실시하기 전에 환경영향평가를 실시함
③ 환경보호에 관한 남극조약의정서(1991): 남극환경을 적극적으로 보호하기 위해 모든 남극활동에 대해 환경영향평가를 의무화
④ 생물다양성협약(1992): 환경영향평가에 필요한 절차를 도입할 것을 요구

(4) 판례
　① 환경영향평가원칙이 언급된 판례
　　㉠ 가비치코보-나기마로스 사건: 직접적 언급은 없으나 개별 의견에서 관습법을 주장
　　㉡ 목스공장 사건: 환경영향평가를 하지 않은 점이 쟁점이었으나 다뤄지지 않고 재판이 종결되었음
　　㉢ Johor해협 사건(2003): 환경영향평가의무 위반이 쟁점이었으나 합의함으로써 소 취하
　② Pulp Mills on River Uruguay 사건(ICJ, 2010)
　　㉠ 계획된 산업활동이 월경 차원에서, 특히 공유자원에 대해 심각한 악영향을 초래할 위험이 존재하는 경우 환경영향평가를 실시하는 것은 일반관습법상의 의무
　　㉡ 일반국제법은 환경영향평가의 범위와 내용에 대해 명시하지 않았음
　　㉢ 각국은 계획된 개발의 성격과 규모 및 그것의 환경에 대한 가능한 역효과 그리고 그러한 평가를 수행함에 있어 상당한 주의를 행사할 필요성에 유념하면서 각 경우에 요구되는 환경영향평가의 구체적인 내용을 국내입법 혹은 사업의 허가과정에서 결정해야 함
　　㉣ 환경영향평가는 사업 시행 전에 진행해야 함
　　㉤ 일단 사업이 시작되었더라도 필요한 경우 사업의 전 과정을 통해 사업의 환경에 대한 효과를 계속적으로 주시해야 함
　③ Certain Activities carried out by Nicaragua in the Border Area 사건 및 Construction of a Road in Costa Rica along the San Juan River 사건(ICJ, 2015)
　　㉠ 환경영향평가를 실시한 결과 심각한 월경침해의 위험이 존재한다는 것이 확인되면 사업을 실시하려고 계획하는 국가는 상당한 주의의무에 따라 잠재적으로 영향받는 국가에게 이를 통지하고, 이 국가와 성실히 협의해야 함
　　㉡ 심각한 월경침해의 위험이 존재하지 않는 경우에는 환경영향평가를 실시할 것이 요구되지 않음
　　㉢ 국내법에 의하면 비상사태하에서 면제가 존재할 수 있다는 사실은 환경영향평가를 실시할 국제법하의 의무에 영향을 미치지 않음

제4절 분야별 주요 국제 환경협약

1. 대기오염방지

(1) 광역월경대기오염협약(1979.11.13. 채택)
① 1975년 유럽안보협력회의에서 스웨덴 등 북유럽 국가들의 주장으로 UN경제사회이사회산하에 설치된 UN유럽경제위원회가 중심이 되어 초안 작성
② 산성비의 원인이 되는 이산화황(SO_2)과 산화질소(NO_x) 등을 대상으로 함
③ 대기환경을 다룬 최초의 다자협약
④ 당사국에 구체적 의무를 부과하지는 않았으나 관련 정보의 교환을 촉진하고 대기오염물질의 방출을 감소하기 위한 기반을 마련

(2) 오존층 보호를 위한 비엔나협약(1985.3.22. 채택)
① 오존층 파괴물질의 생산과 소비를 억제하여 오존층의 소실을 방지
② 당사국들에게 구체적 행동의무를 부과한 것은 아님
③ 사전주의원칙을 최초로 규정
④ 조치의 대상이 될 원인물질을 명확히 규정한 것은 아님
⑤ 당사국들은 개도국들에게 기술과 지식, 특히 대체기술을 이전하기 위해 협력할 의무가 있으나, 자국의 법령과 관행에 따라 협력하도록 함
⑥ 현실적인 피해가 확고하게 입증되기에 앞서 예방적 행동의 필요성을 인식한 사전주의적 접근법(precautionary approach)의 출현을 시사

(3) 몬트리올의정서(1987.9.6. 채택)
① 오존층 보호를 위한 비엔나협약을 이행하기 위한 조약
② 염화불화탄소(CFCs)와 할론가스 배출을 동결 내지 감소시켜 오존층 파괴를 방지
③ 염화불화탄소(CFCs)의 생산을 일단 동결하고, 이후 단계적으로 절반 수준으로 감축할 것을 규정
④ 할론가스는 생산과 소비 동결을 요구
⑤ 환경문제와 무역문제를 직접 연계시킨 최초의 환경협약
⑥ 사전주의원칙을 규정
⑦ 개발도상국에 대해 10년간의 유예기간을 부여하는 한편 규제조치를 준수할 수 있도록 재정지원과 기술지원을 보장하는 다자간기금을 설치·운영
⑧ 당사국이 규제물질이나 규제물질을 포함한 제품 또는 규제물질을 포함하지는 않으나 동 물질을 사용하여 생산한 제품에 대해 비당사국과 무역하는 것을 단계적으로 금지
⑨ 비당사국이 의정서에 따른 규제조치를 완전히 준수하고 있음을 당사국회의에서 확인하고 보고자료가 제출된 경우 당해 비당사국과의 규제물질 교역이 허용될 수 있음

⑩ 비준수절차(非遵守節次, Non-Compliance Procedure)
  ㉠ 협약 이행수단으로, 1992년 코펜하겐회의에서 도입되었음
  ㉡ 당사국은 자국 이익 침해와 무관하게 타당사국의 협약 비준수를 통보함
  ㉢ 이행위원회가 설치되어 특정 국가의 비준수 여부를 조사해 당사국총회에 보고함
  ㉣ 당사국총회가 해당 국가를 제재할 수 있음
  ㉤ 교토의정서에도 유사한 절차가 마련되어 있음

(4) **UN기후변화기본협약(1992.5.9. 채택)**
  ① 개념: 지구온난화의 주범인 온실가스의 배출량을 규제하기 위해 채택된 협약
  ② 목적: 기후변화위험을 방지하는 일정 수준까지 대기층의 온실가스를 안정시켜 생태계가 기후변화에 자연적으로 적응하고, 식량생산이 확보되며, 지속적인 경제발전이 성취되도록 함
  ③ 원칙: 공동의 그러나 차별적 책임원칙, 개발도상국들의 필요와 사정 고려, 사전주의원칙, 사전예방원칙, 지속적 개발을 증진시킬 권리와 의무
  ④ 당사국의 일반적 의무
    ㉠ 온실가스 배출량과 제거량을 작성·공표하고 당사국회의에 제출
    ㉡ 온실가스의 배출을 통제·감소 또는 방지하기 위한 기술의 개발·보급에 노력하고 또한 그 이전에 협력
    ㉢ 기후체계와 기후변화에 관련된 정보를 완전히·공개적으로·신속하게 교환하는 데에 협력
    ㉣ 기후변화에 관련된 교육·훈련·계몽에 협력
  ⑤ 부속서 1 선진당사국의 의무: 선진당사국들은 이산화탄소와 기타 온실가스의 배출량을 2000년까지 1990년 수준으로 복귀시키기 위해 협약 발효일로부터 6개월 이내 및 그 후 정기적으로 각국이 취한 정책과 온실가스 배출·제거량에 관한 상세한 정보를 교환
  ⑥ 유보는 전면 금지됨

(5) **교토의정서(1997.12. 채택, 2005.2.16. 발효)**
  ① 주요 내용
    ㉠ 개념: 기후변화협약을 구체적으로 이행하기 위한 법적 구속력이 있는 합의
    ㉡ 1997년 12월 10일 열린 제3차 기후변화협약 당사국회의에서 채택
    ㉢ 협약 부속서 1 국가는 단독·공동으로 부속서 A에 열거된 온실가스 총배출량이 부속서 B에 등록된 각국의 공약 할당량을 초과하지 않아야 함
    ㉣ 할당량: 2008년부터 2012년까지 5년의 공약기간 동안 1990년 수준보다 최소한 5% 이하로 총배출량을 감축하는 것을 기본으로 하여 각국이 공약한 배출 제한

온실가스
이산화탄소, 메탄, 이산화질소, 수소불화탄소, 과불화탄소, 육불화황

                ⑩ 한국은 교토의정서의 당사국이나 부속서 1 국가가 아니므로 구체적인 감축의무가 없음
            ② 신축성체제
                ㉠ 개념: 온실가스 감축으로 인해 받을 수 있는 경제적 충격을 완화시켜주기 위한 장치
                ㉡ 공동이행(joint implementation): 타국에 자본과 기술을 투자하여 온실가스를 줄여준 뒤 그 감축에 상응하는 배출쿼터를 당해 국가로부터 넘겨받는 방식으로, 협약 제1부속서 국가 상호 간 적용
                ㉢ 청정개발체제(clean development mechanism): 공동이행과 내용은 같으나 협약 제1부속서에 포함된 국가와 포함되지 않은 국가 간 협력
                ㉣ 배출권거래(emissions trading): 목표연도(2008 ~ 2012년)에서의 배출쿼터와 그에 못 미치는 실제 배출량 사이의 차이를 국가 간에 거래하는 방식
                ㉤ 배출적립(banking): 제1부속서에 포함된 국가가 이행기간 동안 실제로 배출한 온실가스 양이 할당받은 양보다 적은 경우, 그 차이는 당해 국가의 요청이 있으면 그 국가의 차기이행기간의 할당량에 추가하는 방식
                ㉥ 배출차입(borrowing): 도입되지 않았음
        (6) 파리협약(2015.12.)
            ① 목표
                ㉠ 지구 평균온도 상승을 산업화 이전 대비 2℃ 이하로 억제한다는 기후변화협약의 장기목표를 재확인
                ㉡ 기후변화 취약국들의 최대 요구사항인 1.5℃ 내 목표 제한을 위해 노력한다는 점을 명기
            ② 新기후체제의 법적 성격
                ㉠ 국제법상 협약(treaty)에 해당하지만, 협정문이 포함하고 있는 모든 요소가 국제법적 구속성을 띠고 있지는 않음
                ㉡ 전체 협정문의 요소 중 특정한 요소들만을 국제법적 의무로 규정하였음
                ㉢ 온실가스 감축목표 및 개발도상국에 대한 재정지원이 국제법적으로 구속적 의무가 아니라는 점을 명확히 함
                ㉣ 교토의정서에서 하향식으로 선진국에만 국제법적 의무로서 강제적 할당되었던 국가별 온실가스 감축목표는 新기후체제에서는 국가별로 자국의 사정에 맞게 자발적으로 설정하고, 이를 UN기후변화협약 사무국에 설치될 별도의 감축등록부(public registry)에 5년마다 주기적으로 제출하도록 함

ⓜ 국가별로 자국의 사정에 맞게 자율적으로 작성하는 기후변화 대응 행동계획인 국가결정공약(NDC)에 포함될 국가별 온실가스 감축목표는 국제법적의무로서의 성격을 가지지 않고, 전적으로 비구속적인 자발적 감축목표임

ⓑ 당사국들은 국가별 감축목표 달성에 대한 국제법적 의무가 없고, 향후에 목표를 달성하지 않더라도 어떠한 법적인 제재를 받지 않음

ⓢ 당사국들은 5년마다 주기적으로 국가결정공약(NDC)을 제출해야 하는 법적 의무만 짐

③ 차별화(Differentiation)
   ㉠ 교토의정서와 같이 명확한 선진·개발도상국의 이분법이 아니라, 단일한 법적 원칙에 따라 각 조항을 선진·개발도상국 구별 없이 적용하는 것을 원칙으로 함
   ㉡ 개별 조항에서 선진·개발도상국의 능력에 따른 차별화를 부분적으로 인정하는 유연한 접근법(built-in flexibility)을 채택
   ㉢ 선진국(developed countries)과 개발도상국(developing countries)이라는 용어를 개별 조항들에서 명시적으로 사용하고 기후변화 대응을 위한 선진국의 선도적 역할(take lead)의 필요성에 대해 언급함

④ 온실가스 감축(Mitigation)
   ㉠ 감축목표의 설정과 이행방법의 선택 등은 전적으로 개별 국가가 자율적으로 결정할 사항이지만, 국가결정공약(NDC) 관련 절차적 사항은 국제법적 의무로 규정
   ㉡ 국가결정공약(NDC)의 준비·제출 및 유지, 국가결정공약(NDC)의 명확성과 투명성을 위해 필요한 정보의 제공, 5년마다 새로운 국가 결정공약(NDC)의 제출 등은 파리협정상 구속적 의무로 규정됨
   ㉢ 법적 의무는 아니지만, 새로운 국가결정공약(NDC)은 이전에 제출한 국가결정공약(NDC)보다 더 진전된 내용(a progression beyond the previous one)을 담고 있어야 하며, 당사국이 할 수 있는 최고 의욕수준(highest possible ambition)을 설정해야 함
   ㉣ 국가결정공약(NDC)의 목표를 달성하기 위해 국내적 조치를 취해야 한다고 명시하고 있으나, 이를 구속적 의무로 제시하고 있지는 않음
   ㉤ 선진국은 국가적 차원의 절대적 감축목표(absolute economy-wide reduction targets)를 설정하고 행동에 돌입해야 함
   ㉥ 개발도상국은 향후 시간을 두고 국가적 감축목표를 설정하는 단계로 전환하도록 권장됨

⑤ 탄소시장(Carbon Market)
   ㉠ 개발도상국의 강한 반대로 시장(market) 메커니즘에 대한 명시적이고 직접적인 언급은 없음

ⓛ 국제적으로 이전 가능한 감축 결과(internationally transferred mitigation outcomes)라는 새로운 개념을 도입하여 당사국 간 자발적 협력을 통해 타국에서 달성한 탄소 감축분을 자국의 감축목표 달성에 사용하도록 허용

⑥ 글로벌 종합검토(Global Stocktake)
  ㉠ 5년 단위의 주기적인 글로벌 종합검토의 개념을 도입
  ㉡ 개별 국가의 국가결정공약(NDC)을 대상으로 하는 것이 아니라 당사국들이 제출한 국가결정공약(NDC)을 모두 종합하여 글로벌 차원에서 온실가스 감축 노력이 장기 목표 달성에 얼마나 근접한지의 여부를 과학적으로 검토
  ㉢ 첫 번째 글로벌 종합검토는 2023년으로 예정되어 있는데, 2018년부터 2023년까지 5년 동안의 감축 노력을 검토할 예정
  ㉣ 당사국들은 2023년에 시행될 예정인 글로벌 종합검토의 결과를 참조하여, 새롭게 업데이트된 국가결정공약(NDC)을 제출해야 함

⑦ 투명성(Transparency)
  ㉠ 파리협약은 국가별 능력에 따른 차이를 인정하는 내재적 유연성(built-in flexibility)을 가지고 있지만, 기본적으로 모든 당사국에 구속적인 절차적 의무로서 부과되는 새로운 투명성제도를 도입
  ㉡ 최빈개발도상국과 군소도서국가를 제외한 모든 당사국은 국가결정공약(NDC) 이행보고서를 격년 단위로 2년마다 UN기후변화사무국에 제출해야 하는 국제법적 의무를 짐
  ㉢ 국가결정공약(NDC) 이행보고서는 온실가스 배출현황(emission inventories)과 국가결정공약(NDC)의 목표 달성 이행을 추적하는 데에 필요한 정보를 담아야 함
  ㉣ 선진국은 개발도상국에 대한 재정 및 기술 지원 등에 대한 지원(support) 내용을 보고해야 하는 구속적 의무를 짐
  ㉤ 개발도상국은 지원받은 내용에 대해 보고해야 하는 비구속적 의무를 짐

⑧ 파리협약의 이행과 준수(Implementation and Compliance) 메커니즘
  ㉠ 전문가위원회(committee of experts)로 구성될 새로운 이행·준수 메커니즘
  ㉡ 촉진적 성격을 가지며, 비적대적 및 비처벌적 형태(non-adversarial and non-punitive manner)로 운영
  ㉢ 전문가위원회는 당사국총회(COP)에 대한 보고의무를 짐

⑨ 기후재원(Finance)
  ㉠ 선진국들은 개발도상국의 감축 및 적응을 위한 재정지원을 제공하기로 약속(비구속적)

ⓛ 선진국이 아닌 개발도상국들도 자발적으로 재정지원을 하도록 권장
ⓒ 재정지원 문제는 5년 주기의 글로벌 종합검토의 대상

⑩ 적응(Adaptation)
㉠ 신(新)기후체제의 새로운 특징 중 하나는 온실가스 감축뿐만 아니라 기후변화의 영향에 대한 적응(adaptation) 노력도 중요한 요소로서 다루고 있다는 점
㉡ 기후변화에 상대적으로 취약한 개발도상국들의 강력한 요구가 반영된 결과
㉢ 적응능력의 향상, 복원력의 강화 및 기후변화에 대한 취약성의 감소를 신(新)기후체제에서 개발도상국 및 선진국 공히 모든 당사국이 추구해야 할 중요한 목표로 설정
㉣ 모든 당사국은 국가적 차원의 기후변화 적응계획을 수립하고 이행해야 하며, 자국의 적응 노력 또는 개발도상국의 경우 재정지원을 받기 위한 적응 필요성에 대한 보고서를 제출하도록 권고됨
㉤ 개발도상국의 적응 노력에 대한 선진국의 재정지원을 강화하고, 적응 분야의 진전 및 적응 분야에서 선진국의 재정지원 적절성과 효과성에 대한 검토를 진행하고, 이를 매 5년 주기의 글로벌 종합검토에 포함하기로 함

⑪ 손실과 피해(Loss and Damage)
㉠ 협정은 손실과 피해에 관한 바르샤바 국제 메커니즘(Warsaw International Mechanism for Loss and Damage)을 계승한 조항을 포함
㉡ 기후변화에 취약한 군소도서국가 및 최빈개발도상국들의 요구가 반영된 결과
㉢ 손실과 피해에 관한 바르샤바 국제 메커니즘은 가뭄 및 홍수와 같은 이상기후 현상과 해수면 상승과 같이 피할 수 없는 기후변화의 영향에 취약한 국가들을 돕기 위한 방안들을 모색하기 위한 프로세스
㉣ 파리 당사국 총회 결정문 및 파리협약문은 손실과 피해 분야에서 구체적 지원조치를 명시하지는 않고, 향후 기후변화 취약국들을 돕기 위해서 조기경보체제 구축, 응급대응체제 구축, 기후변화 관련 위험보험제도 구축 등을 포함한 다양한 협력 방안들을 향후 모색해나가기로 하는 선에서 그침

2. 해양오염

(1) 육지오염원에 의한 오염
① 오염원의 발생지가 육지에 근거하고 있는 오염
② 육지오염원에 의한 해양오염을 다룬 최초의 조약은 파리협약

③ 제3차 해양법협약: 국가들이 하천, 하천유역, 관선 및 하수시설을 포함한 육지오염원으로부터의 해양오염을 방지, 감소, 통제하기 위한 조치를 취해야 함
④ UNEP: 육지오염원으로부터의 오염에 대한 환경보호에 관한 몬트리올지침 작성. 법적 구속력 없음

(2) 대기를 통한 해양오염
① 해양법협약: 모든 국가가 대기를 통하여 해양오염을 방지, 감소, 통제하기 위하여 주권하의 공간과 자국에 등록된 선박과 항공기에 적용될 수 있는 법규를 채택해야 함
② 부분적 핵실험금지조약(1963): 핵실험으로 인한 대기를 통한 해양오염 금지

(3) 해저활동으로 인한 오염
① UN해양법협약 – 국가관할권 내: 국가관할권 내의 해저활동의 경우 연안국이 해저활동으로 인한 해양환경오염을 방지, 감소 및 통제하기 위한 조치를 취해야 함
② UN해양법협약 – 국가관할권 밖: 국가관할권 밖의 심해저에서의 활동의 경우 심해저 활동으로 인한 해양오염을 방지, 감소 및 통제하기 위한 국제법규와 절차를 수립하도록 요구. 심해저기구가 이러한 법규와 절차를 수립하도록 규정

(4) 폐기물 및 기타 물체의 투기에 의한 해양오염방지를 위한 런던협약(1972.12. 채택)
① 적용범위: 각국의 내수를 제외한 전세계 해양
② 금지품목, 특별허가품목, 일반허가품목으로 대별하여 규제

금지품목	해양투기가 금지된 물질 예 수은, 플라스틱, 유류, 방사능 물질 등
특별허가품목	해양투기를 위해 매 건마다 당국의 사전특별허가를 받아야 하는 물질 예 은, 동, 아연 등
일반허가품목	금지품목 및 특별허가품목에 포함되지 않는 모든 물질로서 당사국의 사전적 일반허가를 받아 투기할 수 있음

③ 1996년 개정의정서(런던덤핑의정서): 7가지 지정물질을 제외한 모든 물질의 해양투기를 전면 금지하며, 폐기물의 해양소각도 금지
④ 대한민국은 런던협약 및 개정의정서 모두 비준
⑤ 방사성 폐기물: 개정 전 런던협약상의 투기 금지 목록에는 고준위 방사성 폐기물만 포함하고, 중준위와 저준위 방사성 폐기물은 특별허가를 받으면 폐기할 수 있는 제2부속서상의 물질에 포함되어 있어 기술적으로 이들 물질의 해양폐기가 가능하도록 규정. 그러나 1993년 11월 투기금지물질목록인 제1부속서에 대한 개정을 통하여 모든 방사성 폐기물을 금지목록에 포함
⑥ 예외: 불가항력에 의한 해양투기와 비상투기는 허용

(5) 런던덤핑의정서(1996)
① 런던덤핑협약을 보완하기 위해 1996년 11월 7일 런던에서 채택
② 2006년 3월 24일 발효
③ 런던덤핑협약에서는 해저처리가 규율의 대상이 되는지 불확실하였으나, 의정서는 이를 투기의 정의에서 명확하게 반영
④ 사전주의 접근법(precautionary approach)과 오염자부담 접근법(polluters-pays approach)을 규정
⑤ 런던덤핑협약은 투기가 금지되는 물질을 부속서에 기재한 방식을 채택한 반면, 의정서는 역리스트 방식(reverse list approach)을 채택하여 부속서에 열거된 물질을 제외하고는 일체의 폐기물이나 기타 물질의 투기를 금지
⑥ 부속서에서 허용된 투기대상이어도 체약국의 허가를 받아야 하며, 체약국은 이를 위한 행정적 또는 입법적 조치를 취해야 함
⑦ 바다에서의 소각을 금지
⑧ 투기나 바다에서의 소각을 목적으로 한 폐기물 또는 기타 물질의 수출을 금지
⑨ 불가항력과 비상사태시에는 예외적으로 금지된 폐기물의 투기를 허용
⑩ 의정서는 협약과 별개의 조약이나, 두 조약의 공동당사국 사이에서는 의정서가 협약을 대체함

(6) UN해양법협약상 투기의 규제
① 선박은 연안국의 동의 없이 타국의 내수나 영해에서 투기를 할 수 없음
② 투기는 무해통항에 해당하지 않으므로 연안국은 완전한 관할권 행사
③ **EEZ와 대륙붕상의 투기**: 영해에서의 투기와 마찬가지로 연안국의 명시적 동의를 얻어야 함
④ 해양법협약은 허가가 어느 곳에서 부여되었느냐를 불문하고 원용할 수 있는 관할권을 연안국에 부여

(7) 선박으로부터의 오염방지를 위한 국제협약(MARPOL 73/78)
① 1954년에 채택된 유류오염협약을 대체
② 1973년 11월 2일 국제해사기구가 회의에서 채택되었고, 1978년 개정의정서에 의해 개정
③ 규제 대상: 해양에 유입되는 경우 인간 건강에 위험을 초래할 수 있는 물질 등
④ **유출(discharge)**: 고의적 유출+비고의적 유출
⑤ 런던협약의 규율대상인 투기에는 적용 배제
⑥ 해저활동으로 인한 유입 및 과학조사를 위한 유입, 유출 적용 배제
⑦ **규율대상선박**: 당사국 국기를 게양하거나 그 권한하에서 운항하는 선박
⑧ 군함과 비상업용 정부선박은 규율 대상에서 제외

⑨ 당사국은 위반행위를 금지하고 처벌해야 함
⑩ 당사국의 항구에 들어온 선박은 선박시설과 적재규정에 따랐는지에 대해 유효한 증명이 있는가에 대해 조사대상이 될 수 있음. 그러한 증명이 없는 경우 원칙적으로 항해 금지. 단, 해양환경에 위협이 없이 항행할 수 있다는 것을 증명하면 예외적으로 항해 가능
⑪ 당사국은 비당사국 선박에 대해서도 협약을 적용해야 함

(8) 해양환경오염 긴급상황의 규제
① 해양환경오염 긴급상황이란 국가관할권 이원의 해역에서 해난사고가 발생하여 환경오염이 급속하게 이루어지고 있는 상태
② 1969년 Torrey Canyon호 사건 이후 국제적 관심사
③ 1969년 채택된 공해상에서의 유류오염사고시의 간섭에 관한 국제협약, 1973년 유류 이외의 물질 유출사고에 대한 규율을 위한 의정서, 1989년 해난구조에 관한 국제협약 등이 있음

(9) 공해상에서의 유류오염사고시의 간섭에 관한 국제협약
① 당사국은 중대하게 해로운 결과를 초래할 것이라고 합리적으로 예상할 수 있는 해난사고와 그 재난과 관련된 행위로 유류에 의한 해양오염과 그 위협이 자국 연안 또는 관련 이해관계에 미친 중대하고 임박한 위험을 방지, 완화 또는 제거하기 위해 공해상에서 필요한 조치를 취할 수 있음
② 상황이 극도로 급박하지 않는 한 조치를 취하기 전에 연안국은 선박의 기국을 포함한 모든 관련 당사국에 통보하고 그들 당사국과 국제해사기구의 전문가와 협의해야 함
③ 취해지는 조치는 이미 초래되었거나 임박한 위험과 비례성이 있어야 하고, 목적이 달성되면 즉시 중지되어야 함. 과잉 조치로 손해가 발생하면 배상

(10) 유류오염에 대한 민사책임
① 유류오염손해에 대한 민사책임에 관한 협약
  ㉠ 유조선에 의한 유류오염피해의 배상을 위한 국제협약
  ㉡ 유류오염손해에 대하여 일정한 한도 내에서 선박 소유자의 책임을 규정
  ㉢ 1992년 동 협약에 대한 개정의정서가 채택
  ㉣ 현재 미국과 중국을 제외한 100여 개국의 주요 유류 수입국가들이 가입
  ㉤ 우리나라도 가입하고 이를 국내법적으로 수용한 유류오염손해배상법을 제정
  ㉥ 가해자의 고의 또는 과실과 상관없이 책임을 귀속하는 무과실책임을 규정
  ㉦ 종래 해사법상 원칙으로 자리 잡은 선박 소유자의 책임제한제도를 인정하면서 그 책임제한액을 일반 해사채권에 대한 선주책임제한협약에 비하여 상당히 인상

- ◎ 선박소유자에게만 책임을 집중시킴으로써 사고 발생에 관련된 다른 사람들(용선자나 선박관리회사 등)을 상대로 한 청구를 차단
- ㉈ 선박소유자의 1차적인 책임 이외에 일정한 요건하에 국제기금에 의한 2차 보상을 인정
- ㉉ 유류오염손해배상의 실효성을 확보하기 위하여 일정한 톤수 이상의 선박에 대한 강제보험제도를 도입
- ㉊ 군함 또는 국가에 의하여 소유되거나 운영되는 선박으로서 당분간 정부의 비상업적 역무에 사용되는 경우 적용되지 않음

② 1992년 개정의정서
- ㉠ 협약에 비해 책임한도액을 인상
- ㉡ 손해의 급박한 위험을 제거하기 위한 방제조치비용과 영해 이외에 배타적 경제수역에서 발생한 손해를 오염손해에 포함
- ㉢ 화물유를 선적한 유조선 이외에 공선, 항해 중인 유조선과 겸용선의 경우를 적용대상 선박에 포함

3. 유해폐기물의 월경 이동 및 처리의 통제에 관한 바젤협약

(1) 의의
① 1989년 3월 스위스 바젤에서 UNEP 주최로 개최된 회의에서 채택된 협약
② 의료폐기물, 수은·납·카드뮴 등 중금속함유 폐기물, 독성함유 폐기물, 폐유 등 총 47개 품목을 규율
③ 유해폐기물의 국제적 거래를 규제하기 위한 최초 조약
④ Ban Amendment(1995): 선진국으로부터 개발도상국으로의 유해폐기물 이동을 금지
⑤ 손해에 대한 책임과 보상에 관한 의정서(1999)를 채택

(2) 당사국의 의무
① 유해폐기물의 수입을 금지하는 경우 타방 당사국에 이를 통보
② 수입을 금지한 타방 당사국에 대해 유해폐기물의 수출을 금지
③ 수입을 금지하지 않은 국가에 대해서는 당해국이 서면으로 동의하지 않는 한 수출을 금지
④ 유해폐기물의 생산 최소화, 유해폐기물의 월경 이동의 최소화, 환경적으로 건전한 방법으로 관리할 수 없는 유해폐기물의 수입 방지 등을 위해 적절한 조치를 취해야 함
⑤ 유해폐기물의 불법교역을 형사범죄로 간주하고 이를 방지하기 위한 법적·행정적 조치를 취해야 함
⑥ 비당사국과의 유해폐기물의 수출입을 허가해서는 안 됨
⑦ 남위 60도 이남지역으로의 유해폐기물의 수출을 허가하지 않음

⑧ 자국 영역 내에서 허가받은 자 이외의 유해폐기물의 수송 또는 처리를 금지
⑨ 수출되는 폐기물이 수입국에서 환경적으로 건전하게 관리되도록 확보

(3) 당사국 간 월경 이동
① 수출국은 서면으로 관할관청을 통해 폐기물의 월경 이동을 관계국의 관할 관청에 통고
② 수입국은 동의 여부에 대해 통고자에게 서면으로 회답
③ 수출국은 수입국의 동의서를 수령하기 전까지는 생산자 또는 수출자의 월경 이동 허용 불가
④ 경유국이 있는 경우 경유국의 동의도 받아야 함
⑤ 수출국이 경유국에게 통고한 후 60일 내에 경유국의 회답이 없는 경우 수출국은 월경 이동을 허용할 수 있음

(4) 재수입의무
유해폐기물의 월경 이동이 계약조건에 따라 완료될 수 없는 경우에 수출국은 환경적으로 건전한 처리방법이 발견되지 않는 한 수입국이 수출국 및 사무국에 통보한 때로부터 90일 또는 달리 합의하는 기간 내에 수출국 내로 당해 폐기물을 재수입해야 함

(5) 불법무역
① 유해폐기물의 월경 이동이 통고나 동의 없이 행해진 경우 이를 불법무역으로 간주
② 수출국은 불법무역된 유해폐기물을 관계당사국으로부터의 통보 후 30일 또는 달리 합의한 기간 내에 수출국으로 반입하거나 그것이 불가능하면 협약에 의거하여 다른 방법으로 처리해야 함

(6) 기타
① 당사국 간 분쟁이 교섭 등에 의해 해결되지 못한 경우 합의를 바탕으로 국제사법재판소(ICJ)나 국제중재에 부탁될 수 있음
② 당사국은 일방적 선언을 통해 국제사법재판소(ICJ)나 국제중재에 의무적으로 회부될 수도 있음
③ 협약에 대한 유보는 전면 금지
④ 당사국은 가입 후 3년 이후 서면통고로서 탈퇴할 수 있으며, 탈퇴는 탈퇴 통고일로부터 1년 후에 효력을 발생

4. Basel Ban Amendment

(1) 바젤협약의 한계
① 바젤협약은 당사국 간 유해폐기물의 교역을 금지하기보다는 규제하는 데에 초점을 둠

② 유해폐기물을 비당사국으로 수출하거나 비당사국으로부터 수입하는 것이 원칙적으로 금지되나, 절대적인 것은 아님. 협약이 요구하는 유해폐기물과 기타 폐기물의 환경적으로 건전한 관리를 훼손하지 않을 것을 조건으로 비당사국과 유해폐기물의 국가 간 이동에 관한 양자 간, 다자 간 혹은 지역적인 협정을 체결하는 것이 여전히 허용되고 있기 때문임

(2) 바젤협약의 개정(Basel Ban Amendment)
① 1995년 9월 18일부터 22일까지 제네바에서 개최된 제3차 협약당사국회의에서 채택
② 유해폐기물의 국경 간 이동, 특히 개발도상국으로의 이동은 바젤협약이 요구하는 환경적으로 건전한 관리를 구성하지 않을 위험이 크다는 점을 협약 전문에 추가
③ 협약 본문에 새로 삽입되는 제4A조의 적용대상국가로서 OECD회원국인 당사국과 기타 국가들, EU, 리히텐슈타인을 지명한 제7부속서(Annex Ⅶ)가 협약에 추가됨
④ 협약 제4A조에 의하면 제7부속서에 열거된 각 당사국은 제7부속서에 열거되지 아니한 국가들에게로 최종처리용 유해폐기물의 모든 국가 간 이동을 즉각 금지, 또한 재활용 유해폐기물의 모든 국가 간 이동을 1997년 12월 31일부로 금지
⑤ 대체로 선진국그룹인 제7부속서의 국가들로부터 개발도상국으로의 유해폐기물 이동에 있어서 규제·통제가 아니라 금지되었음. 이러한 개정을 (Basel) Ban Amendment라 칭함

5. 바젤책임배상의정서
① 1999년 12월 6~10일 바젤에서 개최된 바젤협약 제5차 당사국회의에서 채택
② **정식명칭**: 유해폐기물의 국가 간 이동 및 그 처리에 기인한 손해에 대한 책임과 배상에 관한 바젤의정서
③ **목적**: 불법거래를 포함해서 유해폐기물과 기타폐기물의 국가 간 이동 및 그 처리에 기인한 손해에 대하여 포괄적 책임체제와 충분·신속한 배상을 규정하기 위함
④ 유해폐기물의 국제적 이동의 각 단계에 관여하는 사람들, 즉 수출통지자·처리자·수입자·재수입자에게 원칙적으로 엄격책임·무과실책임(strict liability)을 부과
⑤ 그 밖의 사람들에게는 과실책임을 부과
⑥ 동 의정서 채택에 참고가 된 핵손해에 대한 민사책임협약과 유류오염손해에 대한 민사책임에 관한 국제협약 등과 마찬가지로 개인의 국내민사책임

에 관련된 국제사법의 문제들, 즉 국제재판관할권, 준거법 그리고 판결의 승인 및 집행 등의 해결을 위한 명시적 규정을 담고 있음

6. 핵물질 및 방사능에 의한 오염방지

(1) 핵사고의 조기통고에 관한 협약(1986.9.26. 채택)
① 소련의 체르노빌 원전사고 이후 채택
② 핵사고의 발생 방지, 사고 발생 시 사고 피해의 최소화, 핵에너지의 안전한 개발과 이용을 위한 국제협력의 강화 등을 목적으로 채택
③ 핵사고 발생 시 사고당사국의 통고 및 정보제공의무와, 피해당사국의 추가적 정보 제공 요구나 협의 요청에 신속히 응할 의무를 규정
④ 협약은 당사국 또는 그 관할·통제하에 있는 자연인·법인의 핵시설이나 핵활동에 관련한 사고에서 방사능물질이 누출되거나 누출될 우려가 있고 타국에 대해 방사능안전중대성을 미칠 수 있는 국제적 월경 누출을 초래하거나 그러한 우려가 있는 사고가 발생하는 경우, 물리적 영향을 받거나 받을 지도 모르는 타국가 및 IAEA에 핵사고 발생과 그 성질, 발생시각 그리고 적당한 경우에는 그 정확한 장소를 즉각 통고하고 그러한 타국가와 IAEA에 방사능의 영향을 최소화하기 위해 이용 가능한 정보를 신속히 제공할 의무를 체약국들에게 지우고 있음
⑤ 협약은 국제적 월경 누출에만 적용되기 때문에 그 결과가 국경선을 넘지 않거나 혹은 전적으로 공해상에서 발생하는 핵사고에는 적용되지 않음

(2) 핵사고 또는 방사능 긴급사태 시의 원조에 관한 협약(1986.9.26. 채택)
① 핵사고 또는 방사능 긴급사태 시 피해의 최소화와 생명·재산 및 환경의 보호를 위해 신속하게 원조를 제공하기 위한 제도를 창설하기 위해 채택
② 사고가 발생한 경우 사고당사국은 타당사국·IAEA 및 국제기구에 원조를 요청할 수 있으며 요청을 받은 국가나 국제기구는 원조 제공 여부 및 범위에 대해 통고

7. 생물학적 다양성에 관한 협약(1992.5.23. 채택)

(1) 목적
현재와 미래 세대를 위해 생물다양성을 보존하고 유전자원을 지속 가능하게 이용하며 그 이용에서 발생하는 이익을 형평하게 분배

(2) 조사·감시
생물다양성의 보존 및 지속 가능한 이용에 있어서 중요한 요소인 생태계와 종을 조사하고 표본조사 등을 통해 상기 요소를 감시하며, 보존 및 이용에 심각한 악영향을 주는 범주의 활동을 조사·감시

(3) 현지보존

당사국은 보호구역을 설치하고 동 구역의 관리기준을 설정하며, 보존해야 할 중요한 생물학적 자원을 규제·관리하고, 파괴된 생태학적 체계를 회복하며, 멸종위기의 종을 보호하기 위해 필요한 입법조치를 취해야 함

(4) 현지외보존

생물다양성 요소의 현지외보존을 위한 조치를 채택하고 보존시설을 설치하며 또한 위기종의 회복을 위한 조치를 채택해야 함

(5) 영향평가 및 악영향의 최소화

가능한 한 생물다양성에 악영향을 줄 가능성이 있는 사업이 환경영향평가를 거쳐야 하는 절차를 도입

(6) 유전물질에 대한 접근

유전물질에 대한 접근결정권은 각국 정부에 귀속되며 국내입법에 의해 규정

(7) 기술에 대한 접근 및 이전

당사국은 생물다양성의 보존 및 지속 가능한 이용에 관한 기술이나 유전자원 이용기술을 타당사국이 접근하도록 허용하거나 타당사국에 이전하도록 촉진

(8) 생물공학의 이익 배분

당사국은 타당사국, 특히 개발도상국에게 당해국에 의해 제공된 유전물질에 기초한 유전공학으로부터 발생하는 결과와 이익에 대해 공정하고 형평적인 우선적 접근을 증진할 모든 조치를 취해야 함

(9) 재원

당사국은 능력에 따라 협약목적 달성을 위한 국가적 활동에 대해 재정지원과 장려금을 제공할 것을 약속

(10) 자연자원의 유한성과 생물종 보존의 필요성

이를 처음 확인

(11) 바이오안정성에 관한 의정서(2000)

① 2000년 채택, 2003년 11월 발효
② 생명공학의 발전으로 유전자조작을 통한 유전자변형체농작물의 경작면적이 넓어지고 이들 식품 등의 이용과 국제거래가 많아지면서 인간건강과 환경에 미치는 악영향을 방지하기 위해 채택
③ 특정 유전자 변형체 생산품에 대하여 수출 전에 수입국에 통보하고 수입국이 위험성평가를 통하여 수입을 허가하는 경우에만 수출하도록 하는 '사전통보동의제도(advanced informed agreement)'를 도입
④ 생물다양성협약에 대한 의정서임
⑤ 사전주의원칙(precautionary principle) 도입

8. 나고야의정서(2010)

(1) 정식명칭

생물다양성협약 부속 유전자원에 대한 접근 및 유전자원 이용으로부터 발생하는 이익의 공정하고 공평한 공유에 관한 나고야의정서

(2) 주요 내용

① 생물유전자원에 접근하고자 하는 경우 해당 생물유전자원의 제공국이 정한 절차에 따라 사전통보승인을 받아야 함. 당사국들은 사전승인 대상 생물유전자원, 승인기관, 승인절차 등 사전통보승인에 관한 국내제도를 정비해야 함

② 이익 공유는 생물유전자원 제공국과 이용자 간 체결한 상호합의조건에 따라 실시

③ 유전자원 및 토착지역공동체가 보유한 유전자원 관련 전통지식에 대해 적용

④ 자국 영토를 벗어난 공해 또는 남극 등지에 존재하는 생물유전자원은 적용 대상에서 제외됨

⑤ 각 당사국은 자국민이 외국의 생물유전자원을 획득하여 이용할 때 적용되는 관련 입법·행정·정책적 조치를 취해야 함

(3) 발효

2014년 발효

(4) 대한민국

2017년 비준

9. 멸종위기에 처한 야생동식물의 국제적 거래에 관한 협약(1973.3.3. 채택)

(1) 의의

① 인간의 남획으로 멸종위기에 있는 야생동식물의 회복을 위해 채택
② 동 조약은 야생동식물의 서식지 보호에 대한 언급이 없음
③ 멸종위기에 처한 종을 죽이는 것도 위법으로 규정하지 않았음
④ 다만 멸종위기에 처한 종의 국제적 상거래에 대해 일정한 규제를 가함

(2) 유형별 규제

① 부속서 1은 무역거래로 인해 멸종위기에 처한 종들로서 국제거래를 위해서는 수입허가와 수출허가가 모두 필요
② 부속서 2는 현재 멸종위기에 처해 있지 않지만 보호받지 못하면 그렇게 될 수 있는 종들에 관한 것이며 국가 간 거래를 위해서는 수출허가를 요함
③ 부속서 3에 해당하는 종의 경우 당사국들은 그러한 종들이 멸종의 위기에 들지 않도록 하기 위해 이들 종의 수출과 개체 수 상황을 감시해야 할 책임이 있음

(3) 비당사국과의 거래

비당사국 정부가 협약상 허가의 발급에 필요한 사항과 본질적으로 일치하는 문서를 발부하는 경우에 당사국은 비당사국과도 거래할 수 있음

10. 물새서식처로서 국제적으로 중요한 습지에 관한 협약(1971년 채택)

① 람사협약(Ramsar협약)으로, 이란에서 채택
② 물새가 서식하는 세계적으로 중요한 습지를 국제적으로 보호
③ 당사국은 1개 이상의 보호 대상 습지를 지정하고 자연보호구역을 설치하여 보호
④ 대한민국은 강원도 인제군 대암산 용늪을 습지목록에 등록시켰으며 1999년 습지보전법을 제정

해커스공무원 학원·인강
gosi.Hackers.com

제6편
국제분쟁해결 및 무력사용

제1장 국제분쟁해결제도
제2장 전쟁과 평화에 관한 법

제1장 국제분쟁해결제도

제1절 총설

1. 국제분쟁의 의의

① 국가 간의 법률관계 또는 이해관계에 관한 전쟁으로 발전되지 않은 대립 또는 충돌
② 당사국의 일방에 의해 주장되고, 타방에 의해 부정되는 일정한 작위 또는 부작위의 존재

2. 국제분쟁의 유형

법적 분쟁	권리·의무에 관한 분쟁
정치적 분쟁	이해 충돌에 관한 분쟁

3. 국제분쟁의 해결방법

평화적 해결	무력을 수반하지 아니한 분쟁해결
제재에 의한 해결	국가에 대한 자발적 제재, UN에 의한 제재

제2절 국제분쟁의 정치적 해결

1. 의의

① 국제분쟁의 평화적 해결방법은 정치적 해결방법과 사법적 해결방법으로 대별
② 정치적 해결방법: 사법적 해결방법을 제외한 그 밖의 분쟁해결절차로, 외교적 수단에 의한 정치적 해결방법과 국제조직을 통한 정치적 해결방법으로 대별

외교적 수단	직접교섭, 주선, 중개, 심사, 조정
국제조직	UN에 의한 해결, 지역적 협정 또는 기관에 의한 해결

2. 제3자가 개입하지 않는 분쟁해결제도 – 직접교섭

(1) 가장 초보적인 수단

(2) 장단점

장점	일체의 부당한 압력이나 간섭없이 당사국들 간 해결을 구할 수 있음
단점	힘의 우열이 존재하는 경우는 강한 쪽이 약한 쪽에 압력을 행사할 수 있음

(3) 교섭과 사법적 해결의 관계

① 국제사법재판소(ICJ)는 Aegean Sea Continental Shelf 사건에서 교섭과 사법적 해결이 동시에 추구된 사례들이 있었음을 지적하면서 소송 진행 중에 교섭이 적극적으로 추구되고 있다는 사실은 법적으로 동 재판소의 사법기능 행사에 전혀 장애물이 되지 아니한다고 언급한 바 있음

② Military and Paramilitary Activities in and against Nicaragua 사건에서 설사 당사자 간에 적극적인 교섭이 행해지고 있다고 해도 그와 동시에 안전보장이사회와 동 재판소가 헌장과 재판소규정에 따라 그들의 별개의 직무를 수행하는 것을 방해받아서는 안 된다고 하였음

③ Application of the International Convention on the Elimination of All Forms of Racial Discrimination 사건에서 조지아의 제소에 대해 러시아는 국제사법재판소(ICJ)로 가기 전에 먼저 교섭에 임할 것을 규정한 인종차별철폐협약 제22조의 절차요건이 충족되지 않아 동 재판소의 관할권이 성립하지 않는다는 선결적 항변을 제기하였음. 이에 대해 국제사법재판소(ICJ)는 교섭은 단순한 항의나 논쟁 내지는 분쟁과는 다른 개념으로서 이것은 적어도 분쟁을 해결할 목적으로 분쟁의 일방 당사자가 타방 당사자와 함께 토의에 임하려는 진정한 시도를 요구한다고 판시하면서 러시아의 선결적 항변을 수락하였음

3. 제3자가 개입하는 분쟁해결제도

(1) 주선

① 제3국이 분쟁당사국 간의 교섭에 개입하여 분쟁의 평화적 해결을 촉진하기 위해 원조하는 것

② 제3국이 교섭의 기회와 장소를 제공하거나 통신수단의 편의를 제공하는 등 분쟁당사국 간의 외교교섭을 개시하게 하거나 촉진하는 작용을 하는 것
   예 러일 전쟁 시 미국의 주선에 의한 포츠머스강화조약 성립(1905)

(2) 중개

① 주선에 그치지 않고 교섭내용에 관여하여 분쟁당사국 주장의 조정을 도모하거나 교섭의 기초와 분쟁의 해결안을 제공하는 것

② 주선과 중개는 국제기구에 의해 행해질 경우도 있음
   예 캠프데이비드협정(1978): 미국의 중개로 이집트와 이스라엘 간 체결한 협정

③ 분쟁당사국들은 중개의 결과에 대해 법적 구속력을 부여하기로 사전합의를 볼 수도 있음
④ 1986년 프랑스와 뉴질랜드는 Rainbow Warrior호 격침과 관련한 분쟁에서 UN사무총장에게 중개를 부탁하면서 그의 판정을 준수하겠다고 합의하였었음

(3) **사실심사**
① 비정치적이고 중립적인 위원회가 분쟁의 사실관계를 조사하여 그 결과를 보고하는 절차
② 사실문제와 법률문제를 동시에 다루는 조정과 다름
③ 법적 구속력이 없음
④ 1899년 제1차 만국평화회의에서 러시아의 제안으로 국제분쟁의 평화적 해결에 관한 조약에 처음 도입
⑤ 도거어장 사건(1904): 사실심사 또는 중개에 대한 판례이며 러시아 함대가 영국 어선을 일본 선박으로 오인하여 격침시킨 사건으로, 러시아의 동맹국인 프랑스가 개입하여 영국과 러시아가 국제심사위원회를 결성하여 분쟁을 해결하도록 하였음

(4) **조정**
① 비정치적·중립적인 국제위원회가 분쟁의 사실관계를 심사함과 동시에 분쟁의 모든 측면(법적 측면 포함)을 고려하여 분쟁당사국 주장의 조정과 그 우호적 해결을 도모하고 나아가 스스로 해결안을 제시하는 절차
② 사법재판과 유사하나 조정은 비사법적 해결로서 법적 구속력이 없다는 점에서 구별
③ 1981년 동카리브 국가기구 설립조약은 분쟁을 해결하기 위한 조정위원회의 일체의 결정 혹은 권고는 최종적이며, 회원국들에게 구속력이 있다고 규정
④ 분쟁당사국들이 조정위원회의 결론을 수락한 성공적인 조정의 사례로 아이슬란드와 노르웨이 간 얀마옌 섬(노르웨이) 대륙붕 경계획정 사건이 있음

제3절 중재재판

1. **의의**
① 임시적 또는 상설적 중재법원에서 국제분쟁을 사법적으로 해결
② 법을 적용하여 당사국을 구속하는 판결을 부과하므로 단순한 권고적 절차에 불과한 조정과는 구분
③ 1794년 11월 19일 영국과 미국 간 체결된 제이조약(the Jay Treaty)을 계기로 근대적 중재재판제도가 등장

④ 1899년 헤이그협약에 기초하여, 1901년 상설중재법원이 창설
⑤ 1928년 9월 26일 국제연맹총회는 중재재판에 관한 일반조약을 채택

2. 특별(임시)중재법원

① 국제분쟁의 사법적 해결을 위하여 분쟁당사국 간 중재재판조약에 의해 개설되는 법원
② 분쟁당사국의 합의에 의해 구성되므로 일정한 바는 없음
③ 물적 관할은 그를 위하여 법원이 설치된 분쟁에 한함
④ 인적 관할은 국가에 한함
⑤ 당사국은 중재조약에 따라 자유롭게 재판준칙을 채택

3. 상설중재법원

① 헤이그협약에 의해 1901년에 설치된 상설의 중재법원
② 법관명부를 상시 비치하여 분쟁 발생 시 분쟁당사국이 명부 중에서 중재법관을 선임
③ 당사국이 임명한 각각 4명 이내의 법관 전원으로 구성
④ 동일한 법관이 수 개국으로부터 임명될 수 있으며, 임기는 6년이고 재임 가능
⑤ 관할은 원칙적으로 당사국에 한하나 당사국의 합의에 의해 비당사국 간 분쟁 또는 당사국과 비당사국 간 분쟁에도 관할권이 미침
⑥ 재판준칙이나 재판절차는 분쟁당사국들이 중재약정에서 별도로 정함
⑦ 중재판정(재정, award)은 확정적이며 최종적
⑧ 분쟁당사국에만 법적 구속력이 있음
⑨ 현재 국가 간 분쟁뿐 아니라 국제기구, 국가기관, 개인 등이 관련된 국제적 분쟁해결에 대해서도 서비스를 제공

★핵심 POINT | 중재재판과 사법재판 비교

구분	중재재판	사법재판
재판기관의 상설독립성	낮음 – 당사국의 의사에 의존	높음
응소의무	없음	예외적 응소의무(강제관할)
재판준칙	당사국 간 사후합의	조약에 사전규정
판결의 강제이행제도	없음	안전보장이사회에 의한 강제집행

핵심 POINT | 국제재판제도 상호 비교

구분	국제사법재판소(ICJ)	국제해양법재판소	국제형사재판소(ICC)	WTO 패널	WTO 항소기구
법관수	15명	21명	18명	3명 또는 5명	7명 (사건당 3명)
임기	9년(연임 가능)	9년(연임 가능)	9년(재선 금지)	임시	4년(1회 연임)
선출	UN총회와 안전보장이사회가 독자적 선출 (절대다수표)	당사국총회 (출석투표 3분의 2 이상으로서 최다득표)	당사국총회 (출석투표 3분의 2 이상으로서 최다득표)	사무국 추천	DSB에서 임명
구성원칙	세계법률문화권과 주요 문명형태 대표	세계법률문화권 고려 및 지리적 공평 배분	세계법률문화권 지리적 공평 배분 여성 및 남성 재판관의 공정한 대표성	독립성, 충분히 다양한 배경, 광범위 경험	법률, 국제무역 및 대상협정 전반에 대해 입증된 전문지식을 갖춘 권위자
국적재판관	허용	허용	–	금지	허용
임시재판관	인정	인정	–	–	–
재판사건의 원고적격	국가	국가/사인 (심해저분쟁재판부)	제소주체 – 당사국, 소추관, 안전보장이사회	WTO회원국	패널당사국
물적 관할	법적 분쟁 당사국이 부탁하는 모든 사건과 UN헌장 및 현행 제조약에 규정한 모든 조항	해양법협약 관련 분쟁, 다른 조약에서 재판소 관할권을 인정한 사건	집단살해죄, 인도에 대한 죄, 전쟁범죄, 침략범죄	위반제소, 비위반제소, 상황제소	패널보고서에서 다루어진 법률문제, 패널의 법률해석
심리	공개	공개	공개	비공개	비공개
판결 정족수	출석과반수	출석과반수	전원합의, 전원합의 부재 시 출석과반수	역총의제	역총의제
개별의견	가능(공개)	가능(공개)	다수의견 소수의견	가능(익명)	가능(익명)
상소	불허	불허	인정	인정	최종심임
재심	인정	–	인정	불허	불허
궐석재판	인정	인정	불허	–	–
소송참가	인정	인정	–	인정	인정
판결의 강제이행	안전보장이사회에 의한 강제이행	–	–	보복조치 (DSB 승인)	보복조치 (DSB 승인)

제4절 국제사법재판소(ICJ)

1. 의의
① UN의 주요 기관의 하나로서 사법재판을 통해 분쟁을 평화적으로 해결
② 상설국제사법재판소(PCIJ)를 승계
③ UN의 다른 기관과 달리 독립적 지위를 가지고 있으며, 그 구성·권한·절차 등은 UN헌장과 별도로 국제사법재판소(ICJ)규정에서 규정
④ 국제사법재판소(ICJ)규정은 UN헌장과 밀접한 관계를 갖고 있어 UN회원국은 당연히 규정당사국
⑤ 국제사법재판소(ICJ)의 소재지는 헤이그
⑥ 국제사법재판소(ICJ)가 UN의 유일한 사법기관으로 예정된 것은 아님
⑦ 국제사법재판소(ICJ)가 UN 내 다른 기관의 상위기관으로서의 성격을 지니지도 않음
⑧ 국제사법재판소(ICJ)와 UN 내 다른 기관의 관할권은 상호 배타적이지 않음. 따라서 국제사법재판소(ICJ)가 재판하는 과정에서도 안전보장이사회와 같은 기관이 계속해서 사태 해결을 모색할 수 있음
⑨ 행정처장 및 행정차장은 재판소가 임명함. 재판관들이 추천한 후보자 중에서 비밀투표에 의하여 선출되는데, 재판관의 과반수 투표를 얻어야 함. 임기는 7년이며 재선될 수 있음

2. 구성

(1) 자격과 정원
① 15명의 재판관으로 구성
② 재판관이 될 수 있는 자: 덕망이 높고 자국에서 최고의 재판관에 임명될 자격이 있거나 국제법의 권위가 있는 법학자
③ 재판관의 국적은 불문
④ UN비회원국이나 국제사법재판소(ICJ)규정에 가입한 국가의 국민은 재판관의 자격이 있음
⑤ 동일 국적을 가진 자가 2명 이상 재판관이 될 수 없음

(2) 임기
① 9년으로 재선 가능
② 재판관은 3년마다 5명씩 개선(改選)
③ 결원의 보충으로 선임된 재판관은 전임자의 잔여기간만을 그 임기로 함

(3) 선출
① 후보자 명부에 기입된 자 중에서 선출
② 총회와 안전보장이사회가 각각 투표: 상임이사국의 거부권이 적용되지 않음

③ 절대다수를 얻은 자가 선출
④ 1차 투표에서 당선자가 결정되지 않으면 3차 투표까지 진행하고 그래도 결정되지 않으면 총회와 안전보장이사회에서 각각 3명씩 선출된 합계 6명으로 구성되는 합동협의회를 열어 각 공석에 대하여 1명씩 투표로 법관을 선정하고 총회와 안전보장이사회에 제출하여 쌍방에서 채택되었을 때 당선
⑤ 동일국의 국민이 2명 이상 선출된 경우 최연장자만이 당선

(4) 의무·특권·면제
① 정치상·행정상의 직무를 행할 수 없음
② 영리행위에도 종사할 수 없음
③ 어떠한 사건의 소송대리인이 될 수 없음
④ 재판관은 재판관 전체의 만장일치에 의하지 아니하고는 해임되지 않음
⑤ 독립적 직무수행을 위해 재임기간 중 외교사절단장에 준하는 특권·면제를 향유
⑥ 일방 당사자의 대리인, 법률고문, 변호인으로서 국내법원 또는 국제법원의 법관으로서, 조사위원회의 위원으로서, 또는 다른 어떤 자격으로서도 이전에 그가 관여하였던 사건의 판결에 참여할 수 없음(강제제척)

3. 재판정

(1) 전원재판정
① 재판소에 부탁되는 일반 사건을 재판하며 재판관 전원으로 구성
② 재판정의 정족수는 9명

(2) 간이재판정

특정부류재판부	• 특정 부류의 사건(particular categories of cases)을 다루기 위하여 재판소가 결정하는 바에 따라 3명 이상의 재판관으로 구성되는 소법정 • 재판소는 이를 수시로 설치할 수 있음 • 규정 제26조 제1항에 의하면 노동 사건과 통신·교통 사건에 관한 소재판부 예 1993년 처음으로 7명으로 구성된 환경 담당 소재판부가 설치되었으나, 현재 해체되었음
특별재판부 (ad hoc chamber)	• 특정 사건(a particular)을 다루기 위하여 구성되는 소법정으로서 재판소는 언제든지 이를 설치할 수 있음 • 특별재판부를 구성하기 위한 재판관 수는 당사국들의 승인을 얻어 재판소가 결정 예 1982년 미국 - 캐나다 메인 만 경계획정 사건에서 처음 설치되었음

간이절차부 (chamber of summary procedure)	• 당사국들의 요청에 의하여 간이절차로 재판을 행하는 5인의 재판관으로 구성되는 소법정 • 재판소는 업무의 신속한 처리를 위하여 매년 이를 설치해야 함 • 출석할 수 없는 재판관을 대리하기 위하여 2인의 재판관을 선정해야 함

4. 국적 재판관

① 소송당사자 일방의 국적을 가진 재판관을 의미
② 국제사법재판소(ICJ)의 구성원인 정규재판관(titular judge)과 특정 사건에서 당사자 일방에 의해 지명된 임시재판관(judge ad hoc)인 국적 재판관이 있음
③ 정규재판관은 자국 정부가 소송의 일방 당사자라 해도 재판을 회피할 것이 요구되지 않으며, 오히려 재판소의 심리에 참여할 권리를 보장
④ 특정 사건에서 정규국적재판관이 없는 당사자 일방 또는 쌍방은 오로지 당해 사건의 심리에 참여시킬 목적으로 임시재판관을 선임할 수 있음
⑤ 임시재판관 선임은 의무가 아니며, 외국인을 임명할 수도 있음
⑥ 임시재판관은 다른 재판관과 평등한 지위에서 재판에 참가
⑦ 임시재판관제도는 전원재판소뿐 아니라 소법정들에도 적용
⑧ 동일한 이해관계를 가진 수개의 당사자가 있는 경우에, 그 수개의 당사자는 규정들의 목적상 단일당사자로 간주하여 이 점에 관하여 의문이 있는 경우에는 재판소의 결정에 의하여 해결

5. 재판의 회피

① 어떤 재판관이 특별한 사유에 의하여 특정 사건의 재판에는 자기가 참여해서는 안 되겠다는 것을 인지할 때에 재판장에게 그 취지를 통보해야 함
② 재판장도 어떤 재판관이 특별한 사유에 의하여 특정 사건에 참여해서는 안 되겠다는 것을 인정한 경우에는 그 재판관에게 통고
③ 어느 경우에도 재판장과 당해 재판관의 의견이 합치될 때에 회피가 확정
④ 의견이 일치하지 않을 때에는 재판소의 결정으로 회피를 확정

6. 재판관할권

(1) 의의

① 국제사법재판소(ICJ)의 관할권: 재판사건에 대한 관할권, 권고적 의견에 대한 관할권, 부수적 관할권
② 재판사건(쟁송사건)에 대한 관할권: 당사자 상호 간의 법적 분쟁에 대한 관할권

(2) 인적 관할권
① 국제사법재판소(ICJ)가 갖는 대인적 관할권
② 오로지 국가만이 재판소의 쟁송사건의 당사자가 될 수 있음
③ UN회원국은 당연히 국제사법재판소(ICJ)규정 당사국으로서 당사자가 됨
④ UN비회원국에 대해서도 개방
⑤ UN비회원국의 경우 발효 중인 각 조약에 담겨 있는 특별규정을 조건으로 안전보장이사회가 부과한 조건을 따라야 함
⑥ UN비회원국은 총회가 안전보장이사회의 권고에 기하여 결정하는 조건에 따라 규정 자체의 당사자가 될 수 있음
⑦ 재판소에 소장이 제출되는 시점에서 소송당사자 중 일방의 당사자적격이 없었더라도 추후 그 흠결이 치유되어 소송을 계속할 수 있는지가 문제됨
⑧ Application of the Convention on the Prevention and Punishment of the Crime of Genocide 사건(Preliminary Objections, Croatia 대 Serbia)에서 소 제기 당시에는 당사자 중의 일방(세르비아)이 재판소 출입을 위한 규정의 장벽을 넘지 못한 상태였다 하더라도 이 요건은 소 제기 후 UN 가입 등의 사건으로 인하여 사후에 충족될 수도 있다고 하였음
⑨ 국제사법재판소(ICJ)는 세르비아-몬테네그로가 1999년 NATO 10개국을 상대로 제기했던 Legality of Use of Force 사건에서는 이와 같은 논리를 적용하지 않았음. 즉, 이 사건에서 재판소는 2004년 판결을 내릴 때쯤에는 이미 원고국이 UN에 가입하여 국제사법재판소(ICJ)규정의 당사국이었던 점을 고려에 넣지 않고, 단지 소장이 제출된 1999년 당시 재판소 출입권이 없었다는 이유만으로 재판관할권이 성립하지 않는다고 판시하였음

(3) 물적 관할권
① 의의
   ㉠ 국제사법재판소(ICJ)가 분쟁사건에 대해 갖는 사실적 관할권
   ㉡ 분쟁당사자가 국제사법재판소(ICJ)에 의한 재판을 받기로 합의한 경우에 한해 물적 관할권
   ㉢ 법적 분쟁을 물적 관할 대상으로 함
   ㉣ 관련 분쟁 전체가 법적 성격을 가져야 하는 것은 아님
   ㉤ 관할권 존부에 대한 판단은 국제사법재판소(ICJ)가 함
   ㉥ 과거 상설국제사법재판소(PCIJ)의 관할권을 수락한다고 규정한 조약은 오늘날 국제사법재판소(ICJ)의 관할권을 수락한 것으로 인정됨
   ㉦ 관할권 성립 여부 판단 시점: 제소 시
   ㉧ 일단 관할권이 성립된 경우 이후 사태 발전은 관할권 존속 여부에 영향을 미치지 않음

㉢ 금화원칙(Monetary Gold Principle)
  ⓐ 제3국의 법익이 바로 판결의 주제에 해당한다면 그 제3국의 동의 없이는 국제사법재판소(ICJ)가 사건을 심리할 수 없음
  ⓑ 동티모르 사건: 금화원칙을 적용하여 재판하지 않음
② 국제사법재판소(ICJ)의 4가지 물적 관할

임의관할	• 특별협정에 의해 관할권이 성립하는 방식으로 원칙 • 분쟁이 발생한 이후에 분쟁당사국 간 특별합의를 통해 관할권을 성립시키는 방식
약정관할	• 사전적 분쟁회부합의에 의해 관할권이 성립하는 방식 • 사전에 재판조약을 체결하거나 조약 내에 분재회부조항 또는 재판관할권 조항을 규정하여 분쟁 발생 시 국제사법재판소(ICJ)에 회부하여 사법적 해결을 추구하는 방식 • 분쟁 발생 시 일방적 신청 또는 제소(unilateral application)에 따라 국제사법재판소(ICJ)가 분쟁에 대해 관할권을 행사 • 과거 상설국제사법재판소(PCIJ)의 관할권을 수락한다고 규정한 조약은 오늘날 국제사법재판소(ICJ)의 관할권을 수락한 것으로 인정됨
강제관할권	• 국제사법재판소(ICJ)규정 제36조 제2항의 선택조항을 수락한 당사국 상호 간에 분쟁이 발생한 경우 별도의 새로운 합의 없이 일방 당사국의 제소에 의해 국제사법재판소(ICJ)의 관할권이 성립 • 국제사법재판소(ICJ)는 두 분쟁당사국의 선언이 일치하는 범위 내에서만 제36조 제2항에 의거하여 관할권을 갖게 됨. 피고국의 선택조항 수락범위가 원고국보다 제한적이라면 재판소의 관할권은 피고국의 선택조항 수락선언에 기초해야 함. 원고국이 일정 유보를 조건으로 선택조항을 수락하였다면, 피고국은 상호주의에 기초하여 원고국의 유보를 원용할 수 있음
확대관할	• 재판소의 관할권에 대하여 국가가 비공식적 또는 정식 절차가 아닌 방법을 통해서 동의를 표현하여 재판소의 관할권이 성립하는 방식 • 합의가 소송개시 이후에 표명됨 • 코르푸 해협 사건에서 국제사법재판소(ICJ)가 인정한 관할권 • 관할권을 부인할 목적만으로 출정한 경우 확대관할권이 인정되지 않음 • 일단 확대관할권이 성립하면 이후 일방적으로 철회할 수 없음 • 별도의 관할권 성립 근거가 없고, 피소국이 응소에 동의하지 않은 경우 제소사실만으로는 국제사법재판소(ICJ) 사건 목록에 등재되지 않고, 후속 절차도 진행되지 않음

- 국제사법재판소(ICJ)에서 확대관할권이 인정된 사례: Certain Criminal Proceedings in France(콩고 – 프랑스), Certain Questions of Mutual Assistance in Criminal Matters(지브티 – 프랑스), 코르푸 해협 사건(알바니아 – 영국)
- 상설국제사법재판소(PCIJ)는 Rights of Minorities in Polish Upper Silesia(Minorities Schools) 사건에서 동의는 재판관할권 문제에 대해 조건을 달지 않고 소송사안에 대하여 주장을 제출하는 등, 그것을 결정적으로 입증하는 행동으로부터 추론될 수 있다고 보았음
- Armed Activities on the Territory of the Congo 사건에서 강조하고 있는 바와 같이, 확대관할권을 발생시키는 피고국가의 태도는 자발적이고 반박의 여지가 없는 방식으로(in a voluntary and indisputable manner) 재판소의 관할권을 수락한다는 욕구를 모호하지 않게 표시한 것으로 간주될 수 있는 정도가 되어야 함

③ 선택조항
  ㉠ 국제사법재판소(ICJ)규정 제36조 제2항
  ㉡ 강제관할권의 기초
  ㉢ 수락은 국제사법재판소(ICJ)규정 당사국의 재량으로, 국제사법재판소(ICJ)규정 당사국만 할 수 있음
  ㉣ 선택조항 일부에 대해서만 수락할 수 없음
  ㉤ **수락대상**: 조약의 해설, 국제법상의 문제, 입증되면 국제의무 위반을 구성하게 될 사실의 존재, 국제의무 위반에 대하여 행하여질 손해배상의 성질 및 범위에 관한 모든 법적 분쟁
  ㉥ 수락선언은 UN사무총장에게 기탁해야 하며, 기탁 시 효력이 발생함. 타 회원국에 도달해야 효력이 발생하는 것은 아님(인도령 통행권 사건, ICJ)
  ㉦ 사무총장은 그 사본을 본 규정당사국들과 재판소 행정처장[국제사법재판소(ICJ) 서기]에게 송부
  ㉧ 상설국제사법재판소(PCIJ)규정 제36조에 대한 수락선언은 국제사법재판소(ICJ)규정 당사국 상호 간에 승계됨
  ㉨ 수락선언의 철회에 대해서는 명시적 규정은 없으나 일반적으로 인정
  ㉩ 국제사법재판소(ICJ)규정에는 선택조항의 수락과 관련된 유보에 관한 규정은 없으나 수락선언에 유보를 붙일 수 있음
  ㉪ 국제사법재판소(ICJ)는 자동유보[국내문제에 대한 국제사법재판소(ICJ) 강제관할권 배제 유보]의 효력을 인정(노르웨이 공채 사건)
  ㉫ 국제사법재판소(ICJ)의 니카라과 사건에 의하면 선택조항에 따른 상호주의는 동 조항에서 부담한 약속의 범위와 실질에 적용되는 것이지 약

속의 종료를 위한 조건과 같은 형식적 조건에는 적용되지 않음. 또한, 상호주의는 타방 당사자의 선언에 담겨 있는 명시적 제약이나 조건을 원용함을 의미하는 것이지, 국가가 자신의 선언에서 부가했던 조건으로부터 벗어남을 정당화하기 위해 원용할 수 있는 것이 아님

- ⓓ 현재 73개국이 선택조항을 수락. 상임이사국 중 영국만 수락하였으며 프랑스와 미국은 철회. 중국은 대만의 수락선언을 불승계. 러시아(소련)는 당초부터 수락하지 않았고, 대한민국도 수락하지 않았음
- ⓔ 미국의 다자조약 유보(Vandenberg amendment): 미국은 1946년 8월 26일 국제사법재판소(ICJ)규정 제36조 제2항(선택조항) 수락 시 재판소 결정에 의하여 영향받는 조약의 모든 당사자들이 국제사법재판소(ICJ)에서 역시 사건의 당사자가 되지 않는 한, 다자조약으로부터 발생하는 분쟁을 배제하는 유보(Vandenberg amendment)를 해 두었음. 이를 다자조약 유보라고 함
- ④ 중재판정의 부존재 또는 무효 소송: 중재판정의 부존재 내지는 무효를 구하는 소송이 국제사법재판소(ICJ)에 제기되어 오기도 함. Arbitral Award of 31 July 1989 사건에서 국제사법재판소(ICJ)는 관할권의 일탈, 불충분한 이유, 중재재판소의 진정한 과반수의 결여 등 세 가지 중재판정 무효사유를 원칙적으로 인정한 바 있음
- ⑤ 고유관할권의 인정 여부: 2016년 Alleged Violations of Sovereign Rights and Spaces in the Caribbean Sea(Prelminary Objections, Nicaragua 대 Colombia)에서 국제사법재판소(ICJ)의 고유관할권 주장이 제기된 바 있으나, 재판소는 이 문제에 대한 판단을 회피하였음. 니카라과는 국제사법재판소(ICJ)는 자신의 판결 불이행에 관한 분쟁을 다룰 고유권한을 가지고 있으며, 현재의 분쟁은 콜롬비아가 Territorial and Maritime Dispute(Nicaragua 대 Colombia) 사건에 대한 2012년의 국제사법재판소(ICJ)판결을 이행하지 않음으로 인하여 발생한 것이기 때문에 본 사건에서 국제사법재판소(ICJ)의 그 같은 고유권한이 존재한다고 주장하였음. 이 주장에 대해 재판소가 보고타조약 제31조에 의거하여 재판소의 관할권이 성립함을 인정하였으므로 고유관할권 문제는 다룰 필요가 없으므로 콜롬비아의 선결적 항변에 대해 판결을 내릴 이유가 없다고 판시하였음

7. 권고적 관할권(권고적 의견)

(1) 의의

① UN의 기관이나 전문기관이 법적 문제에 대해 국제사법재판소(ICJ)에 대해 요청한 자문에 응해서 국제사법재판소(ICJ)가 부여한 의견

② 권고적 의견제도는 계쟁관할권 미수락국가의 사건을 재판소에 맡기기 위한 우회방법으로 이용될 수 있음
③ 판결에 대해서는 재심절차가 있으나, 권고적 의견에 대해서는 재심절차가 없음

(2) 인적 관할

① UN총회와 안전보장이사회: 헌장규정에 따라 인정

UN총회	단순다수결이 적용
안전보장이사회	상임이사국 거부권이 적용(비절차사항)

② UN의 기타기관과 전문기관: 총회의 허가를 조건으로 요청
③ 총회의 일반적 승인을 받은 기관: 경제사회이사회, 신탁통치이사회, 총회중간위원회, UN행정재판소 재심소청심사위원회, 15개 전문기구, 국제원자력기구(IAEA)
④ 사무국: 총회의 일반적 승인을 부여받지 못함

(3) 물적 관할

① 법적 문제
② 총회와 안전보장이사회: 여하한 법적 문제에 관해서도 권고적 의견을 요청
③ 기타 UN기관과 전문기관: 그 활동범위 내에서 발생하는 법적 문제에 관해서만 권고적 의견을 요청
④ 계쟁관할권의 우회 문제
  ⑤ 국제사법재판소(ICJ)의 권고적 관할권은 UN의 정치기관들이나 전문기구들이 국제사법재판소(ICJ)에서 계쟁절차를 개시할 수 없는 자신들의 권한 흠결을 극복하기 위하여, 그리고 때로는 국제사법재판소(ICJ)의 계쟁관할권을 수락하지 않는 국가들과 관련된 사태를 동 재판소의 조사에 맡기기 위한, 우회적 방법으로 사용될 수도 있다는 점에서 이 절차의 남용이 우려되기도 함
  ⓒ 실제로 국제연맹 시절 상설국제사법재판소(PCIJ)는 Eastern Carelia 사건에서 특히 상설국제사법재판소(PCIJ)규정의 당사국도 아니고 국제연맹의 회원국도 아닌 국가(러시아)의 동의의 흠결과 반대를 이유로 권고적 의견을 주기를 거부한 바 있었음
  ⓒ UN 초기 총회가 권고적 의견을 요청한 Interpretation of Peace Treaties with Bulgaria and Romania 사건에서 본 사건과 직접 관련이 있는 이들 3개국(불가리아, 헝가리, 루마니아)은 당시 UN회원국이 아니었으며, 따라서 그들은 UN총회의 권고적 의견 요청에 대하여 국제사법재판소(ICJ)가 취하는 일체의 행동에 대해 공공연하게 반대하였음
  ② 그러나 국제사법재판소(ICJ)는 UN회원국이든 비회원국이든 불문하고 어떤 국가든 재판소의 권고적 관할권 행사를 방해할 수 없다고 하였음

⑤ **이해관계국의 동의 문제**: 국제사법재판소(ICJ)는 서부 사하라(Western Sahara) 사건에서 권고적 관할권을 행사함에 있어 이해관계국의 동의가 있어야 하는 것은 아니라고 하였음

(4) 절차

① 권고적 의견의 요청
  ㉠ 의견이 요구되는 문제의 명확한 기술을 포함하고 또한 문제를 명확하게 할 수 있는 모든 서류를 첨부한 서면요청서에 의해 재판소에 제출
  ㉡ 재판소는 권고적 의견의 요청을 거절할 수 있으며, 권고적 의견을 부여할 것인가는 재판소의 자유재량
  ㉢ 핵무기 사용의 적법성에 관한 권고적 의견 사건(ICJ)
    ⓐ 국제사법재판소(ICJ)는 세계보건기구(WHO)가 요청한 권고적 의견 부여를 거절
    ⓑ WHO의 권한범위를 벗어난 문제라고 판단
    ⓒ 이후 UN총회가 같은 질문을 다시 회부하여 권고적 의견을 부여
  ㉣ Eastern Carelia case(PCIJ, 1923): 권고적 의견 부여를 거절

② 재판소의 통고
  ㉠ 재판소 서기는 권고적 의견의 요청을 재판소에서 재판을 받을 수 있는 모든 국가에 통고
  ㉡ 재판소 서기는 재판장이 결정한 기한 내에 진술서를 수령하고 공개법정에서 구두진술을 청취할 용의가 있다는 취지를 특별하고도 직접적인 통신수단에 의해 국가 및 당해 문제에 관해 정보를 제공할 수 있다고 재판소가 인정하는 모든 국제기구에 대하여 통고
  ㉢ 서면진술이나 구두진술을 제출한 국가들과 기구들은 재판소가 각 경우에 결정하는 형식, 범위 및 기간 내에 타 국가 또는 타 기구가 행한 진술에 관하여 논평하는 것이 허용

③ 계쟁사건에 적용되는 규정 및 규칙의 적용
  ㉠ 계쟁사건(재판사건)에 적용되는 국제사법재판소(ICJ)규정과 규칙의 관련 규정을 적용
  ㉡ 국제사법재판소(ICJ)규정 제31조(임시재판관)와 동조의 적용을 위한 국제사법재판소(ICJ)규칙을 적용

④ 공개법정에서 발표
  ㉠ 재판소는 사무총장 또는 직접적으로 관계있는 UN회원국, 기타 국가 및 국제기관이 대표자에 통고한 이후 공개법정에서 권고적 의견을 발표
  ㉡ 재판관들은 개별 의견을 발표할 수 있음

⑤ 기타
  ㉠ 국가와 국제기구 간 분쟁이 진행 중인 쟁점사항에 대해서도 의견을 부여
  ㉡ 정치적 성격을 함께 가진 문제에 대해서도 의견을 부여

　　　　ⓒ 상설국제사법재판소(PCIJ)는 Eastern Carelia case(1923)에서 권고적
　　　　　의견 부여를 거절하였음
　　　　ⓔ 심리 참여가 부적절하다고 판단되는 판사는 스스로 회피할 수 있음
　　　　ⓜ 국가가 특정 판사에 대해 기피신청을 할 수 있음

(5) 법적 구속력
　① 국제기관이나 국가에 대해 법적 구속력이 없음
　② 합의에 의해 구속력을 부여할 수 있음

★핵심 POINT | 권고적 의견과 재판의 비교

구분	권고적 의견	재판
구속력	없음	있음
대상	구체적 분쟁이 아니어도 무방 [추상적·가정(假定)적 문제]	구체적 분쟁을 전제로 함
당사자	UN기관	국가

8. 부수적 관할권

(1) 의의
　① 국제사법재판소(ICJ)가 재판절차를 진행함에 있어서 재판관할권에 대한 항변을 결정하거나, 반소를 허용하거나, 소송참가를 허용하는 등 재판절차와 관련하여 갖는 관할권
　② 재판소가 이 권한을 행사함에 있어서 당사자들의 동의를 요하지 않음
　예 선결적 항변, 잠정조치, 소송참가, 반소, 불출정, 재심, 판결해석 등

(2) 선결적 항변
　① **개념**: 국제사법재판소(ICJ)가 본안심리에 들어가기 전에 일정 사항을 청구하여 국제사법재판소(ICJ)의 본안심리를 배제하는 절차
　② **주체**: 피고가 제기하는 것이 일반적이나 원고도 청구할 수 있음
　③ 국제사법재판소(ICJ)가 직권으로 선결적 항변 쟁점을 심리할 수 있음
　④ **항변사유**: 재판관할권의 존부에 대한 항변, 사건의 재판가능성에 대한 항변, 재판적격성에 대한 항변 등
　⑤ 선결적 항변이 제기되면 일단 본안절차가 중단되고, 재판 내의 재판이 시작
　⑥ 피고의 선결적 항변은 원고의 진술서가 전달된 후 늦어도 3개월 이내에 서면으로 제출
　⑦ 항변제기국은 그 주장에 대한 입증책임을 짐
　⑧ 항변사유 검토에 있어서 재판관할권(jurisdiction)을 먼저 검토하고 인정되면 청구의 허용성(admissibility) 문제를 다루는 것이 국제사법재판소(ICJ)의 확립된 관행(콩고 영토무력분쟁 사건, ICJ, 2006)

⑨ 재판소가 선결적 항변 중 최소한 하나를 지지하면 사건은 종료
⑩ 재판소가 선결적 항변을 모두 배척한다면 그동안 중단되었던 본안심리가 재개
⑪ 선결적 항변을 철회할 수도 있으며, 이 경우 본안판단이 재개됨
⑫ 선결적 항변의 내용이 본안과 구별하기 어려운 경우 본안과 함께 판단하기도 함
⑬ 관할권에 대한 선결적 항변이 국제사법재판소(ICJ)에 의해 거절되면, 국제사법재판소(ICJ)는 추가 소송절차를 위한 기한(time-limits)을 정함
⑭ 사건이 특별협정에 의해 부탁된 경우에도 당사자 일방에 의해 선결적 항변이 제기될 수 있음
⑮ 재판소가 부수적 관할권을 행사하는 사건에서도 선결적 항변이 제기되기도 함

(3) 선결적 항변에 대한 판단권의 이전
① 국가 간 합의에 의해 어떤 재판소의 compétence de la compétence가 다른 재판소로 이전될 수도 있음
② 국제사법재판소(ICJ)는 Ambatielos case 사건에서 두 분쟁당사국 간의 합의에 의하면 동 재판소에게는 Ambatielos 청구의 본안에 대해 결정할 관할권은 없지만 피고국인 영국이 사건을 중재재판으로 가져갈 의무가 있는지의 여부에 대해 결정할 관할권은 있다고 판시한 바 있음
③ 중재재판소 역시 제한이 입증되기 전까지는 본질적으로 compétence de la compétence를 가지는 것으로 추정되기 때문에 compétence de la compétence의 이와 같은 이전은 이 문제에 대한 당사자 간의 명백한 합의를 전제로 함

(4) 잠정조치
① 개념: 쟁송 사건이 재판소에 회부된 후 최종적인 판결이 내려지기 전까지 분쟁당사국 간의 권리보전을 위하여 재판소가 긴급한 필요에 의하여 임시적으로 취하도록 제시하는 일정한 조치
② 주된 목적: 본안 사건에 대한 판결이 내려지기 전에 재판절차를 무의미한 것으로 만들지 못하도록 분쟁의 대상이 되는 권리를 보전하는 것
③ 요건: 일견 관할권의 존재 + 회복 불가능한 권리 침해의 위험 + 위험의 급박성
④ 어느 한 쪽 당사국의 신청에 의해 그 신청에 관련된 사건의 절차 중에는 언제든지 지시될 수 있음
⑤ 법원의 직권에 의해서도(proprio motu) 지시될 수 있음
⑥ 소송이 시작되기 이전에는 잠정조치를 지시할 수 없음
⑦ 잠정조치는 긴급성을 수반하므로, 잠정조치의 지시에 관한 결정은 국제사법재판소(ICJ)에 의해 긴급사항으로 취급되고, 다른 모든 사건보다 우선적으로 취급됨

⑧ 폐회 중인 경우 법원장은 지체 없이 판사를 소집해야 함
⑨ 국제사법재판소(ICJ)의 관행상 국적 판사의 참석을 요하지 않음
⑩ 잠정성이 중요한 특징이므로 국제사법재판소(ICJ)의 결정은 잠정적이며, 나중에 그 견해를 변경할 수 있음
⑪ 구속력에 대해서는 국제사법재판소(ICJ)규정이나 UN헌장상 명확하지 않아 다툼이 지속되었으나, 국제사법재판소(ICJ)는 1999년 LaGrand 형제 사건에서 법적 구속력이 있음을 명확하게 밝힘
⑫ LaGrand 형제 사건에서 ICJ는 UN헌장 제94조 제1항에 언급된 ICJ결정은 제94조 제2항의 판결(judgement)뿐만 아니라 재판소에 의해 내려진 일체의 결정을 지칭하는 것으로 해석될 수 있고, 이러한 해석에 따라 임시조치의 구속력을 인정할 수 있다고 판시

(5) 소송참가
① 의의
㉠ 개념: 국제소송의 당사자가 아닌 제3국이 자신의 법률상의 이익을 보호하기 위해 소송에 개입하는 것
㉡ 구두변론 시작 이전에 서면으로 신청하는 것이 원칙
㉢ 필요성은 신청국이 증명

② 종류

해석적 소송참가	• 소송당사국이 아닌 국가가 체약국인 조약이 문제되는 경우 법원의 서기의 통고의무를 규정하고, 통고를 받은 국가는 소송에 참가할 권리를 가짐 • 체약국의 권리로서의 성격을 가짐 • 권리로서의 소송참가이므로 재판부의 별도의 허가를 요하는 것이 아님 • 법원은 통고의무를 짐 • 소송참가국은 판결에는 구속을 받지 않음 • 소송참가국은 판결에 의한 조약해석에는 구속을 받음 • 남극해 포경 사건(호주 – 일본)에서 국제사법재판소(ICJ)는 뉴질랜드에게 해석적 소송참가를 인정하였음
자발적 소송참가	• 어떤 국가가 계쟁사건의 판결에 의해 영향을 받는 법적 이익을 가지고 있다고 생각하는 경우 국제사법재판소(ICJ)에 소송참가를 신청할 수 있고, 국제사법재판소(ICJ)는 이 신청에 대해 결정 • 비당사자참가: 법률적 성질의 이해관계를 가진 국가가 참가함. 소송에 영향을 받을 가능성이 있음을 입증하면 됨. 판결의 구속을 받지 않음. 기존 소송당사국들과 국제사법재판소(ICJ) 재판관할권이 성립될 필요가 없음. 소송당사국이 반대해도 재판소는 소송참가를 허용할 수 있음

- **당사자참가**: 소송참가국이 사건의 당사국이 됨. 국제사법재판소(ICJ)가 당사자참가를 인정한 사례는 없음. 소송당사국과 소송참가국 간 국제사법재판소(ICJ) 재판관할권 성립의 근거가 필요함. 소송참가국은 당사자와 마찬가지로 취급되며, 판결에도 구속을 받음
- 엘살바도르와 온두라스 간 국경분쟁 사건(1990)에서 국제사법재판소(ICJ)는 니카라과에게 국제사법재판소(ICJ) 역사상 처음으로 비당사자참가를 인정하였음

(6) 반소
① 재판소의 관할권에 들고, 타방 당사자의 청구내용과 직접적인 관련이 있는 경우에만 재판소에 의해 수락될 수 있음
② 반소신청에 대해 이의가 제기되는 경우 재판소는 양당사자의 의견을 들은 후 반소허용 여부를 결정

(7) 불출정
일방 당사자가 출정하지 아니하거나 출정하더라도 자기 입장을 옹호하거나 방어하지 않는 경우, 타방 당사자는 자국의 청구를 지지하는 결정을 내려 주도록 재판소에 요청 가능함

(8) 재심
① 판결 당시에 몰랐던 새로운 사실이 발견되어 사건을 완전히 다시 심리하는 것
② 판결의 재심청구는 판결 시에 재판소와 재심청구를 하는 당사자 그 어느 쪽도 알지 못하였던 결정적 요소인 중요한 사실의 발견이 있는 경우에 한함
③ 재심청구는 새로운 사실이 발견된 때로부터 늦어도 6개월 이내에 청구하여야 함
④ 판결일자로부터 10년이 지난 후에는 재심을 청구할 수 없음
⑤ 알지 못했던 것에 재심청구국의 과실이 없어야 하며, 이는 청구국이 입증해야 함
⑥ 구할 수 있는 정보를 얻기 위해 필요한 모든 노력을 다하지 않았다면 과실이 추정됨
⑦ 총 4건의 재심요청이 있었으나 모두 기각됨

(9) 판결해석
① 판결의 의미 혹은 범위에 관하여 분쟁이 발생한 경우
② 재판소는 어느 한 당사자의 요청이 있으면 이것을 해석
③ 판결해석은 판결의 주문에 관련되어야 하며, 판결사유에 대해서는 제기될 수 없음
   예 2011년 캄보디아는 1962년 프레아 비헤아 사원 사건 판결에 대한 해석을 요청

④ 해석은 판결의 의미 혹은 범위에 관하여 하는 것이므로 재판소는 원판결의 범위를 벗어날 수 없음
⑤ 판결이라 함은 본안판결뿐만 아니라 선결적 항변에 대한 판결도 포함하는 것으로 해석되며, 따라서 후자도 해석신청의 대상이 될 수 있음
⑥ 국가들이 이 절차를 발동하기 위해서는 재판소에 함께 가기로 약속하는 특별협정을 체결하여 놓고도 나중에 그중 한 국가가 일방적으로 판결해석을 신청하는 경우 규정 제60조하의 관할권이 방해받는가의 문제가 제기된 바 있는데, 국제사법재판소(ICJ)는 이와 같은 합의의 유효성에 대해서는 직접 판단함이 없이 규정 제60조가 그와 같은 합의에 우선하는 것으로 보았음
⑦ 2011년 캄보디아는 1962년 프레아 비헤아 사원 사건 판결에 대한 해석을 요청

(10) **재판재개요청**
① 국제사법재판소(ICJ)규정에 명시된 것은 아님
② 1995년 프랑스가 남태평양에서 8차례 핵실험을 실시할 계획임을 발표
③ 뉴질랜드는 1974년 판결을 근거로 1974년 사건을 국제사법재판소(ICJ)가 재개할 것을 청구
④ 호주, 사모아, 솔로몬제도, 마셜제도, 마이크로네시아연방 등이 소송참가를 신청
⑤ 국제사법재판소(ICJ): 각하판결. 1974년 핵실험은 대기권에 관한 사건이었으나 프랑스가 새로 실시하기로 발표한 것은 지하핵실험으로, 두 사건이 같은 사건이 아니므로 재판재개요청은 이유 없음

9. 재판절차

(1) **심리**
① 원칙: 공개
② 예외: 재판소가 달리 결정하는 경우 또는 당사자들이 공개하지 아니할 것을 요구하는 경우에는 비공개

(2) **조사 또는 감정의 위탁**
재판소가 선정하는 개인, 단체, 관공서, 위원회 또는 다른 조직에게 조사의 수행 또는 감정 의견의 제출을 언제든지 위탁할 수 있음

(3) **심리 종결과 평의**
① 심리 종결: 재판소의 지휘에 따라 대리인, 법률고문 및 변호인이 사건에 관한 진술을 완료한 때에는 재판소장은 심리가 종결되었음을 선언
② 평의: 재판소는 판결을 심의하기 위해 퇴정하며, 재판소의 평의는 비공개로 이루어지며 비밀로 함

(4) 합의에 의한 소 취하
① 쟁송사건 분쟁의 존부는 객관적으로 결정지어져야 함
② 분쟁은 제소 당시 가설적으로만 존재해서는 아니 되며 판결시에도 여전히 존재해야 함
③ 국제사법재판소(ICJ)가 선결적 항변에 대한 판단을 통해 관할권을 인정하였음에도 불구하고 분쟁당사국이 합의에 도달하면 본 사건의 심리는 중단됨
예 나우르 인산염 사건(1993)

(5) 새로운 청구의 허용 여부
① 선택조항 수락 등에 따른 일방적 청구 사건에서 원고국이 소송제기 후 절차 진행 중에 새로운 청구를 제기하는 것은 법적 안정성 관점에서 허용되지 않으므로 소의 허용성이 없다고 판단함
② 형식적으로 새로운 청구라 하더라도 실질적으로는 원래의 청구에 포함된 것으로 간주되는 경우에는 새로운 청구가 허용됨

(6) 소 취하 후 재소
① Barcelona Traction 사건(1970)에서 문제됨
② 벨기에가 일방적 통고로 소를 취하한 후에 다시 소를 제기하자 피고 스페인이 이러한 소 취하는 원칙적으로 다시 제소할 권리를 포기한다는 것을 의미한다고 주장
③ 국제사법재판소(ICJ)는 이를 받아들이지 않았음
④ 소 취하 후 다시 소를 제기하는 것이 허용됨

(7) 국제사법재판소(ICJ)재판 증거
① 소송대리인에게 심리의 개시 전에도 서류의 제출이나 필요한 설명을 요구할 수 있음
② 개인이나 단체에 대해 조사의 수행이나 감정을 위탁할 수도 있음
③ 관계국의 동의를 얻어 현장을 방문
④ 언론 등을 통해 널리 알려진 사실을 수용
⑤ 국제사법재판소(ICJ)가 당사국에게 증거의 제출을 강제할 방법은 없음
⑥ 국제사법재판소(ICJ)는 통상적인 국내법원보다는 유연하게 증거 가치를 판단하고 있음
⑦ 위법하게 수집된 증거라고 하여도 반드시 배척하지는 않음

(8) 국제기구에 대한 정보 요청 및 정보 수령
① 재판소는 재판소규칙이 정하는 조건에 따라 국제기구에 사건 관련 정보 제공을 부탁할 수 있음
② 또한, 재판소는 이들 기구가 자발적으로 제공하는 정보를 받아야 함
③ 국제기구의 설립문서 또는 그에 기하여 채택된 국제협약의 해석이 재판소에 계류 중인 사건에서 문제되는 때에는, 재판소 행정처장은 당해 기구에

그 사실을 통고하여야 하며, 또한 모든 서면절차의 사본을 송부하여야 함
④ 2005년 9월 29일 채택 및 발효된 재판소규칙에 의하면 국제공기구가 당사자인 협약의 해석이 문제된 경우 재판소는 당해 기구가 문제의 조항에 대해 의견을 제시하는 것을 허락할 수 있음

10. 판결

① 판결은 출석한 재판관의 과반수에 의함
② 가부동수인 경우에 재판소장 또는 그를 대리하는 재판관이 결정투표권(casting vote)을 행사
③ 판결이유를 적시하고, 재판에 참여한 재판관의 성명을 기재
④ 판결에 관해 전부 또는 일부에 있어 재판관 전원의 의견일치가 이루어지지 않은 경우 재판관은 개인적 의견을 표명할 권리를 보유함
⑤ 개인적 의견은 판결 자체에 반대하는 소수 의견(dissenting opinion)과 판결 주문에는 찬성하나 그 이유가 다른 개별 의견(separate opinion)으로 대별됨
⑥ 판결 및 그 이유는 공개
⑦ 판결을 위한 평의는 비공개
⑧ 판결은 당해 사건에 관해 분쟁당사국에 대해서만 법적으로 구속력이 있음
⑨ 선례구속의 원칙(principle of stare decisis)은 부정됨
⑩ 판결은 종국적이며 상소할 수 없음

11. 판결의 집행

① 국제사법재판소(ICJ)의 판결은 원칙적으로 패소국가에 의해 이행되어야 함
② 패소국이 판결 불이행 시 복구조치를 취할 수 있음
③ 승소국은 판결을 이행하지 아니하는 패소국을 안전보장이사회에 회부할 수 있음
④ 안전보장이사회는 판결을 집행하기 위해 권고하거나 필요한 조치를 결정
⑤ 필요한 조치의 범위에 헌장 제7장상의 조치가 포함된다고 보는 것이 통설
⑥ 현재까지 안전보장이사회가 국제사법재판소(ICJ)의 판결을 강제하기 위해 결의를 채택한 사례는 없음
⑦ 미국 연방대법원은 Medellin v. Texas 사례에서 ICJ 판결의 법적 구속력을 부인한 바 있음

제2장 전쟁과 평화에 관한 법

제1절 총설

1. 무력충돌에 관한 법(jus ad bellum)
① 차별전쟁관(정전론)과 무차별전쟁관으로 대별됨
② 현행법은 차별전쟁관에 기초하고 있음

2. 정전론자
① 학자마다 주장하는 정당한 전쟁이 다름
② 어거스틴(St. Augustine): 잘못에 대한 보복과 방위를 위한 전쟁은 정당
③ 아퀴나스(Thomas Aquinas): 군주의 정당한 권위, 올바른 의도, 정당한 원인을 정당한 전쟁의 조건으로 제시함
④ 그로티우스(H. Grotius): 자기방위, 권리침해에 대한 구제, 위법행위에 대한 제재를 위한 전쟁은 정당하다고 함

3. 무력충돌 속의 법(jus in bello)
① 전쟁법과 전시인도법을 의미함
② 양법을 통칭하여 국제인도법이라고도 함

제2절 무력사용의 제한

1. 의의
① **전통국제법**: 자존권의 인정, 평시법 관계에서 전시법 관계로 전환할 자유
② 무력사용에 관한 법은 무차별전쟁관에서 정전론으로 발전
③ 오늘날 무력사용 및 그 위협까지 엄격하게 금지되고, 몇 가지 예외만 인정됨
④ 국가들은 무력사용권을 확대하기 위해 다양한 시도를 하고 있음

2. 무력사용권에 대한 제한

(1) Webster 공식
① 개념: 평시 무력사용의 제한 법리
② 자위권 발동의 요건: 필요성, 비례성

③ 오늘날 국제법에서도 자위권 발동요건으로서 인정됨
예 니카라과 사건(ICJ)

(2) 계약상의 채무회수를 위한 무력사용 제한에 관한 협약(1907)
① Drago – Porter(드라고 – 포터)조약
② 재산회수를 위한 무력사용을 제한한 조약
③ 국제분쟁해결을 위해 무력사용을 직접 제한한 최초의 조약
④ 채무국이 중재 제의를 거부하거나 중재판정을 준수하지 않을 경우에는 병력 사용을 금지하지 않음

(3) 국제연맹규약
① 전쟁을 포괄적으로 제한
② 일체의 전쟁을 제한한 최초의 조약
③ 일체의 무력사용까지 제한한 것은 아님
④ 전쟁 자체를 위법화한 것이 아니라 전쟁에의 호소를 3월의 냉각기간 동안 유예

(4) 국제연맹총회의 노력
① 국제연맹총회는 침략전쟁을 '범죄'로 규정하려고 시도하기도 하였음
② 1923년 연맹총회에서 채택된 상호원조에 관한 조약 초안은 체약국은 침략전쟁이 국제범죄임을 엄숙히 선언하며, 그 누구도 이를 범하지 않을 것을 각자 약속한다고 규정하였음
③ 1927년 연맹총회에서 채택된 침략전쟁에 관한 선언도 침략전쟁을 '국제범죄'로 분류한 바 있음

(5) 전쟁포기에 관한 조약(부전조약, 켈로그 – 브리앙 조약, 1928)
① 전쟁 자체를 위법화한 최초의 조약
② 국가정책수단으로서 전쟁을 포기하기로 합의
③ 분쟁의 평화적 해결을 규정
④ 국가정책수단으로서의 전쟁만을 금지하는 데에 불과하였음
⑤ 일체의 무력사용을 금지하는 것은 아님
⑥ 국제연맹의 제재로서의 군사조치, 자위를 위한 전쟁 등을 인정

(6) 제2차 세계대전 이후 국제군사재판소헌장
① 제2차 세계대전 후의 동경 및 뉘른베르크 국제군사재판소헌장은 침략전쟁의 개시뿐만 아니라 그 준비도 이미 국제법에 의하여 금지된 것으로서, 위법일 뿐만 아니라 범죄를 구성한다고 하였음
② 그러나 그에 대한 형사적 제재는 침략전쟁을 준비·개시·수행한 개인을 처벌하는 방식에 국한되었음
③ 침략을 자행한 국가 자체에 대해 형사책임을 물은 것은 아니었음

(7) UN헌장
① 국가의 무력사용 및 위협이 금지되었음
② 무력의 위협 또는 사용은 단지 국가 간의 관계에서만 금지되었음
③ 따라서 UN회원국들은 자국 영토 내의 반란단체나 독립을 위해 투쟁하는 민족해방기구를 상대로 무력을 사용하는 것은 여전히 허용되는 것으로 해석되었음

(8) 1970년 우호관계원칙선언
① 무력사용 및 위협의 금지원칙은 1970년 우호관계원칙선언에서 국제관습법으로 확인되었음
② 무력의 위협 또는 사용은 국가에 대해서뿐만 아니라 민족해방단체에 의해 대표되는 자결권을 향유하는 민족에 대해서도 금지됨
③ 국가는 어떠한 경우에도 타국의 영토를 무력의 위협 또는 사용을 통하여 취득할 수 없음
④ 따라서 침략국의 영토라 할지라도 UN헌장에 따라 이를 군사적으로 점령할 수는 있어도 병합할 수 없음
⑤ 정복을 통한 주권변경불가의 원칙은 국제관습법규(ICJ, 2004)

3. 무력사용금지원칙
① 모든 회원국은 그 국제관계에 있어서 무력에 의한 위협 또는 무력의 행사를 여하한 국가의 영토보전이나 정치적 독립에 대하여서도, UN의 목적과 양립할 수 없는 다른 여하한 방법에 의한 것이라도 이를 삼가야 함
② 강행규범 또는 대세적 의무에 해당하는 일반국제관습법의 원칙
③ 무력사용금지원칙의 중대한 위반은 침략을 구성
④ 강행규범 위반에 의해 창설된 상황에 대해 모든 국가들은 이를 승인하지 않을 의무와 그러한 상황을 유지하는 데에 필요한 지원 내지 협조를 삼갈 의무를 부담
⑤ 군사적 힘의 사용이나 위협만을 금지
⑥ 1970년 우호관계원칙선언에서 국제관습법으로 확인
⑦ 무력의 위협 또는 사용은 국가에 대해서뿐만 아니라 민족해방단체에 의해 대표되는 자결권을 향유하는 민족에 대해서도 금지됨
⑧ 국가는 어떠한 경우에도 타국의 영토를 무력의 위협 또는 사용을 통하여 취득할 수 없음
⑨ 침략국의 영토라 할지라도 UN헌장에 따라 이를 군사적으로 점령할 수는 있어도 병합할 수 없음
⑩ 정복을 통한 주권변경불가의 원칙은 국제관습법규(ICJ, 2004)

4. 무력사용금지원칙에 대한 예외 - UN헌장규정

(1) 자위권
① 개념: 무력공격이 발생한 경우 취하는 반격조치
② 종류: 개별적·집단적 자위권이 있으며, 모두 관습법으로 확립됨
③ 공통요건: 무력공격의 발생, 필요성, 비례성, 안전보장이사회에 사후보고
④ 집단적 자위권의 추가 요건: 피침국의 요청

(2) 무력적 강제조치 참여
① 헌장 제7장에 따라 안전보장이사회는 무력적 강제조치를 취할 수 있음
② 안전보장이사회와 특별협정을 체결한 국가는 안전보장이사회의 강제조치에 참여하며, 그러한 조치로서 취하는 무력사용은 적법한 무력사용에 해당함

(3) 지역적 기관의 무력사용
① 지역적 기관은 지역 안보를 위해 무력을 사용할 수 있음
② 그러나 안전보장이사회의 사전승인을 요건으로 함

(4) 구적국조항
① 제2차 세계대전 중 적대국에 취한 조치의 효력을 인정
② UN헌장 발효 이전에 취해진 무력사용조치의 효력 유지 가능

5. 무력사용 금지원칙의 예외 인정 여부에 관한 논쟁

(1) 복구
① 개념: 상대방의 위법행위에 대한 비례적 대응조치
② 무력복구: 전쟁과 유사하나 전쟁의사가 없고, 무력사용의 범위도 일시적 및 제한적임
③ UN헌장체제에서 무력복구는 금지됨
④ UN총회: 무력행사를 수반한 복구를 삼가야 한다는 결의를 채택(1970)

(2) 인도적 간섭
① 개념: 심각한 비인도적 사태에 대해 타국이 무력을 동원하여 사태를 종식하려는 조치
② 찬성론
  ㉠ 별다른 수단이 없다면 개별 국가가 개입할 수밖에 없음
  ㉡ 비인도적 사태 방지는 UN의 목적 중 하나이므로 인도적 간섭은 헌장체제에서 금지되지 않았음
③ 반대론
  ㉠ 헌장은 헌장에 허용된 무력사용을 제외하고는 무력사용을 전면적 금지하고 있음
  ㉡ 남용가능성이 큼

④ 국제사회에서 인도적 개입을 지지하는 관행과 법적 확신이 있다고 보기 어려움

(3) 자국민 보호를 위한 무력사용
① 엔테베공항 사건(1976): 이스라엘이 특공대를 보내어 우간다 엔테베공항에 납치 및 억류된 자국민을 구출한 사건으로, 자국민 보호를 위한 무력사용을 지지하는 사례로 거론됨
② 인정 여부에 대해 논란이 있음
③ 이를 인정하는 조약이나 관습은 없음
④ 자위권으로 정당화하기도 하나 해외 자국민에 대한 공격을 국가에 대한 공격으로 간주하기는 곤란함

(4) 보호책임(Responsibility to Protect)
① 코피 아난 UN사무총장의 제안에 기초하여 전문가들이 2001년 관련보고서를 제출
② 2005년 UN총회에서 관련결의가 채택
③ 제노사이드, 전쟁범죄, 인종청소, 인도에 반하는 죄에 대해서만 적용
④ 이러한 죄로부터 주민을 보호할 1차적 책임은 개별 국가에게 있으나, 실패한 경우 국제공동체가 집단적 조치를 취함
⑤ 무력사용에 앞서 외교적 조치 등 다른 평화적 조치를 우선 사용해야 함
⑥ 국제공동체에 집단적 조치를 취할 책임을 부과한 것은 아님
⑦ UN헌장 제7장에 의한 안전보장이사회의 승인하에서만 집단적 조치가 가능함
⑧ 개별 국가 차원의 일방적 개입은 불가함
⑨ 안전보장이사회 상임이사국이 거부권을 행사하는 경우에 대한 통제방안이 없음
⑩ 종래 인도적 간섭이 무력사용에 초점을 맞춘 반면, 보호책임은 예방적 조치와 무력적 대응조치를 포함하는 포괄적 접근임
⑪ 현재 보호책임을 규정한 조약은 없음
⑫ 보호책임에 대한 관습이 성립했다고 보기 어려움

(5) 민주적 간섭
① 개념: 타국에서 정당성이 없거나 억압적인 체제에 대항하고 민주적인 정부체제를 지지하거나 수립하기 위한 무력개입
② 1989년 12월 파나마에 대한 미국의 무력간섭을 정당화하기 위해 제시됨
③ UN헌장 제2조 제4항의 명백한 규정과 국내문제 불간섭원칙에 위반될 수 있음

제3절 전쟁법

1. 의의
전쟁이 발생하여 전쟁상태가 계속되는 동안 교전당사국 간 또는 교전당사국과 비교전당사국 간의 관계를 규율하는 법

2. 연혁
① 전쟁법은 18세기 및 19세기에 이르러 국제관습법으로 형성
② 1850년경부터 제1차 세계대전이 발생하기까지의 기간, 특히 1907년 제2차 헤이그평화회의에서 조약화함으로써 전쟁법의 체계가 형성
③ 육전의 법규 및 관습에 관한 헤이그협약 및 그 부속규칙(1907), 4개의 제네바협약(1949)과 2개의 추가의정서(1977) 및 제3추가의정서(2005)에 의해 규율
④ **총가입조항**(general participation clause, clausula si omnes): 전쟁에 참여한 모든 국가가 해당 조약 당사국인 경우 동 조약을 적용한다는 의미. 헤이그협약은 총가입조항이 삽입되어 있음. 총가입조항은 전쟁에 참여한 모든 국가가 동일한 조건에서 싸워야 한다는 생각에서 도입되었으나, 협약의 적용을 불가능하게 만드는 문제를 야기함. 1949년의 제네바조약은 총가입조항을 배제하는 명문조항을 두고 있음

3. 전쟁법의 기본원칙
① 군사필요의 원칙
② 인도주의 원칙
③ 기사도의 원칙

4. 전수론
① 전쟁 중 교전당사국이 전쟁법을 준수함으로써 자국의 중대한 이익이 위험에 직면하는 경우 전쟁의 필요가 전쟁법에 우선하여 전쟁법의 구속으로부터 해방된다는 이론
② 현대 국제인도법에서 전수론은 대체로 부인됨
③ 1949년 제네바협약 및 제1추가의정서는 전수론을 부인함

5. 마르텐스조항
① 헤이그평화회의(1899)의 러시아 대표인 마르텐스(Martensen)의 요청으로 헤이그 육전법규 협약에 규정
② 법규 부존재 시에도 교전국은 양심에 기초하여 비인도적 행위를 자제

③ 국제인도법의 주요 원칙
④ 핵무기 사용의 적법성에 관한 권고적 의견(ICJ)에서 언급

6. 전쟁의 개시
① 평시 국제법 관계를 전시 국제법 관계로 전환시키는 행위
② 개전선언, 최후통첩 또는 적대행위에 의해 개시

7. 교전자

(1) 개념
전쟁을 수행하는 국가의 기관으로 무력에 의한 해적수단을 행사할 수 있는 전투행위의 주체인 동시에 객체인 교전자격을 가진 자

(2) 적군에게 체포된 경우
포로 신분권을 향유

(3) 구성
정규군 + 비정규군 + 게릴라

① 정규군
  ㉠ 개념: 국가법령에 의하여 편성되고 국가가 직접 통할하고 책임을 지며 외부에서 인식할 수 있는 기장을 착용한 군대
  ㉡ 구성: 전투원 + 비전투원(군종·의무요원)

② 비정규군
  ㉠ 개념: 정규군 이외의 교전자로서 전시에 임시로 군무에 종사하는 자
  ㉡ 구성: 민병 + 의용병 + 군민병
  ㉢ 민병(militia)과 의용병(volunteer corps)의 요건: 부하에 대하여 책임을 지는 자에 의하여 지휘될 것 + 멀리서 인식할 수 있는 고정된 식별표시를 가질 것 + 공개적으로 무기를 휴대할 것 + 전쟁법규에 따라 작전을 수행할 것
  ㉣ 군민병(群民兵, mass uprising)의 요건: 적의 침입이 예견되는 긴박한 상황에서, 첫째 공개적으로 무기를 휴대할 것과, 둘째 전쟁법규에 따라 작전을 수행할 것 두 요건만을 갖춘 경우

③ 게릴라: 적에 의해 확보된 내에서 유격전을 감행하는 작은 부대로, 제네바 협약 제1의정서에 의해 교전자격을 부여받음

(4) 용병(mercenaries)
① 위법화하는 방향으로 규범화
② 전투원 혹은 전쟁포로가 될 권리가 없음(1977년 제네바 제1추가의정서)
③ UN총회는 1989년 12월 4일 용병의 모집과 이용, 재정지원 및 훈련에 반대하는 국제협약을 채택(2001년 10월 20일 발효)

④ 네팔인들로 구성된 영국의 구르카 여단(Brigade of Gurkhas)이나 다양한 국적의 사람들로 구성되는 프랑스 외인부대(French Foreign Legion)와 같이 특정 국가의 군대에서 이용하는 외국인 직업군인들은 국제법상 용병이 아님. 이들은 정규로 조직되고, 그들이 속해 있는 국가의 군대의 기율에 복종

(5) **민간군사보안회사**
① 정부가 무력사용 등의 서비스를 제공받기 위해 민간군사보안회사(private military and security companies)로 통칭되는 사적 조직들과 계약을 체결하는 경우, 이 계약에 따라 활동하는 자들은 금지된 용병인지가 문제됨
② 2008년 9월, 무력충돌 시 민간군사보안회사의 운영에 관해 국가에 적용되는 관련 국제법적 의무와 관행에 대한 몽트뢰 문서를 채택
  ㉠ 동 문서는 법적 구속력은 없으나, 무력충돌 상황하에서의 민간군사보안회사의 활동과 관련하여 국가들이 부담하는 국제법을 서술한 최초의 문서
  ㉡ 스위스와 국제적십자위원회(ICRC)가 공동으로 제안한 문서이며, 몽트뢰 문서는 새로운 의무를 창설하지는 않고, 민간군사보안회사들에 의해 제기된 문제들에 대한 가이드 역할을 할 뿐임

(6) **소년병**
① 제네바 제1추가의정서(1977): 15세에 달하지 못한 어린이들이 적대행위에 참여하지 않고, 그들을 군대에 모병하는 것을 자제하기 위해 가능한 모든 조치를 취할 것을 요구
② 아동의 권리에 관한 협약(1989): 15세에 달하지 아니한 자가 적대행위에 참여하지 않도록 보장할 의무를 규정
③ 아동의 권리에 관한 협약의 선택의정서 채택(2000): 당사국이 18세 미만인 자가 군대 구성원으로 참여하지 않도록 보장하기 위해 가능한 모든 조치를 취하도록 함

8. 해적수단과 방법의 규제

(1) **무기의 규제**
① 불필요한 고통을 야기하는 해적수단의 사용은 금지
② Saint Petersburg Declaration은 400g 이하의 폭발탄 사용을 금지한 이 분야의 최초 다자조약
③ 생물무기나 화학무기도 금지
④ 핵무기의 경우 UN총회가 결의를 통해 인류에 대한 범죄행위이며 핵무기의 영구 사용 금지를 결의
⑤ 확장탄환(expanding bullets)에 관한 Hague 선언(1899): 덤덤탄의 사용을 금지하였으며, 1907년 헤이그 육전 규칙 제23조에서도 사용을 금지

⑥ 집속탄에 관한 조약(Convention on Cluster Munitions, 2008)
  ㉠ 집속탄의 사용, 생산, 비축, 이동을 금지함으로써 집속탄을 포괄적으로 금지하였음
  ㉡ 국가가 협약의 규정에 의해 금지된 활동을 수행하도록 지원, 장려 또는 유도하는 행위를 금지하였음
  ㉢ 2010년 8월 1일 발효되었음

(2) 공격대상의 규제
① 교전국은 분쟁당사국의 영역, 공해 및 상공에서 적대행위 가능
② 중립국 영역이나 국제법상 적대행위가 금지된 지역(남극 등)에서는 적대행위 불가
③ 적대행위를 할 수 있는 장소 내라도 전투원과 비전투원, 군사목표물과 비군사목표물을 구별해야 함
④ 군대나 군용건물뿐만 아니라 철도, 도로, 비행장 등도 군사목표물
⑤ 문화재, 종교시설, 병원 등은 원칙적으로 군사목표물이 아님

(3) 공격방법의 규제
① 배신행위 금지
  예 민간인이나 비전투원으로 위장하는 행위, 부상이나 질병으로 무능력한 것처럼 위장하는 행위 등
② 고엽제와 같이 자연환경에 광범위하고 장기간 심대한 손해를 야기할 의도를 가지는 전투수단이나 방법 금지
③ 복구수단으로 자연환경을 공격하는 것도 금지

9. 휴전

(1) 의의
교전당사국의 정부 또는 군지휘관의 합의에 의해 전투행위를 중지하는 것

(2) 한국전쟁과 휴전협정
① 1953년 7월 27일 체결
② UN군 총사령관, 북한군 총사령관과 중공인민지원군사령관 간 체결
③ 군사분계선을 확정하고 쌍방이 2km씩 후퇴하여 적대 군대 간 1개의 비무장지대를 설치
④ 군사정전위원회를 설립하고 쌍방에서 5명씩 10명의 고급장교로 구성되며, 협정의 실시를 감독하며 협정 위반 사건을 협의·처리함
⑤ 중립국감시위원회를 설립하고 스웨덴·스위스·폴란드·체코가 각각 임명하는 4명의 고급장교로 구성되며, 협정에 규정된 감독·감시·시찰·조사를 행하고 그 결과를 군사정전위원회에 보고함
⑥ 군사분계선은 육지에서만 규정되고, 해상에서는 규정되지 않았음

⑦ 정전협정 효력 발생 후 10일 이내에 상대방의 연해 섬 및 해면으로부터 모든 군사력을 철수
⑧ 황해도와 경기도의 도 경계선 북쪽과 서쪽에 있는 모든 섬 중에서 백령도, 대청도, 소청도, 연평도 및 우도의 도서군들은 UN군 총사령관의 군사통제 하에 둠
⑨ 군사정전위원회의 허가 없이는 군인 또는 민간인은 군사분계선을 통과할 수 없음

10. 전쟁의 종료
① 가장 일반적 방법은 평화조약의 체결
② 교전당사국이 적대행위를 사실상 중지하고 전의를 포기한 경우
③ 교전당사국의 일방이 타방을 정복·병합한 경우
④ 전승국이 일방적으로 전쟁상태의 종료를 선언한 경우

제4절 전시인도법

1. 의의
① 전투능력을 상실한 군대요원과 적대행위 불가담자를 적대행위로부터 야기되는 고통의 경감 내지 그로부터의 보호를 규율하는 법
② 전쟁을 포함한 무력충돌의 희생자를 보호하는 법으로 1949년 제네바협약을 근간으로 함

핵심 POINT | 전쟁법(국제인도법)과 국제인권법의 비교

전쟁법(국제인도법)	국제인권법
적법하게 폭력을 사용하여 생명권을 박탈할 수 있음	생명권을 인권으로 규정
타방 교전당사자 측의 민간인과 전투원의 적절한 보호에 관심이 있음	국가 내의 개인들에 관심이 있음
교전자들이 준수해야 할 일련의 의무를 규정함	개인의 권리를 확대하는 차원에서 구체적 권리를 규정
비상사태라도 인권을 일시적으로 침해하는 것을 인정하지 않음	비상사태 시 인권을 일시적으로 침해할 수 있음
보편조약	지역적으로 존재할 수 있음

2. 연혁
① 1864년 6월 22일 제정된 최초의 적십자조약을 기초로 탄생

② 4개의 제네바협약 체결(1949)
   ㉠ 육전에서의 군대의 상병자의 상태개선에 관한 협약
   ㉡ 해상에서의 군대의 상병자 및 조난자의 상태개선에 관한 협약
   ㉢ 포로의 대우에 관한 협약
   ㉣ 전시 민간인의 보호에 관한 협약
③ 2개의 추가의정서 채택(1977)
   ㉠ 1949년 제네바협약에 대한 추가 및 국제적 무력충돌의 희생자보호에 관한 의정서
   ㉡ 1949년 제네바협약에 대한 추가 및 비국제적 무력충돌의 희생자보호에 관한 의정서

3. 주요원칙

불가침, 비차별, 안전, 중립, 정상생활 확보, 보호, 구호, 상호성 등 8개의 원칙

4. 포로

① 전쟁에 의하여 적대국의 권력 내에 들어와 군사적 이유로 자유를 상실하였으나 국제법이나 특별협정에 의해 일정한 대우가 보장된 적국민
② 정규군, 비정규군을 막론하고 교전자격이 있는 자
③ 교전자격이 없더라도 종군자(예 보도기자·노무대원 등), 민간인, 공무원 등도 포로로서 대우
④ 인도적으로 취급되어야 함
⑤ 복구의 대상으로 삼을 수 없음
⑥ 신체·명예의 존중과 완전한 사법상의 행위능력을 보유
⑦ 고문 불가
⑧ 군대 구성원은 아니지만 군대를 수행하는 자여도 적의 수중에 장악되면 포로 자격을 가짐
   예 군용기의 민간인 승무원, 종군기자, 납품업자, 노무대원 또는 군대의 복지담당 부대 구성원(비전투원)과 충돌 당사국의 상선의 승무원이나 민간 항공기 승무원 등
⑨ 간첩활동을 한 군대 구성원은 포로가 될 수 없음
⑩ 용병도 포로자격이 없음
⑪ 포로에게 노동을 부과할 수 있음
⑫ 장교에게는 노동을 강제할 수 없음
⑬ 포로에게 군사작전과 직접 관계되는 노동을 요구할 수 없음
⑭ 노동에는 임금을 지불해야 함

5. 부상병
① 군인 또는 민간인을 불문
② 외상, 질병, 기타 신체적·정신적 질환 또는 불구로 인하여 의료적 지원이나 가료가 필요한 자로서 적대행위를 하지 아니하는 자
③ 모든 부상병자는 의료적인 이유 외에 어떠한 차별도 없이 상태 개선을 위한 편의 제공을 받음
④ 소속국에 관계없이 존중되고 보호를 받음

6. 비국제적 무력충돌에 있어 개인의 보호
① 4개의 제네바협약은 각 제3조에서 한 체약국의 영토 내에서 발생하는 비국제적 무력충돌에 관하여 동일한 인도적 규정을 둠
② 비국제적 무력충돌은 몇 차례의 폭동이나 혼란 또는 소규모의 무력충돌 이상이어야 하나 반란이나 폭동이 어느 정도 수준일 때 제3조가 적용되는지는 명확하지 않음
③ 무기를 버린 전투원 및 질병 등으로 전투력을 상실한 자를 포함하여, 적대행위에 능동적으로 참여하지 아니하는 자는 인도적으로 대우해야 함
④ 생명이나 신체에 대한 폭행, 인질로 잡는 일, 인간의 존엄성 침해를 금지
⑤ 부상자와 병자는 수용해서 간호해야 함
⑥ 국제적십자사와 같은 인도적 단체의 관여를 허용해야 함

7. 민간인대우

(1) 민간인 보호에 관한 공통 규칙
① 신앙, 명예, 풍속 및 관습을 존중받음
② 정보를 얻기 위해 육체적·정신적 강제를 가해서는 안 됨
③ 민간인 자신이 하지 않은 행위로 처벌받지 않음
④ 민간인인지 여부가 의심스러운 경우 민간인으로 간주

(2) 충돌당사국 영역 내 외국인 보호
① 적국인은 충돌당사국으로부터 퇴거할 권리를 가짐
② 국가적 이익에 필요하다고 판단하는 경우 외국인을 억류할 수 있음
③ 충돌당사국 내 적국인은 평상시 외국인 관련 규정을 적용받으며, 현지 국민과 같은 수준 이상의 노동을 강제당하지 않음
④ 재류국은 안보상 필요한 경우에 한하여 적국인을 억류하거나 주거를 지정할 수 있음

(3) 점령지역 내 민간인 보호
① 피점령국 국민이 아닌 자는 해당 지역에서 퇴거할 수 있음
② 피보호자들을 점령지역에서 타국 영역으로 강제이송하거나 추방할 수 없음

③ 피보호자들에게 자국의 군대나 보조부대에 복무하도록 강요할 수 없음
④ 점령국은 원칙적으로 형법을 포함한 현지 법령을 존중해야 함. 단, 기존 법령이 점령국의 안전을 위협하는 경우 점령국은 이를 폐지하거나 정지시킬 수 있음
⑤ 점령국은 점령지를 병합할 수 없으며, 주민의 권리를 소멸시킬 수 없음
⑥ 점령국의 국민을 점령지에 정착시키는 것은 금지
⑦ 민간 주민 사이에 테러를 만연시킴을 주목적으로 하는 폭력행위 및 그 위협을 금지

8. 재산
① 군사목표물과 비군사목표물을 구별하는 것이 원칙
② 비군사물인 재산은 공격과 복구의 대상이 되지 않음
③ 적의 국유재산은 압수할 수 있으나 사유재산은 존중해야 함
④ 사유재산의 몰수는 금지
⑤ 위험한 물리력을 포함하는 시설물(댐, 원전 등)은 공격대상이 되지 않음. 단, 중요한 군사지원용으로 사용되고 이를 중단시킬 다른 방법이 없는 경우 공격할 수 있음
⑥ UNESCO: 1954년, 무력분쟁 시 문화재 보호를 위한 협정과 2개의 추가의정서를 채택하였으며, 문화재의 특성을 반영한 특별한 보호를 규정하였음

9. 전쟁범죄

(1) 개념
① 전쟁법규의 위반행위로서 범죄자를 체포한 당국에 의해 처벌될 수 있는 군인, 민간인의 적대행위 또는 기타 행위
② 전쟁 그 자체의 개시나 수행에 관한 범죄가 아니라 일단 개시된 전쟁에 있어서 전쟁법규에 위반한 행위
③ 제2차 세계대전 이후 침략전쟁이 위법화되면서 평화에 대한 죄(crime against peace)와 인도에 대한 죄(crime against humanity)가 전쟁범죄로 추가되었음

(2) 전통적 전쟁범죄
① 개념: 군인이나 민간인에 의해 개인적으로 또는 단체적으로 수행된 전쟁법규 위반행위
② 대상: 일단 전쟁이 개시된 이후에 전쟁법에 위반된 행위를 대상으로 함
  ㉠ 병력에 속한 자에 의한 전쟁법규 위반행위
  ㉡ 병력에 속하지 않는 자에 의한 적대행위
  ㉢ 간첩과 전시반역행위

ⓔ 노략(擄掠)행위(maraunding): 전장에서 전진·후퇴하는 군대를 따라다니면서 전리품을 획득하는 행위

(3) 새로운 전쟁범죄
① 개념: 전통적 전쟁범죄로서의 전쟁법 위반행위 이외에 평화에 대한 죄(crime against peace)와 인도에 대한 죄(crime against humanity)
② 평화에 대한 죄: 침략전쟁 또는 국제조약 및 협정에 반하는 전쟁의 계획·준비·착수·실행 또는 이러한 행위 목적 달성을 위한 공동계획 또는 모의에 참가한 행위
③ 인도에 대한 죄: 범행지의 국내법 위반 여부를 불문하고 전쟁 전 또는 전쟁 중에 민간인에 대한 살해, 멸종, 노예화, 추방 및 그 밖의 비인도적 행위 또는 정치적·종족적 또는 종교적 이유에 입각한 박해
④ 뉘른베르크 국제군사재판소
  ㉠ 제2차 세계대전 이후 미국, 영국, 소련은 유럽추축국 전쟁범죄자 기소 및 처벌에 관한 협정을 체결하고 동 협정에 기초하여 국제군사재판소를 설치하였음
  ㉡ 독일의 괴링(Goering)을 비롯한 24명의 전쟁범죄인들이 평화에 대한 죄, 인도에 대한 죄, 전시범죄로 기소 및 처벌되었음
⑤ 동경 극동군사재판소
  ㉠ 1946년 연합군 최고사령관 맥아더(D. MacArthur) 원수의 명령에 의해 극동군사재판소가 설치되어 일본의 주요 전범자들을 처벌
  ㉡ 도조 히데키(東條英機) 등 28명의 일본인이 독일전범들과 유사한 전쟁범죄로 기소 및 처벌

10. 국제인도법상 적십자표장(Red Cross emblem) 관련 규정
① 각 충돌당사국은 의무 및 종교 요원과 의무부대 및 수송수단이 식별될 수 있도록 보장하기 위해 노력하여야 함
② 적십자 국제기관 및 정당히 권한이 부여된 직원은 전시 및 평시에 흰 바탕의 적십자표장을 사용할 것이 허용됨
③ 공사를 불문하고 개인, 단체, 상사 또는 회사에서 '육전에 있어서의 군대의 부상자 및 병자의 상태 개선에 관한 제네바협약'에 의하여 사용할 권리가 부여되지 않은 자가 '적십자' 또는 '제네바십자'의 표장, 명칭 또는 그것을 모방한 기장이나 명칭을 사용하는 것은 항상 금지됨
④ 무력 충돌 시 적대행위를 수행하는 과정에서 적십자 표장 등의 부적절한 사용으로 사망이나 심각한 부상을 초래하였을 경우에는 전쟁범죄에 해당되는 것으로 '국제형사재판소에 관한 로마규정'에 명시됨

⑤ 적십자표장은 군사적 의료 시설, 병원선, 앰뷸런스 등 전쟁 중 보호를 필요로 하는 의료 관련 자산에 사용됨. 해당 시설이나 차량이 공격 대상이 될 수 없음을 나타냄
⑥ **의료 및 종교 인력**: 군의관, 간호사, 의료 부대원, 종교인 등은 적십자표장을 착용함으로써 자신들이 전투원이 아닌 보호받아야 할 인도적 임무를 수행하는 인력임을 표시할 수 있음
⑦ 적십자표장은 상업적 목적이나 광고에 사용할 수 없음
⑧ 전쟁 중 적십자표장을 기만적으로 사용하여 적을 속이는 행위는 전쟁 범죄로 간주됨
⑨ 각국은 자국 내에서 적십자표장의 사용을 감독하고, 오용되는 경우 이를 단속해야 함
⑩ 적십자표장은 국제적십자운동 내의 조직, 즉 국제적십자위원회(ICRC), 각국의 적십자·적신월사, 국제적십자·적신월사연맹(IFRC)에 의해 공식적으로 사용될 수 있음
⑪ 민간 의료시설 역시 적십자표장을 사용할 수 있으며, 이 시설들은 군사적 공격의 대상이 되어서는 안 됨

해커스공무원 학원·인강
gosi.Hackers.com

제7편 국제경제법

제1장 국제경제법 총론 및 WTO설립협정
제2장 WTO설립협정 부속서 1A
제3장 WTO설립협정 부속서 1B 및 부속서 1C
제4장 WTO설립협정 부속서 2 및 부속서 4

제1장 국제경제법 총론 및 WTO설립협정

제1절 총론

1. 국제경제법의 개념
① 국제경제에 관한 국제법
② 무역, 금융, 투자에 관한 조약이나 국제관습법을 의미함
③ 무역에 관해서는 WTO설립협정과 그 부속서가 주요 법원에 속함

2. GATT체제의 성립과 발전
① GATT는 ITO(국제무역기구) 창설과 병행하여 관세 인하를 위한 협정으로서 1947년 10월 30일 채택
② 당초 GATT는 ITO헌장에 부속될 것을 예정하였으나 ITO 창설이 무산되자 일부 국가들이 이를 잠정적용하기로 합의
③ GATT의 잠정적 지위에도 불구하고 ITO헌장의 일부 통상정책조항을 포함하는 수정작업을 거쳐 지난 50여 년간 운영

3. WTO체제의 성립과 우루과이 라운드

(1) WTO체제의 성립
① 1986년 9월 20일 우루과이 라운드 다자간무역협상(UR협상)을 개시
② UR협상 결과 UR협상의 결과를 담은 최종의정서가 1994년 4월 15일 모로코의 마라케쉬에서 채택
③ 최종의정서에는 세계무역기구 설립협정을 포함하여 28개의 협정이 담겨져 있으며, 국별 관세·서비스 양허표가 첨부
④ 22개의 각료결정·선언, 1개의 금융서비스공약에 관한 양해, 4개의 각료결정 등이 WTO체제를 형성
⑤ WTO설립협정은 1995년 1월 1일 발효

(2) 우루과이 라운드의 주요 업적
① 법인격을 가진 WTO를 창설
② GATT체제에서 제외되어 있었던 농업, 섬유 및 의류 분야를 WTO체제에 편입
③ 개발도상국과 저개발국에 대한 배려를 협정에 포함

제2절 WTO설립협정

1. WTO의 법적 지위
① 법인격을 가짐
② 스위스 제네바에 소재
③ WTO회원국은 WTO의 기능 수행에 필요한 범위에서 특권과 면제를 부여
④ WTO의 활동에 대한 특권과 면제는 1947년 11월 21일 UN총회에서 승인된 전문기구의 특권과 면제에 관한 협약의 내용과 유사해야 함
⑤ WTO는 UN의 전문기구가 아님

2. WTO의 기능
① WTO협정과 다자간무역협정의 이행·관리·운영을 촉진하고 그 목적을 증진
② 복수국간무역협정의 이행·관리·운영을 위한 틀을 제공
③ 회원국들의 다자 간 무역관계에 관하여 그들 간 협상을 위한 토론의 장을 제공
④ 분쟁해결양해와 무역정책검토제도를 시행
⑤ IMF, IBRD 및 그의 제휴기구들과 적절히 협력

3. 원회원국
① GATT1947의 체약국은 WTO의 원회원국이 될 수 있음
② GATT1947은 대외통상관계와 GATT에서 정한 기타 사항에 대해 완전한 자치권을 보유하는 독자적 관세영역을 가진 정부도 가입할 수 있었음
③ EC는 GATT1947의 체약국이 아니지만, 원회원국으로 인정됨

4. 가입
① GATT1947의 체약국이 아닌 우루과이 라운드 참가국은 WTO협정을 수락하기 전에 먼저 GATT1947 가입교섭을 종결짓고 그 체약국이 되어야 함
② 원회원국이 될 자격이 없는 국가 또는 독자적 관세영역(separate customs territory)은 자신과 WTO 사이에 합의되는 조건에 따라 WTO협정에 가입할 수 있음
③ 가입은 각료회의에서 회원국 전체의 3분의 2 이상 찬성으로 결정

5. 탈퇴
① 탈퇴권이 명시되어 있음
② 탈퇴는 WTO협정 및 다자간무역협정에 대해 적용

③ 서면 탈퇴 통보가 WTO사무총장에게 접수된 날로부터 6개월이 경과한 날 탈퇴가 발효
④ 복수국간무역협정의 탈퇴는 당해 협정의 규정에 따름

6. WTO의 주요 기관

(1) **각료회의(Ministerial Conference)**
① WTO의 최고기구
② 모든 회원국의 대표로 구성
③ 최소한 2년에 한 번 개최
④ **산하위원회**: 무역개발위원회, 국제수지제한위원회, 예산·재정·행정위원회, 무역환경위원회, 지역무역협정위원회

(2) **일반이사회(General Council)**
① 모든 회원국의 대표로 구성
② 필요에 따라 개최
③ 각료회의의 비회기 중에 각료회의의 기능을 수행
④ 필요한 경우 분쟁해결기구(DSB)와 무역정책검토기구(TPRB)로서 소집됨
⑤ **산하위원회**: 상품무역이사회, 서비스무역이사회, 무역관련지적재산권이사회

(3) **사무국**
① 각료회의가 지명하는 사무총장을 최고 책임자로 함
② 사무총장의 권한, 임무 및 임기는 각료회의에서 채택되는 규정에서 정함

핵심 POINT | 각료회의와 일반이사회 비교

구분	각료회의	일반이사회
구성	전 회원국 대표	
개최시기	최소한 2년에 1회 개최	필요에 따라 개최
주요 권한	• WTO 기능 수행을 위해 필요한 조치, 즉 WTO설립협정과 다자간협정의 모든 사항에 대한 결정권 • 사무총장 임명권 • 의무면제 결정권 • 가입결정권	• 각료회의가 비회기 중인 경우 각료회의 기능 수행 • 분쟁해결기구(DSB) • 무역정책검토기구(TPRB) • 연간 예산안 승인권
산하위원회	• 무역개발위원회 • 국제수지위원회 • 예산·재정·행정위원회 • 무역환경위원회 • 지역무역협정위원회	• 상품무역이사회 • 서비스무역이사회 • 무역관련지적재산권이사회
공동권한	WTO설립협정 및 MTA에 대한 해석 권한	

7. WTO의 의사결정

(1) 일반원칙
① GATT의 컨센서스 관행을 따르되 컨센서스에 의해 의사결정을 할 수 없는 경우 투표
② 각료회의와 일반이사회의 의사결정은 일국일표를 기초로 하여 투표수의 과반수로 채택
③ EC(EU)가 투표권을 행사하는 경우에는 WTO에 가입한 EC회원국의 수와 동일한 투표권을 가짐

(2) 해석
① 해석에 관한 권한은 각료회의와 일반이사회가 배타적으로 행사
② 협정의 해석에 대한 각료회의와 일반이사회의 결정은 회원국들의 4분의 3 다수결에 의함

(3) 의무면제
① 원칙: ㉠ 각료회의에 요청된 의무면제에 대해 ㉡ 90일 내의 검토기간을 거쳐 ㉢ 총의에 의해 결정
② 총의가 도출되지 아니하는 경우 회원국들의 4분의 3 다수결
③ WTO협정과 다자간무역협정상 특정 회원국의 의무를 면제
④ 면제의 효력 기한은 제한이 없으나, 1년 이상의 면제 부여시 면제 부여 후 1년마다 면제를 검토
⑤ 복수국간무역협정에 대한 면제는 동 협정의 규정에 따름
⑥ 과도기간이나 단계별 이행기간을 조건으로 하는 의무로서 의무면제 요청 회원국이 관련 기간의 종료 시까지 이행하지 못한 의무에 대한 면제 부여는 컨센서스에 의해서만 결정

(4) 분쟁해결기구(DSB)의 의사결정
① 원칙: 총의제(consensus)
② 역총의제(reverse consensus) 적용
　㉠ 역총의제: 당해 결정에 반대하는 컨센서스가 이루어지지 않는 한 동 결정을 채택한 것으로 간주하는 의사결정방식
　㉡ 대상: 패널 설치, 패널보고서 채택, 상소보고서 채택, 보복조치 승인에 한정됨

(5) 개정
① 만장일치: WTO협정의 개정에 관한 조항, WTO의사결정에 관한 조항, 최혜국대우에 관한 조항(GATT, GATS, TRIPs), 관세양허에 관한 조항
② 회원국 전체 3분의 2 다수결: WTO설립협정의 개정조항 및 의사결정조항을 제외한 다른 모든 WTO설립협정의 조항과 부속서 1A · 1C의 다른 조항, GATS의 다른 조항 개정

③ 분쟁해결양해에 대한 개정: 총의에 의하며, 각료회의의 승인을 얻어 모든 회원국들에게 유효
④ 무역정책검토제도에 대한 개정: 총의에 의하며, 각료회의의 승인을 얻어 모든 회원국에게 유효
⑤ 복수국간무역협정에 대한 개정: 해당 협정의 절차에 따름

> **참고**
>
> **WTO설립협정에 규정된 WTO의 의사결정방식**
>
> | 의사결정방식 | 해당사항 |
> | --- | --- |
> | 컨센서스 | WTO 모든 의사결정에서 원칙적 방식(제9조 제1항) |
> | 단순 다수결(출석과반수) | 아래 이외의 모든 결정(제9조 제1항) |
> | 회원국 과반수 포함 3분의 2 | 재정규정 및 연간예산안 채택(제7조 제3항) |
> | 회원국 3분의 2 | • 협정개정(제10조 제3항)
• 가입조건 승인(제12조 제2항) |
> | 회원국 4분의 3 | • 의무면제(제9조 제3항)
• 해석채택(제9조 제2항)
• 개정반대국의 잔류(제10조 제3항) |
> | 모든 회원국의 수락 | 개정(제10조 제2항)
(MFN, 관세양허, 의사결정규정, 개정절차규정) |

8. WTO협정 상호관계

(1) WTO협정의 구성
① 다자간무역협정: 모든 WTO회원국에 적용
② 복수국간무역협정: WTO회원국 중 동 협정에 가입한 국가 상호 간 적용
    예 정부조달협정, 국제민간항공기협정

(2) GATT1947과 GATT1994
① GATT1994: WTO협정 발효 이전에 발효된 법률문서에 의해 수정된 GATT1947의 규정 + WTO협정 발효 이전에 GATT1947하에서 발효된 관세양허와 관련된 의정서와 증명서, 가입의정서 등 + GATT1994에 명시된 6개의 양해 + GATT1994에 대한 마라케쉬의정서
② GATT1947과 GATT1994는 법적으로 별개
③ GATT1947은 1995년 한 해 동안 WTO협정과 공존한 뒤 1995년 12월 31일부로 소멸

(3) WTO설립협정과 부속서의 상호관계
① WTO설립협정과 다자간무역협정 사이에 충돌이 있는 경우 WTO설립협정이 우선
② GATT1994와 다자간무역협정이 충돌하는 경우에는 다자간무역협정이 우선

9. WTO설립협정의 기타 규정

① WTO설립협정의 어느 규정에 대해서도 유보가 허용되지 않음
② 다자간무역협정의 규정에 대한 유보는 당해 협정에 규정된 범위 내에서만 할 수 있음
③ 복수국간무역협정의 규정에 대한 유보는 당해 협정의 규정에 따름
④ WTO회원국은 자국의 국내법을 WTO협정에 합치시켜야 함
⑤ 일반이사회는 WTO 전체 회원국의 과반을 넘는 출석 3분의 2 다수결로 재정규정 및 연간예산안을 채택

10. 무역정책검토제도

① WTO설립협정 부속서 3에 따라 만들어진 제도
② 각국의 무역정책과 관행에 대한 투명성 제고 및 이를 통한 다자간무역체제의 기능을 강화
③ 1989년 4월 GATT 이사회의 결정에 따라 1989년 12월부터 시행 중
④ **검토 주기**: 4대 무역국가(미국, 일본, EU, 캐나다)는 매 2년마다 검토. 다음 16개국은 매 4년마다 검토. 그 밖의 회원국은 최빈개도국회원국에 대하여 더 긴 기간이 설정될 수 있는 경우를 제외하고 매 6년마다 검토. 우리나라는 4년 주기
⑤ 이후 검토 주기는 각각 3년, 5년, 7년으로 변경. 3년 주기에 해당하는 나라는 미국, EU, 일본, 중국. 캐나다 대신 중국이 포함됨. 우리나라는 5년 주기로 시행. 우리나라는 최초 2016년에 시행되었고, 5년 후인 2021년에 두 번째로 시행

제2장 WTO설립협정 부속서 1A

제1절 GATT1994

1. 관세

(1) 개념
① 수입품에 대해 수입시점에 부과되는 재정적 부과금
② 대체로 수입관세(import duties)를 지칭

(2) 유형

종가세(ad valorem duties)	수입물품의 가격을 과세기준으로 세액을 산출
종량세(specific duties)	수입물품의 수량을 과세기준으로 세액을 산출
혼합세(mixed duties)	종가세와 종량세가 혼합된 것
관세할당 또는 관세쿼터 (tariff rate quota; TRQ)	특정품의 수입에 대해 일정량까지는 저율의 관세를 부과하고 그것을 초과하는 수량에 대해서는 고율의 관세를 부과함으로써 수입수량의 과도한 증가를 방지하고 동종상품의 국내산업을 보호하고자 하는 이중과율제도

(3) 관세양허(tariff concessions or tariff bindings)
① 개념: 관세협상에 참여한 국가들이 특정 상품에 대한 자국의 관세를 일정한 최고세율 이하로 제한하기로 한 약속
② 관세약속(tariff commitments)이라고도 함
③ 관세양허표상 관세율은 실행세율이 아니라 최고세율이므로 회원국은 최고세율을 초과하여 관세를 부과할 수는 없으나 최고세율보다 저율 관세를 부과하는 것은 무방
④ 최혜국대우(MFN)의무는 실행세율을 기준으로 적용
⑤ 조세, 반덤핑관세 및 상계관세, 수입 관련 서비스 수수료는 관세양허의무의 범위에서 제외됨
⑥ 반덤핑관세나 상계관세는 수입관세가 아니라 덤핑 또는 보조금에 대한 상계조치로 부과되는 것이므로 해당 수입품에 대해 부과된 관세가 양허세율을 초과하였는지를 판단하기 위한 합산에서 제외됨
⑦ 제품이 수입되는 과정에서 제공된 통관수수료 등의 정당한 용역사용료는 수입관세라 볼 수 없으므로 양허관세율과 관계없이 부과될 수 있음

(4) 관세양허 재협상
  ① 정기적 재협상
    ㉠ 1958년 1월 1일을 기점으로 매 3년마다 관세양허율을 변경하기 위한 협상
    ㉡ 재협상을 요청한 국가와 당초 협상을 통해 관세를 양허한 국가인 원협상국이 협상을 통해 합의
    ㉢ 최대공급국과도 협상을 통한 합의를 요함
    ㉣ 해당 품목에 대해 양허국에서 상당한 시장점유율을 보유하고 있는 실질적 이해관계국과 협의(consultation)해야 함
    ㉤ 재협상 실패 시 요청국은 양허관세율을 일방적으로 변경하는 조치를 취할 수도 있으나 이 경우 원협상국, 최대공급국, 실질적 이해관계국 등은 보복조치를 취할 수 있음
  ② 특별재협상 및 유보재협상
    ㉠ **특별재협상**: 특별한 사정이 있는 경우 체약국단의 승인을 얻어 시행
    ㉡ **유보재협상**: 정기적 재협상 사이에 양허 변경을 행할 수 있는 권한을 미리 통보하여 유보(reserve)해 두고 다음 정기적 재협상 기간에 이를 행사

(5) 관세인하방식

품목별 협상방식	• 1947년 제1차 제네바 라운드에서 1961년 제5차 딜런 라운드까지 사용된 방식 • 개별 체약국들이 수출국으로서 수입국들에 대해 양허품목과 양허관세율에 대한 요청서(request list)를 송부하고, 수입국으로서 자국이 양허할 수 있는 품목과 양허세율을 기록한 제안서(offer list)를 상호 교환한 다음, 이에 기초하여 협상하고 결론을 도출하는 방식
일괄감축방식	• 제6차 케네디 라운드에서 사용된 방식 • 개발도상국 및 1차 생산품(primary product) 생산국을 제외한 모든 산업국가들이 1차 생산품을 제외한 모든 제품에 대해 일괄감축하는 방식
공식에 의한 감축	• 동경 라운드에서 사용된 방식 • 고율관세가 부과되고 있는 품목에 대해 더 높은 감축율을 적용하기 위해 EC에 의해 제안된 방식
분야별·품목별 협상방식	• 우루과이 라운드에서 사용된 방식 • 우루과이 라운드에서는 협상 대상 품목을 여러 품목 분야별로 나누어 각각의 분야 내에서 별도로 국가 간 균형을 추구하는 방식을 도입 • 우루과이 라운드 관세협상의 결과는 GATT1994에 대한 마라케쉬의정서에 집약

(6) 우루과이 라운드 관세협상과 마라케쉬의정서의 주요 내용
① 회원국 간 합의된 1986년 9월 기준 3분의 1 관세 인하는 원칙적으로 WTO협정 발효일로부터 5년간 매년 동일한 비율로 인하
② 양허 내용의 이행은 WTO회원국들의 다자적 심사(multilateral examination)의 대상이 됨
③ 자국의 관세양허표를 GATT1994에 첨부한 국가는 그렇지 않은 국가에 대해 일정한 서면통보와 협의절차를 거친 후 후자의 국가가 최대공급국인 품목의 관세양허를 보류하거나 철회할 수 있음

(7) 관세분류
① 개념: 개개의 물품을 품목분류표상의 특정 품목으로 분류하는 절차
② 1950년 체결된 관세협력이사회 설립협정에 따라 설립된 관세협력이사회(Customs Cooperation Council: CCC)는 1983년 통일물품품목기호제도(Harmonized Commodity Description and Coding System: Harmonized System)를 개발하였음. 1987년 통일제도의 도입에 관한 GATT의정서에 의해 GATT협정에 수용되었음
③ 주요 의무
  ⊙ 체약국들은 관세분류에 관한 각종 법규 및 판정을 다른 체약국 정부와 무역업자들이 인지할 수 있는 방식으로 공표해야 함
  ⊙ 법규는 공평하며 합리적으로 운영되어야 함
  ⊙ 관세분류판정에 대한 재심(review)절차를 마련하고 이를 독립적 기관이 담당하도록 해야 함
④ 분쟁해결
  ⊙ GATT1994 제2조에 의하면 관세분류에 대한 GATT체약국 간 이견이 있는 경우 양국이 협의해야 함
  ⊙ 수입국이 관세분류에 오류가 있음을 인정하나 자국의 사법적 기관에 의해 판정이 이미 내려져서 오류를 수정할 수 없다고 선언하는 경우 실질적 이해관계에 있는 제3국의 참여하에 보상(compensatory adjustment)을 위한 협상을 즉시 개시해야 함

(8) 관세평가
① 개념: 수입품에 대해 종가세의 관세를 부과하는 경우에 과세표준으로 되는 수입품의 과세가격(customs value)을 결정하는 것
② 관세평가방법의 적용순서
  ⊙ 1차적 기준은 실제로 지불되었거나 지불될 거래가격(transaction value)
  ⊙ 수입품의 거래가격을 산정할 수 없는 경우 동종동질상품(identical goods)의 거래가격이 과세가격

ⓒ 동종동질상품의 거래가격을 산정할 수 없는 경우에는 유사상품(similar goods)의 거래가격이 과세가격
　　ⓓ ㉠~ⓒ 방법에 의해서도 거래가격을 산정할 수 없는 경우 역산방식(deductive method)에 의해 수입 후의 판매가격에서 수입자의 이윤과 운송, 보험료 등을 포함한 관련 경비를 공제하여 과세가격을 결정
　　ⓔ 역산방식에 의해서도 수입품의 과세가격을 결정할 수 없는 경우 생산비에 생산자의 이윤 및 기타 관련 경비 등을 가산한 산정가격(computed value)이 과세가격
　③ 관세평가의 결정과정에서 드러난 관련 영업비밀은 보호되어야 하며 해당 정보를 제공한 당사자나 정부의 명시적인 허락 없이 공개할 수 없음

2. 최혜국대우(MFN원칙, 제1조)

(1) 개념
관세, 과징금, 수출입에 관한 규칙 및 절차 등 통상관계에서 제3국에 부여하고 있는 대우보다 불리하지 않은 대우를 다른 국가에게도 부여해야 한다는 원칙

(2) 적용범위
① 수출입 및 수출입 대금의 국제 송금과 관련하여 부과되는 관세 및 기타의 과징금, ② 동 관세 및 과징금의 부과방법, ③ 수출입과 관련된 모든 규칙 및 수단, ④ 동종상품

(3) 의무사항
① 일방 체약국이 타국의 원산품이나 타국에 적송되는 상품에 관하여 부여하는 편의(advantage), 호의(favor), 특권(privilege), 면제(immunity)는 다른 모든 체약국의 동종원산품 및 동 체약국 영역에 적송되는 동종상품에 대해서도 즉시 그리고 무조건적으로 부여되어야 함
② 모든 WTO회원국 상품을 관세, 관세징수절차, 수입절차, 내국세, 국내판매, 운송, 국내배분, 사용 등에 대해 동등하게 취급해야 함
③ 수입품의 통관시점뿐 아니라 통관 이후 운송, 판매, 사용시점에서도 MFN원칙이 적용
④ 상대국이 자국 상품에 시장을 개방하는 것을 조건으로 하여 상대국 상품에 최혜국대우를 부여하는 상호주의(reciprocity)를 적용하지 않음
⑤ 최혜국대우원칙은 특혜를 받는 상품이 비회원국 상품이라 하더라도 WTO 회원국 상호 간 적용
⑥ 최혜국대우원칙은 법적 차별(de jure discrimination)만 금지하는 것이 아니라 사실상의 차별(de facto discrimination)도 금지하는 원칙

⑦ 원산지에 기초한 명백한 차별이 아니어도 객관적 상황에서 특정국 상품에만 유리한 혜택이 주어지는 경우 사실상의 차별에 해당되어 최혜국대우의 위반이 될 수 있음

⑧ WTO 패널 및 상소기구는 캐나다-자동차 사건에서 캐나다가 미국산 자동차에 대해서는 관세 면세 혜택을 부여하면서도 EC나 일본산 자동차에 대해 수입 관세 면세 혜택을 부여하지 않은 것은 사실상 미국에 비해 EC나 일본산 동종자동차를 차별한 것(de facto discrimination)이라고 판정

(4) 동종상품(like product)

① 협정에 정의조항은 없음

② 관행: 관세분류, 상품의 물리적 특성, 최종 용도, 소비자의 기호나 인식을 종합적으로 평가

③ 내국민대우의 경우에는 동종상품뿐 아니라 직접경쟁 또는 대체가능상품에도 적용

(5) 예외

① 역사적 예외

㉠ GATT 출범 이전부터 존재해오던 특정 국가 간의 특혜관세제도는 GATT에서 허용

예 영연방 특혜, 프랑스 속령 특혜, 미국-필리핀 간 특혜, 프랑스-베네룩스 간 특혜 등

㉡ 역사적 특혜는 소위 조부조항(grandfather clause)의 한 예

② 지역무역협정

㉠ WTO회원국들이 자유무역지대나 관세동맹을 맺는 경우 최혜국대우의무의 예외

㉡ 무역자유화가 세계적 차원에서 실질적인 이익을 제공하여 준다면, 그와 같은 무역자유화를 촉진하기 위해 최혜국대우원칙으로부터 일탈하여 무역을 창출(creation)하는 것을 특별히 허용해야 한다는 취지

③ 국경무역

㉠ 국경지역 무역(frontier traffic) 증진을 위해 인접한 국가(adjacent countries) 간의 일정한 교역행위에 대해 최혜국대우의무를 면제

㉡ 특혜무역이 가능한 지리적 범위에 대해 명확한 정의규정은 없음

④ 의무면제

㉠ WTO각료회의에서 WTO회원국 4분의 3 이상의 동의를 요함

㉡ 매년 면제제도의 지속 필요성에 대한 각료회의의 심사를 받아야 함

⑤ 반덤핑 및 상계관세제도
　㉠ 덤핑 생산 및 수출업자에 대한 반덤핑관세 부과 및 보조금을 지급받은 수입품에 대한 상계관세 부과조치 역시 최혜국대우의무에 대한 예외
　㉡ 반덤핑 및 상계관세조치가 GATT 제6조 및 반덤핑협정이나 보조금 및 상계관세협정에 의해 허용되고 있으므로 합법적인 조치에 해당

⑥ 국제수지 예외
　㉠ 국제수지의 어려움을 겪고 있는 상태에서 IMF와의 협의하에 수입에 대해 수량제한이 가능
　㉡ 국제수지의 어려움을 극복하기 위해 예외적으로 수량제한조치를 취하는 경우에도 최혜국대우원칙을 준수해야 함
　㉢ IMF와의 협의를 요건으로 최혜국대우의무로부터의 이탈을 허용하여 국가에 따라 선별적으로 수량제한조치를 취할 수 있음

⑦ 보복조치
　㉠ 패소국이 합리적 이행 기간 내에 판정을 이행하지 않고, 적절한 보상합의도 없는 경우에 가능
　㉡ 승소국은 분쟁해결기구(DSB)의 승인을 받아 보복조치 가능
　㉢ 패소국에 대해서만 차별적으로 취해짐

⑧ 개발도상국 우대조치
　㉠ 1979년 GATT체약국단이 결정한 개발도상국에 대한 특혜에 관한 허용조항에 따라 선진국은 개발도상국에 대해 차별적이고 유리한 대우를 부여하는 것이 허용됨
　㉡ 일반특혜관세제도(Generalized System of Preferences: GSP)를 통한 관세상의 특혜 및 여타 비관세 분야에서의 특혜를 부여할 수 있음
　㉢ 특혜의 부여는 선진국의 의무가 아니라 권리

⑨ GATT 제20조(일반적 예외)
　㉠ 공중도덕 보호, 인간이나 동식물의 생명이나 건강의 보호, 유한천연자원의 보존 등을 위해 필요한 경우 등
　㉡ 관련 조치가 동일한 조건하에 있는 국가 간에 자의적이고 정당화될 수 없는 차별의 수단이 되거나 국제무역에 대한 위장된 제한이 되도록 적용되어서는 안 됨

⑩ 국가안보 예외
　㉠ 국가안보를 위해 차별적 조치를 취할 수 있음
　㉡ GATT1994 제21조에 규정되어 있음

3. 내국민대우(NT의무, 제3조)

(1) 의의

① 국제교역에 있어서 국가는 외국상품에 대해 자국 상품에 부여하는 대우보다
② 불리하지 아니한 대우를 부여해야 한다는 원칙
③ 최혜국대우와의 비교

최혜국대우	외국상품 상호 간 차별하지 않는 것
내국민대우	내·외국상품 상호 간 차별하지 않는 것

④ 동종상품뿐 아니라 직접경쟁 또는 대체가능상품이라 할지라도 내국민대우를 부여해야 함
⑤ 내국민대우는 수입관세 등 수출입과 관련된 조치와는 무관

(2) 동종상품에 대한 조세 차별 금지

① 초과 과세를 금지
② 최소허용수준이 없음
③ 조세는 간접세를 의미함
④ 일본 – 주세 사건: 일본 국내 소주와 보드카는 동종상품이며, 일본이 차별 과세하여 내국민대우를 위반하였다고 판시

(3) 동종상품 판단방법

상품성질설 (BTA Approach)	• 1970년 국경과세조정보고서(the border tax adjustment report: BTA Report) 이래로 GATT/WTO 패널이 주로 의존해 온 방식 • 제품의 물리적 특성이나 성질, 제품의 최종용도 및 소비자의 기호나 습관 등을 고려하여 같은 상품 여부를 판단 • GATT/WTO 패널은 제품의 물리적 특성 및 용도 등 객관적 요소를 중시 • EEC – 동물사료 분쟁: 관세분류, 단백질 함유량, 소비용도를 고려 • 미국 – 가솔린 분쟁: 제품의 물리적 특성, 최종용도, 관세분류, 대체가능성을 중시 • 일본 – 주세 분쟁: 물리적 특성의 차이, 소비용도, 관세분류, 시장여건(market condition)을 고려
조치목적설 (the Aim-and-Effect Approach)	• 동종상품의 판단에 있어서 단순하게 물리적 특성이나 최종용도 등 객관적 요소만을 기준으로 하는 것이 아니라 차별조치를 취한 목적을 반영해야 한다는 이론 • 1992년 미국 – 주류 분쟁 및 1994년 미국 – 자동차 분쟁에서 적용

시장기반설 (the Market-Based Approach)	• 시장에서 비교대상인 상품이 같은 상품으로 인식되는가를 판단기준으로 삼는 접근법 • 두 상품이 놓여 있는 시장여건에 의해 같은 상품 여부가 결정되어야 한다는 것 • 시장여건을 좌우하는 가장 결정적인 요소는 해당 시장에서의 소비자의 판단이며, 결국 대상 상품이 거래되는 시장에서 소비자들이 두 상품을 같은 상품이라 보는지 여부에 의해 같은 상품 판정이 내려져야 한다고 봄 • 시장여건은 단기적이고 가변적인 소비자의 기호나 습관이 아니라 비교적 장기적이고 안정적으로 유지되어 오고 있는 기호나 습관을 의미함
GATT/패널 판정례	• GATT/WTO 패널 판정례에 따르면 목적효과접근법을 적용한 경우도 있음 • 일반적으로 상품성질설(BTA방식)에 따름 • 조치목적설(목적효과접근법)의 한계: 문언적 근거가 약함 • GATT 제20조의 존재 의의를 상실시킬 위험이 있음. WTO가 자유무역을 지향하는 것과 배치됨

(4) 직접경쟁 또는 대체가능상품에 대한 조세 차별 금지

① **위반판단기준**: 국내생산 보호목적 + 직접경쟁 또는 대체가능상품 + 유사하지 아니한 과세

② **국내생산 보호목적**: 직접경쟁 및 대체가능상품에 대한 유사하지 아니한 과세가 국내생산보호목적이 있는 경우 내국민대우원칙에 위배됨
  ㉠ 일본 - 주세 사건: 수입상품과 내국상품에 차별적으로 부과된 내국세의 중대한 차이는 국내생산 보호를 위한 것이라 판단
  ㉡ 한국 - 주세 사건: 패널은 저율의 내국세가 적용되는 부류는 거의 배타적으로 국내주류만을 포함하고 있으며, 고율의 내국세가 부과되는 부류는 거의 수입주류를 포함하는 국내주세법의 구조를 내국세의 부과가 국내생산 보호를 위한 것으로 판단하는 근거라 판시

③ **직접경쟁 또는 대체가능상품**: 동종상품을 포함하는 넓은 개념이나 직접경쟁성을 평가하는 기준에 관한 문언규정은 존재하지 않음
  ㉠ 한국 - 주세 사건: 상소기구는 직접경쟁성 판단에 있어서 소비자의 인식이 기준이 된다고 판단
  ㉡ 두 상품이 소비자의 특별한 수요 또는 기호를 만족시킬 수 있는 대체관계에 있는 것으로 소비자가 인식한다면 양자는 직접경쟁관계가 있음
  ㉢ 소비자의 인식은 상품의 물리적 특성, 최종용도, 소비자의 기호, 유통경로 및 판매지점, 가격 등을 비교하여 판단
  ㉣ 직접경쟁관계가 있는지 판단함에 있어서 교차가격탄력성, 다른 시장으로부터의 증거 등도 고려할 수 있음

④ 유사하지 아니한 과세: 두 상품 간의 내국세 차이가 미미한 수준(de minimis level) 이상이어야 함
  ㉠ 미미한 수준은 각각의 시장에 기초하여 사안별로 결정
  ㉡ 일본 - 주세 사건: 패널은 일본산 소주에 비해 6배 이상의 내국세가 수입주류에 부과되는 것은 미미한 수준을 초과한 것으로 판단
  ㉢ 한국 - 주세 사건: 한국산 소주에 비해 3배 이상의 내국세가 수입주류에 부과된 것이 유사하지 아니한 과세라 판단

(5) **정부의 기타 조치에 의한 차별 금지**
  ① **위반판단조건**: 동종상품 또는 직접경쟁상품 + 정부조치 + 불리한 대우
    ㉠ 제3조 제4항이 적용되기 위해서는 비교대상이 되는 상품이 동종상품이어야 함
    ㉡ 이 때의 동종성은 제3조 제2항 제1문상의 동종성보다 넓은 개념
  ② **국내판매 등에 영향을 주는 법률·규정·요건**: 패널은 넓게 해석함
  ③ **불리한 대우**: 경쟁조건에 미치는 영향을 중심으로 판단
  ④ 불리하지 아니한 대우는 같은 대우를 의미하는 것이 아니므로 수입품에 대한 우대조치는 제3조 제4항에 위반되지 않음
  ⑤ 한국 - 수입쇠고기 사건: 한국이 한우와 수입쇠고기를 구분 판매한 제도는 한우와 수입쇠고기의 경쟁에 있어서 수입쇠고기에 대해 불리하게 경쟁조건을 변경시키기 때문에 제3조 제4항 위반이라 판단

(6) **수량규칙과 내국민대우원칙**
  ① 특정 수량이나 비율에 의한 상품의 혼합, 가공, 사용 등에 있어서 자국산의 특정의 수량이나 비율을 사용해야 할 의무를 부과해서는 안 됨
  ② 특정 수량이나 비율을 국외의 공급원 사이에 할당하는 방법으로도 사용할 수 없음
  ③ 혼합요건(mixing regulations)은 수입제한 효과를 가져오거나 국내상품에 대한 보호효과를 초래하기 때문에 금지됨

(7) **예외**
  ① 영화필름에 관한 의무(스크린쿼터)
  ② 정부조달과 관련하여 국내상품을 우선적으로 구입할 수 있음
    - 정부조달 예외는 복수국간무역협정으로 존재하는 정부조달협정의 가입국 상호 간에는 적용되지 않으므로 정부조달협정의 당사국들은 정부조달에 있어서도 내국민대우원칙을 준수해야 함
  ③ **국내보조금**: 국내 생산업자들에게만 지급되는 보조금을 허용
    - 구매자에게 보조금을 지급하는 행위가 결과적으로 생산자에게 보조금을 지급하는 행위와 동일한 효과가 있다 하더라도 구매자에게 보조금을 지급하는 행위는 허용되지 않음

④ 보조금을 생산업자가 아닌 가공업자(processors)에게 지급하는 경우도 이를 허용하지 않음
⑤ 국내 생산자에 대한 직접적인 보조금의 지급을 허용하고 있는 것이지 세금환급 및 세금감면과 같은 간접적인 보조금을 허용하는 취지는 아님

4. 수량제한금지(제11조)

(1) 의의
① 수입금지를 포함하여 쿼터를 설정하는 것을 원칙적으로 금지
② 수출에 대해서도 수량제한을 금지
③ 관세, 조세 등을 제외한 금지 또는 제한조치를 취하거나 유지해서는 안 됨
④ 수출입허가제를 금지
⑤ 수출입할당제를 금지
⑥ **최저수입가격제도 금지**: 최저수입가격을 정하여 그 이하로 수입되는 물품에 대해서는 차액에 대한 관세를 예치하게 하거나 수입허가서 발급 거부 등을 통하여 사실상 수입을 금지
⑦ 매년 자동 갱신되는 수입면허제도를 허용
⑧ 자동적으로 갱신되지 않는 수입면허제도는 금지되는 수입제한조치
⑨ 낮은 가격으로 반도체 수출을 제한하는 일본 정부의 비강제적(non-mandatory) 조치도 수량제한조치에 해당되어 금지됨
⑩ 무역을 실질적으로 방해하지 않는 수량제한조치도 금지됨
⑪ 사실상의(de facto) 제한조치도 금지됨

(2) 예외
① 식량 또는 수출국에 불가결한 기타 상품의 위급한 부족을 방지 또는 완화하기 위해 일시적으로 과하는 수출제한을 인정함. 단, 중국 – 원자재 사건에서 중국이 동 예외를 원용하였으나 인정하지 않았음
② 국제무역에 있어서 상품의 분류, 등급, 판매에 관한 기준 또는 규칙의 적용을 위해 필요한 수출 및 수입의 금지 또는 제한을 인정
③ 농업 또는 어업제품에 대한 수입제한으로서 수입형태의 여하를 불문하고, 판매 또는 생산을 허용한 동종상품 또는 직접 대체 가능한 상품의 수량을 제한하기 위한 정부조치 실시에 필요한 것 등은 허용
④ 수량제한조치는 정부조치에 종속되므로 정부조치가 종료되면 수입제한조치도 당연히 종료
⑤ 회원국은 자국의 대외자금 상황 및 국제수지를 옹호하기 위해 수입품에 수량제한을 신설하거나 유지하거나 강화 가능. 국제수지제한위원회가 매년 상세한 심사를 하고 수량제한의 완화 또는 폐지를 권고함

⑥ 경제상태가 저생활수준에 머물러 있고 개발 초기 단계에 있는 저개발국에 대해서는 국제수지 옹호를 위한 수입제한 및 특정 산업의 보호를 위한 수입제한을 인정
⑦ 저개발국이 아닌 개발도상국에 대해서는 특정 산업의 확립을 위한 수입제한만 허용
⑧ 한국의 미국산 쇠고기에 대한 수입금지조치 사건에서 패널은 한국이 더이상 국제수지를 이유로 한 개발도상국의 수량제한조치가 필요하지 않다는 국제수지위원회의 견해를 수용하여 쇠고기 수량제한이 국제수지를 이유로 정당화되지 않으며, 제11조 제1항을 위반하였다고 판정
⑨ 긴급수입제한조치로서 수량제한조치를 취할 수 있음
⑩ **대응조치로서의 수입제한**: 다른 체약국의 GATT의무 불이행으로 피해를 입은 체약국은 체약국단이 인정하는 범위 내에서 보복조치로서 수입제한조치를 취할 수 있음
⑪ 체약국은 GATT협정에 별도로 규정되지 아니한 예외적인 사정하에서 GATT협정에 의해 체약국에 부과하고 있는 의무를 면제
⑫ GATT 제20조의 일반적 예외에 해당하는 경우 수량제한조치를 취할 수 있음
⑬ 미국은 1972년 해양포유동물보호법(Marine Mammal Protection Act)에 근거해 돌고래 보호를 목적으로 한 수입제한조치를 취하고 GATT 제20조 제(b)호 및 제(g)호에 의해 정당화된다고 주장하였으나, 패널은 멕시코의 주장을 받아들여 미국의 조치가 돌고래를 보호하기 위해 필요한 조치가 아니고, 자국 영역 외의 보호를 이유로 하는 일방적 조치는 타국의 권리를 침해하기 때문에 일반적 예외조항에 의해 정당화될 수 없다고 판시
⑭ EC와 네덜란드가 다시 미국을 상대로 제소한 미국-참치 사건 Ⅱ에서도 패널은 미국의 수입제한조치가 동물의 생명을 보호하기 위해 필요한 조치가 아니고, 유한천연자원의 보존을 주목적으로 하고 있지 않기 때문에 일반적 예외조항에 의해 정당화될 수 없다고 판정
⑮ **미국 - 자동차용 스프링 사건**: 미국의 자동차용 스프링의 수입금지조치가 GATT 제20조 제(d)호에 의해 정당화된다고 본 판례
⑯ **국가안보 예외**: 회원국은 자국의 안전보장상 중대한 이익의 보호를 이유로 수입수량제한조치를 정당화할 수 있음

(3) 수량제한의 비차별적용
① 예외적인 수량제한조치가 허용되어도, 최혜국대우의무, 수입허가량 배분에 관한 규칙 및 공고 및 협의의무를 준수해야 함
② 모든 제3국에 대한 수출 또는 모든 제3국으로부터의 수입되는 동종상품에 다같이 금지되거나 제한되지 아니하는 한 체약국은 어떠한 금지나 제한을 과할 수 없음

③ 가능한 한 공급국별 할당 대신 총량 쿼터(global quota)를 실시하고, 가능한 한 수입허가제는 피해야 하며, 수입허가제가 실시되어야 하는 경우에도 특정 국가 또는 특정 공급원이 명기되어서는 안 됨
④ 쿼터 할당 시에도 각 체약국과 할당량 배정에 관해 합의해야 하며, 합의가 불가능한 경우 특별한 요인을 고려하고 과거 대표적인 기간 동안의 수입량에 대한 비율에 의해 할당
⑤ 수량제한을 실시하는 국가는 수입허가서의 발급상황, 쿼터의 국가별 할당량 등을 당해 상품의 무역에 이해관계가 있는 체약국에게 공고해야 함
⑥ 수량제한 국가는 실질적인 이해관계가 있는 체약국과 협의해야 함

5. 일반적 예외(제20조)

(1) 의의
① 특정한 상황에서 GATT의 다양한 의무에서 면제되는 것을 허용
② GATT원칙에서 벗어나는 조치라도 체약국이 추구하는 정책 목표를 인정하여 제한적으로 허용
③ GATT 제20조 전문의 요건과 본문의 요건을 모두 충족해야 함
④ 미국-Shrimp 사건: 상소기구는 본문을 먼저 검토하고 전문을 검토해야 한다고 봄
⑤ 전문의 요건: 유사한 상황에 있는 상품에 대해 자의적이거나 부당한 차별이 아닐 것 + 국제무역에 대한 위장된 제한이 아닐 것
⑥ 브라질-타이어 사건(2007): 브라질이 EU산 폐타이어의 수입을 금지한 사건으로 GATT1994 제20조의 일반적 예외에 대한 사례
⑦ 일반적 예외에 해당하는 조치는 WTO회원국이 일방적으로 취할 수 있는 조치
⑧ 입증책임: 피제소국이 부담

(2) 예외 인정조치 – 10가지 한정적 열거
① 공중도덕을 보호하기 위해 필요한 조치
② 인간, 동물, 식물의 생명이나 건강을 보호하기 위해 필요한 조치
③ 금이나 은의 수출입에 관한 조치
④ 법률의 준수를 확보하기 위하여 필요한 조치
⑤ 교도소 노동상품에 관한 조치
⑥ 국보 보호를 위한 조치
⑦ 유한천연자원 보존조치
⑧ 정부 간 상품협정상 의무에 따른 조치
⑨ 국내 가공산업에 필수적인 원료를 확보하기 위한 해당 원료 수출제한조치
⑩ 공급이 부족한 산품의 획득이나 분배를 위한 조치

(3) **인간이나 동식물의 생명이나 건강을 보호하기 위한 조치**
   ① 필요한 조치여야 함
   ② EC - 석면 사건: EC의 석면 생산이나 사용에 대한 규제조치가 인간이나 동식물의 생명이나 건강을 보호하기 위한 조치에 해당됨

(4) **국내법의 준수를 확보하기 위한 조치**
   ① 필요한 조치여야 함
   ② 국내법에 조약은 포함되지 않음
   ③ 한국 - 쇠고기 사건: 소고기 구분판매제도가 국내법의 준수를 확보하기 위해 필요한 조치는 아니라고 함
   ④ 멕시코 - 청량음료 사건: 멕시코가 미국산 청량음료에 대해 유통세 등을 부과한 조치가 국내법의 준수를 확보하기 위해 필요한 조치는 아니라고 함

(5) **유한천연자원 보존조치**
   ① 유한천연자원: 천연자원, 돌고래, 바다거북, 깨끗한 공기 등
   ② 동등성 요건: 수입상품에 대해 취해진 조치가 국내적으로도 취해지고 있어야 함
   ③ 미국 - Shrimp 사건: 미국이 새우잡이 시 바다거북 제외장치를 사용하지 않은 경우 수입을 금지한 조치에 대해 유한천연자원 보존조치라고 봄. 다만, 전문의 요건을 충족하지 못하였다고 봄
   ④ 미국 - 휘발유 사건: 미국이 수입휘발유에 대해 엄격한 국내법을 적용한 조치를 유한천연자원 보존조치로 볼 수 없다고 판단

(6) **일반예외조항의 적용방법상의 문제**
   ① 미국 - Reformulated Gasoline 사건: 상소기구는 예외를 주장하는 당사자가 입증책임을 부담
   ② 참치 수입제한 사건 1: 역외적용을 불허
   ③ 새우 및 새우제품 수입금지 사건(미국, 1998): 상소기구는 관할권의 한계문제에 대한 직접적인 판단을 회피하면서도 동 사건의 해양거북이와 미국은 미국의 관할권을 인정하기에 충분한 관련성이 있다고 판정

6. 국가안보예외(제21조)

(1) **취지**
   ① 국가안보를 이유로 WTO회원국에게 GATT상의 의무를 회피하도록 허용하는 포괄적 예외조항
   ② 회원국은 중대한 국가안보의 이익을 보호하기 위해 일방적으로 제21조상의 조치를 취할 수 있음

(2) **중대한 안보이익**
   ① 중대한 안보이익에 대한 판단은 회원국의 단독 재량사항

② 국내외를 불문하고 국가의 안전을 위협하는 침해 또는 내란 등의 위험으로부터 국가를 보호하는 자국의 이익
③ 중대한 안보이익이 무엇인지는 회원국의 재량적 결정사항이므로 사전통보할 필요가 없으며, 조치의 정당성을 증명할 필요도 없음
④ WTO나 타회원국으로부터 사전승인이나 추인을 받을 필요가 없음
⑤ 1949년 GATT총회도 안보에 관한 문제는 각국이 최종적으로 판단해야 한다고 함

(3) **무력공격 존재의 선행조건 여부**
① 물리적 침입이나 무력공격과 같은 명백하고 구체적인 위험에 처해있을 것을 요구하지 않음
② 중대한 이익이 실재적 위험뿐 아니라 잠재적 위험에 처해있을 때에도 원용할 수 있음

(4) **핵물질 기타 상품과 원재료**
① 핵물질, 무기 거래, 또는 국제관계상 비상시에 자국의 중대한 안보이익을 위해 필요한 조치를 취할 수 있음
② 타국의 핵무기 개발 등에 의해 위협을 받는 경우 GATT상의 의무로부터 이탈할 수 있음
③ 기타 상품은 무기, 탄약, 군수품목 이외의 모든 물자를 말함
④ 의류나 식료품 등 간접적으로 군사목적에 기여하는 것도 거래를 제한할 수 있음

(5) **전시 또는 기타 비상사태**
① 전쟁 기타 국제정세가 긴박한 경우 회원국은 자국의 안보를 위하여 필요한 조치를 할 수 있음
② 전략물자의 수출 통제를 차별적으로 실시하거나, 특정 국가로부터의 수입을 금지하는 등의 조치를 취할 수 있음

(6) **UN헌장상의 의무 이행을 위한 조치**
① 회원국은 헌장상 의무 이행을 위해 GATT를 위반할 수 있음
② UN안전보장이사회가 북한, 이란 등 핵확산국가에 대해 부과하는 무역금수 등의 경제제재는 이들 국가에 대한 GATT상의 의무를 위반하더라도 무방함

(7) **정보 공개의 문제**
① WTO회원국은 자국의 중대한 안보이익에 반하는 정보를 WTO 또는 기타 WTO회원국 등에게 제공할 의무가 없음
② 정보 비공개가 자의적이라는 비난을 면하려면 원용하는 국가는 위협이 실제 존재한다는 최소한의 증거를 제시할 필요가 있음

③ 1982년 11월 30일 체약국단은 체약국은 가능한 최대한의 정도로 정보를 통보받는다는 결정을 채택하였으나 의무를 부과한 것은 아님

(8) 제21조 관련 제소 가능성
① 제21조는 무역제한조치에 대해 통보, 승인, 추인을 요하지 않기 때문에 상대국에게 제소권이 없는지가 문제됨
② GATT준비위원회나 GATT 제21조에 관한 결정에서는 제21조를 원용하는 경우에도 제소권이 인정된다고 판단

(9) 사례
① 유럽공동체 등의 아르헨티나에 대한 수입제한조치
  ㉠ 1982년 포클랜드전쟁 중 유럽공동체, 캐나다, 호주는 당시 적국이었던 아르헨티나 상품의 수입을 무기한 금지
  ㉡ 동 조치는 GATT이사회에서 논의되었으며, 무역제한조치는 1982년 6월 취소됨
  ㉢ 1982년 GATT각료선언에서는 회원국은 경제적 문제가 아닌 이유로 GATT와 합치하지 아니하는 무역제한조치를 취하는 것을 삼간다는 규정이 첨부됨
② 미국의 대 니카라과 경제제재조치: 직접 패널에서 다루어지지 않았음. 다만, 미국은 1990년 4월 금수조치를 취할 필요가 있는 상황이 사라졌고, 니카라과에 대한 미국의 안보상 긴급성이 종료되었다는 이유로 금수조치를 해제하였음
③ 미국의 헬름즈 – 버튼법(Helms – Burton Act) 문제
  ㉠ 미국은 쿠바에 대한 미국의 무역금수조치를 강화하기 위하여 쿠바의 자유와 민주화를 위한 법(Cuban Liberty and Democratic Solidarity Act; 헬름즈 – 버튼법)을 제정
  ㉡ 동법은 쿠바를 지원하는 국가들에 대해 미국의 대외원조를 금지하여 쿠바에 대한 미국의 금수조치를 확대
  ㉢ 또한, 1959년 이후 쿠바 정부에 의해 재산을 압류당한 미국인에게 쿠바혁명 이후 쿠바 정부에 의해 수용된 재산을 외국 회사가 거래하면 동 회사를 미국 법원에 제소할 수 있도록 하였음
  ㉣ 동법의 발효 이후에 쿠바에서 수용조치된 미국 시민의 재산을 거래하는 외국인에 대한 미국 비자의 발급을 금지하도록 규정하였음
  ㉤ 헬름즈 – 버튼법은 미국의 무역상대국인 캐나다, 멕시코 및 EU로부터 외교적 항의 및 보복조치의 위협을 야기하였음
  ㉥ 1996년 EU는 미국을 WTO에 제소하면서, 헬름즈 – 버튼법이 GATT 제1조, 제3조 및 제11조를 위반한다고 주장하였음

ⓐ 이 사안에서 미국은 GATT 제21조에 의해 정당성을 주장할 것으로 기대되었으나, 미국과 EU 간 정치적 합의가 성립되어 패널절차는 더 이상 진행되지 않았음

(10) 러시아 – 통과운송 제한 사건(Russia – Measures concerning traffic in transit, 2016)
① 국가안보 예외조항을 원용해 통상제한 조치를 취한 당사국의 권한을 검토하고 해석을 제공한 최초 사례
② 2016년 러시아가 카자흐스탄과 키르기스스탄으로 향하는 우크라이나의 화물이 자국을 통과하는 것을 금지한 조치에 대한 우크라이나의 제소
③ 2014년 3월 러시아가 우크라이나 크림반도를 합병한 이후에도 러시아는 우크라이나 내의 친러시아 반군을 지원한다는 의혹을 받는 등 지속적인 갈등이 발생하고 있었음
④ 러시아는 이와 같은 조치가 안보 예외조항인 1994년 GATT 제XXI조(b) 제(iii)호에 따라 취해졌으며 따라서 당사국이 아닌 WTO에서는 조치의 적법성에 대한 판단권한이 없다고 주장
⑤ 패널은 러시아의 주장에 동의하지 않았고 패널이 당사국의 안보 예외조항 원용의 적합성에 대해 검토할 관할권을 가진다고 결론
⑥ 패널은 본안판단에서 러시아의 조치가 GATT 제21조 국가안보예외에 의해 정당화될 수 있다고 판시

7. 지역무역협정(제24조)

(1) 의의
① 일정 지역 내의 특정 국가 간 체결되는 협정
② 관세철폐나 무역장벽 제거, 요소이동의 자유화 등 자유무역을 목적으로 함
③ 자유무역협정을 체결한 국가 상호 간에는 협정에 참여하지 아니한 국가에 대한 조치보다 우대조치를 취할 수 있음
④ FTA는 상품뿐 아니라 서비스 교역에 대해서도 체결될 수 있음
⑤ 개발도상국 상호 간에는 허용조항에 따라 FTA를 체결할 수 있음

(2) 유형

자유무역협정(FTA)	역내국 간 관세 또는 비관세장벽 제거, 역외국에 대해서는 독자적 관세, 비관세조치
관세동맹(CU)	역내국 간 관세 또는 비관세장벽 제거 + 역외국에 대해 공동정책
FTA나 CU를 위한 잠정협정	10년 내에 실제 협정이 체결되어야 함

(3) 자유무역협정(FTA)의 체결요건

① **자유무역협정(FTA)**: 구성영토를 원산지로 하는 상품의 실질적으로 모든 무역에 대하여 관세 및 기타 제한적인 상거래규정이 철폐되는 둘 또는 그 이상의 관세영역의 일군

② 관세동맹이 둘 또는 그 밖의 관세영역을 단일관세영역으로 대체한 것을 의미하는 것과는 달리 자유무역협정은 독립된 관세영역의 구성체

③ **역내요건**: 자유무역협정 구성영토 간의 실질적으로 모든 무역(substantially all the trade)에 관하여 관세 및 그 밖의 제한적 상거래규정이 철폐되어야 함

④ **역외요건**
  ㉠ 자유무역협정 혹은 이를 위한 잠정협정에 관하여, 동 협정의 채택 시 동 협정에 포함되지 않은 회원국에 대하여 적용 가능한 관세 및 그 밖의 상거래규정은 자유무역협정의 형성 이전에 동일한 구성영토에서 존재하였던 상응하는(corresponding) 관세 또는 그 밖의 상거래규정보다 더 높거나 더 제한적이어서는 안 됨
  ㉡ 이때 관세는 양허관세가 아닌 실행관세율을 의미함

⑤ **절차요건**
  ㉠ 자유무역협정 또는 그 형성으로 이어지는 잠정협정에 참여하기로 결정한 체약당사자는 신속히 체약당사자단에 통보하고 체약당사자단이 적절하다고 인정하는 보고 및 권고를 체약당사자에게 할 수 있도록 동맹 또는 지역에 관한 정보를 체약당사국단에 제공해야 함
  ㉡ 체약국단은 이에 대해 동 협정의 당사국과 협의하여 검토하고 제공된 정보를 적절히 고려해야 함
  ㉢ 잠정협정의 경우 동 협정의 당사국이 의도하는 기간 내에 자유무역지역이 형성될 가능성이 없거나 동 기간이 타당하지 아니하다고 인정하는 때에는 동 협정의 당사국에 대하여 권고하여야 함
  ㉣ 당사국은 권고에 따라 잠정협정을 수정할 용의가 없을 때에는 동 협정을 각기 유지하거나 실시하여서는 안 됨

⑥ **절차요건에 대한 세부 검토 절차**
  ㉠ 모든 통보는 1994년도 GATT의 관련 규정 및 이 양해 제1항에 비추어 작업반에 의해 검토
  ㉡ 작업반은 이와 관련한 검토결과에 대한 보고서를 상품무역이사회에 통보
  ㉢ 상품무역이사회는 적절하다고 판단하는 권고를 회원국에게 할 수 있음
  ㉣ 잠정협정과 관련하여, 작업반은 자신의 보고서에서 관세동맹 또는 자유무역지대의 형성을 완료하기 위하여 필요하다고 제안된 기간 및 조치에 대하여 적절한 권고를 할 수 있음

- ⑩ 작업반은 필요한 경우 동 협정에 대한 추가검토를 규정할 수 있음
- ⑪ 잠정협정의 당사자인 회원국은 동 협정에 포함된 계획 및 일정의 실질적인 변경을 상품무역이사회에 통보하며, 요청이 있는 경우 이사회는 동 변경을 검토
- ⓢ 통보된 잠정협정에 계획 및 일정이 포함되지 아니한 경우, 작업반은 자신의 보고서에서 이러한 계획 및 일정을 권고
- ⓞ 당사자는 이러한 협정을 이러한 권고에 따라 수정할 준비가 되어 있지 아니한 경우, 동 협정을 경우에 따라 유지하거나 발효시키지 않음
- ⓩ 권고의 이행에 대한 후속 검토를 위한 규정이 마련됨
- ⓒ 관세동맹과 자유무역지대 구성국은 상품무역이사회에 정기적으로 당해 협정의 운영에 관하여 보고해야 함. 협정의 중대한 변경 및 진전사항은 이루어지는 대로 보고해야 함

(4) 관세동맹(CU)의 체결요건

① 관세동맹: 동 동맹의 구성영토 간의 실질적으로 모든 무역에 관하여 관세 및 기타 제한적 상거래규정이 철폐되고 동 동맹에 포함되지 아니하는 영토의 무역에 대하여 실질적으로 동일한 관세 및 상거래규정을 적용하는 둘 또는 그 이상의 관세영역을 단일관세영역으로 대체한 형태

② 역내요건
  ㉠ 관세동맹 구성영토 간의 실질적으로 모든 무역(substantially all the trade)에 관하여 관세 및 그 밖의 제한적 상거래규정이 철폐되어야 함
  ㉡ 실질적으로 동일한(substantially the same) 관세 및 그 밖의 상거래규정이 동 관세동맹의 각 회원국에 의하여 동 동맹에 포함되지 아니한 영토의 무역에 적용

③ 역외요건
  ㉠ 관세동맹 또는 관세동맹을 위한 잠정협정에 관하여, 그 창설 시 동 동맹이나 협정의 당사자가 아닌 체약당사자와의 무역에 대해 부과되는 관세 및 그 밖의 상거래규정은 동 동맹 및 협정의 채택 이전에 구성영토에서 적용 가능한 관세 및 그 밖의 상거래규정의 일반적 수준(general incidence)보다 전반적으로(on the whole) 더 높거나 제한적이어서는 안 됨. 여기서 사용되는 관세는 명시적 규정은 없으나 양허관세가 아닌 실행관세율을 의미함
  ㉡ 전반적인 평가로 인해 특정 구성영토에서 적용되는 관세 및 상거래규정이 동맹 체결 이후 더 높아지거나 제한적이게 되는 경우가 발생할 수 있음. 이를 위해 보상의 의무를 규정함

④ 절차요건은 FTA 절차요건과 동일
⑤ 절차요건에 대한 세부검토절차도 FTA에 대한 내용과 동일

제2절 공정무역규범

1. 반덤핑협정

(1) 의의
- ① **덤핑**: 수출업자가 자신의 상품을 수출국 국내시장에서 판매되는 동종상품의 가격보다 낮은 가격으로 수출하는 것
- ② **목적**: 반덤핑협정은 덤핑을 규제하는 것과 동시에, 반덤핑조치를 남용하는 것을 통제하기 위해 제정됨

(2) 발동 요건
- ① 덤핑의 존재
  - ㉠ 어느 한 국가로부터 다른 국가로 수출된 상품의 수출가격이 정상가격보다 낮은 경우 덤핑이 존재하는 것으로 간주
  - ㉡ **정상가격**: 국내판매가격, 제3국 수출가격, 구성가격
  - ㉢ **수출가격**: 당사자들이 계약서에 정해 놓은 가격을 출발점으로 하여 여기에 수송비나 관세 및 조세 등의 비용과 및 이윤을 공제하여 산정
  - ㉣ 수출가격과 정상가격은 공정하게 비교되어야 함
  - ㉤ 덤핑 마진이 2% 미만인 경우 최소허용수준에 해당하며 반덤핑조치를 취할 수 없음
  - ㉥ 특정국으로부터의 덤핑수입물량이 수입국 내의 동종상품 수입량의 3% 미만이고 이들 국가들의 총 덤핑수입량이 수입국의 동종상품 수입물량의 7%를 넘지 않는 경우에는 무시할 만한 수준에 해당됨
  - ㉦ **제로잉(Zeroing)**: 협정에 허용 여부에 대한 명문조항은 없으나, 판례를 통해 금지됨
  - ㉧ **미국 제로잉 제도(WTO 상소기구, 2007)**: 제로잉은 덤핑마진이 산출되는 모든 절차에서 금지됨. 즉, 원심조사, 연례재심, 일몰재심 모두에서 제로잉이 금지됨
- ② 국내산업에 대한 피해
  - ㉠ **국내산업**: 수입품과 동종상품을 생산하는 산업
  - ㉡ **피해**: 실질적 피해, 실질적 피해의 우려(피해가 임박한 경우), 산업 설립의 실질적 지연 등
  - ㉢ 반덤핑관세가 불공정무역관행을 대상으로 하므로 공정무역관행에 대한 세이프가드 발동요건인 심각한(serious) 피해보다 덜 엄격한 것으로 해석됨
- ③ 인과관계(causal relationship)
  - ㉠ 덤핑의 결과로서 국내산업에 실질적 피해가 야기되었어야 함
  - ㉡ 국내산업에 피해를 초래하는 덤핑수입품 이외 모든 알려진 요소를 검토해야 함

(3) 발동절차
  ① 조사개시: 국내산업에 의한 서면신청 또는 조사기관의 직권으로 개시

50% rule	조사에 대한 지지 또는 반대를 표명한 생산자의 생산량 중 50% 이상의 생산량을 담당하는 생산자가 지지해야 조사를 개시할 수 있음
25% rule	조사 지지자의 생산량이 전체 동종상품 생산자의 생산량의 25%를 넘어야 조사를 개시할 수 있음

  ② 입수 가능한 최선의 정보에 기초하여 판정: 이해당사자가 합리적인 기간 내에 필요한 정보에의 접근을 거부하는 경우
  ③ 표본조사를 통한 덤핑마진 산정: 관련 수출자, 수입자, 상품수가 많은 경우

조사기간	원칙 1년 이내, 특별한 경우 18개월을 초과할 수 없음
조사대상기간	규정 없음. 조사개시시점과 근접한 12개월이 권고됨

  ④ 예비판정: 잠정조치를 취하거나 가격인상약속을 제안·수락하기 위해서는 긍정적인 예비판정이 전제되어야 함
  ⑤ 최종판정: 긍정적인 최종판정을 내리게 되면 확정 반덤핑관세 부과 가능

(4) 반덤핑조치
  ① 의의
    ㉠ 개념: 덤핑의 효과를 상쇄시키기 위해 수입국이 부과하는 대응조치
    ㉡ 구성: 잠정조치, 가격약속, 최종조치
    ㉢ 3개의 조치 이외에 덤핑에 대응하는 조치를 취할 수 없음
    ㉣ 미국 – Byrd 수정법 사건: 패널 및 항소기구는 징수한 반덤핑관세를 미국 내 동종제품의 생산자에게 지급하는 것이 이에 위반된다고 보았음
  ② 잠정조치
    ㉠ 개념: 덤핑과 그로 인한 피해가 명확함에도 불구하고 최종적인 판정을 기다렸다가는 국내산업이 회복할 수 없는 피해를 입을 것이 예상되는 경우 잠정적으로 취하는 구제조치
    ㉡ 요건: 반덤핑협정에 따른 조사 개시 및 공고가 있을 것 + 이해당사자에게 자료의 제출 및 의견진술을 위한 적절한 기회가 주어질 것 + 덤핑 및 이로 인한 국내산업에 대한 피해에 관하여 긍정적 예비판정이 있을 것 + 조사기간 중 초래되는 피해를 방지하기 위하여 잠정조치가 필요할 것 + 조사개시 후 60일 경과할 것
    ㉢ 조치: 잠정적으로 산정된 덤핑마진을 초과하지 않는 범위 내에서 잠정관세를 부과
    ㉣ 기한: 4개월이며, 연장 시 최장 6개월까지 가능
    ㉤ 잠정조치는 공고해야 함

③ 가격인상약속
  ㉠ 개념: 수출자가 당해 물품의 가격을 적정선으로 인상하여 덤핑상태를 제거할 것을 자발적으로 제안하고 조사기관이 이를 수락함으로써 잠정조치나 반덤핑관세의 부과 없이 덤핑절차를 정지하거나 종결하는 것
  ㉡ 약속의 제안이나 수락: 덤핑과 피해의 긍정적 예비판정 이후에만 가능
  ㉢ 수입당국도 가격인상을 제안할 수 있음
  ㉣ 가격약속이 수락되는 경우에도 자동적으로 조사가 종결되는 것은 아니며 수출자의 희망 또는 당국의 결정에 따라 조사가 종결
④ 확정관세의 부과
  ㉠ 관세 부과 여부 및 금액은 재량
  ㉡ 덤핑을 초래하는 모든 수입원으로부터의 당해 상품 수입에 대해 무차별원칙에 따라 부과
  ㉢ 반덤핑관세액은 정해진 덤핑마진을 초과할 수 없음
  ㉣ 덤핑마진 미만의 관세로도 피해를 제거하기에 적절한 경우 반덤핑관세액은 덤핑마진 미만으로 되는 것이 바람직하며(경미과세원칙), 권고적
  ㉤ EC의 경우 강제적 경미과세원칙을 도입
  ㉥ 불소급원칙: 잠정조치 및 반덤핑관세 부과결정이 효력을 발생한 후 소비용으로 반입된 상품에 대해서만 적용됨이 원칙
  ㉦ 예외적 소급적용: 피해의 존재에 대한 최종판정이 내려진 경우 잠정조치 적용기간에 대해 소급 가능, 피해의 우려에 대한 최종결정이 있고 잠정조치가 없었다면 피해가 발생했을 경우 소급 가능
  ㉧ 확정된 반덤핑관세가 납부되었거나 납부되어야 할 잠정관세액 또는 보증을 목적으로 산정된 금액보다 높은 경우 그 차액은 징수되지 않음
  ㉨ 확정관세액이 납부되었거나 납부되어야 할 잠정관세액이나 보증을 목적으로 산정된 금액보다 낮은 경우 그 차액은 환불
  ㉩ 최종판정이 부정적인 경우 잠정부과된 관세는 환급

(5) 조치의 존속기간 및 재심사
  ① 일몰조항: 원칙적으로 반덤핑조치 부과 후 5년이 경과하면 자동적으로 소멸
  ② 일몰재심: 조사기관의 직권 또는 국내산업의 요청에 의해 개시된 종료재심 결과 관세 부과의 종료가 덤핑 및 피해를 지속시키거나 재발을 초래할 것으로 판정되는 경우에는 관세 부과를 연장할 수 있음
  ③ 상황재심: 5년의 존속기간 이전이라도, 반덤핑관세 부과 이후 합리적인 기간이 경과한 후에는 직권 또는 당사자의 요청에 따라 관세 부과 존속 필요성에 대한 재심사

2. 보조금 및 상계조치협정

(1) 의의
① **보조금**: 일국 정부가 자국 민간기업에 대하여 국고를 동원하여 재정적 지원을 실시하는 조치
② **보조금의 문제**: 보조금은 인위적으로 수출상품의 경쟁력을 높여주어 국제 교역의 흐름을 왜곡
③ **보조금 및 상계조치협정**: 피해국에 대하여 상계조치를 실시하여 보조금의 효과를 상쇄시키거나 보조금 교부국을 WTO분쟁해결기구에 제소하여 문제가 된 보조금 지급조치를 철폐하도록 요구할 수 있는 권한을 부여

(2) 보조금의 구성요건
① **지급 주체**: 정부, 공공기관, 정부의 지시나 위임에 의한 민간기관
　㉠ **정부**: 중앙정부뿐 아니라 지방정부도 포함
　㉡ **공공기관**: 정부가 직접 또는 간접적으로 개입이 가능한 정부대행기관, 정부의 통제를 받거나 공권력을 가지고 활동하는 특수기관을 포함
　㉢ **공공기관 해당 여부**: 소유주체, 통제 및 관리 방식 등을 기준으로 함
　㉣ **간접보조금**: 정부가 민간단체에 대해 보조금 공여 조치를 위임하거나 지시하는 경우에도 정부가 보조금을 지급한 것으로 인정됨
　㉤ **한국 – DRAM보조금조사 사건(하이닉스사 사건)**
　　ⓐ 패널은 위임과 지시를 각각 권한위임과 명령으로 해석
　　ⓑ 상소기구는 이 해석이 지나치게 좁은 해석이라고 보고 위임과 지시는 정부가 민간을 대리(proxy)로 하여 민간에게 재정적 기여 중 어떤 것(자금 이전, 채무보증, 감세, 현물서비스 지급)을 시키는 행위를 말한다고 함
　㉥ **위임**: 권한위임에 한하지 않고 정부가 민간에게 대리해 조성할 책임을 부여하는 경우를 포함
　㉦ **단순한 정책 표명**: 위탁과 지시에 해당하지 않음
② **재정적 기여**
　㉠ 정부가 직접 민간에 자금을 이전하는 행위: 증여, 대부, 출자 등
　　ⓐ **한국 – 선박보조금 사건**: 정부가 관련 법규에 근거해 상선 수출 촉진을 위해 교부한 대출과 대출보증이 수출보조금에 해당한다고 판정
　　ⓑ **미국 – 영국산 유연봉강 사건**: 정부의 자본 주입이 일정한 조건을 만족하는 경우에 자금 이전에 해당된다고 판단
　㉡ **조세 감면**
　　ⓐ **미국 – 외국 판매회사 사건(US–FSC 사건)**: 패널과 상소기구는 조세 피난처에 설립된 미국 수출기업에 대한 법인세의 면제는 정부에 의한 조세 수입의 포기로서 보조금에 해당한다고 봄

ⓑ 특정국의 상품에 대해서만 관세를 면제하는 것은 보조금에 해당됨
ⓒ 캐나다 - 자동차협정 사건: 캐나다 정부가 미국 대기업 자동차회사의 수입자동차에 대해 관세를 면제한 것이 미국 투자기업에 대한 보조금으로 간주됨
ⓓ 간접세를 어느 상품에 대해서만 감면하는 것은 보조금에 해당
ⓔ 수출품에 대한 간접세의 면제·환급은 그 면제액과 환급액이 수출국 국내상품에 대한 간접세액을 넘지 않는 한 보조금에는 해당하지 않음

ⓒ 상품과 서비스의 제공
ⓐ 미국 - 캐나다산 목재 사건: 캐나다 주정부가 목재벌채업자와 수목벌채계약(stumpage agreements)을 맺어 목재생산자에게 수목이라는 상방 상품(upstream product)을 제공하였는바 이것은 정부가 천연자원의 형태로 보조금을 부여한 것으로 인정
ⓑ 캐나다 - 우유 사건: 낙농품 수출에 대한 보조금이 원료 우유의 저가 현물지급에 의해 달성되었다고 판정

ⓔ 기업에 대한 모든 형태의 소득 또는 가격 지원조치도 보조금에 포함될 수 있음

③ 혜택
㉠ 정부로부터 재정적 자원의 이동이 발생하여 정부에 의한 재정적 기여 요건을 충족하더라도 별도로 그러한 이동의 결과, 민간기업에 대하여 경제적 혜택이 부여되었는지 별도로 검토
㉡ 경제적 혜택이 존재하였는지 또는 존재하였다면 어느 정도인지는 실제 시장기준(market benchmark)과 문제가 된 정부와 민간기업과의 거래조건을 상호 비교하여 판단
㉢ 경제적 혜택 평가에 활용되는 시장기준은 조사국이 아닌 피조사국의 시장상황을 기준으로 함

(3) 특정성(specificity)
① SCM협정상 보조금은 특정성이 있는 경우에만 규제대상임
② 보조금이 특정 산업, 특정 기업, 특정 지역을 대상으로 하는 경우 규제됨
③ 금지보조금의 경우 특정성이 있는 것으로 간주됨
④ 법률상 특정성(de jure specificity): 공여기관이나 관련 법규가 보조금에 대한 접근을 명백히 특정 기업이나 산업 또는 특정 기업군이나 산업군에 한정하는 경우 존재
⑤ 공여당국이나 관련 법규가 보조금의 수혜자격과 금액을 규율하는 객관적 기준 또는 조건을 명확히 설정하고, 수혜자격이 자동적으로 정해지고, 동 기준과 조건이 엄격히 준수되는 경우에는 특정성이 없음. 이 경우에도 사실상 특정성(de facto specificity)이 존재할 수 있음

⑥ 사실상 특정성(de facto specificity): 제한된 특정 기업에 의한 보조금계획의 사용, 특정 기업에 대한 보조금의 압도적 사용, 특정 기업에 대한 보조금의 불균형적 지급 등을 고려하여 결정 가능
⑦ 보조금 지급결정에 대해 공여기관이 재량권을 행사하는 경우 사실상의 보조금이 될 수 있음
⑧ 특정성에 대한 결정은 명확한 증거(positive evidence)에 기초하여 명백히 입증되어야 함

(4) 금지보조금
① 유형
㉠ 수출보조금: 법률상 또는 사실상 수출실적에 따라(contingent upon export performance) 지급되는 보조금

> **참고**
>
> **부속서 1에 나타난 수출보조금의 예**
> - 수출실적에 따라 정부가 기업 또는 산업에 대하여 제공하는 직접 보조금
> - 수출상여금을 포함하는 외화보유제도 또는 유사한 관행
> - 국내선적분에 비해 보다 유리한 조건으로 정부에 의해 제공하거나 위임되는 수출선적분에 대한 국내 수송 및 운임
> - 수출품의 생산에 사용되는 수입품 또는 국내상품 또는 서비스를 국내 소비용 상품생산에 사용되는 동종 상품 또는 서비스 또는 직접경쟁상품 또는 서비스의 제공보다 유리한 조건으로 정부 또는 정부대행기관이 정부위임제도에 따라 직접 또는 간접적으로 제공하는 것
> - 산업적 또는 상업적 기업이 지불한 또는 지불해야 할 직접세 또는 사회보장 부과금을 명시적으로 수출과 관련하여 완전 또는 부분적으로 면제·경감 또는 유예하는 것
> - 국내소비를 위하여 판매되는 동종 상품의 생산 및 유통과 관련하여 부과되는 간접세를 초과하는 수출품의 생산 및 유통과 관련한 간접세의 면제 또는 경감 등

㉡ 한국-선박보조금 사건: 한국이 한국 조선사에 제공한 선수금환급보증이나 인도 전 제작금융 등이 부분적으로 수출보조금에 해당된다고 인정됨
㉢ 수입대체보조금(부품현지조달보조금): 제조업이 상품의 제조과정에서 부품을 수입품 대신 국산품을 사용할 것을 조건으로 지급되는 보조금
㉣ 캐나다-자동차협정 사건: 패널은 수입대체보조금은 법률상 보조금에 한정된다고 하였으나, 상소기구는 이를 파기하고 사실상의 부품현지조달요구도 포함된다고 하였음
㉤ 미국-면화보조금 사건: 미국이 국산 면화를 사용하는 생산자에게 보조금을 지급한 것이 수입대체보조금으로 판정되었음

② 다자적 구제절차
　㉠ 개념: 다른 회원국이 금지보조금을 지급하고 있다고 판단한 경우 그 회원국에 대해 협의를 요청하고 이후 패널과 상소절차 등을 통해 보조금의 폐지를 위한 절차를 진행할 수 있음
　㉡ 절차
　　ⓐ 협의를 요청한 경우 요청 후 30일 이내에 상호 합의된 해결책에 도달하지 못한 경우 협의당사국은 분쟁해결기구(DSB)에 패널 설치를 요청할 수 있음
　　ⓑ 분쟁해결기구(DSB)에 의해 역총의로 패널을 설치
　　ⓒ 패널은 구성 및 위임사항이 확정된 일자로부터 90일 이내에 최종보고서를 배포
　　ⓓ 분쟁당사국이 항소하지 않는 경우 30일 이내에 역총의로 패널보고서를 채택
　　ⓔ 금지보조금으로 판정된 경우 패널은 보조금 공여국에게 지체 없이(without delay) 보조금을 철폐하도록 권고해야 함
　㉢ 대응조치
　　ⓐ 패널이 정한 기간 내에 분쟁해결기구(DSB)의 권고가 이행되지 않는 경우 분쟁해결기구(DSB)는 역총의로 적절한 대응조치를 승인할 수 있음
　　ⓑ 상계관세를 부과할 수 있음
　　ⓒ 금지보조금의 경우에는 국내산업에 야기된 피해를 입증하지 않더라도 금지보조금의 존재 그 자체만으로 협의 및 대항조치를 취할 수 있음
　㉣ 기한
　　ⓐ 협의 요청에서 패널보고서의 채택까지의 기한은 총 150일이 소요되며 상소된 경우 30일 또는 60일이 추가됨
　　ⓑ 원칙적으로 금지보조금에 대한 구제절차에 소요되는 기한은 분쟁해결양해(DSU)에 규정된 기한의 절반으로 단축됨
③ 일방적 구제절차(상계조치)
　㉠ 협정에 따라 잠정조치, 가격약속 제안, 최종조치를 취할 수 있음
　㉡ 조치가능보조금에 대한 조치와 동일함

(5) 조치가능보조금
① 개념
　㉠ 조치가능보조금에 대한 명확한 정의 조항은 없음
　㉡ 금지보조금이나 조치불가보조금(허용보조금)이 아닌 보조금을 의미함
　㉢ 타방 회원국에 대해 부정적 효과를 야기하는 보조금

ⓔ 부정적 효과를 야기하는 보조금
  ⓐ 타방 회원국의 국내 산업에 대한 피해 야기
  ⓑ 특정성 있는 보조금 지급에 따른 양허 혜택의 무효화 또는 침해 야기
  예 타방 회원국의 이익에 대한 심각한 손상(serious prejudice)과 같은 부정적 효과(adverse effect)를 발생시키는 경우
② 심각한 손상
  ㉠ 심각한 손상이 존재하는 것으로 간주되는 경우: 총 보조금 지급이 상품가액(ad valorem)의 5%를 초과하는 경우, 특정 산업이 입은 영업 손실을 보전하기 위해 보조금이 지급된 경우 등
  ㉡ 다음과 같은 효과 중 하나 이상 발생해야 심각한 손상이 발생: 보조금으로 인해 보조금 지급회원국의 시장에서 동종상품의 수입을 배제 또는 방해하는 효과, 보조금으로 인해 제3국 시장에서 다른 회원국의 동종제품 수출을 배제 또는 방해하는 효과 등
  ㉢ 판정기준: WTO협정 발효 후 5년간 잠정적으로 적용되어 1999년 말에 실효됨
③ 다자적 구제절차
  ㉠ 개념: 회원국은 언제든지 관련회원국에 대해 협의를 요청
  ㉡ 절차: 협의 이후 절차는 시한이 다소 긴 것을 제외하고 금지보조금의 경우와 유사
  ㉢ 대항조치: 패소국이 부정적 효과를 제거하기 위한 적절한 조치를 취하지 않거나, 보조금을 철폐하지 않거나, 보상에 관한 합의가 없는 경우 승소국은 분쟁해결기구(DSB)의 승인을 얻어 대항조치를 취할 수 있음
④ 일방적 구제절차(상계조치)
  ㉠ 조치가능보조금에 대해서는 SCM협정 제5부 규정에 따라 상계관세를 부과할 수 있음
  ㉡ 금지보조금에 대한 조치와 유사함

(6) 허용보조금
  ① 범위
    ㉠ 특정성이 없는 보조금
    ㉡ 특정성이 있더라도 연구개발보조금, 지역개발보조금, 환경보조금과 같이 국제무역의 흐름을 왜곡하지 않아 국가정책상 지급이 허용되는 보조금
    ㉢ 특정성 있는 허용보조금의 지급 기한 종료는 2000년 1월 1일
  ② 구제절차
    ㉠ 허용보조금이 협정상 요건을 충족함에도 불구하고 자국의 국내산업에 심각한 부정적 효과(serious adverse effect)를 초래한다고 믿을 만한 사유가 있는 회원국은 해당 회원국에 대해 협의를 요청할 수 있음

ⓛ 협의에 의해 상호 만족할 만한 해결에 도달하지 못한 경우 협의당사국은 보조금 및 상계조치 위원회에 이 사안을 회부할 수 있음
ⓒ 위원회는 부정적 효과가 존재한다고 결정하는 경우 관련회원국에게 문제된 보조금 지급계획의 수정을 권고할 수 있음
② 위원회의 권고가 6개월 내에 이행되지 않는 경우 위원회는 존재하는 것으로 판정된 부정적 효과의 정도와 성격에 상응하는 대항조치를 요청 회원국이 취하는 것을 승인함
ⓜ 허용보조금에 대해서는 SCM협정 제5부에 따른 상계조사절차는 허용되지 않음

(7) 상계조치

① 실체적 요건: 특정성이 있는 보조금 지급 + 산업에 대한 피해 + 인과관계
  ㉠ 동종상품 생산산업에 대한 피해 발생: 동종상품 정의조항은 없음
  ㉡ 국내산업: 동종상품을 생산하는 국내생산자 전체 또는 그 생산량의 합계가 당해 상품의 국내총생산량 중 주요한 부분(a major proportion)을 차지하는 국내생산자
  ㉢ 피해: 실질적 피해, 실질적 피해의 우려, 산업 확립의 실질적 지연
  ㉣ 인과관계: 보조금 지급사실의 존재와 국내산업 피해 간에 인과관계가 존재해야 함

② 조사
  ㉠ 조사개시
    ⓐ 조사기관의 직권에 의해 또는 수입국의 국내산업이나 이를 대리한 자의 서면신청에 의해 개시
    ⓑ 조사신청을 지지하는 국내생산자의 생산량이 조사신청에 대해 의견을 표명한 국내생산자가 생산한 동종상품 총생산량의 50%를 초과하고 국내산업에 의해 생산된 동종상품 총생산량의 25% 이상인 경우에 제소적격이 인정
  ㉡ 조사개시의 공고
    ⓐ 조사당국은 조사개시결정을 내리지 아니하는 한 조사개시신청을 공표해서는 안 됨
    ⓑ 조사당국이 조사의 개시를 정당화할 만한 충분한 근거가 있다고 인정하는 경우 자국의 상품이 조사의 대상이 된 회원국 및 조사에 이해관계가 있는 것으로 알려진 다른 이해당사국에게 이를 통지하고 공고해야 함

ⓒ 조사수행
ⓐ 조사가 개시되는 즉시 당국은 접수된 서면신청서 전문을 수출업자 및 수출회원국 당국에 제공해야 하며, 요청이 있는 경우 다른 관련된 이해당사자에게도 이를 제공해야 함
ⓑ 모든 이해당사자는 당국이 요구하는 정보에 대해 통지를 받을 뿐 아니라 당해 조사와 관련이 있다고 생각되는 일체의 증거를 서면으로 제출할 충분한 기회를 부여받음
ⓒ 이해당사자가 합리적 기간 내에 필요한 정보에의 접근을 거부하거나 이의 제출을 거부하는 경우 또는 조사를 현저하게 방해하는 경우에 당국은 입수 가능한 사실을 기초로 하여 예비판정 또는 최종판정을 내릴 수 있음
ⓓ 조사당국은 충분한 시간 전에 당해 회원국에게 통보하고 이 회원국이 조사에 반대하지 아니하는 경우 필요에 따라 다른 회원국의 영토 내에서 조사를 수행할 수 있음
ⓔ 협의: 조사개시신청이 수락되면 가능한 한 조속히, 어떠한 경우에도 조사가 개시되기 전에, 자국의 상품이 이러한 조사의 대상이 될 수 있는 회원국은 제소의 내용에 언급된 상황을 명백하게 하고 상호 합의된 해결책에 도달하기 위한 협의에 초청받음
ⓜ 조사종결: 조사개시를 위한 증거가 충분하지 않은 경우, 보조금액이 종가기준 1% 미만인 경우, 보조금을 받은 수입품의 실제적·잠재적 수량 및 피해가 무시할 만한 수준인 경우

③ 예비판정
㉠ 보조금과 피해 여부에 대한 긍정적인 예비판정을 하는 경우 잠정조치를 취하거나 가격인상약속을 제안할 수 있음
㉡ 부정적인 예비판정이 있을 경우 절차는 즉시 종결

④ 잠정조치
㉠ 개념: 보조금과 그로 인한 피해가 명확함에도 불구하고 최종적인 판정을 기다렸다가는 국내산업이 회복할 수 없는 피해를 입을 것이 예상되는 경우에 잠정적으로 취하는 규제조치
㉡ 요건: 조사가 공고되고 이해당사자들에게 진술 기회 제공 + 긍정적 예비적 판정 + 피해 방지를 위해 잠정조치가 필요하다고 판단할 것
㉢ 내용: 잠정관세를 부과하며, 4개월을 초과할 수 없음. 임시적 성격을 띰
㉣ 잠정조치를 부과하기로 하는 결정이 취해진 이후, 소비용(for consumption)으로 반입되는 상품에 대해서만 적용

⑤ 가격약속(Undertakings)
  ㉠ 개념: 당국이 보조금으로 인한 피해의 효과가 제거되었다고 확신할 수 있을 만큼 수출업자가 그 수출가격을 수정하거나 하겠다는 자발적인 약속 또는 수출회원국의 정부가 보조금을 제거 혹은 제한하거나 또는 보조금의 효과에 관한 다른 조치를 취하겠다는 만족스럽고도 자발적인 약속(satisfactory voluntary undertakings)
  ㉡ 제의: 가격약속은 수출회원국의 당국에 의해 제의되어야 함
  ㉢ 성립: 가격약속은 수입국의 국내생산자와 수출국 생산자 사이의 협정 형식으로는 성립될 수 없음
  ㉣ 수입국 당국 역시 수출업자에게 가격인상약속을 제안할 수 있음
  ㉤ 수입국 당국은 제안된 가격약속에 대해 수락하거나 거부할 수 있는 광범위한 재량권을 가짐

⑥ 확정관세의 부과
  ㉠ 개념: 수입국의 보조금의 존재 및 금액에 대하여 최종판정(final determination)을 하고 보조금 지급 수입품이 피해를 초래한다고 판정한 경우 수입국은 보조금이 철회되지 아니하는 한 본 협정에 규정에 따라 상계관세를 부과할 수 있음
  ㉡ 비차별적 원칙: 보조금이 지급되고 피해를 야기하고 있는 것으로 판정된 모든 수입원(all sources)으로부터의 수입품에 대해 각 사안별로 적절한 금액의 상계관세를 비차별적 방식으로(on a non-discriminatory basis) 부과해야 함
  ㉢ 관세액수: 상계관세는 보조금액을 초과하여 부과될 수 없음
  ㉣ 경미과세원칙: 보조금액보다 적은 상계관세로 피해를 제거하는 데에 적절한 경우 상계관세는 보조금액보다 적은 것이 바람직함
  ㉤ 불소급원칙: 상계관세는 상계관세를 부과하기로 하는 결정이 효력을 발생한 이후에 소비용(for consumption)으로 반입되는 상품에 대해서만 적용되는 것이 원칙
  ㉥ 적용범위: 회복하기 어려운 피해가 초래된다고 판단하고, 피해 재발 방지를 위해 소급적 상계관세가 필요하다고 간주하는 긴급상황에서는 잠정조치 적용일 전 90일 이내에 소비용으로 반입된 수입품에 대해 소급적으로 확정상계관세를 부과할 수 있음
  ㉦ 환급: 피해의 위협 또는 실질적 지연에 대한 최종판정이 내려진 경우 잠정조치 적용기간 중 행하여진 모든 현금공탁은 신속하게 환불되고 모든 유가증권담보는 신속하게 해제됨
  ㉧ 존속기간: 상계관세는 보조금 지급을 상쇄하는 데에 필요한 기간 및 범위 내에서만 효력이 지속됨

ⓩ 일몰조항: 모든 확정상계관세는 원칙적으로 부과일로부터 5년 이내에 소멸됨

(8) 재심
① 상황변경재심
  ㉠ 개념: 이해당사자는 당국에 대하여 보조금 지급을 상쇄하기 위하여 관세의 계속적인 부과가 필요한지 여부 또는 관세가 제거되거나 변경되었을 경우 피해가 계속되거나 재발할 가능성이 있는지 여부에 대하여 조사를 요청할 수 있는 권리를 보유
  ㉡ 요건: 관세 부과 이후 합리적인 기간이 경과할 것 + 심사의 필요성을 입증하는 적극적인 정보(positive information)를 제출할 것
  ㉢ 당국은 정당성이 있는 경우 직권 또는 이해당사자의 요청에 근거하여 관세의 지속 필요성에 대해 심사하고 부적절하다고 결정하는 경우 관세 부과조치는 즉시 종결
② 일몰재심(sunset review)
  ㉠ 상계관세는 원칙적으로 5년 이내에 소멸되어야 함
  ㉡ 5년이 지나기 전에 직권 또는 국내산업의 청구에 의하여 재심사하여 연장 가능
  ㉢ 재심에서는 관세의 종료가 보조금 지급 및 피해의 지속이나 재발을 초래할 가능성이 있는지 판단
  ㉣ 재심은 일반적으로 심사개시일로부터 12개월 이내에 종료되어야 함

3. 세이프가드협정

(1) 의의
세이프가드조치(safeguards)란 수입 증가로 초래된 특정 국내산업의 피해를 한시적으로 구제하여 줌으로써 당해 국내산업을 보호해 줄 목적으로 행사되는 예외적인 조치

(2) 세이프가드조치와 반덤핑조치 비교

구분	세이프가드조치	반덤핑조치
상대국의 조치	적법	위법
피해	심각한 피해	실질적 피해
대상산업	동종산업 + 직접경쟁산업	동종산업
조치기한	4년	5년
수출국의 보복조치	허용	불허

(3) 발동요건
　① 수입의 증가
　　㉠ 예측하지 못한 사태 발전과 GATT협정상 부담하는 의무의 효과로 증가
　　㉡ 당해 상품이 국내 생산에 비해 절대적 또는 상대적으로 증가
　　㉢ 수입은 최근(recent), 갑작스럽고(sudden), 급격하며(sharp), 상당한(significant) 것이어야 함
　② 국내산업에 대한 심각한 피해
　　㉠ 국내산업: 동종상품 생산산업 + 직접경쟁상품 생산산업
　　㉡ 피해: 심각한 피해(serious injury), 실질적 피해(material injury)보다 높은 수준의 피해
　　㉢ 한국 – Dairy Safeguard: 한국은 피해 판정 시 조사해야 할 요소들을 충분하게 조사하지 않았으므로 협정 위반이라고 판정
　③ 인과관계
　　㉠ 물품의 수입 증가와 심각한 피해 간에 인과관계가 있어야 함
　　㉡ 수입 증가 이외의 다른 요소가 국내산업에 피해를 준 경우에는 그 피해를 수입 증가에 전가할 수 없음

(4) 발동절차
　① 조사개시: 이해관계인의 청원 또는 직권
　② 피해판정: 예비판정과 최종판정

(5) 세이프가드조치
　① 잠정조치를 취할 수 있음: 예비적 판정이 긍정적인 경우 관세인상만 가능
　② 형태: 관세인상, 수량제한, 관세할당 등의 조치를 취할 수 있음
　③ 적용원칙
　　㉠ 필요한 기간 동안에만 적용됨
　　㉡ 차별적·선별적으로 취할 수 없음
　④ 존속기간
　　㉠ 연장되지 않는 한 4년을 초과해서는 안 되며 연장되는 경우에도 잠정조치기간을 포함하여 8년을 초과할 수 없음
　　㉡ 개발도상국은 최장 10년까지 연장할 수 있음
　⑤ 경감성(degressivity): 3년을 초과하면 재검토하여 철회하거나 자유화 속도를 증가해야 함

(6) 보상조치
　① 의의: 세이프가드조치의 발동국은 이해관계국과 사전협의를 통해 동 조치의 부정적 효과에 대한 적절한 보상방안합의에 노력해야 함
　② 보상적 구제조치: 보상조치로서 세이프가드조치를 적용받는 수출국으로부터 수입되는 다른 상품에 대한 관세인하 및 시장접근의 확대 등

(7) 보복조치

① 세이프가드조치의 발동국과 이해관계국 간 30일 이내에 합의가 이루어지지 아니하는 경우
② 수출 회원국이 취함
③ 상품무역이사회의 승인을 요함
④ 요건
　㉠ 수출국은 세이프가드조치가 취해지고 나서 90일 이내에 보복조치를 취해야 함
　㉡ 상품무역이사회에 통보된 후 30일이 지난 후에 취할 수 있음
⑤ 제한: 보복조치가 수입품의 절대적 증가의 결과로 취해진 경우 세이프가드조치가 발효된 이후 최초 3년 동안에는 보복조치를 취할 수 없음

(8) 기존 세이프가드조치 및 회색지대조치(gray area measures)

① 기존 세이프가드조치: 조치가 최초로 적용된 날로부터 8년 이내에 또는 WTO설립협정 발효일로부터 5년 이내의 기간 중 보다 늦게 도래하는 시한 이내에 종료해야 함
② 회색지대조치(gray area measures): 세이프가드협정상 금지됨. 기존의 회색지대조치는 WTO설립협정 발효일로부터 4년 이내에 단계적으로 폐지하거나 세이프가드협정과 일치시켜야 함

제3절 다자간상품무역협정

1. 농업협정

(1) 기본구조

규범의 종류	시장개방 기초: 86~88	수출보조 기초: 86~90	국내보조 기초: 86~88
가격	비관세장벽의 관세화, 새로운 관세의 36% 감축 (최소 15%)	수출보조금의 36% 감축	전체 AMS의 20%까지 감축
수량	최소시장접근 국내소비의 3~5%	보조금혜택 수출분의 21% 감축	
기타	세이프가드규정	평화조항(peace clause)	

(2) 시장접근
　① 원칙
　　㉠ 예외없는 관세화
　　㉡ 현행시장접근: 수입량이 국내소비량의 3% 이상인 경우 현행관세로 1995년~2000년까지 유지
　　㉢ 최소시장접근: 수입량이 없거나 미미한 경우 1995년에 3%까지 현행관세로 수입하고, 2000년까지 5%로 확대
　② 예외
　　㉠ 특별세이프가드조치
　　㉡ 비교역적 관심사항(일본 쌀)
　　㉢ 개발도상국에서 전통적 소비패턴상 중요한 상품(한국 쌀)에 대한 시장접근 유예
　③ 한국 쌀 시장
　　㉠ 개발도상국 지위를 인정받아 이행 첫 해 1%의 최소시장접근을 허용하고, 그 이후에는 5차 연도까지는 국내소비량의 2%, 6차 연도부터 2004년까지 국내소비량의 4% 수준까지 도달하게 해야 함
　　㉡ 한국은 2005년부터 10년간 추가적인 유예를 인정받음
　　㉢ 2014년에 관세화로 전환
　④ 특별세이프가드
　　㉠ 관세화 이행기간에만 적용되는 한시적 조치
　　㉡ 수입물량기준 및 수입가격기준으로 조치를 취할 수 있음
　　㉢ 국내산업 피해와 무관하게 조치를 취할 수 있음
　　㉣ 추가적인 관세인상만 허용됨
　　㉤ 수출국은 보복조치를 취할 수 없음
　　㉥ 현재 시행기간이 만료됨

(3) 국내보조
　① 허용보조금(Green Box)과 감축보조금으로 구분

허용보조금(Green Box)	무역왜곡효과가 없는 보조금
감축보조금	허용대상이 아닌 모든 보조금

　② 감축보조금의 감축: 보조총액 측정치를 상한선으로 하여 감축
　③ 감축방식
　　㉠ 보조총액 측정치를 기준으로 1995년부터 2000년 간 20%를 균등 감축
　　㉡ 개발도상국은 10년간 13.3% 감축
　④ 최소허용보조: 감축대상보조금이라 하더라도 해당 연도 기초 농산물 총 생산액의 5%를 초과하지 않는 보조금은 감축약속에서 제외됨
　⑤ 생산제한계획하의 직접 지불(Blue Box): 국내보조 감축약속대상에서 제외됨

(4) 수출보조
  ① 수출보조금은 금지대상이 아니라 감축대상
  ② 수출실적을 조건으로 하는 정부의 직접적 보조 등 6가지를 열거
  ③ 수출보조금의 36% 감축, 보조금혜택 수출분의 21% 감축의무
  ④ 개발도상국은 10년 동안 재정지출 기준 24%, 물량기준 14% 감축의무
  ⑤ 수출보조금 신설 금지
  ⑥ 우회 금지

(5) 개발도상국과 최빈개발도상국에 대한 특별 및 차등대우
  ① 개발도상국
    ㉠ 관세인하율, 국내 및 수출보조감축률이 선진국의 3분의 2 수준까지
    ㉡ 이행기간은 선진국의 6년보다 긴 10년까지
  ② 최빈개발도상국: 모든 감축의무에서 면제

2. 위생 및 검역조치에 관한 협정(SPS협정)

(1) 의의
  ① **목적**: SPS협정은 농업협정 체결로 농산물 교역의 증대가 기대되나 SPS조치가 비관세장벽으로 변질되지 않도록 하기 위해 체결
  ② **적용범위**: 국제무역에 직간접적으로 영향을 주는 모든 SPS조치에 적용
  ③ **정의**: 다양한 위험으로부터 인간이나 동식물의 생명이나 건강을 보호하기 위한 조치
  ④ SPS조치인지 판단함에 있어서 조치의 목적이 중요한 기준이 됨
  ⑤ SPS조치와 위험
    ㉠ 유해동식물, 병원균, 병원균매개물, 병원생물의 침입, 음식물, 사료, 첨가물, 오염물질, 독소병균야기생물이 초래하는 위험
    ㉡ 동물, 식물 또는 동식물을 원료로 하는 상품에 의해 매개되는 병원균
    ㉢ 유해동식물의 침입·정착·만연에 의한 기타 피해
  ⑥ SPS협정은 SPS조치가 언제 처음 시행되었는가와 관계없이 SPS협정 발효 이후에도 계속해서 효력을 유지하고 있으면 동 조치에 적용됨

(2) WTO협정 상호 간 관계
  ① **TBT협정과의 관계**: 어떤 조치가 TBT협정상 기술규정 및 표준에 해당되더라도 SPS협정상의 SPS조치에 해당한다면 SPS협정만 배타적으로 적용됨
  ② **GATT와의 관계**: SPS협정의 관련규정에 따르는 위생 또는 식물위생조치는 동 조치의 이용과 관련된 1994년도 GATT규정으로, 특히 제20조 제(b)호의 규정에 따른 회원국의 의무에 합치하는 것으로 추정됨

(3) 회원국의 권리
    ① 인간, 동물 또는 식물의 생명 또는 건강을 보호하기 위하여 필요한 위생 및 식물위생조치를 취할 수 있는 권리
    ② SPS조치가 권리로서 인정되기 때문에 제소국이 해당 조치가 SPS협정에 합치되지 않는다는 점에 대한 입증책임(burden of proof)을 짐

(4) 회원국의 의무
    ① 필요성(necessity)
        ㉠ 위생 및 식물위생조치가 인간, 동물, 식물의 생명 또는 건강을 보호하는데 필요한 범위 내에서만 적용해야 함
        ㉡ GATT 및 WTO협정에 위반되지 않거나 덜 위반되는 다른 대체수단이 없거나 다른 대체수단을 모두 사용해 보았어야 함
        ㉢ SPS조치가 인간, 동물 또는 식물의 생명 또는 건강의 보호라는 목적과 합리적 연관성이 있어야 함
        ㉣ 조치와 목적 간 비례성이 있어야 함
    ② 과학적 근거(scientific basis)
        ㉠ 위생 및 식물위생조치가 과학적 원리에 근거해야 함
        ㉡ 충분한 과학적 증거 없이 유지되지 않도록 보장해야 함
        ㉢ 과학적 근거에 기초하기 위해 위험평가를 해야 함
        ㉣ 조치가 충분한 과학적 증거 없음에 대한 입증책임은 제소국이 부담
        ㉤ 과학적 불확실성이 있는 경우에도 일정한 조건하에 잠정조치를 취할 수 있음
    ③ 비차별(non-discrimination)
        ㉠ 자국 영토와 다른 회원국 영토 간에 차별적용하지 않아야 함
        ㉡ 자국의 위생 및 식물위생조치가 동일하거나 유사한 조건하에 있는 회원국들을 자의적이고 부당하게 차별하지 아니하도록 보장해야 함
    ④ 국제무역에 대한 위장된 제한 금지
        ㉠ 회원국은 또한 위생 및 식물위생조치는 국제무역에 대한 위장된 제한을 구성하는 방법으로 적용되지 않아야 함
        ㉡ 필요한 정도와 범위를 초과하여 취해지는 통상규제, 과학적 근거에 입각하지 않은 통상규제, 자의적이고 부당한 차별적 통상규제 등이 위장된 통상규제에 해당함
    ⑤ 조화의무
        ㉠ SPS조치를 도입함에 있어서 관련 국제표준(International Standard)이 존재하는 경우 이에 기초해야 함
        ㉡ 국제표준에 합치되는 조치는 인간, 동물 또는 식물의 생명이나 건강보호를 위해 필요한 조치로 추정

ⓒ 과학적으로 정당한 이유가 있는 경우 국제표준이 SPS조치로서 적절하지 않다고 간주할 수 있음

ⓔ 회원국은 또한 협정의 위험성 평가규정에 근거하여 적절한 보호수준을 스스로 결정할 수 있고, 이 경우 국제표준보다 높은 수준의 검역조치를 취할 수 있음

ⓜ 과학적 근거가 충분하지 않은 경우 잠정조치로서 국제표준보다 더 엄격한 규제조치를 취할 수도 있음

ⓗ 국제표준을 상회하는 조치를 취하는 경우 입증책임은 제소국이 짐

(5) 위험평가

① 적용될 수 있는 위생 또는 식물위생조치에 따라 수입회원국의 영토 내에서 해충 또는 질병의 유입, 정착 또는 전파의 가능성과 이와 연관된 잠재적인 생물학적 및 경제적 결과의 평가

② 식품, 음료 및 사료 내의 첨가제, 오염물질, 독소 또는 질병원인체의 존재로 인하여 발생하는 인간 또는 동물의 건강에 미치는 악영향의 잠재적 가능성에 대한 평가

③ SPS조치는 위험평가에 기초해야 함

④ SPS조치와 위험평가의 결론 간 합리적 관계가 존재한다면 인과관계가 존재

(6) 잠정조치

① 위험평가의 결과 과학적인 증거가 불충분하나 건강상의 위험을 차단하기 위해 SPS조치를 취해야 할 필요성이 있음

② 사전주의원칙(precautionary principle)을 도입

③ 요건: 조치가 관련 과학적 증거가 불충분한 경우에 취해질 것 + 입수 가능한 적절한 정보에 기초하여 채택할 것 + 회원국이 더욱 객관적인 위험평가를 위해 필요한 추가적인 정보를 찾기 위해 노력할 것 + 합리적인 기간 내에 조치를 재검토할 것

(7) 위험관리

① 적절한 보호수준에 관한 권리: 보호수준의 결정은 회원국의 전속적인 권리

② 위험에 관한 과학적 증거가 확정된 경우 회원국은 그 나름대로의 보호수준을 선택할 수 있음

③ 위험도 0 수준을 적정보호수준으로 채택할 수 있음

④ 부정적 무역효과의 최소화: 식물위생 보호조치의 적정한 수준을 결정하는 데에 있어서 부정적 무역효과(negative trade effects)를 최소화시키는 목적을 고려해야 함. 단, 최소화의무는 법적 구속력 있는 조항은 아님

⑤ 위험에 대한 보호의 일관성 유지: 회원국은 상이한 상황에서 적절한 것으로 판단하는 수준에서의 구별이 국제무역에 대한 차별적·위장된 제한을 초래하는 경우에는 자의적 또는 부당한 구별을 회피해야 함

⑥ SPS조치가 필요 이상으로 무역제한적이지 않아야 함

(8) 판례: 한국 – 일본 농수산물 수입규제 사건

① 사실관계
  ㉠ 후쿠시마에서 원자력발전소 폭발로 방사능이 유출
  ㉡ 한국은 우리 국민의 안전을 보호하기 위한 일련의 수입규제조치를 채택
  ㉢ 일본 정부가 출하를 제한한 후쿠시마 인근 13개 현 농산물 등 일반식품 26개 품목, 8개 현 수산물 50여종을 수입 금지
  ㉣ 기타 지역의 일본산 농산물 및 가공식품에서 세슘이 미량이라도 검출될 경우 추가 핵종에 대한 검사증명서를 요구
  ㉤ 2015년 5월, 일본은 한국을 WTO에 제소

② 자의적이거나 부당한 차별인지 여부
  ㉠ **일본**: 한국의 조치가 유사한 조건하에 있는 회원국들을 자의적이고 부당하게 차별하지 않도록 해야 한다는 SPS협정 제2조 제3항 제1호에 위반한다고 주장
  ㉡ **패널**: 일본산 식품의 방사능 오염도가 다른 나라 식품과 유사하게 세슘 100Bq/kg 이하일 가능성이 높다고 보고 일본과 다른 나라가 유사한 조건하에 있음에도 일본 식품에 대해서만 강화된 규제를 적용한 한국의 조치는 부당한 차별에 해당한다고 판시
  ㉢ **상소기구**: 패널 판정의 여러 부분에서 방사능 오염 환경이 식품에 미칠 수 있는 잠재적 위해성을 인정하고 있음을 지적한 뒤, 그럼에도 불구하고 오염 환경으로 인한 잠재적 위해성에 대한 분석을 배제하고 식품에 현존하는 위해성만 검토함으로써 SPS협정 제2조 제3항을 잘못 적용하였다고 판단하고 패널 판정을 파기

③ 필요 이상으로 무역제한조치인지 여부
  ㉠ **일본**: 세슘 검사만으로 우리나라의 적정보호수준(ALOP: Appropriate Level of Protection)을 달성할 수 있는데에도 한국이 일본 8개 현 수산물에 대해 수입을 전면금지하고, 여타 식품에 대해 미량의 세슘 검출 시 추가핵종검사 증명서를 요구한 것은 필요한 정도 이상의 무역제한적인 조치로서 협정 위반이라고 주장
  ㉡ **패널**
    ⓐ 회원국이 명시적으로 오염수준의 정량적 한계를 설정하였다면, 그 수치 이하의 오염수준을 포함하는 상품은 그 보호수준을 충족하는 것으로 볼 수 있다고 보면서, 일본의 대안조치로 연간 1mSv 이하의 방사능 노출이라는 보호수준을 달성할 수 있다면 한국의 조치가 필요한 정도 이상의 무역제한적인 조치라는 것이 입증됨

ⓑ 과학적 검토 결과 일본의 대안조치로 한국 소비자들이 연간 1mSv 보다 현저히 낮은 수준의 방사능에 노출되는 것이 보장되므로, 한국의 수입제한조치는 필요 이상의 무역제한적인 조치라고 판시함
　ⓒ 상소기구
　　ⓐ 한국의 보호수준이 정성 및 정량의 동등한 3개 기준으로 구성되어 있다고 인정하면서도 실제로는 연간 1mSv 이하의 방사능 노출이라는 정량적 기준만을 근거로 판정을 내렸다고 지적하면서, 한국의 조치가 제5조 제6항에 위반된다는 패널의 판정을 번복
　　ⓑ 상소기구는 패널이 한국의 보호수준의 정성적 기준과 관련하여 일부 검토를 수행하였지만, 그 결과 일본의 대안조치가 한국의 정성적 보호수준을 어떻게 달성할 수 있는지에 대한 해답을 제시하지 못하였다고 지적
④ SPS협정 제5조 제7항 위반 여부(잠정조치로서 정당화 여부)
　㉠ 패널: 한국의 8개 현 수입 금지조치와 추가핵종검사 요구가 잠정조치 요건을 모두 충족시키지 못하므로, 한국의 조치가 제5조 제7항에 합치하지 않는다고 판시
　㉡ 상소기구: 패널이 한국의 조치가 제5조 제7항을 위반하였는지에 대해 판정한 것은 패널에 부여된 위임사항을 벗어난 것으로 분쟁해결양해(DSU) 제7조 제1항 및 제11조 위반이며, 이에 따라 제5조 제7항과 관련된 패널 판정이 무효이며 법적 효과가 없다고 판정
⑤ 절차규정 위반 여부
　㉠ 일본: 한국의 수입 금지조치와 추가핵종검사 요구조치가 이해당사국이 인지할 수 있도록 공표되지 않았고, 한국의 문의처가 일본의 합리적인 질문에 대해 적절한 문서와 답변을 제공하지 않아 한국이 SPS협정을 위반하였다고 주장
　㉡ 패널: 일본의 입장을 지지
　㉢ 상소기구
　　ⓐ 공표의무 위반 관련 패널 판정 인용, 문의처 관련된 패널 판정 파기
　　ⓑ 상소기구는 문의처 관련 조항 위반을 검토하기 위해서는 해당 문의처에 접수된 총 문의 건수, 문의 건수에 대한 답변 비율, 요청된 정보의 성질 및 범위, 해당 문의처가 지속적으로 답변하지 않았는지 여부 등 관련 요소를 모두 검토하여야 한다고 판시
　　ⓒ 상소기구는 패널이 해당 문의처가 단지 1회 답변하지 않은 사실로 동 조항 위반을 판단한 것은 잘못이라고 판정

3. 무역에 대한 기술장벽에 관한 협정(TBT협정)

(1) 개념
① 무역에 대한 기술장벽이란 상품의 기술표준의 차이 때문에 발생할 수 있는 국가 간의 상품이동에 대한 장애를 총칭
② 이는 어떤 상품의 기술명세(technical specification)를 정하는 표준화제도와, 상품이 표준에 적합한지 여부를 검사하는 적합판정절차로 구분
③ 특정 국가가 각종 표준이나 기술규정 및 적합판정절차 등을 자국의 실정에 따라 까다롭게 운영하는 경우 상품을 수출하는 국가는 수출대상국의 표준, 기술규정요건에 맞도록 새로운 생산설비를 구비하거나 까다로운 절차를 통과하는 데에 막대한 비용과 시간을 소비해야 하므로 이는 수입을 제한하는 무역기술장벽으로 작용

(2) 목적
① 사람의 안전과 건강을 보호하고, ② 동식물의 생명과 건강을 보호하고, ③ 환경을 보호하고, ④ 기만적 관행을 방지하기 위함

(3) 적용범위
① 공산품과 농산품을 포함한 모든 상품에 적용
② **농산품**: 위생 및 검역조치에 관한 협정(SPS협정)이 적용되는 부문은 TBT협정의 규율대상에서 제외
③ **정부조달 관련 기술규정**: TBT협정이 적용되지 않고 정부조달협정이 적용
④ **기술규정(technical regulations)**
   ㉠ 제품의 특성 또는 관련 공정 및 생산방법에 관한 행정규정을 포함한 문서로 준수가 강제적인 것
   ㉡ 제품, 공정 및 생산방법에 적용되는 용어, 기호, 포장, 표시 또는 상품 표시부착 요건
   ㉢ 상품의 생산공정 및 생산방식(PPMs)에 관한 기술규정에 대해서도 적용
   ㉣ **기술규정과 표준의 구분**: 협정은 구체적이고 명확한 기준을 제시하지는 않았음. 미국-참치(Ⅱ)분쟁에서 참치통조림에 돌고래안전(dolphin safe) 라벨을 부착하지 않고도 시장에 판매하는 것이 법적으로 허용된다면 이행이 자발적인 표준으로 간주해야 하는지가 쟁점. 상소기구는 참치제품의 생산과정에서 돌고래가 안전하였다는 표시(라벨링)를 하기 위해서는 당시 미국 연방정부가 제정한 돌고래안전 표시 기준만이 유일하고 배타적인 방법이었으므로, 이 조치는 이행이 강제적인 기술규정이라고 함
⑤ **표준(standards)**
   ㉠ 규칙, 지침 또는 제품의 특성, 관련 공정 및 생산방법에 관한 공통의 반복적 사용을 위하여 인정기관에 의해 승인된 문서로 준수가 강제적이지 않은 것

ⓒ 제품, 공정 및 생산방법에 적용되는 용어, 기호, 포장, 표시 또는 상품 표시부착 요건 등
　⑥ **적합성 판정 절차**(conformity assessment procedures): 기술규정 또는 표준 관련 요건이 충족되었는지 여부를 결정하기 위해 직접 또는 간접적으로 이용되는 모든 절차로 표본 추출, 시험 및 검사, 평가, 검증 및 적합성 보증, 등록, 인증 및 승인 그리고 이들의 조합을 포함

(4) 기술규정에 대한 주요 규정

① **채택 목적**: 국가안보상 요건, 기만적 관행의 방지, 사람의 건강 또는 안전, 동물 또는 식물의 생명 또는 건강, 또는 환경의 보호 등

② **최혜국대우와 내국민대우**
　ⓐ **최혜국대우**: 중앙정부는 기술규정의 제정과 적용에 있어서 WTO회원국에서 수입하는 동종 수입품에 대해 최혜국대우를 부여해야 함
　ⓑ **내국민대우**: 동종 수입품에 대해 국산품보다 불리하지 아니한 대우를 부여해야 함
　ⓒ 동종성 판단이 선행되어야 하나, 구체적 규정은 없음

③ 기술규정은 정당한 목적 달성을 위해 필요 이상으로 무역제한적이어서는 안 됨
　예 EC – 석면 사건: 상소기구는 프랑스의 석면 수입 규제조치는 합법적 목적 달성을 위한 정당한 조치라고 인정

④ **위험성 평가**: 기술규정이 제품의 위험성을 평가하기 위한 것일 경우, 그 평가는 이용 가능한 과학적 및 기술적 정보, 관련 처리 기술 등을 종합적으로 고려하되, 제품이 원래 의도하는 최종 용도를 기준으로 평가해야 함

⑤ **기술규정의 폐지 또는 변경**: 어떤 기술규정을 채택하게 된 원인이 되는 상황이나 그 목적이 더 이상 존재하지 않을 경우 또는 상황이나 목적의 변화로 인해 덜 무역 제한적인 방법으로 그 목적을 달성할 수 있을 경우, 기존의 기술규정은 폐지 또는 변경되어야 함

⑥ **국제표준의 활용의무**
　ⓐ 중앙정부는 자국의 기술규정을 제정함에 있어서 이미 존재하거나 또는 그 성립이 조만간 이루어질 국제표준을 따라야 함
　ⓑ 국제표준에 따라 자국의 기술규정을 제정할 경우 이러한 조치들은 국제무역에 불필요한 장애를 초래하지 않는다고 추정됨
　ⓒ 기후적 원인이나 지리적인 요소 또는 이에 준하는 근본적인 기술적 문제로 국제표준이 당초 기술규정을 통해 달성하려고 하는 정당한 목적에 효과적이지 못하거나 부적절한 수단인 경우에는 국제표준 활용의무로부터 면제됨

예 EC - 정어리 사건: EC가 국제표준과 다르게 채택한 정어리통조림표시에 대한 규정은 TBT협정 관련 규정을 위반한 것으로, 국제표준은 EC가 추구하는 목적 달성에 효과적이지 못하거나 부적절한 수단이 아니었다고 판단

⑦ 외국 기술규정의 동등성
  ㉠ 회원국은 다른 회원국의 기술규정이 자국의 기술규정과 다르다 하더라도, 자국 기술규정의 목적을 충분히 달성할 수 있다면 다른 회원국의 기술규정이 자국의 기술규정과 동등한 것으로 인정받을 수 있도록 적극 고려해야 함
  ㉡ 실제 상호 인정이 이루어지는 예는 거의 없음

⑧ 통보 및 의견 접수
  ㉠ 어떤 회원국이 다른 회원국과의 교역에 중대한 영향을 미칠 수 있는 기술규정을 채택하려 할 경우, 그 조치에 관한 관련 국제표준이 존재하지 않거나 그 조치가 기존 국제표준과 일치하지 않을 때에는, 다른 회원국의 이해 당사자가 인지할 수 있는 방법으로 이를 공표해야 함
  ㉡ WTO사무국을 통해 채택하려는 기술규정의 목적과 합리적 이유에 관한 설명을 제출해야 함
  ㉢ 당해 기술규정이 적용될 제품이 무엇인지 다른 회원국들에게 통보해야 함
  ㉣ 통보는 이에 대해 이해관계가 있는 다른 회원국이 합리적인 의견을 개진할 수 있도록 도입 초기 단계에 충분한 시간을 갖고 취해져야 함

⑨ 긴급한 상황의 경우를 제외하고, 회원국은 수출회원국, 특히 개발도상회원국의 생산자가 자신의 상품 또는 생산방법을 수입회원국의 요건에 적응시키는 시간을 허용하기 위하여 기술규정의 공표와 그 발효 사이에 합리적인 시간 간격을 허용해야 함

⑩ 지방정부기관 및 비정부기관에 의한 기술규정
  ㉠ **지방정부**: 중앙정부 이외의 정부
  ㉡ **지방정부기관**: 그 부처 또는 당해 활동에 대해 중앙정부의 통제를 받는 모든 기관
  ㉢ **비정부기관**: 기술규정을 시행할 법적 권한을 가진 비정부기관을 포함하여 중앙정부나 지방정부기관 이외의 기관
  ㉣ 중앙정부는 지방정부기관과 비정부기관에 관하여 이들이 통보의무를 제외한 제2조의 규정을 준수하도록 합리적인 조치를 취해야 함
  ㉤ 회원국은 지방정부나 비정부기관들이 이러한 의무에 일치하지 않는 방법으로 행동하는 것을 요구하거나 장려해서는 안 됨
  ㉥ 중앙정부는 지방정부의 기술규정을 통보해야 할 의무를 부담함

(5) **적합성 판정에 대한 주요 규정**
   ① **내국민대우원칙**: 적합성평가절차를 운용함에 있어서 내국민대우원칙을 준수
   ② **불필요한 장애 초래 금지**
      ㉠ 적합성평가절차는 기술규정이나 표준과 마찬가지로 국제무역에 불필요한 장애를 초래하거나 그러한 효과를 갖도록 만들어지거나 적용되어서는 안 됨
      ㉡ 적합성평가절차는 부적합이 초래할 위험을 고려하여 과도하게 엄격해서는 안 됨
   ③ **평가절차의 운용**
      ㉠ 적합성평가절차의 표준 처리기간을 공표
      ㉡ 회원국으로부터 별도 요청이 있는 경우 예상처리기간을 통보
      ㉢ 절차가 불가피하게 지연될 경우 신청자의 요청이 있으면 그 이유에 대해 해명
      ㉣ 정보는 그 적합 여부를 판정하고 수수료를 산정하는 데에 필요한 범위에서만 제출 요구
      ㉤ 수집된 다른 회원국의 영토를 원산지로 하는 상품에 대한 정보의 비밀성은 국내상품의 경우와 동일하게 정당한 상업적 이익이 보호되는 방법으로 존중
   ④ **평가절차의 국제적 조화**: 상품이 기술규정이나 표준과 일치한다는 보증이 필요한 경우, 이와 관련된 국제표준기관이 발표한 지침이나 권고사항이 존재하거나 또는 그 완성이 임박해 있다면 회원국은 자국 중앙정부기관이 적합성평가절차의 근거로 이러한 국제표준지침이나 권고사항 등을 수용
   ⑤ **중앙정부기관에 의한 적합성평가의 인정**
      ㉠ 다른 회원국의 적합성평가절차가 자국과 다르다 하더라도 다른 회원국의 절차가 자국의 그것에 상응하는 기술규정이나 표준에 대한 적합성을 보증할 수 있으면 상대국 적합성평가절차에 의한 결과를 수용해야 함
      ㉡ 수출국의 관련 적합성평가기관이 내린 적합성평가결과를 수입국에서 신뢰할 수 있도록, 절차가 객관적이고, 평가능력이 확보되어 있는지에 대해 양국 해당 기관 간 사전협의를 전제함
   ⑥ **지방정부기관 및 비정부기관에 의한 적합성평가절차**: 자국 영토 내에 있는 지방정부기관들이 적합성평가절차와 관련된 규정들을 보장하기 위해 필요한 조치를 취해야 함
   ⑦ **국제적·지역적 체제**
      ㉠ 가능한 경우 적합판정에 대한 국제적인 체제를 수립·채택하며, 이 체제의 회원국이 되거나 이에 참여

ⓒ 자국 영토 내의 관련기관이 참여하고 있는 적합성평가체제가 국제기준과 규범 내용에 부합할 수 있도록 합리적인 조치를 취해야 함

(6) 공정관행규약
① 준수가 강제적이지 않은 표준에 대한 규약
② 표준의 준비, 채택 및 적용에 대해 규율
③ 공정관행규약은 기술규정이나 적합성판정절차에 대해서는 규정하지 않음
④ 회원국은 중앙정부나 지방정부 및 비정부표준기관이 공정관행규약을 수용하고 이를 준수하도록 할 것을 보장해야 함
⑤ 자국 내 표준기관이 공정관행규약을 어떤 형태로도 위반하지 않도록 최선을 다해 유념해야 함
⑥ 공정관행규약은 회원국 내의 모든 중앙정부기관, 지방정부기관 및 비정부기관을 대상으로 함
⑦ 국가들에 의해 설립된 지역표준기관, 비정부 지역표준기관에 WTO회원국이 참여하고 있는 경우 지역기관도 규약의 대상이 됨
⑧ 공정관행규약에서도 TBT협정 전체를 관통하고 있는 기본적인 원칙, 즉 무역에 대한 불필요한 장애 금지, 내국민대우 및 최혜국대우 등 비차별원칙이 그대로 적용됨
⑨ 국제표준에 대한 준수의무, 표준의 국제적인 조화를 위한 노력, 도안이나 외형적 특성보다는 성능을 기준으로 한 상품요건에 따라 표준을 제정할 의무 등도 적용됨

(7) 문의처 설치
① 각 회원국은 다른 회원국을 포함한 모든 관련 이해당사자들로부터 문의를 받을 경우 이에 응답하고, 필요한 관련 문서 등을 제공할 수 있도록 문의처를 설치
② 문의처는 경우에 따라 두 곳 이상을 설치할 수 있음
③ 각 문의처의 책임의 범위를 다른 회원국에게 알려야 하고 잘못된 문의처로 문의가 송부되었을 경우 이를 정확한 문의처로 신속히 전달할 것을 보장해야 함

(8) 통보
① 회원국에 대한 통보의 경우 언어 제한은 없으므로 각국은 자국의 언어로 문서의 사본을 제공할 수 있음
② WTO사무국에 대한 통보의 경우 영어, 불어 또는 스페인어로 해야 함
③ 회원국이 무역에 중대한 영향을 미칠 수 있는 기술규정, 표준 또는 적합성평가절차와 관련된 문제에 대하여 다른 국가와 합의를 한 때에는 언제나 합의 당사국 중 적어도 한 회원국이 합의 내용과 대상품목을 사무국을 통해 다른 회원국에게 통보해야 함

(9) 다른 회원국에 대한 기술지원
① 각 회원국은 다른 회원국의 지원 요청이 있을 경우 자국 기술규정 및 평가 시스템 등에 대해 조언해 주어야 함
② 요청이 있을 경우 자국의 국가표준기관의 설립이나 국제표준기관의 참가 등에 대해 그 과정 및 결과를 설명하고 조언해야 할 의무를 부담

(10) 개발도상국에 대한 특별대우
① 개발도상국에 대해 협정 전반에 걸쳐 다른 일반 회원국들보다 유리한 대우를 제공해야 함
② 표준화제도가 개발도상국의 수출확대 등에 불필요한 장애를 초래하지 않도록 개발도상국에 기술원조를 제공하며, 기술원조의 조건을 결정함에 있어 특히 최빈개발도상국의 발전단계를 고려해야 함
③ 개발도상국 회원국은 표준화제도를 준비하고 운영함에 있어 그 특수성으로 인해 어려움이 예상되므로 각 회원국은 개발도상국이 처한 특수한 상황을 충분히 고려하여야 하며 TBT협정 역시 개발도상국의 발전단계에 상응하도록 탄력성 있게 운영되어야 함
④ WTO무역에 대한 기술장벽위원회는 개발도상국에 대해 TBT협정상의 의무 전체 또는 일부에 대해 한시적이고 명시적인 예외를 부여할 수 있음

(11) 주요 판례
① **유럽연합(EU) – 물개 사건(WTO패널, 2013)**: EU가 캐나다산 물개 제품에 대해 수입을 금지한 사건으로, 패널은 EU의 조치가 기술규정에 해당되지 않아 TBT협정이 적용될 수 없다고 보았으나, GATT 제1조상의 MFN에 위반되고, GATT 제20조 제(a)호 공중 도덕 보호를 위한 조치로 볼 수 없다고 판시
② **멕시코산 참치 수입 제한 사건(WTO상소기구, 2012)**
   ㉠ 미국의 dolphin-safe 라벨 부착조치는 사실상 강제에 해당하여 기술규정에 해당
   ㉡ 미국은 멕시코 상품에 대하여 차별적인 대우를 하였으므로 내국민대우 의무를 위반
③ **미국 – 원산지 표시제도(WTO상소기구, 2012)**
   ㉠ 미국이 2008년 도입한 육류에 대한 원산지 표시제도(Country of Origin Labelling: COOL)는 기술규정으로서 TBT협정이 적용됨
   ㉡ 동 조치의 도입으로 결과적으로 멕시코 및 캐나다 상품이 불리한 대우를 받게 되었으므로 TBT협정상 내국민대우를 위반
④ **EC – 정어리 사건**
   ㉠ EC는 이사회규정을 통해 정어리통조림 표시를 위해서는 특정 정어리만을 사용하도록 함

ⓒ 패널은 이것이 기술규정이므로 TBT협정이 적용되고, 국제표준에 기초할 의무를 위반하였다고 판정

ⓒ 국제표준이 EC가 추구하는 목표 달성에 부적절하거나 비효과적인 것도 아니었다고 판정

4. 무역관련투자조치에 관한 협정(TRIMs협정)

(1) 의의

① 1980년대 중후반 외국인 직접투자의 급격한 증가로 각국 정부들은 국내법 보호 및 외화 유출을 막기 위해 외국인 직접투자에 다양한 형태의 제한을 가함

② 이러한 조치가 종종 GATT1994의 제3조 및 제11조를 위배함에 따라 국제투자문제가 본격적으로 GATT 차원에서 거론되기 시작함

③ TRIMs협정: 투자조치의 무역왜곡 및 무역제한효과를 방지함에 있어 법적 구속력을 지닌 최초의 다자 간 규범

(2) 적용범위

① 전적으로 상품무역에 관련된 투자조치에 적용

② 서비스 관련 투자는 규율하지 못함

③ 직접투자가 아닌 간접투자는 동 협정대상에서 제외

④ 인도네시아(TRIMs) 자동차 사건: 투자조치를 외국인투자와 관련된 조치에 한정되지 않으며 국내투자를 포함하는 개념으로 판단

⑤ '무역 관련' 투자조치: 무역에 영향을 미치는(affecting) 조치

(3) 회원국의 의무

① 1994년도 GATT 제3조 또는 제11조의 규정에 합치하지 아니하는 무역관련투자조치(TRIMs)를 금지

② 모든 TRIMs를 금지한 것은 아님

③ 협정은 GATT 제3조 제4항과 제11조 제1항에 위배되는 TRIMs를 예시적으로 규정함

(4) GATT1994 제3조 제4항에 위배되는 사례

① 현지부품조달의무(Local Content Requirements): 특정 품목, 특정 물량 혹은 금액 또는 국내 생산량이나 금액의 일정 비율을 정하여 국산품 또는 국내 조달물품을 구매하도록 하거나 사용을 강제하는 조치는 수입품보다 동종의 국내상품을 우대하는 차별적 조치로 내국민대우에 위반

② 수출입균형(Trade Balancing Measures): 투자기업에 대해 원부자재의 수입량을 수출량의 일정 비율로 제한하고 원부자재의 수입량과 완성품 수출량을 일정 비율로 균형을 맞추게 하는 조치는 수입원부자재보다 동종의 국산 원부자재를 우대하는 차별적 효과를 초래함

(5) GATT1994 제11조 제1항에 위배되는 사례
① GATT 제11조 제1항에 규정된 수량제한의 일반적인 철폐의무에 합치하지 아니하는 무역관련투자조치는 국내법 또는 행정적 판정에 의하여 의무적이거나 집행 가능한 조치 또는 특혜를 얻기 위하여 준수할 필요가 있는 조치로서 외환구입제한, 수출제한 등이 있음
② 외환구입제한: 기업의 수입대금 지급을 위한 외환구입을 당해 기업의 외환획득액과 연계시킴으로써 국내생산에 필요한 물품의 수입을 제한하는 조치
③ 수출제한: 수출 시 특정 품목, 특정 물량 및 금액을 정하거나, 국내생산량이나 국내생산금액의 일정 비율을 정하여 기업의 수출이나 수출을 위한 판매를 제한하는 조치
④ 기타: 해당 기업의 국내생산에 사용되는 물품의 수입을 그 기업의 수출물량이나 금액만큼 제한하는 조치

(6) 예외
① GATT1994에 따른 모든 예외를 인정
② GATT 제11조(수량제한금지원칙), 제20조(일반적 예외) 및 제21조(국가안보예외) 등에 규정되어 있는 예외를 인정

(7) 기타 규정
① 개발도상국에 대해서는 TRIMs 제2조 의무로부터의 면제를 일시적으로 허용
② WTO협정 발효 후 90일 이내에 이에 위배되는 자국의 모든 무역관련투자조치를 상품교역에 관한 이사회에 통보
③ 통보된 조치를 선진국은 2년, 개발도상국은 5년, 그리고 최빈개발도상국의 경우 7년의 유예기간 이내에 폐지해야 함
④ 투명성 및 통보의무를 이행

(8) 판례: 인도-태양광 솔라셀 사건
① 인도의 태양광 발전과 관련한 솔라셀과 모듈에 대한 국내 부품 사용의무의 위법성이 문제됨
② 미국은 2013년 인도의 국립솔라미션 프로젝트에서 인도 정부가 부과한 국내 부품 사용의무가 TRIMs협정 위반이라고 주장하고 패널 설치 요청
③ 패널은 국내 부품 사용을 의무화한 조항이 1994년 GATT 제3조 제4항과 TRIMs협정 제2조 제1항을 위반하였다고 판정
④ 인도는 국내공급 부족의 경우에 대한 예외를 규정한 1994년도 GATT 제20조 (j)호의 규정에 의거하여 동 부품에 대해서는 예외를 인정해야 한다고 주장했으나 기각됨. 국내 공급이 부족하다는 점을 충분히 입증하지 못함. 상소기구 역시 패널 판정을 지지

5. 선적전검사에 관한 협정(PSI협정)

(1) 의의
① 선적전검사(Preshipment Inspection: PSI): 수입국 정부로부터 위임받은 전문검사기관이 수입국 정부나 수입당사자를 대신하여 수출국에서 물품을 선적하기 전에 수입품의 품질이나 수량을 검사하고, 수입품의 거래가격(transaction value)이 그 물품의 원산지에서의 일반적인 수출시장가격(export market value)과 합치하는지를 평가하는 절차
② 수입되는 물품에 대해 수출 전에 그 내용을 검사함으로써 그 수량이나 품질이 수입면허와 일치하는지를 사전에 확인
③ 수출가격을 현지에서 확인함으로써 수출입 당사자 간의 거래가격 조작으로 인한 외화도피나 관세평가의 왜곡을 방지할 수 있음
④ 선적을 지연시키고, 영업정보를 누출하며, 검사기준이 불투명하여 비관세장벽이 될 수 있어 규제가 필요
⑤ 개발도상국은 선적전검사를 다자규범에 편입시켜 국제적 인정을 받고자 함
⑥ 선진국은 규범화를 통해 남용을 억제하고자 함

(2) 적용범위
① WTO회원국 정부나 정부기관의 위임 여부를 불문하고 회원국 영토 내에서 이루어지는 모든 선적전검사 활동에 적용
② 선적전검사의 사용국을 기준으로 하지 않고 검사가 이루어지는 수출국을 중심으로 하여 결정됨
③ 선적전검사 활동: 사용국의 영토로 수출되는 상품의 품질, 수량, 환율 및 금융조건을 포함한 가격과 관세분류의 검증과 관련된 모든 활동

(3) 사용국의 의무
① **최혜국대우**: 선적전검사의 절차와 기준이 객관적이고 모든 수출자들에게 동일하게 적용됨
② **내국세 및 규제에 관한 내국민대우**: 사용국은 자국의 법률, 규정 및 요건과 관련된 선적전검사 활동에서 GATT 제3조 제4항이 관련되는 한 이를 준수해야 함
③ **검사장소**: 선적전검사 활동이 상품이 수출되는 관세영역 내에서 이루어지도록 보장해야 함
④ **투명성**: 검사기관이 수출자와 최초로 접촉할 때 검사요건의 충족에 필요한 모든 정보를 제공하도록 하고, 수출자가 요청 시 정보를 제공하며, 통보되지 않은 변경된 절차규정은 적용하지 않음
⑤ **영업비밀 보호**: 검사기관이 검사과정에서 접수한 모든 정보 중에 이미 공표되었거나 제3자가 일반적으로 입수가능하거나 공공의 영역에 있지 않은 정보는 영업비밀로 취급해야 함

⑥ 검사기관이 검사를 부당하게 지연시키지 않도록 보장해야 함

(4) **수출국의 의무**
① 비차별, 투명성, 기술지원 등
② 선적전검사 활동과 관련된 법률 등을 공표해야 함
③ 기술지원과 관련해서는 상호 합의된 조건에 따라 필요한 기술지원을 제공해야 함

6. 원산지규정협정

(1) **의의**
① 원산지: 어떤 물품이 성장했거나 생산, 제조 또는 가공된 지역
② 원산지규정: 물품의 원산지를 결정하는 데에 적용되는 법률, 규정 그리고 행정적 결정 등
③ 원산지규정을 국가에 따라 차별적으로 적용하여 무역장벽효과를 발생시키므로 규정이 필요

(2) **분류**

특혜 원산지규정	FTA 등과 같이 특정 국가군을 대상으로 관세상의 특혜를 부여하는 경우에 적용되는 원산지규정
비특혜 원산지규정	수입수량제한 등 무역정책상 일반적으로 상품의 원산지를 식별할 때 적용되는 원산지규정

(3) **원산지판정기준**

완전생산기준	하나의 국가에서 완전히 생산 또는 획득된 제품에 대하여 원산지를 결정하는 기준으로서, 특정 국가에서 완전히 생산된 제품은 당해 국가를 원산지로 결정
실질적 변형기준	2개국 이상에 걸쳐 제조, 생산된 제품에 대하여 실질적 변형이 발생한 국가에 원산지를 부여

(4) **실질적 변형 판단방법**

세번변경기준(change of tariff classification)	사용된 원재료, 부품의 세번(HS 품목번호)와 완제품의 세번을 비교하여 세번이 일정단위 이상 변하는 경우 실질적 변형으로 인정하여 해당 공정이 일어난 국가에 원산지를 부여하는 기준
부가가치기준(ad valorem percentages)	제품의 전체가치 중 일정비율의 부가가치를 창출한 국가에 원산지를 부여한다는 기준
제조·가공공정기준 (manufacturing or processing operations)	당해 제품의 중요한 특성을 발생시키는 기술적인 제조 및 가공작업을 기술한 일반적인 명세표를 사용하여 지정된 가공공정이 일어난 국가를 원산지로 간주하는 기준

(5) WTO원산지규정
① 목적: 원산지규정의 적용상 투명성 확보를 통하여 무역장벽을 해소하고 국제무역 증진
② 적용범위: 특혜무역을 제외한 일반적인 교역에 있어서 체약국이 제품의 원산지 국가를 결정하는 데에 그 범위가 한정됨

(6) 과도기간 중 적용되는 주요 규정
① 과도기간: 통일원산지규정이 제정되기 이전 시기
② 원산지판정기준: 완전생산기준 이외에 특정 제품이 2개국 이상에서 생산공정을 거쳤을 경우, 과도기간 동안에 회원국들은 세번변경기준, 부가가치기준, 가공공정기준 중 어느 하나에 기초한 원산지판정기준을 정할 수 있으나, ㉠ 세번변경기준이 적용되는 경우 세번변경으로 인정되는 세번의 단위를 분명히 명시해야 하고, ㉡ 부가가치기준이 적용되는 경우 부가가치비율을 산정하는 방법이 원산지규정에 명시되어야 하며, ㉢ 가공공정기준이 적용되는 경우 관련 제품의 원산지를 부여하는 공정이 정확하게 명시되어야 함
③ 원산지규정은 무역상의 목적을 직·간접적으로 추구하기 위한 수단으로 사용하면 안 됨
④ 원산지규정의 부당한 적용으로 세계무역을 제한하거나 교란해서는 안 됨
⑤ 수출입 물품에 적용되는 원산지규정은 국내물품 판정에 적용되는 원산지규정보다 더 엄격해서는 안 되며 모든 회원국에 비차별적으로 적용됨
⑥ 원산지규정은 원산지를 부여받을 수 있는 기준을 중심으로 기술하는 적극적인 기준(Positive Standard)을 기초로 해야 함
⑦ 원산지규정의 투명성을 제고하기 위하여 원산지규정의 일반적인 적용과 관련한 법률, 규정 및 사법적·행정적 결정은 공표되어야 함
⑧ 원산지규정을 개정하거나 새로운 원산지규정을 도입할 경우 회원국의 법률 및 규정에 따라 이를 소급적용해서는 안 됨(불소급원칙)

(7) 과도기 이후의 원칙
① 과도기간 중 준수해야 하는 원칙과 유사함
② 비차별원칙, 투명성원칙, 불소급원칙 등

(8) 원산지규정의 통일
① 통일원산지규정의 제정을 위한 작업은 WTO설립협정 발효 후 가능한 한 조속히 개시
② 개시 후 3년 이내에 완결되어야 함
③ 현재까지 통일원산지규정 제정작업은 종료되지 않았음

7. 수입허가절차협정

(1) 의의
① 수입허가절차는 투명성이 결여되거나 절차가 까다롭고 부당하게 지연될 경우 수입억제수단으로 남용될 수 있음
② 동경 라운드에서 수입허가절차에 관한 협정을 채택하였음
③ 수입허가절차협정은 기존협정의 간소화 및 투명성 제고를 통해 수입허가제도가 비관세장벽으로 야기할 수 있는 무역왜곡효과를 완화하고자 하였음

(2) 목적
① 자동수입허가절차의 유용성을 인정하되 그 절차가 무역을 제한하기 위해 사용되어서는 안 됨
② 비자동수입허가절차가 투명하고 예측 가능한 방법으로 시행되어야 하고 필요 이상의 행정적 부담이 되어서는 안 됨
③ 협정은 수입허가절차의 유용성과 동시에 수입허가절차가 국제무역의 흐름을 제한할 수 있음을 인정하고 수입허가에 대한 행정절차와 관행을 간소화하고 투명성을 촉진하며 그러한 절차와 관행의 공정·공평한 적용과 시행을 보장하는 것을 목적으로 함

(3) 주요 규정
① 수입허가(Import Licensing): 수입국 관세영역으로의 수입을 위한 선행조건으로서 관련 행정기관에게 신청서나 기타서류(단, 통관목적으로 요구되는 문서 제외) 제출을 요구하는 수입허가제도의 운영에 사용되는 행정절차
② 회원국은 수입허가제도가 부적절하게 운영되어 무역왜곡이 발생하는 것을 방지하고 개발도상국의 경제적 필요를 고려하면서 관련 절차가 GATT1994 규정에 부합하도록 보장
③ 수입허가절차에 관한 규칙은 중립적이고 형평하며 공정하게 적용되어야 함
④ 수입허가절차에 관한 규칙과 정보는 가능한 한 발효일 21일 이전, 늦어도 발효일 이전에 공표하여 다른 회원국 및 무역업자가 인지할 수 있도록 해야 함
⑤ 수입허가 신청 및 갱신양식·절차는 가능한 한 단순해야 하고, 필수서류는 신청 시 요구하며, 합리적 기간 내에 원칙적으로 하나의 행정기관에 신청하도록 해야 함

(4) 자동수입허가
① 모든 경우에 신청에 대한 승인이 부여되는 것
② 수입품에 대한 규제효과를 초래하는 방법으로 운영되지 않아야 함
③ 자동수입허가가 무역제한효과를 갖지 않는다고 간주되는 경우: 자동허가품목의 수입과 관련한 수입국의 법적 요건을 충족시키는 모든 개인, 회사 또는 기관에게 수입허가를 신청하고 획득하는 데 있어 동등한 자격을 부여 +

수입허가신청서는 상품통관 이전 어떠한 근무일에도 제출될 수 있음 + 신청서가 적절하고 완전한 형태로 제출되었을 때 행정적으로 가능한 한 즉시, 늦어도 10일 이내 승인됨

④ 도입 여건이 지속되고 행정상 근본적인 목적을 성취할 보다 적절한 방법이 없는 한 자동수입허가가 유지됨

(5) 비자동수입허가
① 비자동수입허가는 자동수입허가 이외의 경우
② 수입에 대한 무역제한이나 왜곡효과를 갖지 않아야 함
③ 범위와 존속기간에 있어 행정목적에 상응하며 조치 시행에 절대적으로 필요한 이상의 행정적 부담이 되어서는 안 됨
④ 허가요건을 규정하는 경우 회원국은 다른 회원국과 무역업자가 허가를 부여 또는 배분하는 근거를 알 수 있도록 충분한 정보를 공표해야 함
⑤ 이해관계 회원국의 요청이 있는 경우 회원국은 제한의 시행, 최근 부여된 수입허가, 그러한 허가의 공급국 간 배분 및 가능한 경우 수입허가대상품목에 관한 수입통계에 관련된 정보를 제공해야 함
⑥ 허가를 통하여 쿼터를 관리하는 회원국은 쿼터 총량, 쿼터 개시일 및 마감일, 이에 관한 모든 변경사항을 발효일로부터 21일 이내에 공표해야 함
⑦ 쿼터가 공급국 간 배분되는 경우에도 할당되는 쿼터의 몫이나 쿼터 기간의 조기개시일자도 동 기한 내에 공표해야 함
⑧ 수입회원국의 법적 및 행정적 요건을 충족하는 모든 신청자들은 동등한 자격을 부여받음
⑨ 접수가 선착순으로 고려되는 경우에는 접수 후 30일, 모든 신청서가 동시에 검토되는 경우에는 60일 내에 처리되어야 함
⑩ 허가의 유효기간은 원거리 공급원으로부터의 수입을 배제하지 않는 합리적 기간이 되어야 함
⑪ 쿼터 시행 시 회원국은 발급된 허가에 따라 이루어지는 수입을 방해하거나 쿼터의 충분한 활용을 억제해서는 안 됨

(6) 절차규정
① 수입허가위원회 설치
  ㉠ 회원국 대표로 구성되어 의장과 부의장을 자체적으로 선출
  ㉡ 협정의 운영이나 그 목적의 증진에 관한 모든 사안에 관하여 협의하기 위해 회합함
② **통보(Notification)**: 수입허가절차를 제정하거나 변경한 회원국은 구체적 정보를 공표 후 60일 이내에 수입허가위원회에 통보
③ **협의 및 분쟁해결**: GATT 및 분쟁해결양해(DSU)를 적용

④ 검토: 수입허가위원회는 최소한 2년에 한 번 협정의 시행과 운영을 검토하며, 검토의 기초로서 사실보고서를 준비

8. 무역원활화협정

(1) 의의
① 2013년 12월 제9차 WTO 각료회의에서 타결되었고, 2017년 2월 22일 발효
② 협정을 수락한 회원국에 대해서만 발효되며, 이후 수락하는 회원국은 수락한 때 발효함
③ 통관규정의 투명성 강화, 통관절차의 간소화, 세관당국 간 정보교환, 개도국 우대 등을 규정하여, 통관의 신속화 및 무역비용 감소를 통한 국가 간 교역 확대를 목표로 추진
④ 1995년 WTO 설립 이후 최초로 타결된 다자간 무역협상

(2) 투명성(transparency)
① 정보의 공표, 인터넷을 통한 정보이용가능성, 정보조사 창구(inquiry points), 통고 등에 대한 규정
② 정보는 각 회원국 정부와 무역업자들이 비차별적(非差別的)이고 쉽게 접근할 수 있는 방식으로 신속하게(promptly) 공표되어야 함
③ 회원국은 통과 중인 화물을 포함한 이동, 반출 및 통관 절차에 관한 법률 또는 규칙의 제정이나 개정을 무역업자 등이 적응 가능하도록 최대한 빨리 예고(豫告)하고 무역업자 등에게 의견 표명(comment) 기회를 부여해야 함
④ 사전 판정: 수입 전 수입물품에 대한 관세 평가 및 분류, 원산지 판정을 해당 회원국이 미리 무역업자에게 제공하는 제도. 사전판정 제도는 WTO 규범에 새로 도입됨
⑤ 회원국은 세관 관련 사항에 대하여 행정적 판정을 받은 당사자를 위한 ⓐ 행정적 불복청구 또는 상급기관 등에 의한 검토, ⓑ 사법적 불복청구나 검토 제도를 설치해야 함
⑥ 회원국은 음식, 음료, 사료에 대한 검역 절차에 관하여 통제 또는 검사의 강화에 대한 통보 또는 안내의 의무 부담

(3) 수출·입과 통과화물의 형식과 수수료
① 수수료와 부과금은 공표되어야 하고 새로운 수수료나 변동된 금액은 비상시가 아닌 한 공표한 다음 적절한 기간 경과 후 적용
② 상품의 통관과 반출에 있어서 회원국들은 도착한 상품의 빠른 출고를 위해 전자 서식을 포함한 수입 상품의 도착 이전에 처리될 수 있는 적절한 사전 도착 절차(Pre-arrival Processing)를 시행해야 함

(4) 기타 규정
① 수·출입과 통과 관련 형식과 서류는 신속한 통관절차에 부합하여야 하고 최소 무역 규제적이어야 하며 불필요한 것은 폐지되어야 함
② 회원국은 통과를 위한 운항과 관련된 자발적 규제나 조치들을 폐지해야 함
③ 회원국은 수출입 및 통과 화물의 절차 및 국경 관리를 책임지는 당국이나 행정기관들이 무역원활화를 위해 협조하도록 보장해야 함

제3장 WTO설립협정 부속서 1B 및 부속서 1C

제1절 서비스무역에 관한 협정(GATS)

1. 적용 범위
서비스무역에 영향을 미치는(affecting) 회원국의 조치에 적용

(1) **서비스**
① 정부의 권한을 행사함에 있어서 공급되는 서비스를 제외하고 모든 분야에서의 모든 서비스
② 정부서비스라도 상업적 기초에서 제공되는 경우 서비스협정의 규제를 받음

(2) **서비스무역**
국경 간 공급, 해외소비, 자연인의 주재, 상업적 주재

(3) **회원국의 조치**
① 중앙, 지역 또는 지방의 정부 및 당국, ② 중앙, 지역 또는 지방의 정부 또는 당국에 의해 위임된 권한을 행사하는 비정부기관에 의해 취해진 조치

2. 일반적 의무

(1) **최혜국대우**
① 동종서비스를 대상으로 함
② 무조건부 최혜국대우원칙
③ 법률상 차별뿐 아니라 사실상 차별도 금지
④ 예외: 면제등록, 의무면제(waiver), 지역통합, 정부조달
⑤ 정부조달: 서비스 조달 시 최혜국대우, 내국민대우, 시장접근의무 등은 적용되지 않음. 단, 정부조달협정 가입국 상호 간에 최혜국대우나 내국민대우는 적용됨

(2) **지역경제통합협정**
① 최혜국대우원칙의 예외
② 일정 조건하에 WTO비회원국과 경제통합협정을 체결할 수 있음
③ 역내요건: 협정당사국 간 상당한 서비스 분야에 있어서 서비스무역 제한 조치를 폐지해야 함
④ 역외요건: 역외국에 대해 서비스 거래에 대한 장벽이 통합 전보다 높거나 엄격해서는 안 됨

⑤ 절차요건: 서비스무역이사회에 통보해야 하며, 관련 정보를 이사회에 통보해야 함

(3) 일반적 예외
① 예외사유에 해당되는 경우 GATS의 의무로부터 이탈할 수 있음
② 예외사유: 공중도덕이나 공공질서 보호조치, 인간이나 동식물의 생명이나 건강 보호조치, 법률의 준수를 확보하기 위한 조치, 직접세 부과나 징수를 위한 조치, 이중과세 방지협정에 관한 조치
③ 예외 인정조건: 각 본문에 해당하는 요건과 전문의 요건을 충족해야 함
④ 전문요건
  ㉠ 유사한 상황에 있는 국가 간 자의적이거나 부당한 차별이 아니어야 함
  ㉡ 국제무역에 대한 위장된 제한이 아니어야 함
⑤ 미국 – Gambling 사건: 미국이 앤티가바부다에 서버를 둔 인터넷 도박에 대해 접속을 차단한 조치는 공중도덕 보호 등을 위한 조치로 정당화될 수 없다고 판정

(4) 기타
① 투명성
② 개발도상국의 참여 증진: 개발도상국의 참여를 협상에 의한 구체적 약속을 통하여 권장
③ 서비스 공급업자의 승인, 면허 또는 증명에 관한 표준 등에 대해서는 WTO 회원국 간의 상호 인정 및 조화가 권장됨
④ 국가안보에 관한 예외가 존재
⑤ 긴급수입제한조치는 명시되지 않았음. 즉, 허용되지 않음
⑥ 국제수지를 위한 제한이 가능
⑦ 보조금에 대한 구체적 규정은 없음. 단, 보조금 관련해서 관련국에 협의를 요청할 수 있음

3. 구체적 약속

(1) 시장접근
① 개방할 서비스 분야: 적극적 방식, 양허표에 기재된 분야에 대해서만 개방의무를 부담
② 시장접근에 대한 제한조치: 소극적 방식, 양허표에 기재된 제한조치 이외의 조치는 취할 수 없음
③ 시장접근에 대한 제한조치의 유형: 공급자 수 제한, 거래 총액 제한, 총산출량 제한, 고용인 수 제한, 법인체의 형태 제한, 외국인의 자본 참여 제한

(2) 내국민대우
① 일반적 의무사항이 아니라 구체적 약속에 해당

② 양허표에 기재된 내외국 서비스 공급자 간 차별을 인정
③ 내국민대우는 양허표에 기재되지 않은 경우에만 적용됨: 소극적 방식
④ 회원국은 그 밖의 회원국의 서비스 및 서비스 공급자에게 서비스 공급에 영향을 미치는 모든 조치와 관련하여 자국의 동종서비스와 서비스 공급자들에게 부여하는 대우보다 불리하지 아니하는 대우를 부여
⑤ 동종서비스에 대해서만 비차별의무를 부과

(3) 추가적 약속
① 자격, 표준, 면허사항에 관한 조치
② 양허표에 기재할 의무는 없음
③ 추가적 약속을 양허표에 명시한 경우 법적 의무를 부담함
④ 적극적 방식(Positive System)

제2절 무역 관련 지적재산권협정(TRIPs)

1. 지적재산권의 의의

(1) 개념
새로운 물질의 발견, 새로운 제조기술의 발명, 새로운 용도의 개발, 새로운 상품의 디자인, 상품의 새로운 기능의 개발 등과 같은 산업적 발명과 새로운 문학·미술·문학작품의 저작과 새로운 연출·공연·제작 및 방송 등의 저작생산물(Intellectual Property)에 대한 배타적 소유권

(2) TRIPs협정의 적용대상인 지적재산권
저작권, 저작인접권, 상표권, 지리적 표시권, 공업의장권, 특허권, 반도체 배치설계권, 영업비밀권을 포함

2. 기본원칙

(1) 최저보호수준의 원칙
① 국제협약 Plus방식
② 국제협약을 최저보호수준으로 함
③ 회원국은 국내법으로 본 협정을 위배하지 아니하는 범위 내에서 WTO협정에서 정한 최저보호수준보다 더욱 강화된 보호를 실시할 수 있음

(2) 기존협약 존중원칙
4개의 기존협약을 준용
① 산업재산권의 보호를 위한 파리협약(파리협약, 1967)
② 문학 및 예술저작물의 보호에 관한 베른협약(베른협약, 1971)
③ 실연자, 음반제작자, 방송사업자의 보호에 관한 국제협약(로마협약)

④ 집적회로에 관한 지적재산권협약(IPIC)

(3) 내국민대우원칙(제3조)
① 회원국은 지적재산권 보호에 관하여 자국민에 대하여 부여하는 것보다 더 낮지 아니한 수준의 대우를 다른 국민에게 보장
② 동종상품이 아닌 국민을 대상으로 적용
③ 준용되는 기존협약상의 내국민대우 위반조치를 취할 수 있음
④ 사법 및 행정절차에 대해서는 내국민대우원칙이 적용되지 않음

(4) 최혜국대우원칙(제4조)
① 한 회원국이 다른 회원국의 국민에 대하여 허용하는 모든 이익, 혜택, 특전 및 면책은 어떠한 조건 없이 다른 모든 회원국의 국민에게 부여되어야 함
② 지적재산권규정 중 TRIPs협정에 최초로 최혜국대우원칙이 규정됨
③ 로마협약이나 베른협약과 관련된 지적재산권의 경우 최혜국대우원칙이 적용되지 않음

(5) 투명성의 원칙
① 각 회원국의 모든 법령 및 정책 등이 기본적으로 투명하여 법령 및 정책집행절차의 예측가능성을 제고
② 명료성과 공개성을 요구
③ 비밀정보나 국가안보 관련 정보에 대해서는 투명성의 원칙이 배제됨

(6) 권리소진의 원칙의 문제
① 권리소진의 원칙(Exhaustion Doctrine): 지적재산권의 권리자가 체화된 특허나 상표 등의 이용권을 양도한 후에는 다시 자신의 권리를 주장할 수 없다는 원칙으로 First-sale Doctrine이라고도 함. 즉, 제1의 판매로서(특허권·저작권 등의) 원권리자의 권리는 소진(exhaust)된다는 의미. 권리소진의 원칙이 적용되어야 병행수입이 가능함
② 병행수입: 권리자의 국가 이외에서 적법하게 제조되거나 복제된 지적재산권 상품이 권리자의 국가로 수입되는 것임
③ TRIPs협정에는 동 원칙에 대해 규정하지 못함
④ 각 체약국은 자유롭게 권리소진의 문제를 결정할 수 있음
    예 한국: 권리소진의 원칙이 적용되어 병행수입을 허용

3. 구체적 권리 보호

(1) 저작권
① 저작자가 자신의 창작물에 대해 갖는 권리
② 베른협약을 준용
③ 보호기간은 최소 50년

(2) **저작인접권**
   ① 실연자가 갖는 복제방송의 독점권, 음반제작자의 복제권 등
   ② 로마협약을 준용
   ③ 실연자나 음반제작자의 권리보호기간은 50년이며, 방송의 경우 20년

(3) **상표권**
   ① 상표를 보호
   ② 파리협약을 준용
   ③ 보호기간은 7년 이상

> **상표**
> 사업자의 상품이나 서비스를 다른 사업자의 상품이나 서비스와 구분하는 표지 등이다.

(4) **지리적 표시권**
   ① 상품의 유래를 나타내는 표시로서 당해 상품의 명성이 지리적 출처로 귀속됨
   ② 원산지의 오인을 야기할 수 있는 경우 회원국은 직권이나 관련자의 신청으로 상표의 등록을 거부하거나 무효화해야 함

(5) **의장권**
   보호기간은 10년 이상

> **의장**
> 물품의 형상, 모양 등 시각을 통하여 미감을 일으키는 것이다.

(6) **특허권**
   ① 물질 또는 제법에 관한 발명으로서 신규성, 진보성, 산업적 이용가능성을 갖춘 경우
   ② 환경보호에 관련된 특허는 보호대상에서 제외할 수 있음
   ③ 방법특허 외에 물질특허도 보호
   ④ 보호기간은 출원일로부터 20년
   ⑤ 공공질서와 미풍양속 보호를 위해 필요한 경우 특허 보호대상에서 제외할 수 있음
   ⑥ 인간이나 동식물 보호를 위해 필요한 경우 특허 보호대상에서 제외할 수 있음

(7) **집적회로 배치 설계**
   ① 집적회로에 관한 지적재산권협약(워싱턴조약)을 준용
   ② 독창성이 있어야 함
   ③ 보호기간은 10년

(8) **미공개정보의 보호**
   보호기간에 관한 규정은 없음

> **미공개정보**
> 기술적 노하우, 고객명부, 신제품의 생산계획 등이다.

4. 지적재산권의 관리 및 집행

① 지적재산권 침해에 대응하기 위해 필요한 국내법을 정비해야 함
② 사법당국의 결정에 대해 재심 기회를 제공해야 함
③ 침해를 방지할 긴급할 필요가 있는 경우 잠정조치를 취할 수 있음(재량)
④ 위조상품의 유통을 규제하기 위해 필요한 국경조치를 취할 의무가 있음

제4장 WTO설립협정 부속서 2 및 부속서 4

제1절 WTO 분쟁해결제도

1. 특징

(1) 통합성
   ① 분쟁해결양해(DSU)를 통해서만 분쟁을 해결
   ② GATT에서는 법정 쇼핑(forum shopping) 가능

(2) 배타성
   ① 분쟁해결양해(DSU)를 통해서만 분쟁을 해결
   ② 분쟁해결양해(DSU)에 따르지 않고 협정 위반 판단을 일방적으로 해서는 안 됨

(3) 신속성
   시한이 설정됨

(4) 사법성
   GATT와 달리 협의와 패널절차 외에 상소절차가 신설

(5) 자동성
   역총의제를 적용, GATT는 패널보고서 채택 시 총의제를 적용

(6) 구속성
   분쟁해결기구(DSB)가 채택한 패널이나 상소보고서가 법적 구속력을 가짐

(7) 선례불구속의 원칙

핵심 POINT | 국제사법재판소(ICJ)와 WTO 분쟁해결제도 비교

구분	국제사법재판소(ICJ)	WTO 분쟁해결제도
관할권	• 원칙적 임의관할 • 예외적 강제관할	강제관할
의사결정	출석재판관 과반수	총의제, 역총의제
소송절차 공개 여부	• 심리 – 공개 • 평의 – 비공개 • 판결 – 공개	• 심리 – 비공개 • 평의 – 비공개 • 판결 – 공개
소송참가	○	○
비회원국 제소자격	○	×
상소	×	○
재심	○	×
이행감독	UN안전보장이사회	분쟁해결기구(DSB)

2. 분쟁해결기구(DSB)

① 일반이사회가 분쟁해결기구로 활동
② 분쟁해결기구(DSB)는 대상협정상의 협의 및 분쟁해결 관련 조항을 집행
③ GATT의 전통에 따라 총의제(consensus system)로 의결하나, 역총의제로 결정하는 경우도 있음
  예 패널 설치, 패널보고서 채택, 상소기구보고서 채택, 보복조치 승인 등
④ 분쟁해결양해(DSU)가 적용되는 협정
  ㉠ WTO설립협정, 부속서 1, 부속서 2, 부속서 4에 적용
  ㉡ 부속서 3(TPRM)에 대해서는 분쟁해결양해(DSU)를 적용하지 않음
⑤ 분쟁해결양해(DSU)와 다른 협정상 분쟁해결절차가 상충하는 경우: 다른 협정상 절차를 적용
⑥ 다른 협정상 분쟁해결절차가 2 이상인 경우
  ㉠ 분쟁당사국이 패널 설치로부터 20일 이내에 합의해야 함
  ㉡ 합의되지 않은 경우 분쟁해결기구(DSB)의장이 분쟁당사자와 협의하여 일방 분쟁당사자의 요청 후 10일 이내에 적용 규칙을 확정해야 함
⑦ 직권으로 분쟁해결절차를 진행할 수 없음
⑧ 분쟁해결절차는 제소국의 협의 요청에 의해 일방적으로 시작됨

3. 제소사유

(1) 위반제소
① 협정 위반으로 회원국의 이익을 침해한 경우
② 일응추정의 원칙(prima facie principle)을 적용, 협정 위반이 있는 경우 회원국의 이익의 무효화 또는 침해의 존재를 인정

(2) 비위반제소
① 개념: 협정문의 명백한 위반 없이 이익의 무효화 또는 침해가 발생하는 경우의 제소
② 비위반제소가 받아들여지기 위한 요건: 정부조치의 적용 + 협정상의 이익의 무효화 또는 침해 + 인과관계
③ 비위반제소에서의 패소국은 동 조치를 철회할 의무는 없음
④ 보상은 최종적 조치로 간주될 수 있음
⑤ 일본 – Film case: 미국 측이 제기한 비위반제소가 기각됨
⑥ EC – Asbestos case: 캐나다 측이 제기한 비위반제소가 기각됨

(3) 상황제소
① 개념: 다른 회원국이 위반 또는 비위반조치를 취하지 않아도 그 나라에 존재하는 여하한 상태 때문에 자국의 이익이 무효화 또는 침해되거나 또는 협정 목적이 저해되는 경우에 제기하는 소

② 수입국 정부는 어떤 조치도 취하지 않고 있는 경우에도 민간의 수입 카르텔과 수입품 불매운동(보이콧)을 방치하는 듯 수수방관하는 때에는 카르텔에 의해 수입제한상태가 발생하고 이것에 의해 수출국의 이익이 무효화되거나 침해되고 또는 협정 목적이 저해될 우려가 있을 수 있음
③ 넓은 의미의 비위반제소에 해당됨

4. 비사법적 해결절차

(1) 협의절차
① GATT/WTO 분쟁해결절차의 필수적인 단계
② 협의 요청이 있는 경우 회원국은 달리 합의하지 않는 한 협의 요청 접수 후 10일 이내에 답변하여야 함
③ 협의 요청일로부터 30일 이내에 서로 만족할 만한 해결책을 모색하기 위해 성실하게 협의에 응하여야 함
④ 10일 이내에 답변이 없거나, 30일 이내에 또는 달리 합의한 기간 이내에 협의에 응하지 않을 경우에는 협의 요청 회원국이 직접 패널의 설치를 요청할 수 있음
⑤ 협의 요청국은 분쟁해결기구(DSB) 및 관련기구에 통고 및 협의 요청은 서면으로 하여야 하며, 문제가 되고 있는 조치와 제소의 법적 근거 등을 포함하여 협의 요청사유를 명시해야 함
⑥ 협의 요청일로부터 60일 이내에 협의를 통한 분쟁해결에 실패하는 경우, 제소국은 패널 설치를 요청할 수 있음
⑦ 협의 참가국들이 협의를 통한 분쟁해결에 실패하였다고 동의하는 경우 60일 이전에도 패널 설치를 요청할 수 있음
⑧ 제3국의 참여: 협의대상국이 아닌 회원국으로서 당해 협의에 실질적인 교역상의 이익을 가지고 있다고 판단하는 국가는 협의 요청 문서가 배포된 날로부터 10일 이내에 협의당사국 및 분쟁해결기구(DSB)에 협의 참여의사를 통고해야 함. 원 제소당사국이 협의 참가요청에 충분한 근거가 있다고 동의하는 경우, 제3국은 협의에 참가할 수 있음

(2) 주선·조정·중개
① 분쟁당사국이 동의하는 경우 시행
② 비공개로 진행
③ 분쟁당사국은 언제든지 주선·조정·중개절차를 요청할 수 있음
④ 당사국들이 동의하는 경우 주선·조정·중개절차는 패널 진행 중에도 계속할 수 있음
⑤ 사무총장은 주선·조정·중개를 제공할 수 있음

5. 패널절차

(1) 패널의 기능
① 분쟁해결기구(DSB)가 분쟁해결양해(DSU) 및 대상협정상의 임무를 수행하도록 도와주는 것
② 분쟁의 사실, 대상협정의 적용가능성 및 동 협정과의 합치성을 포함하여 패널에 회부된 사안에 대해 객관적으로 평가
③ 사실심+법률심, 상소심-법률심

(2) 패널의 설치
① 분쟁당사국 간 협의 실패 시 협의 요청국은 패널 설치를 서면으로 요청
② 제소국이 패널 설치를 요청하는 경우, 늦어도 패널 설치 요청이 의제에 상정되는 분쟁해결기구(DSB)회의의 다음 회의에서는 패널이 설치되어야 함
③ 역총의제(reverse – consensus)에 의해 설치

(3) 패널의 구성
① 정부 및 비정부인사의 명부에 등재된 일정한 자격을 갖춘 패널위원 중 선정
② 일반적으로 3명, 당사국 간 합의(패널 설치일로부터 10일 이내)시 5명으로 구성
③ 사무국이 분쟁당사자들에게 후보자들을 제안
④ 분쟁당사자들은 불가피한 사유가 없는 한 패널위원 후보자의 임명을 거부하지 못함
⑤ 패널 설치로부터 20일 이내에 구성에 대한 합의가 없는 경우 사무총장은 일방 당사국의 요청에 따라 분쟁해결기구(DSB) 의장과 협의한 후 패널을 구성
⑥ 개발도상국과 선진국 간 분쟁 시 개발도상국의 요청이 있는 경우 최소 1인은 개발도상국 출신 패널위원을 선정
⑦ 자국 정부가 분쟁당사자인 회원국의 국민 또는 제3자의 국민은 분쟁당사자가 달리 합의하지 아니하는 한 그 분쟁을 담당하는 패널의 위원이 되지 않음

(4) 패널의 병합
동일 사안에 대해 둘 이상 회원국이 패널 설치를 요청하는 경우 절차적 효율성을 위해 별개의 제소를 가능한 한 하나의 패널로 병합하여 진행

(5) 제3자 참여
① 분쟁사안에 대해 중대한 이해를 가지는 회원국은 분쟁해결기구(DSB)에 패널에 대한 제3자 참여를 통보
② 참여국은 패널에 서면으로 의견을 제출할 수 있으며 구두변론에 참가하거나 분쟁당사국의 서면입장을 받아 볼 수 있음

(6) 패널절차의 진행
  ① 패널 구성 및 위임사항에 대한 합의로부터 분쟁당사국에 최종보고서 제시까지는 원칙적으로 6개월
  ② 부패성 식품 등 긴급을 요하는 분쟁의 경우 3개월 이내로 시한이 단축되며, 부득이한 경우 서면보고에 의해 최대 9개월까지 연장
  ③ 개발도상국을 상대로 하는 경우 개발도상국에 주장을 준비·제출할 충분한 시간을 제공
  ④ 패널의 심리내용은 비공개
  ⑤ 패널위원의 개별 의견은 익명으로 처리
  ⑥ 패널은 제소국이 요청하는 경우 12개월을 초과하지 아니하는 기간 동안 작업을 중단할 수 있음. 패널작업이 중단되는 경우 전체적인 작업시한은 패널작업이 중단되는 기간만큼 연장됨. 패널작업이 12개월 이상 중단되는 경우에 패널 설치권한은 소멸됨

(7) 패널보고서
  ① 기술보고서, 중간보고서, 최종보고서
  ② 최종 패널보고서는 분쟁해결기구(DSB)회원국에게 배포
  ③ 패널보고서가 회원국들에게 배포된 날로부터 20일이 지난 후부터 비로소 분쟁해결기구(DSB)에서 보고서 채택을 위한 논의를 시작
  ④ 패널보고서에 이의가 있는 회원국은 적어도 패널보고서가 논의되는 분쟁해결기구(DSB)회의가 개최되기 10일 이전에 반대하는 취지 및 반대이유를 기재한 서면으로 제출하여 회원국들에게 배포해야 함
  ⑤ 분쟁해결기구(DSB)에서 역총의제로 채택
  ⑥ 패널보고서 자체는 법적 효력이 없으나, 채택된 패널보고서는 법적 효력을 가짐

6. 상소절차

(1) 상소기구의 구성
  ① 상설기구
  ② 법률, 국제무역 및 대상협정 전반의 주제에 대해 전문지식을 갖춘 공인된 권위자인 상소기구위원 7명으로 구성
  ③ 상소기구위원의 임기는 4년이며 1회에 한하여 연임
  ④ 상소기구위원 중 3명이 무작위로 선정되어 부(division)를 구성하여 심리
  ⑤ 상소기구위원은 자국이 분쟁당사국 또는 소송참가한 제3국인 경우에도 심리에 참여 가능
  ⑥ 상소기구위원은 직접 또는 간접적인 이해의 충돌을 야기할 수 있는 분쟁의 심의에는 참여하지 않음

(2) **관할권**
   ① 상소는 분쟁당사국만 할 수 있으며 제3국은 상소할 수 없음
   ② 실질적 이해관계가 있음을 분쟁해결기구(DSB)에 통고하고 패널절차에 참가한 제3국은 제3자로서 상소에 참여하여 상소기구에 서면입장을 제출하고 의견을 진술할 기회를 가질 수 있음
   ③ 패널보고서에서 제기된 법률문제와 패널의 법률적 해석에 대해서만 심리(법률심)

(3) **분쟁처리기간**
   ① 상소제기일로부터 최종보고서 제출까지 60일을 초과할 수 없음
   ② 부패물 등 긴급성을 요하는 분쟁 시 기한을 단축할 수 있으며 어떠한 경우에도 최대 90일을 넘을 수 없음
   ③ 패널 설치일로부터 패널보고서 또는 상소보고서 채택까지의 기간은 상소요청이 없는 경우 9개월, 상소절차 이용 시 12개월을 초과할 수 없음
   ④ 상소절차는 분쟁당사국 중 일방이 분쟁해결기구(DSB)에 서면통보나 상소기관사무국에 상소장을 제출하는 것으로 시작되며 분쟁당사국 간 합의시 언제든 상소를 철회하고 절차를 종료할 수 있음

(4) **상소심의 판정**
   ① 상소기구는 상소 심리 과정에서 제기된 모든 법률적 쟁점 또는 문제들에 대해 검토한 후 법률적 판정(legal findings)과 결론(conclusions)을 지지(uphold), 변경(modify) 또는 파기(reverse)
   ② 패널 평결 파기시 이를 다시 심리하도록 원패널에 사건을 반송하는 파기환송권은 없음

(5) **상소기구보고서의 채택**
   ① 보고서 배포 후 30일 이내에 분쟁해결기구(DSB)가 보고서를 채택하지 않기로 총의로서 결정하지 않는 한 상소기구보고서는 자동 채택됨
   ② 분쟁당사국들은 상소기구보고서를 무조건 수락해야 함
   ③ 회원국들은 상소기구보고서에 대해 자국의 입장을 표명할 권리를 가짐

7. 이행절차

(1) **의의**
   ① 패널이나 상소기구의 보고서가 분쟁해결기구(Dispute Settlement Body: DSB)에 의해 역총의제(Reverse – Consensus)로 채택된 이후 WTO규범에 위배판정을 받은 국가가 WTO규범에 위반되는 자국의 법률이나 행위를 일치시키는 것과 관련된 절차
   ② 이행방법의 제시, 이행기간 설정, 분쟁해결기구(DSB)에 의한 감독, 보상 및 보복조치 등 포함

(2) 이행권고
① 패널이나 상소기구는 패소국의 문제가 되는 조치가 대상협정에 합치되지 않는다고 결정하는 경우, 패소국에 대해 해당 조치를 대상협정에 합치시키도록 권고해야 함
② 패널이나 상소기구는 권고를 이행하는 방법을 제안(suggestion)할 수 있음

(3) 이행의사의 통보
① 보고서가 채택되는 경우, 패소국은 보고서 채택일로부터 30일 이내에 분쟁해결기구(DSB)의 권고 및 판정의 이행에 대한 자국의 입장을 분쟁해결기구(DSB)에 통보해야 함
② 패소국은 반드시 분쟁해결기구(DSB)에 권고나 결정과 관련한 자국의 의사를 통보해야 함

(4) 합리적 이행기간(reasonable period of time)의 설정
① 권고 및 판정의 즉각적인 준수가 불가능한 경우 합리적 이행기간을 설정
② 분쟁당사국, 즉 패소국이 제안하여 분쟁해결기구(DSB)가 승인한 기간
③ 만약 분쟁해결기구(DSB)가 위 제안을 승인하지 않는 경우 분쟁당사국 양측이 보고서가 채택된 날로부터 45일 이내에 이행기간에 대해 합의한 기간
④ 합의에 이르지 못할 경우, 관련보고서가 채택된 날로부터 90일 이내에 구속력 있는 중재에 의해 확정된 기간. 이 경우 합리적 이행기간은 보고서 채택일로부터 원칙적으로 15개월을 초과할 수 없으나 특별한 사정에 따라 단축되거나 연장될 수 있음. 사안을 중재에 회부한 날로부터 10일 이내에 분쟁당사자가 합의하지 못하는 경우, 사무총장은 당사국과 협의 후 10일 이내에 중재인을 임명해야 함

(5) 분쟁해결기구(DSB)에 의한 감독
① 분쟁해결기구(DSB)는 채택된 권고안 또는 판정의 이행상황을 지속적으로 감시
② 권고안이나 판정의 이행문제는 원칙적으로 이행을 위한 합리적인 기간이 확정된 날로부터 6개월 이후부터 분쟁해결기구(DSB)의 의제에 상정됨
③ 분쟁해결기구(DSB)가 달리 결정하지 아니하는 한, 문제가 해결될 때까지 계속 분쟁해결기구(DSB)의 의제에 포함됨

(6) 이행분쟁과 이행패널
① 분쟁해결기구(DSB)의 권고 및 판정의 이행조치가 적절히 취해지고 있는지, 그 이행조치가 WTO협정에 비추어 적절한지에 관해 당사국 간에 의견이 불일치하는 경우 해당 분쟁은 다시 패널에 회부될 수 있음
② 이 경우 가능한 한 원심을 담당했던 패널이 사건을 다시 회부 받아 심리하는 것이 원칙
③ 이행패널(compliance panel)은 사건이 회부된 날로부터 90일 이내에 보고서를 회람

(7) **보상(compensation)**
    ① 개념: 합리적 이행기간 내에 이행하지 못한 패소국이 제공하는 일시적 조치
    ② 패소당사국은 제소당사국의 요청에 따라 합리적인 이행기간 종료 이전에 상호 수용 가능한 보상안 마련을 위한 협상을 개시해야 함
    ③ 보상협상은 합리적 이행기간 만료일로부터 20일 이내에 타결되어야 함
    ④ 보상은 위반조치가 철회될 때까지의 임시적인 조치이며, 피소국이 행하는 자발적 성격의 조치
    ⑤ 보상은 대상협정에 합치해야 함. 예컨대, 패소국이 승소국의 상품에 대해 관세를 인하하는 경우 최혜국대우원칙에 따라 제3국의 동종상품에 대해서도 관세 인하 혜택을 부여해야 함

(8) **보복(Retaliation)**
    ① 보상협상 미타결 시 제소국은 패소국에 대해 부담하는 의무를 불이행할 수 있음
    ② 보복조치를 위해서는 분쟁해결기구(DSB)의 승인을 요함
    ③ 분쟁해결기구(DSB)의 승인 시 역총의제를 적용
    ④ 보복조치의 승인은 이행을 위한 합리적 기간 종료 후 30일 이내에 이루어져야 함
    ⑤ 보복조치의 범위
        ㉠ 원칙적으로 패널 또는 상소기구가 위반 또는 기타 무효화 또는 침해가 있었다고 판정을 내린 분야와 동일한 분야에서의 양허 또는 기타 의무의 정지를 우선적으로 추진
        ㉡ 제소국이 동일 분야에서의 양허 또는 기타 의무를 정지하는 것이 비현실적 또는 비효과적이라고 판단하는 경우, 동일 협정하의 다른 분야에서의 양허 또는 기타 의무의 정지를 추구
        ㉢ 제소국이 동일 협정하의 기타 분야에서의 양허 또는 기타 의무를 정지하는 것도 비현실적 또는 비효과적이며, 상황이 충분히 심각하다고 판단하는 경우에는 다른 대상협정하의 양허 또는 기타 의무의 정지를 추구할 수 있음
        ㉣ 보복조치를 취함에 있어서 교차보복(cross-retaliation)을 인정
    ⑥ 보복조치의 수준은 침해의 수준에 상응해야 함(비례성)
    ⑦ 보복조치는 일시적이어야 함
    ⑧ 패소당사국이 양허 또는 의무 정지에 대해 이의를 제기한 경우 그 타당성 여부에 대한 판단은 중재절차에 회부됨. 중재는 합리적 이행기간 만료일로부터 60일 이내 완결되어야 하며, 단심제

> 참고

WTO 분쟁해결절차 흐름도

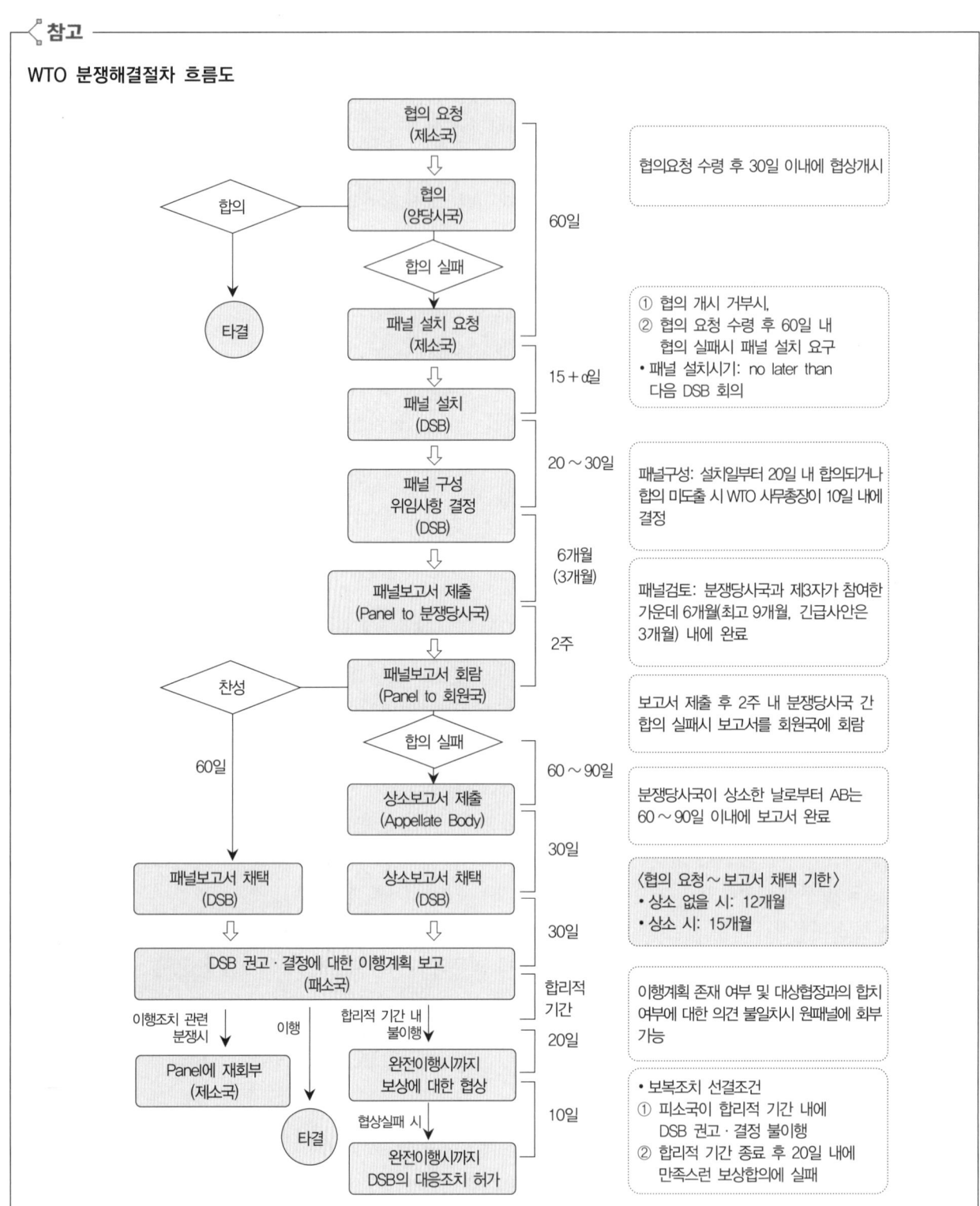

제2절 복수국간무역협정

1. 의의
① WTO설립협정의 부속서 4에 포함
② 복수국간무역협정은 WTO협정의 일부를 구성하지만 이들 복수국간무역협정을 개별적으로 채택한 WTO회원국들만 구속
③ 각료회의는 특정 무역협정의 당사국들의 요청으로 그러한 무역협정을 총의(consensus)에 의해 WTO협정의 부속서 4에 복수국간무역협정으로 포함시킬 수 있음
④ 각료회의는 복수국간무역협정의 당사국인 회원국들의 요청으로 부속서 4에서 해당 협정을 삭제할 수 있음
⑤ WTO협정 발효 당시 복수국간무역협정에는 민간항공기무역에 관한 협정, 정부조달협정, 국제낙농협정, 국제우육협정이 있었음
⑥ 1997년 12월 10일 일반이사회는 국제낙농이사회와 국제우육이사회의 결정에 따라 국제낙농협정과 국제우육협정을 각각 1998년 1월 1일과 1997년 12월 31일자로 부속서 4에서 삭제할 것을 결정하였음

2. 정부조달협정
① 동 협정에 가입한 WTO회원국 상호 간 적용
② **적용범위**: 상품, 건설, 서비스에 적용
③ **유보**: 명시적으로 금지
④ **조달기관**: 중앙정부, 지방정부, 정부의 통제하에 있는 민간기업
⑤ 회원국이 양허안에 정한 기준가 이상의 조달계약에만 적용
⑥ **기본원칙**: 최혜국대우, 내국민대우, 투명성원칙
⑦ 개발도상국에 대한 특별대우를 규정
⑧ **기술규정**: 정부조달과 관련된 기술규정의 경우 TBT협정이 적용되지 않고 정부조달협정이 적용
⑨ **분쟁해결**
  ㉠ 분쟁해결양해(DSU)가 적용
  ㉡ 교차보복은 허용되지 않음

3. 민간항공기 구매협정

(1) 목적

민간항공기 및 부품의 자유무역을 확립하고, 항공기 생산 및 판매를 보조하는 정부보조금 등에 대한 다자적 통제를 하기 위함

(2) 적용범위

군용항공기에 대해서는 적용되지 않음

(3) 의무

① 협정 부속서상의 상품의 수입에 대해 부과되는 모든 종류의 관세 및 기타 부과금을 폐지해야 함
② 민간항공기의 수리에 부과되는 모든 종류의 관세 및 기타 부과금도 철폐해야 함

(4) 분쟁해결

협정상 분쟁해결절차에 따라야 하며, 분쟁해결양해(DSU)는 적용되지 않음

해커스공무원 패권 국제법 핵심요약집

개정 4판 1쇄 발행 2024년 10월 11일

지은이	이상구 편저
펴낸곳	해커스패스
펴낸이	해커스공무원 출판팀
주소	서울특별시 강남구 강남대로 428 해커스공무원
고객센터	1588-4055
교재 관련 문의	gosi@hackerspass.com
	해커스공무원 사이트(gosi.Hackers.com) 교재 Q&A 게시판
	카카오톡 플러스 친구 [해커스공무원 노량진캠퍼스]
학원 강의 및 동영상강의	gosi.Hackers.com
ISBN	979-11-7244-384-9 (13360)
Serial Number	04-01-01

저작권자 ⓒ 2024, 이상구

이 책의 모든 내용, 이미지, 디자인, 편집 형태는 저작권법에 의해 보호받고 있습니다.
서면에 의한 저자와 출판사의 허락 없이 내용의 일부 혹은 전부를 인용, 발췌하거나 복제, 배포할 수 없습니다.

공무원 교육 1위,
해커스공무원 gosi.Hackers.com
해커스공무원

· **해커스공무원 학원 및 인강**(교재 내 인강 할인쿠폰 수록)
· 해커스 스타강사의 **공무원 국제법 무료 특강**
· 정확한 성적 분석으로 약점 극복이 가능한 **합격예측 온라인 모의고사**(교재 내 응시권 및 해설강의 수강권 수록)

한경비즈니스 2024 한국품질만족도 교육(온·오프라인 공무원학원) 1위